D1721746

ITK
KOMPENDIUM

2010

ITK-KOMPENDIUM
2010

Expertenwissen,
Trends und Lösungen
in der Informations- und
Kommunikationstechnologie

Herausgeberin
Marlene Neudörffer

Verlag
F.A.Z.-Institut für Management-,
Markt- und Medieninformationen GmbH
Mainzer Landstraße 199
D-60326 Frankfurt am Main

Redaktion
Marlene Neudörffer

Bearbeitung
Dr. Marion Damer (F.A.Z.-Institut)

Titelgestaltung
Daniela Seidel (F.A.Z.-Institut)

Layout und Satz
Angela Kottke (F.A.Z.-Institut)
Ernst Bernsmann (F.A.Z.-Institut)

Koordination und Produktion
Dr. Marion Damer (F.A.Z.-Institut)
Karin Gangl (F.A.Z.-Institut)

Druck & Verarbeitung
Boschen Offestdruck GmbH,
Frankfurt am Main

Copyright
© F.A.Z.-Institut

Printed in Germany
September 2009

ISBN 978-3-89981-731-7

Marlene Neudörffer (Hrsg.)

ITK
KOMPENDIUM

2010

Expertenwissen,

Trends und Lösungen

in der Informations- und

Kommunikationstechnologie

Intelligenter Wandel beginnt mit intelligenten Ideen.

Die Welt ist reif für Veränderungen – so viel ist sicher. Damit bietet sich den führenden Köpfen in allen Bereichen eine einzigartige Gelegenheit. Unser Planet wird nicht nur kleiner und „flacher", sondern auch „intelligenter". Und damit haben wir die Möglichkeit, grundlegende Veränderungen auf unserem Planeten anzupacken.

Heute werden Dinge mit Rechenleistung ausgestattet, die wir nicht als Computer erkennen würden: in Autos, Haushaltsgeräten, Kameras, Straßen … sogar in der Medizin und der Landwirtschaft. Wir verbinden alle diese Dinge über das Internet. Und wir setzen leistungsstarke neue Systeme und hochentwickelte Analysemethoden ein, um aus der Flut der Daten neue Informationen, Erkenntnisse und Intelligenz zu gewinnen.

Denken Sie nur daran, welche Veränderungen heute schon stattfinden. „Smarte" Verkehrsleitsysteme helfen, Staus um 20 % zu reduzieren, Emissionen zu vermeiden und die öffentlichen Verkehrsmittel beliebter zu machen.

RFID-Technologie in den Lieferketten unserer Nahrungsmittel überwacht Fleisch, Geflügel und andere Waren vom Erzeugerhof bis ins Supermarktregal.

„Smarte" Gesundheitssysteme helfen, Behandlungskosten um bis zu 90 % zu senken. Die Polizei kombiniert Ermittlungsergebnisse mit Informationen aus unzähligen Beobachtungen und Systemen, um Verbrechensmuster zu identifizieren. Ihr Ziel: Verbrechen vorzubeugen, anstatt sie nur zu bestrafen.

Die Liste ist lang, und der Wandel hat gerade erst begonnen. Aber nicht nur große Unternehmen werden davon profitieren, sondern auch mittelständische und kleinere Firmen – die Triebfedern des Wachstums – ebenso wie Gemeinden und Verwaltungen sowie auch jeder Einzelne von uns.

Stellen Sie sich vor, wie ein „smarter" Planet unsere Ziele verändern wird. Unsere Wege zu Wirtschaftswachstum, gesellschaftlichem Fortschritt, ökologischer Nachhaltigkeit und der Heilung von Krankheiten. Wie er die Art verändern wird, wie wir miteinander umgehen … und mit unserem Planeten.

Die Gelegenheit liegt greifbar nahe, aber sicher nicht für lange Zeit. Werden wir sie nutzen? Wenn wir jetzt darangehen, unsere Wirtschaft wieder anzukurbeln und unsere Infrastrukturen auszubauen – werden wir uns nur mit Reparaturen zufriedengeben? Oder werden wir heute den Grundstein legen für eine smartere Zukunft? Mehr dazu unter **ibm.com/think/de**

THINK

Inhaltsverzeichnis

Kapitel I
Business Process Management

Kapitel II
Enterprise Business Intelligence und Information Management

Kapitel III
Enterprise Architecture Management

Kapitel IV
IT-Infrastruktur – Strategien zur Optimierung

Kapitel V
Telekommunikation und Mobile Computing

Kapitel VI
IT-Sicherheit, Governance, Risk und Compliance

Kapitel VII
Profile von Unternehmen der IT und Telekommunikation

nach Alphabet

Index

Vorwort

Endlich angekommen. In der E-Welt. E-Business, E-Government, E-Health u.v.m. etablieren sich. Nach der jüngsten vom Bundesministerium für Wirtschaft und Technologie in Auftrag gegebenen Monitoring-Studie 2009 lag Deutschland im vergangenen Jahr in der E-Performance – der Leistungsfähigkeit in der Informations- und Kommunikationstechnologie (ITK) – unter den fünf bevölkerungsstärksten Ländern Europas nach Großbritannien auf Platz zwei. Wohin führt uns diese *E-volution*? Sicher ist, dass unsere moderne Wirtschaft nicht ohne ITK auskommt. Sicher ist auch, dass wir uns *Business as usual* nicht leisten können. Denn in der digitalen Welt stehen herkömmliche Strukturen und Geschäftsmodelle auf dem Prüfstand. Dauerhafte Wertschöpfung im Umgang mit den wachsenden Ressourcen, erhöhte Flexibilität, Transparenz und Sicherheit der elektronischen Geschäftsprozesse sind zentrale Faktoren.

Die Branche ist im Umbruch. Und sie schafft Innovationen für eine Transformation, bei der es nicht allein darum geht, einfach Ressourcen zu *sparen*, sondern Technologien intelligent – zukunftsfähig – zu nutzen und sie in höhere Effizienz und Profitabilität umzusetzen. Doch erst wenn Unternehmen auch ihre Geschäftsmodelle auf die neuen Technologien abstimmen, gelingt es ihnen, wirtschaftlichen Mehrwert zu schaffen. Effizienz ist nicht immer prickelnd. Innovation irritiert. Sie erfordert Veränderung.

An der Schwelle eines neuen Jahrzehnts decken wir vor diesem Hintergrund in der Erstausgabe des „ITK-Kompendiums 2010" ein breites Spektrum aktueller und zukunftsweisender Themen ab. In diesem Kompendium erfahren Sie, an welchen Innovationen und Konzepten Forschung und Wissenschaft arbeiten, welche Lösungen die Anbieter bereithalten, wie Analysten und Verbände das Potential der Branche einschätzen, und mit welchen Initiativen die Politik die digitale Zukunft und die „grüne Transformation" auf dem Weg zu wettbewerbsfähigen Märkten in Deutschland und Europa vorantreibt. Willkommen in der Zukunft.

An dieser Stelle richten Verlag und Herausgeberin ihren ausdrücklichen Dank an alle externen und internen Beteiligten. Den Autorinnen und Autoren sei dafür gedankt, dass sie durch nutzenorientierte Beiträge dem Leser Orientierung und umfassenden Einblick in eine vielfältige Thematik bieten.

Ihnen, sehr verehrte Leserinnen und Leser, möchten wir mit dem „ITK-Kompendium 2010" ein Wissensmedium an die Hand geben, das Ihnen als wertvolles Nachschlagewerk dienen soll. Wir wünschen Ihnen eine bereichernde Lektüre.

Die Herausgeberin
Frankfurt am Main, September 2009

Marlene Neudörffer
selbständige Beraterin für
Marketing und Kommunikation
in der IT und Übersetzerin
in Seeheim-Jugenheim
bei Darmstadt

EINFÜHRUNG

Die i2010-Strategie
Auf dem Weg zu einem wettbewerbsfähigen digitalen Europa

Von Viviane Reding

Europa ist bei Informations- und Kommunikationstechnologien weltweit führend und wird auch in Zukunft sein Wachstum auf diese Branchen aufbauen. Das Internet bildet dabei eine wichtige Grundlage für neue Entwicklungen in Wirtschaft und Gesellschaft.

E uropa ist weltweit führend, wenn es um Hochtechnologie im Bereich der Informations- und Kommunikationstechnologien (ITK) geht. Um nur einige Beispiele zu nennen: Das World Wide Web, der weltweit dominierende GSM-Standard für Mobilfunknetze, der MPEG-Standard für digitale Inhalte oder die ADSL-Technologie, die Grundlage des heutigen Breitbandbooms, sind alle europäischen Ursprungs. Diese Führungsposition beizubehalten und in einen Vorteil im globalen Wettbewerb zu verwandeln ist ein wichtiges Anliegen unserer Politik.

Deshalb hat die Europäische Kommission im Jahr 2005 die i2010-Strategie vorgeschlagen, deren Ziele genau bei diesen Kernpunkten ansetzen:

■ **Den digitalen Binnenmarkt** für Unternehmen und Anwender von ITK-Lösungen stärken. Dies soll durch den Abbau von regulierungstechnischen Hindernissen und durch die Erarbeitung von abgestimmten Regulierungsansätzen für Telekom- und audiovisuelle Dienste erreicht werden.

■ **Europäische Innovation und Forschung in ITK fördern.** Private und öffentliche Forschungsaufwendungen sollten koordiniert und in den Bereichen eingesetzt werden, wo Europa weltweit führend oder dazu auf dem besten Weg ist. Beispiele sind hier die LTE (Long Term Evolution)- Technologie, die große Umwälzungen im Bereich des drahtlosen Breitbands verspricht, oder ESC (Electronic Stability Control), die elektronische Stabilitätskontrolle, die Autounfälle auf rutschigem Untergrund oder bei unvorhergesehenen Lenkmanövern verhindern soll.

■ **Sicherzustellen, dass alle europäischen Bürger** von Europas Vormachtstellung im ITK-Bereich **profitieren** können. Dies soll besonders durch Online-Behördendienste, die allen Bevölkerungsgruppen zugänglich sind, erreicht werden.

Viviane Reding
Mitglied der Europäischen Kommission, Kommissarin für Informationsgesellschaft und Medien

Dies sind nur einige Beispiele, um die Ambition der Strategie von 2005 aufzuzeigen. Heute, im Jahr 2009, sehen wir, dass die Informations- und Kommunikationstechnologien ihre Rolle als Hauptantriebskraft der wirtschaftlichen und sozialen Modernisierung Europas bestätigt haben. ITK spielt heute eine Schlüsselrolle in der europäischen Strategie für Wachstum und Beschäftigung.

Die Informations- und Kommunikationstechnologien und besonders das Internet sind deshalb auch eine der wichtigsten Komponenten des europäischen Konjunkturprogramms, welches schnellwirksame Maßnahmen vorschlägt, die dem Ausmaß der gegenwärtigen Wirtschaftskrise rasch und effektiv gegensteuern sollen.[1]

Nicht nur ist gut die Hälfte der europäischen Produktivitätszuwächse in den Jahren 1999 bis 2004 auf den steigenden Einsatz von neuen Technologien in Wirtschaft und Gesellschaft zurückzuführen, sondern die Verfügbarkeit von Hochgeschwindigkeitsbreitband ist heute einer der wichtigsten Standortfaktoren und damit der Schlüssel zu neuen Arbeitsplätzen, neuen Fertigkeiten, neuen Märkten und zu Kostensenkungen. Kurz gesagt, Breitband und das Internet sind heute unerlässlich für Unternehmen, öffentliche Dienstleistungen und für das Funktionieren einer modernen Volkswirtschaft.

Was haben wir mit i2010 erreicht? – Das „Europa der Ergebnisse"
Die Initiative i2010 gibt den strategischen Rahmen für Europas Informationsgesellschafts- und Medienpolitik vor. Sie gibt die politische Orientierung für die Schaffung einer offenen und wettbewerbsfähigen digitalen Wirtschaft überall in Europa vor, und sie zeigt erstmals auf, in welchem Ausmaß die neuen Technologien die Lebensqualität unserer Bürger beeinflussen können. Mit i2010 hat die Kommission auch erstmals alle ihr zur Verfügung stehenden Politikinstrumente – Regulierung, Forschungsförderung und den Einsatz neuer Technologien in Pilotprojekten – als koordinierten Gesamtansatz eingesetzt.

Das oberste Ziel, das wir uns mit i2010 gesetzt haben, ist die Vollendung eines digitalen Binnenmarktes für ITK-Produkte und -Dienste, die den europäischen Unternehmen, Bürgern und Verwaltungen zugute kommen. Mit dieser wettbewerbs- und gleichzeitig auch verbraucherorientierten Ausrichtung hat i2010 eine ganze Reihe von Erfolgsgeschichten geschrieben. Lassen Sie mich hier stellvertretend die wichtigsten Ergebnisse darstellen:[2]

Oberstes Ziel ist die Vollendung eines digitalen Binnenmarktes in Europa

■ **Immer mehr Europäer sind heute online.** Die regelmäßige Internetnutzung ist von 43 Prozent der europäischen Bevölkerung im Jahr 2005 auf 56 Prozent im Jahr 2008 angestiegen. Noch letztes Jahr haben wir es als großen Erfolg gefeiert, dass die 50-Prozent-Marke bei den Internetnutzern endlich geknackt wurde, und dieses Jahr verzeichnen wir wieder mehr als 10 Prozent Zuwachs. Die meisten Europäer verwenden das Internet täglich

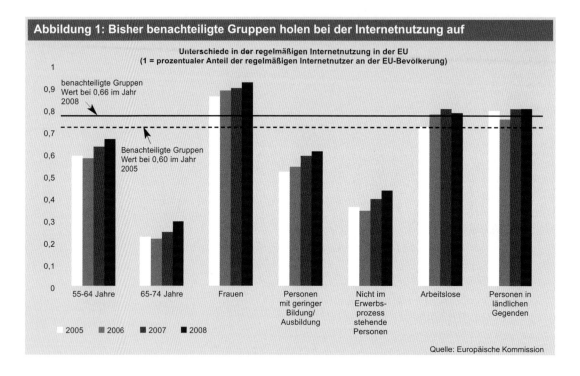

Abbildung 1: Bisher benachteiligte Gruppen holen bei der Internetnutzung auf

Unterschiede in der regelmäßigen Internetnutzung in der EU
(1 = prozentualer Anteil der regelmäßigen Internetnutzer an der EU-Bevölkerung)

benachteiligte Gruppen Wert bei 0,66 im Jahr 2008

Benachteiligte Gruppen Wert bei 0,60 im Jahr 2005

55-64 Jahre | 65-74 Jahre | Frauen | Personen mit geringer Bildung/ Ausbildung | Nicht im Erwerbs- prozess stehende Personen | Arbeitslose | Personen in ländlichen Gegenden

2005 ■ 2006 ■ 2007 ■ 2008

Quelle: Europäische Kommission

und durch schnelle Breitbandzugänge. Die regelmäßige Internetnutzung ist heute gang und gäbe in allen Bevölkerungsschichten, und besonders die benachteiligten Gruppen (nicht am Arbeitsmarkt teilnehmende Menschen, Menschen mit geringer Bildung oder Ausbildung, Ältere zwischen 55 und 64 Jahren) haben am meisten aufgeholt.

■ **Europa ist heute weltweit führend im Breitbandinternet.** Mit 114 Millionen Breitbandkunden ist Europa nicht nur der weltweit größte Markt, es verzeichnet auch enorme Steigerungsraten: Die Hälfte der europäischen Haushalte und mehr als 80 Prozent der Unternehmen haben heute eine Breitbandverbindung, und davon zwei Drittel mit durchschnittlichen Download-Geschwindigkeiten von mehr als 2 Megabit pro Sekunde.

Durch die zunehmende Verbreitung von Breitband wird das Internet interaktiver

Die hohen Breitbandabonnentenzahlen spiegeln sich auch in den in Anspruch genommenen Diensten wider. Die Europäer sind dabei, ihre Internetgewohnheiten zu ändern, und legen neue Verhaltensweisen an den Tag. 80 Prozent derer, die das Internet regelmäßig verwenden, sind mehr und mehr „inter"-aktiv im Internet; sie wechseln vom reinen Kommunizieren zum Austausch und zur Erstellung von Inhalten.

■ Der europäische **Mobilfunkmarkt hat heute eine Marktdurchdringungsrate von 119 Prozent**. Im Vergleich dazu besaßen im Jahr 2004 84 Prozent der EU-Bevölkerung ein Handy. Europa ist somit weltweit füh-

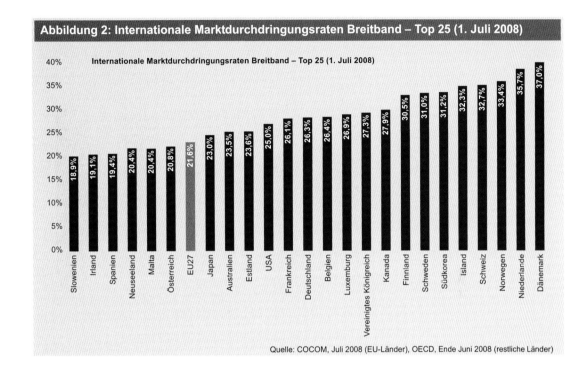

Abbildung 2: Internationale Marktdurchdringungsraten Breitband – Top 25 (1. Juli 2008)

Internationale Marktdurchdringungsraten Breitband – Top 25 (1. Juli 2008)

Slowenien	18,9%
Irland	19,1%
Spanien	19,4%
Neuseeland	20,4%
Malta	20,4%
Österreich	20,8%
EU27	21,6%
Japan	23,0%
Australien	23,5%
Estland	23,6%
USA	25,0%
Frankreich	26,1%
Deutschland	26,3%
Belgien	26,4%
Luxemburg	26,9%
Vereinigtes Königreich	27,3%
Kanada	27,9%
Finnland	30,5%
Schweden	31,0%
Südkorea	31,2%
Island	32,3%
Schweiz	32,7%
Norwegen	33,4%
Niederlande	35,7%
Dänemark	37,0%

Quelle: COCOM, Juli 2008 (EU-Länder), OECD, Ende Juni 2008 (restliche Länder)

rend, denn die USA und Japan kommen nur auf Durchdringungsraten um die 80 Prozent. Die europäischen Verbraucher verwenden mehr Zeit für mobiles Telefonieren und für SMS, und dies zu Preisen, die mindestens 34,5 Prozent unter denen von 2004 liegen.

■ Die **Roaminggebühren** für Gespräche übers Handy sind seit der Einführung der europäischen Roamingverordnung am 1. Juli 2007 um 70 Prozent gefallen. Am 1. Juli dieses Jahres wurde diese Verordnung auf die Gebühren für SMS und für Internetnutzung übers Handy ausgeweitet.

■ Die **gesamteuropäische Internetdomain .eu** wurde 2006 eingeführt. Heute, drei Jahre später, gibt es bereits mehr als 3 Millionen .eu-Domainnamen. Damit ist Europa weltweit bereits an neunter Stelle. Die Domain .eu gibt Europa nicht nur ein Gesicht und eine Identität im Internet, es vereinfacht es Unternehmen auch, europaweit tätig zu werden, ohne sich mit 27 verschiedenen Registrierungsstellen auseinandersetzen zu müssen.

■ Europa hat in den vergangenen Jahren auch beachtliche Fortschritte beim **Angebot und bei der Nutzung von Online-Behördendiensten** gemacht. Heute stehen den Bürgern 50 Prozent der Behördendienste voll online zur Verfügung (das heißt, dass ein gesamter Vorgang online abgewickelt werden kann), während dies 2004 nur 27 Prozent waren. Für Unternehmen sieht es noch besser aus; diese können 70 Prozent online abwickeln, im

Wichtige Fortschritte bei E-Government

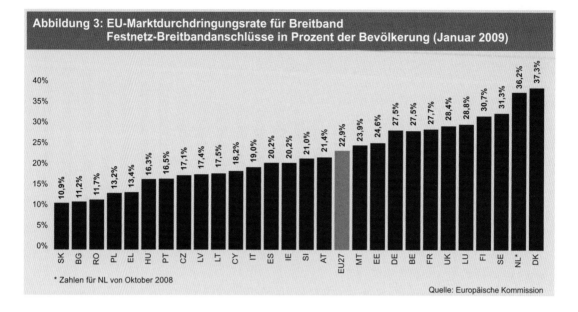

Abbildung 3: EU-Marktdurchdringungsrate für Breitband
Festnetz-Breitbandanschlüsse in Prozent der Bevölkerung (Januar 2009)

* Zahlen für NL von Oktober 2008

Quelle: Europäische Kommission

Vergleich zu 58 Prozent im Jahr 2004. Im europäischen Durchschnitt nutzen ein Drittel aller Bürger und fast 70 Prozent aller Unternehmen E-Government-Dienste.

EU fördert ITK-Forscher

■ **EU-Forschungsförderung im ITK-Bereich** hat seit jeher eine zentrale Rolle bei Europas größten industriellen Erfolgsgeschichten gespielt, wie zum Beispiel in der Mikro- oder Nanoelektronik, im Gesundheitsbereich oder in der Straßensicherheitsagenda der EU. Aus Europa kommt auch bahnbrechende Forschung wie die „Giant Magneto Resistance" (GMR)-Technologie, die das Harddiskgeschäft revolutioniert hat und seinem Erfinder 2007 den Nobelpreis für Physik einbrachte, sowie die schon eingangs erwähnte ADSL-Technologie, die den großen Durchbruch für Breitband europaweit ermöglicht hat. Superschnelle Forschungsnetze verbinden Europas beste Forscher. Europa ist der Drehpunkt des weltweit besten und schnellsten Forschungsnetzwerkes: Unterstützt von der Europäischen Kommission, stellt GÉANT2 30 Millionen europäischen Forschern ultraschnelle Computerkapazitäten und Datenressourcen weltweit zur Verfügung, um bahnbrechende Forschung durchzuführen und effizienter zusammenzuarbeiten.

■ Das Fernsehen unterliegt großen Veränderungen. Fernsehen und audiovisuelle Medien sollten allen Europäern ohne Grenzen zur Verfügung stehen. Deshalb hat die Kommission **einheitliche Regeln für neue audiovisuelle Dienste** aufgestellt, die nicht nur verschiedene Medien (wie etwa terrestrisches, digitales, mobiles Fernsehen oder Internetfernsehen) umfassen, sondern auch in verschiedenen Formaten konsumiert werden kön-

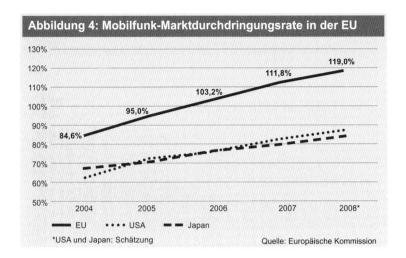

Abbildung 4: Mobilfunk-Marktdurchdringungsrate in der EU

*USA und Japan: Schätzung

Quelle: Europäische Kommission

nen. Seit 2009 hat Europa ein klares Regelwerk, das die Verpflichtungen von Fernsehdiensteanbietern, seien es traditionelle Fernsehanstalten oder Anbieter von interaktiven Video-on-Demand-Diensten, regelt.

■ Die **europäische Filmförderung aus dem MEDIA-Programm** macht mich besonders stolz. Viele europäische Filme, die heute weltweit bekannt sind (wie etwa „La vie en rose", „Das Leben der Anderen", „Die Fälscher" oder „Slumdog Millionaire"), hätten ohne unsere Unterstützung kaum ihr Produktionsland verlassen. Europas Verdienst ist es nicht nur, diese nicht auf das Massenpublikum ausgerichteten Filme möglich zu machen, sondern europäisches Leben und europäische Kultur einem internationalen Publikum näherzubringen.

■ Mit der **Europäischen Digitalen Bibliothek Europeana,** die im November 2008 vorgestellt wurde, ist Europas kulturelles Erbe nur einen Mausklick entfernt. Unter www.europeana.eu haben Internetnutzer aus aller Welt Zugriff auf über 2 Millionen Bücher, Landkarten, Aufnahmen, Fotografien, Archivdokumente, Gemälde und Filme aus Nationalbibliotheken und Kulturinstituten der 27 EU-Mitgliedsstaaten. Europeana eröffnet neue Wege zur Erkundung des kulturellen Erbes Europas.

■ Alle Altersgruppen verwenden das Internet, und die jungen Anwender sind häufig die neugierigsten und wissen am besten, wie man mit den Technologien umgeht. Aber sie sind gleichzeitig auch am meisten gefährdet. Die Kommission hat deshalb das **„Safer Internet"**-Programm ins Leben gerufen. Damit sollen unsere Jüngsten dem Online-Leben mit Selbstvertrauen und mit dem nötigen Know-how begegnen können. Das Filtern von unerlaubten Inhalten, Aktionen, um Eltern und Lehrer auf die Gefahren im Internet aufmerksam zu machen, Vereinbarungen mit den wichtigsten euro-

Verbesserter Schutz für jugendliche Internetnutzer

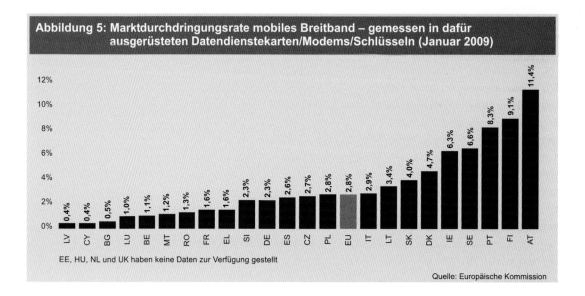

Abbildung 5: Marktdurchdringungsrate mobiles Breitband – gemessen in dafür ausgerüsteten Datendienstekarten/Modems/Schlüsseln (Januar 2009)

EE, HU, NL und UK haben keine Daten zur Verfügung gestellt

Quelle: Europäische Kommission

päischen Mobilfunkbetreibern über sicheres Telefonieren am Handy und mit den größten Betreibern von sozialen Netzwerken im Internet ermöglichen es den jungen Europäern, sich sicher im Internet zu bewegen.

ITK-Maßnahmen als Wachstumsstrategien

Diese Beispiele zeigen, dass Informationsgesellschafts- und Medienpolitik untrennbar mit allen Bereichen der Wirtschaft und des Lebens verbunden ist. Wir sehen heute auch, dass ITK-Maßnahmen zunehmend in die allgemeine Politik der Mitgliedsstaaten eingebettet sind. Alle EU-Mitgliedsstaaten haben mittlerweile erkannt, wie grundlegend der Einsatz von neuen Technologien für Europas Produktivität und Wachstum ist. Heute sind ITK-Maßnahmen in allen Mitgliedsstaaten Teil der übergeordneten Wachstumsstrategien, und viele Länder haben nationale ITK-Strategien, die sich deutlich an i2010 orientieren und ähnliche Zielsetzungen haben.

Ich bin stolz darauf, was wir in den vergangenen Jahren erreicht haben. Aber wir können jetzt nicht einfach haltmachen und uns auf unseren Lorbeeren ausruhen. Heute, in wirtschaftlich schwierigen Zeiten, ist es wichtiger denn je, dass wir die richtigen Weichen für die Zukunft stellen.

Herausforderungen für die zukünftige ITK- und Medienpolitik

Europas Erfolg im Bereich der ITK und ihrer breiten Anwendung in Wirtschaft und Gesellschaft gründet sich auf einer konsistenten Politik zur Schaffung von Wettbewerb in den europäischen Telekommunikationsmärkten und zur Errichtung eines digitalen Binnenmarktes für digitale Inhalte und Medien. Europas technologischer Vorsprung gründet sich auf den unermüdlichen Anstrengungen, in wichtigen Forschungsgebieten eine kritische Masse zu erreichen. Europa versteht es außerdem, sich seine kulturellen Ressourcen nutzbar zu machen, wie die oben bereits erwähnte Film- und Medienindustrie oder die Digitale Bibliothek. Diese übergeordneten Politikausrichtungen werden sicherlich auch in der Zukunft Gültigkeit haben.

Wir müssen allerdings unseren Erfolg der letzten Jahre auch im globalen Zusammenhang bewerten. Denn es wird immer deutlicher, dass Europa in den Bereichen, in denen es heute weltweit führend ist, seinen Wettbewerbsvorsprung angesichts neuer innovativer Entwicklungen verlieren könnte. Nehmen wir nur das Beispiel Breitband: Europa ist weltweit führend, aber gleichzeitig hinken wir stark hinter den USA und Südkorea her, wenn es um den Ausbau von Hochgeschwindigkeitsglasfasernetzen geht. Der Breitbanderfolg scheint auch nicht in den Drahtlosbereich durchzuschlagen, wo sich mittlerweile Asien als Weltmarktführer herauskristallisiert. Und Europa ist nach wie vor eine vernachlässigbare Größe im Bereich der Internetdienste und -anwendungen. Hier dominieren die USA, besonders bei Blogs und bei sozialen Netzwerken, wie Facebook oder MySpace.

Europa braucht daher dringend eine neue **digitale Agenda,** um für die kommenden Herausforderungen gerüstet zu sein. Wir müssen eine Weltklasseinfrastruktur schaffen und so das Potential des Internet als Wachstumsmotor und als Grundlage für neue, kollaborative, offene Innovationsprozesse, Kreativität und Bürgerbeteiligung nutzen. Was bedeutet dies konkret?

Internet als Wachstumsmotor für kollaborative Innovationsprozesse

Europa muss sich noch stärker engagieren, es muss zukunftorientierte Wachstumsstrategien für die Konjunkturerholung umsetzen, und es muss Weltklasse in Hochtechnologiesektoren bleiben. Wir müssen unsere Forschungsaufwendungen noch intelligenter einsetzen, so dass gute Ideen auch wirklich auf den Markt kommen und so neues Wachstum generieren können.

Die Generation der Babyboomer steht jetzt kurz vor der Pensionierung: Ein von ITK ausgehender Produktivitätsschub ist der einzige Weg, eine Stagnation des BIP zu verhindern, die sonst angesichts der schrumpfenden Anzahl von Arbeitskräften unvermeidlich wäre. Und wir müssen uns die Technologien nutzbar machen, um eine der großen Herausforderungen der Zukunft zu meistern: den Klimawandel und alles, was damit zusammenhängt.

Die Kommission hat deshalb im August/September 2009 eine ausführliche Internetbefragung durchgeführt, die sich an alle interessierten Kreise richtete, um uns zu helfen, die Schwerpunkte für eine Nachfolgestrategie zu i2010 zu identifizieren. In dieser Befragung haben wir neun Themenkreise zur Diskussion gestellt:

■ **ITK als Motor für die wirtschaftliche Erholung Europas** und als einer der Hauptbeiträge zur Lissabonner Strategie für Wachstum und Beschäftigung. Dies ist angesichts der gegenwärtigen Wirtschaftskrise äußerst wichtig, aber auch für die längerfristige europäische Strategie.

Neue Technologien wie Cloud Computing unterstützen Energieeffizienz

■ Die Bedeutung der **ITK im Übergang zu einer nachhaltigeren, kohlenstoffarmen Wirtschaft.** ITK sind der Schlüssel zu verantwortungsvollerem Energieverbrauch in Haushalten, im Transportbereich, in der Energieerzeugung selbst, oder in der Industrieproduktion. Intelligente Verbrauchsmesser, energieeffiziente Beleuchtungslösungen oder Cloud Computing – also die Möglichkeit, Speicherkapazitäten, Rechenleistung und Software über das Internet zu mieten – werden die Energieverbrauchsmuster verändern. Ohne ITK werden diese Veränderungen nicht optimal bewältigt werden können.

■ Europas Abschneiden in der **ITK-Forschung und Innovation** ist im globalen Vergleich trotz der Erfolge der letzten Jahre ständig neuen Herausforderungen unterworfen. Jedoch ist die ITK-Forschung der Schlüssel dazu, einige der großen Herausforderungen der Zukunft zu meistern, sei es im Gesundheitsbereich, sei es die alternde europäische Bevölkerung, aber auch die Bereiche Sicherheit, Datenschutz und Schutz der Privatsphäre oder Forschungsergebnisse, die den Weg zu einer kohlenstoffarmen Wirtschaft weisen können.

■ Ein **superschnelles und für alle zugängliches Internet** ist die Grundlage für eine zu 100 Prozent vernetzte Wirtschaft. Und nur eine derartig organisierte Wirtschaft wird in der Zukunft bestehen können. Wir können es uns nicht leisten, das Potential der Hochgeschwindigkeitsnetze für wirtschaftliche Erholung, langfristiges Wachstum und Innovation ungenützt zu lassen. Daher müssen wir heute die Rahmenbedingungen schaffen, dass die Netze der Zukunft für alle offen sind, so dass neue Dienste und Inhalte von allen Onlinenutzern für alle möglich sind.

■ Der **digitale Binnenmarkt** war eines der Hauptziele der i2010-Initiative. Trotz der großen Fortschritte der letzten Jahre ist dies immer noch eine der größten Herausforderungen für die Zukunft. Auch heute noch sind die Bedingungen in den Mitgliedsstaaten sehr unterschiedlich, was etwa Zahlungssysteme, Sicherheit oder den Schutz der Privatsphäre betrifft. Auch die uneinheitliche Situation auf dem Inhaltemarkt und die 27 verschiedenen Lizenzvergabesysteme in den Mitgliedsstaaten verhindern europaweit verfügbare Dienste.

■ Die neue digitale Welt bietet ungeahnte Möglichkeiten für die **Kreativität von Europas Bürgern.** Heute ist das Internet ein interaktives politisches Forum, ein pulsierendes soziales Netzwerk und eine enorme Wissensquelle. Die früher passiven Konsumenten von vorgefertigten Produkten sind heute aktive Produzenten oder auch „Prosumer" (zusammengesetzt aus dem englischen „pro-ducer" und „con-sumer"). Um diese Kreativität und Aktivität der Anwender bestmöglich zu fördern, bedarf es neuer Politikansätze.

■ Das Internet ist global, und heute werden viele Entscheidungen auf globaler Ebene getroffen. Der Erfolg der neuen Technologien hängt grundlegend davon ab, dass das Internet auch in Zukunft offen bleibt und dass globale Herausforderungen, wie Sicherheit, unangemessene oder unerwünschte Inhalte (man halte sich nur vor Augen, dass das Gros des Spam heute aus Russland oder China kommt), auch global beantwortet werden. **Europas Position in der internationalen ITK-Arena** ist aber oft schwach oder uneinheitlich und sollte daher gestärkt werden.

■ **Online-Behördendienste** sind heute überall in der EU verfügbar. Aber mit ihrer steigenden Nutzung müssen wir auch darauf achten, keine neue digitale Kluft zu öffnen zwischen denen, die die neuen Dienste nutzen, und denen, die es nicht tun, meist weil sie nicht dazu in der Lage sind. Das partizipative Web bietet eine ungeahnte Fülle von Möglichkeiten auch für die Personalisierung von E-Government: Es ermöglicht den Bürgern, ihre Beziehungen mit der öffentlichen Verwaltung zu verändern. Dies bringt aber auch Umstellungen für die Verwaltung selbst mit sich.

Im Internet wird der Konsument immer mehr zum Produzenten der Inhalte

■ Die Nutzung der neuen Technologien, um die **Lebensqualität von Europas Bürgern** zu verbessern, war bereits einer der Pfeiler der i2010 Strategie. Der „Business Case" für die digitale Integration ist heute angesichts der alternden Bevölkerung, unterschiedlicher Bildungs- und Ausbildungsniveaus oder der geographischen Lage stärker als je zuvor: Besonders in wirtschaftlich schwierigen Zeiten sind diejenigen am Rande der Gesellschaft als Erste vom Ausschluss oder von Arbeitslosigkeit bedroht.

Vor diesem Hintergrund liegt es jetzt an uns allen, zusammenzuarbeiten und die richtigen Entscheidungen zu treffen, dass Europa eine schlagkräftige digitale Wirtschaft aufbaut, die es uns ermöglicht, die gegenwärtigen wirtschaftlichen Probleme schneller und besser zu meistern. Das Internet wird in den kommenden Jahren die Grundlage für neue Entwicklungen in Wirtschaft und Gesellschaft sein, und wir müssen sicherstellen, dass Europa dafür gerüstet ist. ▨

1　Siehe dazu die Mitteilungen der Kommission KOM (2008) 800 „Europäisches Konjunkturprogramm" und KOM (2009) 36 „Jetzt investieren in die Zukunft Europas".

2　Bericht über die digitale Wettbewerbsfähigkeit Europas – Hauptergebnisse der i2010-Strategie 2005–2009, KOM (2009) 390. Detailliertere Übersicht der Ergebnisse im Kommissionsbericht : http://ec.europa.eu/information_society/ newsroom/cf/itemlongdetail.cfm?item_id=5146

Potentiale von ITK in der Krise nutzen
Breitbandinfrastruktur soll flächendeckend ausgebaut werden

Von Dr. Karl-Theodor Freiherr zu Guttenberg

Unternehmen müssen weiter in ITK investieren, denn hier werden die Weichen für Innovations- und Wettbewerbsfähigkeit gestellt. Ein wichtiges Infrastrukturvorhaben ist der Aufbau einer flächendeckenden Breitbandversorgung in Deutschland bis Ende 2010.

D ie Bereitstellung einer leistungsfähigen Breitbandinfrastruktur wird von Experten häufig mit den Elektrifizierungsprogrammen des 19. und 20. Jahrhunderts verglichen. 1930 waren beispielsweise in den USA nur 10 Prozent der ländlichen Haushalte an das Stromnetz angeschlossen. Erst 1950 konnte eine fast vollständige Anbindung aller Haushalte erreicht werden. In den folgenden Jahren aber vervielfachte sich der Stromverbrauch dramatisch, auch weil immer mehr neue stromintensive Geräte wie Fernseher, Geschirrspüler, Trockner, Klimaanlagen und Computer auf den Markt kamen. Somit ergaben sich immer neue Herausforderungen, denen es sich zu stellen galt.

Eine ähnliche Situation ist heute bei der Breitbandversorgung in Deutschland zu beobachten. Deutschland hat zwar die beste Breitbandversorgung unter den fünf großen Ländern Europas. Trotzdem besteht fortwährend Handlungsbedarf. Beispielsweise gibt es Versorgungslücken auf dem Land. Weiterhin ist schon jetzt absehbar, dass der Bedarf an noch höheren Bandbreiten stark steigen wird.

Im Februar dieses Jahres hat die Bundesregierung daher eine neue Breitbandstrategie beschlossen, in der sie ehrgeizige Ziele für den Breitbandausbau formuliert. Bis spätestens Ende 2010 sollen leistungsfähige Breitbandanschlüsse mit Übertragungsraten von mindestens einem Megabit pro Sekunde flächendeckend zur Verfügung stehen. Des Weiteren sollen bis zum Jahr 2014 für mindestens 75 Prozent der deutschen Haushalte Internetzugänge mit Übertragungsraten von mindestens 50 Megabit pro Sekunde verfügbar sein. Möglichst bald nach 2014 sollen solche hochleistungsfähigen Breitbandanschlüsse auch flächendeckend zur Verfügung stehen. Die Realisierung dieser Ziele können wir nur erreichen, wenn alle Beteiligten des Bundes, der Länder, der Gemeinden sowie der Wirtschaft gemeinsam daran arbeiten.

Dr. Karl-Theodor Freiherr zu Guttenberg Bundeswirtschaftsminister

Es ist wichtig, dass alle Akteure ihre Anstrengungen für den Aufbau einer flächendeckenden Breitbandversorgung in Deutschland weiter fortsetzen. Wie

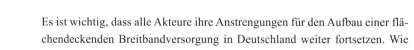

bei der Energieversorgung müssen auch bei der Datenkommunikation leistungsfähige Netze und kostengünstige Internetzugänge vorhanden sein. Beim Breitbandausbau haben die Lösungen Vorrang, die der Markt durch Wettbewerb selbst entwickelt. Die Bundesregierung setzt hierbei auf die Nutzung der „Digitalen Dividende", die Nutzung von Synergien beim Infrastrukturausbau und die Optimierung der Regulierungspraxis. Dort, wo Marktlösungen nicht tragen, besteht die Möglichkeit für die Kommunen, eine finanzielle Förderung zu erhalten. Beim IT-Gipfel 2008 in Darmstadt hat die Bundeskanzlerin noch einmal persönlich die hohe politische Bedeutung und Dringlichkeit des Infrastrukturvorhabens „Breitbandausbau" unterstrichen.

Ausbau des Breitbandnetzes als wichtiges Infrastrukturvorhaben

Angeregt durch die Bundeskanzlerin im Jahr 2006 und koordiniert von meinem Haus, hat die Bundesregierung inzwischen bereits drei IT-Gipfel ausgerichtet. Mit ihnen wurde eine neue Art der Zusammenarbeit mit Spitzenvertretern aus Wirtschaft und Wissenschaft ins Leben gerufen. Wie bei der Breitbandstrategie oder beim Thema „Green IT" können die IT-Gipfel eine Katalysatorfunktion für gemeinsame Projekte von Politik, Wirtschaft und Wissenschaft zur Entwicklung von Wachstumsmärkten von Informations- und Kommunikationstechnologien (ITK) sowie die ITK-Branche selbst wahrnehmen.

Man kann nicht häufig genug betonen, dass Informations- und Kommunikationstechnologien als Querschnittstechnologien eine entscheidende Bedeutung für die Leistungs- und Wettbewerbsfähigkeit der gesamten deutschen Wirtschaft haben. Daher haben die IT-Gipfel ebenso die Funktion, auf diese Bedeutung hinzuweisen und die Konsequenzen aufzuzeigen. Wir müssen darauf achten, dass Bürger und Unternehmen die Vorteile der ITK nutzen können, über die Risiken aufgeklärt werden und sich zum Beispiel im Internet genauso frei und sicher bewegen können wie auf der Straße.

Weiterhin haben sich die regelmäßig stattfindenden IT-Gipfel zu einer zentralen Plattform für die Umsetzung des Programms „iD2010 – Informationsgesellschaft Deutschland 2010" entwickelt, in dem die Bundesregierung die Eckpunkte ihrer ITK-Politik festgelegt hat.

Mit diesem Programm wurden Ziele definiert und Maßnahmen für zentrale Punkte der Informationsgesellschaft in den Bereichen Gesetzgebung, Technologieförderung, Anwendung von Informations- und Kommunikationstechnologien in Wirtschaft, Staat und Gesellschaft sowie Stärkung der ITK-Sicherheit eingeleitet. Die Bundesregierung unterstützt mit „iD2010" die EU bei der Umsetzung der Strategie „i2010 – Eine europäische Informationsgesellschaft für Wachstum und Beschäftigung".

Durch die IT-Gipfel haben wir in den vergangenen Jahren einiges erreicht: „THESEUS" und „E-Energy" sind Leuchtturmprojekte des BMWi, die im

Rahmen des IT-Gipfelprozesses zustande gekommen sind. Der Bund stellt für diese beiden Projekte rund 190 Millionen Euro bereit. Ziel von „THE-SEUS" ist es, Wissen im Internet mit Hilfe semantischer Technologien besser zu nutzen und zu verwerten. Mit dem Förderprojekt „E-Energy" wollen wir einen Beitrag zur Effizienzsteigerung im Energiebereich leisten.

ITK kostensparend und klimaschonend einsetzen

Im Auftrag meines Hauses wurde kürzlich ein Gutachten über den Stromverbrauch von ITK-Endgeräten in privaten Haushalten bis 2020 erstellt. Es sagt voraus, dass in privaten Haushalten im Jahr 2020 etwa 25 Prozent mehr Strom durch ITK-Endgeräte verbraucht werden wird als 2007, wenn sich das Verhalten der Verbraucher nicht ändert und wenn sich die Angebote der ITK-Hersteller nicht entscheidend verbessern. Man muss sich allerdings vergegenwärtigen, dass ITK nicht nur Teil des Problems, sondern auch Teil der Lösung ist.

Der Einsatz von ITK kann Kosten sparen und einen wichtigen Beitrag zur Schonung des Klimas leisten. Auch hier sind Aufklärung sowie Forschungs- und Entwicklungsanstrengungen notwendig. Beim IT-Gipfel 2008 in Darmstadt haben Wirtschaft, Wissenschaft und Regierung einen Aktionsplan „Green IT" verabschiedet, durch den diese Entwicklungen vorangetrieben werden sollen. Schließlich sehen Experten hier für deutsche Unternehmen mit ihren hervorragenden Ingenieuren und Umweltexperten einen Wachstumsmarkt.

Es ist mir ein wichtiges Anliegen, die Leistungsfähigkeit des ITK-Standortes Deutschland stärker in den Blick einer breiten Öffentlichkeit zu rücken. Deshalb habe ich mich über die Entscheidung der Bundeskanzlerin, für Anfang Dezember 2009 nach Stuttgart zu einem 4. IT-Gipfel einzuladen, gefreut. Mehr noch als in den Vorjahren wollen wir in Stuttgart den Dialog der ITK-Branche mit Anwenderbranchen wie Energie, Logistik, Automobil- oder Maschinenbau fördern und dabei die Rolle der ITK als Innovations- und Wachstumsmotor herausstellen. Denn die traditionellen Stützen der deutschen Wirtschaft würden ohne ITK-Produkte und -Dienstleistungen heute nicht mehr so wettbewerbsfähig sein, wie sie es sind.

Die große Gefahr in einer Krise ist immer, dass notwendige Investitionen unterbleiben. Viele Experten weisen darauf hin, dass Informationstechnologien die Innovationsfähigkeit von Unternehmen steigern. Hier werden die Weichen gestellt für die Wettbewerbsfähigkeit. Deshalb hoffe ich, dass Unternehmen ihre Investitionen in ITK nicht zu stark zurückfahren, denn sie würden sich ihrer Wachstumspotentiale berauben und Rückständen hinterherlaufen. Deshalb appelliere ich an alle Unternehmen, weiter in ITK zu investieren.

Handbuch Länderrisiken 2010

Auslandsmärkte auf einen Blick

Was erwartet Exporteure, Unternehmen mit Tochtergesellschaften im Ausland oder Investoren bei Geschäften im jeweiligen Zielland? Wie können neue Märkte identifiziert und erschlossen werden? Welche Finanzierungs- und Absicherungsaspekte müssen bedacht werden?

Das „Handbuch Länderrisiken 2010: Auslandsmärkte auf einen Blick" liefert wertvolle Orientierungshilfen im internationalen Handel. Es bietet einen kompakten Überblick über die wirtschaftliche und politische Lage in 155 Ländern. Über die allgemeinen Eckdaten hinaus fokussieren die Analysen den Aspekt der Zahlungssicherheit. Länderratings, Zahlungsindizes und nützliche Informationen über die in den Ländern üblichen Zahlungsmodalitäten ermöglichen dem Leser einen sehr konkreten Zugang zu den relevanten Märkten. Dabei leistet das Rating des Geschäftsumfelds wichtige Dienste bei der Beurteilung der Eignung eines Landes als Zielmarkt. Regionale Überblicksartikel und die Behandlung aktueller ökonomischer oder geopolitischer Themen runden das Handbuch ab.

Herausgegeben von Coface Deutschland in Zusammenarbeit mit dem F.A.Z.-Institut anlässlich des Kongresses Länderrisiken 2010. 5., komplett überarbeitete Auflage, ca. 560 Seiten, April 2010, Paperback, € 98,00

Bestellanschrift:

F.A.Z.-Institut für Management-, Markt- und Medieninformationen GmbH
Länder- und Ratingdienste
Mainzer Landstraße 199
60326 Frankfurt am Main
Telefon: (0 69) 75 91 - 21 29
Telefax: (0 69) 75 91 - 19 66
E-Mail: **laender@faz-institut.de**
www.laenderdienste.de

„IT goes green"
Das digitale Zeitalter braucht eine Effizienzrevolution

Von Sigmar Gabriel

Mit dem ITK-Volumen steigt auch der Energie- und Ressourcenverbrauch und stellt die Umweltpolitik vor neue Herausforderungen. Förderprogramme des Bundes helfen Unternehmen bei der Umstellung auf eine „Green IT" und stärken damit innovative Technologien.

W ir stehen im Jahr 2009 vor einer doppelten strukturellen Herausforderung: Zum einen müssen wir die globale Wirtschafts- und Finanzkrise bewältigen. Die Verwerfungen auf den Finanzmärkten haben längst die Realwirtschaft erfasst. Weltweit muss fast flächendeckend mit einer tiefgreifenden Rezession gerechnet werden. Zum anderen verändern sich weitere Rahmenbedingungen des Wirtschaftens. Der Klimawandel und das Bevölkerungswachstum, die Endlichkeit fossiler Brennstoffe und der globale Energiehunger, die Preisexplosionen an den Rohstoffmärkten und der Verlust an Biodiversität – all diese Entwicklungen lassen weder unsere Ökosysteme unberührt noch unsere Wirtschaft.

Aber: Die Konjunkturkrise und das Erreichen der ökologischen Belastungsgrenzen können und müssen der Startpunkt sein für eine umfassende und nachhaltige Erneuerung auf allen Ebenen, die insbesondere auf eine Steigerung der Energie- und Ressourceneffizienz setzt.

Hierzu kann die moderne Informations- und Kommunikationstechnik (ITK) wichtige Beiträge leisten. Durch eine intelligente Steuerung von Stromnetzen, Autos oder Gebäuden oder indem Verkehr durch Telearbeit, Telefon- und Videokonferenzen überflüssig wird, lassen sich Ressourcen und das Klima schützen. Gerade bei Servern und Rechenzentren gibt es auch gesamtwirtschaftlich relevante Effizienzpotentiale. Aufgrund des rasant wachsenden Energie- und Materialbedarfs der ITK ist der Handlungsbedarf hier besonders groß.

Hierzu einige Fakten, die diesen Handlungsbedarf im Hinblick auf eine nachhaltigere Entwicklung sehr treffend verdeutlichen:

■ Nach neuesten Studien betrug der ITK-bedingte Stromverbrauch in Deutschland im Jahr 2007 etwa 55 Milliarden kWh. Das sind 10,5 Prozent des gesamten Jahresstromverbrauchs. Die Zunahme des Datenverkehrs, der Geräte und der damit einhergehenden Rechen- und Speicherleistung lassen bei gleichbleibender Entwicklung bis 2020 eine Steigerung um 20 Prozent auf jährlich 67 Milliarden kWh erwarten.

Sigmar Gabriel
Bundesumweltminister

■ Die Anwendungen in den privaten Haushalten haben einen ITK-bedingten Stromverbrauch von knapp 60 Prozent. Ohne Gegensteuerung wird der Anteil von gegenwärtig rund 27 Milliarden kWh auf 40 Mrd. kWh im Jahr 2020 steigen. Hier spielen Fernseher und Computer mit immer größer werdenden Displays, die Zunahme von Audio- und Video-Daten sowie die Interaktivität und Personalisierung von digitalen Dienstleistungen eine bedeutende Rolle.

Rasanter Anstieg des Energieverbrauchs erwartet

■ Die Informations- und Kommunikationstechnik verursachte allein in Deutschland im Jahr 2007 einen Ausstoß von rund 33 Millionen Tonnen Kohlendioxid (CO_2). Es wird geschätzt, dass ITK mit derzeit weltweit rund 2,1 Milliarden Tonnen CO_2-Emissionen mit rund 2 Prozent bereits das Niveau der globalen CO_2-Emissionen des Flugverkehrs erreicht hat.

■ Der spezifische Energiebedarf von Servern und Rechenzentren lag in Deutschland im Jahr 2008 bereits bei über 10 Milliarden Kilowattstunden. Dies entspricht einer Jahresstromproduktion von fast vier mittelgroßen Kohlekraftwerken. Und der Bedarf steigt weiter. Ein durchschnittlicher Server verbraucht derzeit ca. 400 Watt, viermal so viel wie vor zehn Jahren. Ohne besondere Anstrengungen zur Energieeffizienz wird der Energieverbrauch von Rechenzentren im Jahr 2010 bei über 12 Milliarden Kilowattstunden liegen. Die damit verbundenen Stromkosten belaufen sich auf rund 1,1 Milliarden Euro.

Hinzu kommen produktbezogene Aspekte:

■ Ein PC enthält über 1.000 verschiedene Stoffe, von denen viele wertvoll sind (zum Beispiel Kupfer, Gold und das knappe Tantal), aber viel zu selten systematisch und umweltverträglich recycelt werden.

■ Die Produktion nur eines PC mit Monitor verbraucht rund 5.300 kWh Strom. Das ist mehr als der durchschnittliche jährliche Energieverbrauch einer deutschen Kleinfamilie, der bei rund 3.000 kWh liegt. Für denselben PC mit Monitor werden zudem 1.500 Liter Wasser und 23 Kilogramm verschiedener Chemikalien aufgewendet.

Die Zahlen belegen, dass die ITK besonders relevant für den Energie- und Materialverbrauch ist und dementsprechend einen großen Beitrag zu mehr Energie- und Ressourceneffizienz leisten sollte und auch kann. Die Einsparpotentiale sind enorm: Die Wirkungskette beginnt bei der Software, läuft über die Hardware und die Stromversorgung bis hin zur Gebäudeplanung und Kühlung. Mit energieeffizienter Technik, die bereits heute verfügbar ist, lassen sich bis 2013 insgesamt 15,3 Millionen Tonnen CO_2 vermeiden. So könnten allein die Betreiber von Rechenzentren in den kommenden Jahren insgesamt 3,6 Milliarden Euro an Stromkosten einsparen. Aber auch ein einzelner sehr effizienter PC, z.B. ausgezeichnet mit dem Blauen Engel, spart gegenüber einem ineffizienten Gerät zwischen 50 und 70 Prozent Strom.

Bundesumweltministerium fördert innovative Technologien mit zinsgünstigen Krediten

Vor diesem Hintergrund hat das Bundesumweltministerium im Rahmen seiner ökologischen Industriepolitik „Green IT" zu einem programmatischen Schwerpunkt gemacht und unter anderem den Förderschwerpunkt „IT goes green" aufgelegt, um die großen Einsparpotentiale in diesem Feld zu heben. Ziel dieser Initiative ist es, einen Wettbewerb um innovative Technologien und Verfahren in Gang zu bringen, deren Markteinführung zu beschleunigen und durch zielgruppenorientierte Kommunikation Multiplikatoren und Nachahmer zu finden. Für die Förderung kommen unter anderem moderne Rechenzentrumsinfrastrukturen und der Einsatz von Thin-Client-Technologien in Betracht. Das Bundesumweltministerium stellt für Pioniere, die in innovative Informations- und Kommunikationstechnik investieren, Fördermittel aus dem Umweltinnovationsprogramm bereit.

Um eine Breitenwirkung zu erzielen, können vor allem kleine und mittlere Unternehmen im ERP (European Recovery Program)-Umwelt- und Energieeffizienzprogramm zinsgünstige Kredite für Vorhaben erhalten, mit denen erprobte Ansätze eingeführt werden. Darüber hinaus besteht die Möglichkeit, Zuschüsse für qualifizierte und unabhängige Energieeffizienzberatungen in Unternehmen der gewerblichen Wirtschaft und für Freiberufler in Anspruch zu nehmen.[1]

Durch die Beratung sollen Schwachstellen bei der effizienten Energieverwendung aufgezeigt und Vorschläge oder konkrete Maßnahmenpläne für energie- und kostensparende Verbesserungen gemacht werden. Detailinformationen für Anwender in Unternehmen, Behörden und Organisationen gibt kostenfrei und herstellerneutral das hierzu bei BITKOM eingerichtete Beratungsbüro „Green IT"[2].

Die Bundesregierung hat sich im November 2008 zum Ziel gesetzt, bis zum Jahr 2013 den durch den Betrieb von ITK verursachten Energieverbrauch um 40 Prozent zu senken. Deshalb investiert sie innerhalb des Konjunkturpakets II 100 Millionen Euro in Maßnahmen des Bundes. Mit Blick auf die Rechenzentren ist das Bundesumweltministerium vorangegangen: Es hat Erneuerungsmaßnahmen genutzt, um den Stromverbrauch seines Rechenzentrums um rund 60 Prozent (70.000 kWh) zu reduzieren. Das entspricht einer Senkung des CO_2-Ausstoßes um rund 44 Tonnen.

Das Thema „Green IT" ist aber nicht nur unter dem Gesichtspunkt der Verringerung des Stromverbrauchs und der Treibhausgasemissionen von zentraler Bedeutung. Ich bin überzeugt, dass man mit ressourceneffizienten ITK-

Infrastrukturen und -Geräten auch die Wettbewerbsfähigkeit Deutschlands stärken und damit auch Beschäftigung sichern und schaffen kann.

Unser gemeinsames Ziel sollte es deshalb sein, die ökonomischen und ökologischen Herausforderungen in positive Synergien umzuwandeln, die die Ressourceneffizienz steigern, natürliche Ressourcen schützen, Kosten senken und Innovationen hervorbringen. Die Umweltpolitik leistet dazu ihren Beitrag, indem sie die richtigen Rahmenbedingungen und Anreize setzt. Dazu gehören ambitionierte Standards, Förderprogramme oder die Stärkung einer umweltfreundlichen Beschaffung.

Der Ausbau einer „Green IT" wird auch die Wettbewerbsfähigkeit Deutschlands fördern

Das Konzept, das dahinter steht, ist eine ökologische Industriepolitik, die zu einer „grünen Transformation" der gesamten Wirtschaft und aller Branchen führt. Entscheidend ist die Neuorientierung nicht nur der Güter-, sondern auch der Arbeits- und Finanzmärkte. Was wir brauchen, sind „smart Investments", also Maßnahmen, die Deutschlands langfristige Wachstumschancen verbessern und gleichzeitig den ökologischen Druck mildern.

---

1 http://www.kfw.de

2 http://www.green-it-projektberatung.de

Der IT- und Telekommunikationsmarkt
Themen und Trends in Deutschland und Europa

Von Dr. Axel Pols

Die Informationstechnik behauptet sich in der derzeitigen Wirtschaftskrise viel besser als andere Branchen, denn ihre Dienstleistungen helfen vielen Unternehmen, Prozesse zu optimieren und dadurch die Kosten zu senken.

S eit Monaten dominieren Schlagzeilen zur Finanz- und Wirtschaftskrise die Berichterstattung der Medien. Nahezu alle Länder und Branchen sind von den Auswirkungen der Krise mehr oder weniger betroffen. Die Informationstechnik- und Telekommunikationsbranche (ITK) macht hier keine Ausnahme, gehört allerdings zu den bislang weniger stark beeinträchtigten Wirtschaftszweigen.

Wie ist das zu erklären? Welche Unternehmen spüren die Auswirkungen der Krise stärker, welche weniger? Welche Produkte und Dienstleistungen sind trotz Krise gefragt, welche Themen bleiben aktuell, welche Herausforderungen stellen sich neu?

Diese und andere Fragen werden auf den folgenden Seiten beantwortet. Dabei erhebt dieser Beitrag keinen Anspruch auf Vollständigkeit; er will vielmehr einen Einstieg in die Thematik bieten. Es wird deutlich, dass die Perspektiven der ITK-Wirtschaft es erlauben, verhalten optimistisch nach vorne zu schauen. Dies gilt nicht nur für Deutschland, sondern auch für den europäischen Markt, auf den abschließend eingegangen wird.

Auswirkungen der Krise: Mehrheit der ITK-Anbieter nicht betroffen
Der BITKOM hat in den vergangenen Monaten regelmäßig mit repräsentativen Umfragen die Stimmungslage in der Hightech-Branche eingefangen. Die Ergebnisse zeigen, dass die Krise bei vielen Unternehmen (noch) nicht angekommen ist und die Erwartungen stark durch die allgemeine Unsicherheit beeinflusst sind. Der Anteil der Unternehmen, der konkrete Auswirkungen der Krise spürt, ist von 13 Prozent im Oktober 2008 auf 44 Prozent im Februar 2009 angestiegen und seitdem auf diesem Niveau geblieben.

Dr. Axel Pols
Bereichsleiter BITKOM
Marktforschung und
Außenwirtschaft,
Chairman EITO Task Force

Umgekehrt sagen weiterhin mehr als die Hälfte der Unternehmen, dass die Krise sie bisher nicht konkret betrifft. Dieses Resultat ist angesichts einer BIP-Prognose von rund minus 6 Prozent bemerkenswert. Es erklärt sich nicht zuletzt dadurch, dass wichtige Abnehmerbranchen wie etwa die Energieversorger und Versicherungen bislang nur wenig von der Krise betroffen

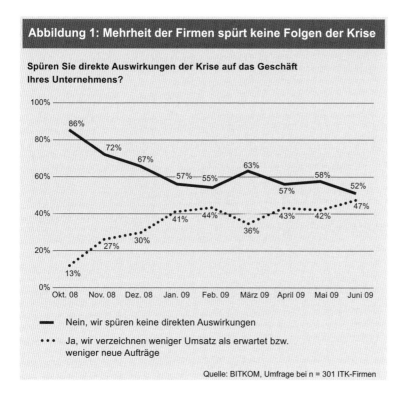

Abbildung 1: Mehrheit der Firmen spürt keine Folgen der Krise

Spüren Sie direkte Auswirkungen der Krise auf das Geschäft
Ihres Unternehmens?

Nein, wir spüren keine direkten Auswirkungen

Ja, wir verzeichnen weniger Umsatz als erwartet bzw.
weniger neue Aufträge

Quelle: BITKOM, Umfrage bei n = 301 ITK-Firmen

sind und die Nachfrage aus dem öffentlichen Sektor den Markt spürbar stabilisiert. Unternehmen, die vornehmlich Kunden in diesen Branchen bedienen, spüren demnach wenig oder gar nichts von der Krise. Zudem stützt die bislang kaum nachlassende Nachfrage der Privatverbraucher den Markt. Die Erwartungen der Unternehmen für die kommenden Monate sind zwar noch mehrheitlich zurückhaltend bis negativ, haben sich im Juni allerdings zum zweiten Mal in Folge leicht verbessert. Insbesondere große Unternehmen äußerten sich zuletzt optimistischer. Interessant ist, dass über 40 Prozent der Unternehmen, die pessimistisch in die nahe Zukunft schauen, dafür keine konkreten Anhaltspunkte haben, sondern nur vermuten, dass sie von der Krise nicht verschont werden.

ITK-Markt 2009: Wirtschaftskrise fordert Tribut

Nachdem zu Beginn des Jahres noch ein Nullwachstum prognostiziert wurde, hat der BITKOM Anfang Juli 2009 seine Prognose für das Jahr 2009 deutlich nach unten korrigiert. Demnach werden Unternehmen, Konsumenten und der öffentliche Sektor im Jahr 2009 in Deutschland rund 141 Milliarden Euro für Produkte und Dienstleistungen der ITK-Branche ausgeben. Dies entspricht einem Minus von 2,5 Prozent gegenüber dem Vorjahr. Das letzte Minus gab es im Jahr 2002 nach dem Platzen der Internetblase. Seinerzeit schrumpfte der Markt um 2,4 Prozent. Während der Boom der digitalen Consumer Electronics damals ungebrochen weiterging, sind im laufen-

BITKOM erwartet für 2009 schrumpfenden Markt

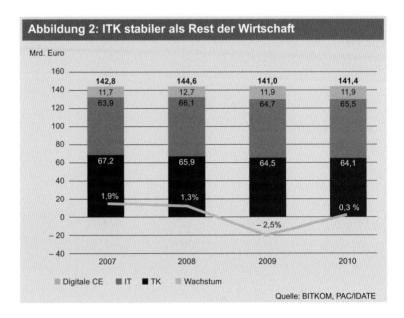

Abbildung 2: ITK stabiler als Rest der Wirtschaft

Mrd. Euro

	2007	2008	2009	2010
Summe	142,8	144,6	141,0	141,4
Digitale CE	11,7	12,7	11,9	11,9
IT	63,9	66,1	64,7	65,5
TK	67,2	65,9	64,5	64,1
Wachstum	1,9%	1,3%	–2,5%	0,3 %

■ Digitale CE ■ IT ■ TK ■ Wachstum

Quelle: BITKOM, PAC/IDATE

den Jahr die Umsätze in allen großen Teilmärkten rückläufig. Die Ausgaben für Informationstechnik gehen voraussichtlich um 2,2 Prozent zurück auf 64,7 Milliarden Euro. Der Umsatz mit digitalen Consumer Electronics verringert sich spürbar um 6,5 Prozent auf rund 12 Milliarden Euro. In der Telekommunikation sind die Umsätze ebenfalls rückläufig, erwartet wird ein Minus von 2,0 Prozent auf rund 64,5 Milliarden Euro.

Informationstechnik kann stabilisierender Faktor sein

Unternehmen investieren auch in der Krise in neue IT-Lösungen – um Kosten zu sparen

Im Jahr 2008 war der deutsche IT-Markt noch um 4 Prozent gewachsen und hatte dabei maßgeblich von der starken Nachfrage nach Software und IT-Dienstleistungen profitiert. Der für dieses Jahr erwartete Rückgang spiegelt die konjunkturelle Abhängigkeit der IT-Ausgaben wider. Allerdings werden die IT-Ausgaben bei weitem nicht so stark zurückgehen wie die Wirtschaftsleistung gemessen am BIP. Dies hat damit zu tun, dass Unternehmen auch in Zeiten knapper Budgets gezielt in IT-Lösungen investieren, um effizienter zu werden und Kosten zu reduzieren. Hier zeigt sich ein wichtiger Unterschied zwischen der aktuellen und der Krise nach der Jahrtausendwende. Seinerzeit mündete der „Hype" um die New Economy in eine heftige IT-Krise, die die Gesamtwirtschaft nach unten zog. Heute kann die ITK-Branche ein stabilisierender Faktor sein und dazu beitragen, die Krise zu überwinden.

Die Umsätze mit Software und IT-Dienstleistungen, die die Hälfte des IT-Gesamtmarkts ausmachen, dürften nach einem kräftigen Wachstum im Jahr 2008 im laufenden Jahr in etwa auf Vorjahresniveau liegen. Der Hardwaremarkt wird im Jahr 2009 dagegen ein schmerzhaftes Minus verzeichnen. Weitgehend krisenresistent zeigt sich die Nachfrage nach Outsourcing: Der

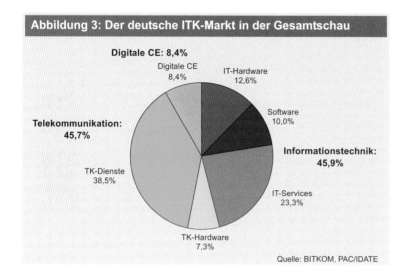

Abbildung 3: Der deutsche ITK-Markt in der Gesamtschau

Digitale CE: 8,4%

Digitale CE
8,4%

IT-Hardware
12,6%

Software
10,0%

Telekommunikation:
45,7%

Informationstechnik:
45,9%

TK-Dienste
38,5%

IT-Services
23,3%

TK-Hardware
7,3%

Quelle: BITKOM, PAC/IDATE

Umsatz mit IT- und Business-Process-Outsourcing wird in diesem Jahr voraussichtlich um 6 Prozent steigen. Die Wirtschaftskrise beschleunigt in manchen Unternehmen die Entscheidung, Teile der Wertschöpfungskette auszulagern und dadurch ihre Produktivität zu steigern. Outsourcing-Anbieter können auslagernden Unternehmen zudem beim Liquiditätsmanagement helfen, etwa indem die monatlichen Raten an den Dienstleister in der Anfangsphase niedrig gehalten werden und später steigen.

Neben Outsourcing gehören Software-as-a-Service (SaaS) und Virtualisierung zu den **wichtigsten IT-Trends** des Jahres 2009. Ihnen ist gemeinsam, dass sie schnell Kostensenkungen und Leistungssteigerungen bei den Anwendern ermöglichen. So erlaubt der Zugriff auf Softwareanwendungen per Internet (SaaS), Ausgaben für Lizenzen und die Pflege der Programme zu reduzieren. Die Virtualisierung hilft, Kosten zu senken, indem Rechnerressourcen von Computern beziehungsweise ganzen Rechenzentren besser ausgenutzt werden. Der Kostenaspekt spielt auch beim Thema Green IT eine wichtige Rolle, denn moderne, energieeffiziente Rechenzentren sind nicht nur gut für die Umwelt, sondern senken massiv die Energiekosten eines Betriebs. Ein weiteres Thema, das hoch auf der Agenda der Unternehmen steht, ist die IT-Sicherheit. Im Vordergrund stehen dabei unter anderem Aspekte wie Datenschutz und Datensicherheit. Gerade beim Outsourcing von betrieblichen Prozessen und der externen Speicherung von kritischen Daten muss ein möglichst wirkungsvoller Schutz gewährleistet sein.

Wichtigste IT-Trends 2009: Software-as-a-Service und Virtualisierung

Längst noch nicht in allen Unternehmen angekommen sind die Ideen und Möglichkeiten des Web 2.0 beziehungsweise entsprechender Business-Anwendungen. Allerdings werden die Prinzipien von Facebook, StudiVZ oder Xing auch in Unternehmen, öffentlichen Verwaltungen und anderen Organisationen eine immer größere Rolle spielen. Die intensive Vernetzung der Mitarbeiter führt zu einer besseren Kommunikation untereinander. Zudem werden firmeninterne Blogs, Wikis und Foren dazu beitragen, das Wissen der einzelnen Mitarbeiter besser auszuschöpfen.

Telekommunikationsmarkt im Umbruch

Kräftiges Wachstum bei den mobilen Datendiensten

Im Gegensatz zum IT-Markt sind die konjunkturellen Einflüsse auf den Telekommunikationsmarkt eher gering. Der generelle Trend hin zu mehr Kommunikation und intensiverer Internetnutzung wird durch die Krise nicht gebrochen, sondern allenfalls etwas gebremst. Der Telekommunikationsmarkt ist weiterhin durch einen tiefgreifenden technologischen Wandel und einen scharfen Preiswettbewerb geprägt. Noch nie konnte man so günstig telefonieren oder im Internet surfen. Zwei gegenläufige Entwicklungen charakterisieren den Markt: Während der Umsatz mit Sprachdiensten sowohl im Festnetz als auch im Mobilfunk seit einigen Jahren sinkt, wächst das Geschäft mit Datendiensten, vor allem die mobilen Datendienste legen kräftig zu. **Mobile Businessanwendungen** für Unternehmen sowie Unterhaltung für unterwegs **treiben das Marktwachstum.**

In Deutschland sind die Umsätze mit mobilen Internetzugängen und mobiler E-Mail mittlerweile höher als die Erlöse aus dem SMS- und MMS-Versand. Die modernen Smartphones haben der mobilen Internetnutzung zum Durchbruch verholfen. Umfangreiche Web-, Mail- und Multimedia-Funktionen gehören bereits in Mittelklassemodellen zum Standard.

Doch auch jenseits der mobilen Datendienste bietet der **Breitbandmarkt** nach wie vor erhebliche **Wachstumschancen.** Bei schnellen Breitbandzugängen liegt Deutschland derzeit nur knapp über dem europäischen Schnitt. 75 Prozent aller deutschen Haushalte hatten Anfang 2009 einen Webzugang zu Hause, das bedeutete Rang 5 im EU-Vergleich. Doch nur 58 Prozent konnten das schnelle Internet nutzen, das ist Rang 9 in der EU. In Dänemark, Schweden und den Niederlanden hatten demgegenüber fast drei von vier Haushalten einen schnellen Zugang.

Bis Ende 2009 erwartet der BITKOM in Deutschland einen Anstieg auf 26 Millionen Breitbandanschlüsse. Dann verfügen zwei von drei Haushalten über einen schnellen Zugang ins Internet. Besonders stark war zuletzt das Wachstum bei Zugängen über das TV-Kabel. Wachstumspotential gibt es vor allem in ländlichen Regionen. Die Breitbandstrategie der Bundesregierung verfolgt das Ziel, dass bis Ende 2010 alle Haushalte in Deutschland mit einem Breitbandinternetanschluss versorgt werden können. In einem zweiten Schritt wird der Ausbau zu deutlich höheren Geschwindigkeiten forciert. Im Jahr 2014 sollen 75 Prozent aller Haushalte einen Anschluss von mindestens 50 MBit/s erhalten können.

Unterhaltungselektronik: Auf Boom folgt Blues

Der deutsche Markt für digitale Unterhaltungselektronik wird nach mehreren Jahren mit hohen Wachstumsraten 2009 voraussichtlich kräftig schrumpfen. Zwar werden in diesem Jahr erstmals mehr als 7 Millionen Flachbildfernseher verkauft, dennoch sinkt der Umsatz in diesem wichtigen Markt wegen der fallenden Preise. Der Durchschnittspreis für LCD-Fernseher ist im ersten Quartal um fast 20 Prozent im Vergleich zum Vorjahr gesunken. Rückläufig sind auch die Umsätze mit Digitalkameras, MP3-Playern und Navigationsgeräten. Ein Umsatzplus erzielen Blu-Ray-Player und digitale Set-top-Boxen für den Fernsehempfang. Neuen Schwung erwartet der BITKOM in diesem Markt von der Einführung des hochauflösenden Fernsehens durch die öffentlich-rechtlichen TV-Sender im kommenden Jahr.

Außenhandel: Dienstleistungen im Plus

Deutschland gehört zu den führenden ITK-Exporteuren. Im Jahr 2008 betrug das Exportvolumen 50 Milliarden Euro. Davon entfielen drei Viertel auf den Export von ITK-Gütern und ein Viertel auf ITK-Dienstleistungen. Der Export von ITK-Hardware entwickelte sich im Jahr 2008 stark rückläufig und dürfte auch 2009 nochmals kräftig schrumpfen. Diese Entwicklung ist neben der Rezession in wichtigen Abnehmerländern vor allem auf den Einbruch der Ausfuhren im Bereich der TK-Hardware (– 43 Prozent in 2008) zurückzuführen. Hier machen sich Standortverlagerungen beziehungsweise Werksschließungen bemerkbar.

Während der Export von ITK-Hardware stark rückläufig ist, wächst das Auslandsgeschäft mit ITK-Dienstleistungen

Der Export von IT-Hardware und Consumer Electronics ging im Jahr 2008 um 10 Prozent zurück. Das Auslandsgeschäft mit ITK-Dienstleistungen (Software, IT-Dienstleistungen, TK-Dienste) entwickelte sich dagegen 2008 mit einem Plus von 11 Prozent sehr positiv, im ersten Quartal 2009 gab es ein geringes Minus gegenüber dem Vorjahresquartal.

Ausblick 2010: Silberstreif am Horizont

Quantitative Prognosen für das Jahr 2010 werden dadurch erschwert, dass noch unsicher ist, wann die (Welt-)wirtschaft wieder Tritt fassen und wie kräftig die Erholung ausfallen wird. Basierend auf der derzeit vorherrschenden Erwartung, dass die deutsche Wirtschaft im nächsten Jahr eine schwarze Null schreiben wird, prognostiziert der BITKOM für den ITK-Markt ebenfalls ein geringfügiges Wachstum in 2010. Insbesondere die Investitionen in Software und IT-Dienstleistungen dürften wieder etwas anziehen und dem IT-Markt zu einem kleinen Plus verhelfen. Die Ausgaben für digitale Unterhaltungselektronik werden gemäß der Prognose nicht weiter zurückgehen, sondern das diesjährige Niveau erreichen. Für die Telekommunikation wird 2010 zwar wiederum mit einer rückläufigen Marktentwicklung gerechnet, der Rückgang dürfte aber schwächer ausfallen als im laufenden Jahr. Maßgeblich dafür sind die Erwartungen einer gebremsten Abwärtsbewegung bei

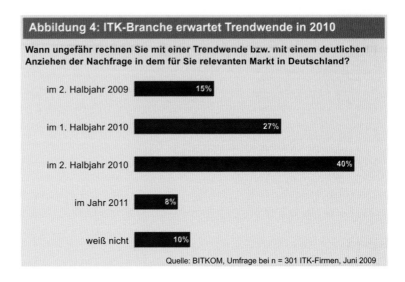

Abbildung 4: ITK-Branche erwartet Trendwende in 2010

Wann ungefähr rechnen Sie mit einer Trendwende bzw. mit einem deutlichen Anziehen der Nachfrage in dem für Sie relevanten Markt in Deutschland?

im 2. Halbjahr 2009	15%
im 1. Halbjahr 2010	27%
im 2. Halbjahr 2010	40%
im Jahr 2011	8%
weiß nicht	10%

Quelle: BITKOM, Umfrage bei n = 301 ITK-Firmen, Juni 2009

den Umsätzen mit mobilen Sprachdiensten und einer Erholung beim Geschäft mit Mobiltelefonen.

ITK-Markt in der EU: auch die Nachbarn kämpfen mit der Krise

Prognose für ITK-Industrie deutlich besser als für Gesamtwirtschaft

Die Finanz- und Wirtschaftskrise hat dazu geführt, dass die Prognosen für die ITK-Marktentwicklung in den europäischen Nachbarländern deutlich nach unten korrigiert werden mussten. Gemäß dem European Information Technology Observatory (EITO) wird der Umsatz mit ITK-Produkten und -Dienstleistungen in der EU im Jahr 2009 um 1,7 Prozent auf 716,6 Milliarden Euro sinken. Im kommenden Jahr soll der Markt wieder um 0,3 Prozent auf 718,6 Milliarden Euro anziehen. Die Prognose für die europäische ITK-Industrie ist damit im laufenden Jahr – ähnlich wie in Deutschland – deutlich besser als für die Gesamtwirtschaft. Als ein stabilisierender Faktor erweist sich auf europäischer Ebene die Telekommunikation. Laut EITO wird der Umsatz mit Kommunikationsdiensten und -geräten 2009 nahezu das Vorjahresniveau von 362 Milliarden Euro erreichen. Die Ausgaben für Informationstechnik sollen im Jahr 2009 um 2,2 Prozent auf 296 Milliarden Euro sinken. Der Umsatz mit IT-Hardware fällt nach EITO-Angaben um 6,6 Prozent auf 85,7 Milliarden Euro. In diesem Segment belasten fallende Preise und die Verschiebung von IT-Investitionen bei Firmenkunden die Umsatzentwicklung. Der europäische Markt für digitale Unterhaltungselektronik wird mit Minus 8,2 Prozent voraussichtlich sogar stärker schrumpfen als der deutsche.

Die ITK-Märkte der mittel- und osteuropäischen EU-Mitglieder entwickeln sich in Summe besser als die der westeuropäischen Länder. Eine Ausnahme bilden vor allem die baltischen Staaten, die besonders stark unter der Krise leiden. Von den großen westeuropäischen Ländern zeigt sich der französi-

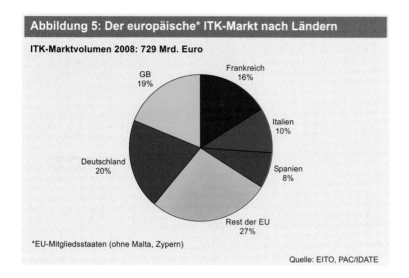

Abbildung 5: Der europäische* ITK-Markt nach Ländern

ITK-Marktvolumen 2008: 729 Mrd. Euro

GB 19%
Frankreich 16%
Italien 10%
Spanien 8%
Rest der EU 27%
Deutschland 20%

*EU-Mitgliedsstaaten (ohne Malta, Zypern)

Quelle: EITO, PAC/IDATE

sche IT-Markt mit einem erwarteten Rückgang von gut 1 Prozent am krisen-resistentesten, der italienische Markt bildet mit Minus 5 Prozent in 2009 das Schlusslicht. In der Telekommunikation liegen die Wachstumsraten näher beieinander: Frankreich und Spanien dürfen im laufenden Jahr mit einem Plus von weniger als 1 Prozent rechnen, Italien und Großbritannien mit einem Minus in gleicher Größenordnung.

Konvergenz von Business und IT

Prozesse und Inhalte rücken in den Fokus

Marlene Neudörffer im Interview mit Rüdiger Spies

Technische Innovationen waren stets der Motor für Fortschritt und Wachstum. Informations- und Kommunikationstechnologien spielen hier eine zentrale Rolle. Sie verändern Arbeits- und Produktionsprozesse, beschleunigen Entwicklungen, schaffen neue Märkte. IT-Innovationen haben den Geschäftsalltag verändert, und die IT nimmt eine neue Rolle in den Unternehmen ein.

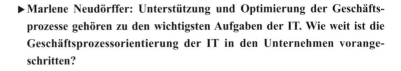

▶ **Marlene Neudörffer: Unterstützung und Optimierung der Geschäftsprozesse gehören zu den wichtigsten Aufgaben der IT. Wie weit ist die Geschäftsprozessorientierung der IT in den Unternehmen vorangeschritten?**

Rüdiger Spies
Analyst und Independent Vice President Enterprise Applications bei IDC Central Europe GmbH und Patentanwalt

Marlene Neudörffer
selbständige Beraterin für Marketing und Kommunikation in der IT und Übersetzerin in Seeheim-Jugenheim bei Darmstadt

Rüdiger Spies: Zunächst ist zu unterscheiden zwischen den Geschäftsprozessen in den Fachbereichen, die durch die IT unterstützt werden, und der Geschäftsprozessorientierung innerhalb der IT selbst. In letzterem Fall sehen wir, dass diese sehr gut vorangeschritten ist. Hier geht es u.a. um Entwicklungsprozesse, die Einführung neuer Systeme, Zertifizierungen, Backup und Security.

Was die Geschäftsprozessorientierung außerhalb der IT betrifft, also die betrieblichen Abläufe in den Fachbereichen, die von der IT unterstützt werden, so hat eine aktuelle Studie erstaunliche Ergebnisse gebracht. IDC hat Ende 2008 zusammen mit Capgemini sd&m eine Befragung bei deutschen Banken zum Reifegrad der Geschäftsprozessoptimierung durchgeführt. Die Banken sind – auch aufgrund der gesetzlichen Vorgaben, die sie einhalten müssen – sehr stark geschäftsprozessorientiert und dienen damit gewissermaßen als Muster für die gesamte Wirtschaft. Die Ergebnisse[1] sind aus unserer Sicht jedoch ernüchternd:

Bei der Frage nach den größten strategischen Herausforderungen ergab sich folgendes Bild (Mehrfachnennungen waren möglich): 58 Prozent der Nennungen fielen auf eine **höhere Prozessqualität,** 46 Prozent auf eine **stärkere Kundenorientierung,** und 31 Prozent der Nennungen fielen auf den **Preiswettbewerb** als eine wichtige strategische Herausforderung.

Die Zahlen zeigen, dass Prozessqualität ein äußerst wichtiges Thema ist. Bei der Frage nach den Maßnahmen als Reaktion auf die strategischen Herausforderungen sahen die Ergebnisse folgendermaßen aus (Mehrfachnennungen waren möglich): 56 Prozent der Nennungen fielen auf die **Prozessoptimie-rung** (Redesign, Standardisierung), 49 Prozent auf eine **höhere Automatisierung** durch die IT und 40 Prozent auf die **Vertriebsoptimierung** durch Cross-/Upselling-Maßnahmen.

Insgesamt hat die Studie deutlich gemacht, dass ein hoher Handlungsbedarf im Prozessmanagement bei den Banken besteht. Ich gehe nicht davon aus, dass die Situation in anderen Branchen wesentlich anders aussieht. Angesichts der Tatsache, dass die Banken schon immer Vorreiter beim Einsatz von IT waren, sind die Ergebnisse aus meiner Sicht doch überraschend.

▶ **Marlene Neudörffer: Worin liegen Motivation und Ziel für den „Umbau" der Unternehmenslandschaft?**

Rüdiger Spies: Die Unternehmensleitung fordert eine höhere Flexibilität der IT, die sich an den Geschäftsprozessen ausrichten muss. Standardisierung, Automatisierung, neue Business Chancen beim Einsatz moderner Technologien sind wichtige Anforderungen an die IT.

Für die IT besteht die Motivation nicht selten in dem „Überlebenswillen" im eigenen Haus. Die Fachbereiche, die die Geschäftsprozesse definieren, gewinnen verstärkten Einfluss auf IT-Entscheidungen. Da sie die Verträge über alternative Modelle, wie Outtasking, Outsourcing, SaaS, häufig selbst gestalten können, droht die IT in der bisherigen Form teilweise überflüssig zu werden.

▶ **Marlene Neudörffer: Welche Aspekte müssen berücksichtigt werden?**

Rüdiger Spies: Unveränderte Priorität hat ein enges Alignment zwischen IT und Business. Die IT muss lernen, besser im Geschäftsinteresse zu denken. Ihre Aufgabe ist es, eine IT-Architektur zu schaffen, die sich an der – wie ich das nenne – Unternehmensarchitektur ausrichtet.

Dahinter verbirgt sich ein mehrstufiger Prozess, der sich über die Entwicklung einer Prozess-Architektur über das Design einer Informationsarchitektur bis hin zur Produktauswahl erstreckt. Zentrale Bedeutung kommt hier einem kontinuierlichen IT-Portfoliomanagement zu, um mittelfristig die im Einsatz befindlichen Systeme gegen solche Systeme auszutauschen, die der Architektur zuträglich sind, und diejenigen Systeme in den Ruhestand zu schicken, die die Architektur nicht unterstützen. Auf diese Weise muss versucht werden, über die Zeit die Systeme an die Architektur anzupassen, das heißt, hier geht es eindeutig um einen längerfristigen Prozess.

▶ **Marlene Neudörffer: In welchen Bereichen ist die Durchdringung der Arbeitsabläufe mit IT am größten?**

Rüdiger Spies: Dies hängt sehr stark von der Branche ab. Im Finanzdienstleistungssektor sind die Geschäftsprozesse an vielen Stellen aktuell in Veränderungen begriffen und durch eine Reihe von gesetzlichen und anderen regulatorischen Vorgaben zum Teil festgeschrieben.

In der Fertigungsindustrie oder im Retail-Sektor zeigt sich ein differenziertes Bild: Stark prozessorientiert sind die Bereiche Bestellwesen – Order Entry, Order-to-Cash. Diese Prozesse sind gut automatisiert. Gute IT-Unterstützung gibt es auch im Supply Chain Management und im Finanzbereich. In Letzterem geht ohne IT gar nichts mehr.

Demgegenüber ist der Personalbereich (HR) in den Unternehmen – und das gilt jetzt eher branchenübergreifend – noch nicht vollständig IT-gestützt, viele Prozesse laufen nach wie vor manuell ab. Auch das Marketing wird nicht immer von einem CRM-System unterstützt.

▶ **Marlene Neudörffer: Wo gibt es noch Defizite, und worin liegen die Ursachen?**

Rüdiger Spies: Die Defizite liegen überwiegend in einer mangelnden horizontalen Vernetzung. Das Prozessende ist nicht immer dort angesiedelt, wo auch die Organisationsgrenzen liegen. Die Prozesse erstrecken sich vielmehr über Abteilungs- und Unternehmensgrenzen hinweg. Es geht darum, dass die gesamte Prozesskette – zum Beispiel von dem Auftragseingang über die Auslieferung bis hin zur Rechnungslegung und Rechnungsverfolgung – gesteuert wird.

Eine mangelnde horizontale Vernetzung äußert sich auch darin, dass es in den wenigsten Unternehmen einen Prozessverantwortlichen (Chief Processing Officer – CPO) gibt, der für die Hauptprozesse des Unternehmens Verantwortung trägt. Da sich die IT-Aufgaben zunehmend in Richtung der betrieblichen Abläufe verlagern, kann auch der CIO diese neue Rolle einnehmen. In dieser neuen Rolle muss er den Fokus darauf richten, die komplexen Unternehmensprozesse durch IT zusammenzuführen.

Weitere damit im Zusammenhang stehende Defizite liegen in einer mangelnden Dokumentation der Geschäftsprozesse und einer unzureichenden Messung der Geschäftsprozessperformance anhand von Kennzahlen.

▶ **Marlene Neudörffer: Immer höher, weiter, schneller – und individueller. Kundenzentrierung steht hoch oben auf der Agenda der Unternehmen. Damit verbunden sind Ziele wie verbesserte Time-to-Market
und höhere Servicequalität. Liegt hier neues Potential für IT-Investitionen?**

Rüdiger Spies: Hier würde ich drei Bereiche hervorheben:
Zum einen die verbesserte Zusammenführung und Nutzung vorhandener In-
formationen, die in verteilten Systemen vorliegen, mit Hilfe von Business-
Intelligence-, Business-Analytics- und Content-Management-Systemen.

Zum anderen ein Innovationsmanagement, im Rahmen dessen der gesamte
Lebenszyklus neuer Produkte besser gesteuert und damit der Markterfolg ermöglicht wird. Diese produktbezogenen Prozesse kann die IT durch Systeme
für das Product Lifecycle Management (PLM) unterstützen.

Diese Anwendungen sind jedoch nicht grundlegend neu. Innovatives Potential bietet sich mit dem sogenannten Co-Development, einem Trend, der sich
im Consumer-Bereich bereits durchgesetzt hat und inzwischen auch in den
Business-Bereich vordringt. Wenn es zum Beispiel im Consumer-Markt einem Unternehmen gelingt, eine User Community zu mobilisieren und zu
etablieren, deren Anforderungen und Wünsche direkt in das Design eines
neuen Produktes einfließen, und auch den Konsumenten die Möglichkeit geboten wird, ihre Ideen zu Produkterweiterungen und -verbesserungen einzubringen, dann bietet sich der IT hier ein innovatives Feld, auf dem sie sich
profilieren kann. Hier heißt die Anforderung an die IT, eine Lösung bereitzustellen, die es ermöglicht, alle Informationen zu sammeln, zu verwalten
und zu einer neuen Produktentwicklung zu verdichten.

▶ **Marlene Neudörffer: Die Welt bewegt sich auch immer mehr in Richtung Selbstbedienung. Jeder hat sofortigen Zugriff auf Informationen,
und jeder ist mobil. Welche Anforderungen ergeben sich daraus an
die IT?**

Rüdiger Spies: Der sofortige und mobile Zugriff auf Informationen allein
reicht nicht aus. Hier kommt es ganz wesentlich auf die Datenqualität an.
Das heißt, die Anforderung an die IT lautet, konsistente und aussagekräftige
Daten bereitzustellen. Auf Basis inkonsistenter Daten lassen sich keine fun-
dierten Entscheidungen treffen. Darüber hinaus ist die Datenqualität eine
wichtige Voraussetzung bei der Automatisierung von Geschäftsprozessen.

Die Geschäftsprozesse müssen allen Mitarbeitern transparent sein, das heißt,
erforderlich ist – wie bereits oben erwähnt – die Dokumentation der Abläu-

fe. Diese Informationen müssen möglichst vielen Mitarbeitern zugänglich sein. In der obengenannten Studie haben wir auch festgestellt, dass insbesondere die Transparenz für die Geschäftsprozesse außerhalb der einzelnen Fachbereiche vielfach nicht gegeben ist.

▶ **Marlene Neudörffer: Die Konvergenz der Geschäftsprozesse und der IT spielt eine entscheidende Rolle, damit die Unternehmen Innovationen in ihrem Business vorantreiben können. Wird es Ihrer Meinung nach in Zukunft immer kürzere Innovationszyklen geben?**

Rüdiger Spies: Zweifellos wird diese Konvergenz Innovationen vorantreiben, und das Innovationstempo wird sich beschleunigen. Das bedeutet einerseits, dass die Reaktionsgeschwindigkeit auf die Kundenwünsche wachsen muss. Damit einher geht die Forderung nach einer höheren Flexibilität der IT.

Dies wiederum bedeutet im Umkehrschluss aber nicht – und damit schließt sich der Kreis zum eingangs diskutierten Umbau der Unternehmenslandschaft – dass sich auch die IT-Architektur der Unternehmen ständig ändern soll. Ähnlich einer Gebäudearchitektur muss die IT-Architektur ein stabiles, auf Langfristigkeit angelegtes Fundament sein, in dem die erforderliche Flexibilität verankert ist. So wird mit der Implementierung einer serviceorientierten Architektur (SOA) eine Basistechnologie eingesetzt, die diese höhere Flexibilität ermöglicht. Die Basis, das heißt die SOA, sollte möglichst stabil bleiben.

▶ **Marlene Neudörffer: Die IT ist dabei, mehr als je zuvor unser Leben umzukrempeln – ob wir wollen oder nicht. Worin sehen Sie die Risiken dieser neuen Welt, und welche bereiten Ihnen am meisten Kopfzerbrechen?**

Rüdiger Spies: Mit neuen Chancen gehen selbstverständlich immer Risiken einher. Die wachsende Geschwindigkeit und ein verstärkter Kostendruck sind Herausforderungen, denen es sich zu stellen gilt. Innovativen Entwicklungen sollten sich die Unternehmen jedoch keinesfalls verschließen. Um im Wettbewerb bestehen zu können, ist erhöhte Flexibilität und eine kontinuierliche Weiterentwicklung bei den Mitarbeitern notwendig. Neue Modelle, die durch neue Technologien wie Web 2.0 ermöglicht werden, machen in erheblichem Maße ein Umdenken notwendig.

▶ **Marlene Neudörffer: Die Finanz- und Wirtschaftskrise hat vieles durcheinandergewirbelt. Prognosen mussten immer wieder korrigiert werden. Nach einem Wachstum der IT-Ausgaben in Deutschland von 2,1 Prozent im Jahr 2008 rechnet IDC in diesem Jahr mit einem Rückgang von 2,4 Prozent. Der Branchenverband BITKOM geht davon aus, dass sich der ITK-Markt in Deutschland in 2010 wieder erholen und leicht wachsen wird. Welche Trends bieten Ihrer Meinung nach die Hauptzugkraft?**

Rüdiger Spies: Dies ist natürlich keine einfache Frage. Es gibt sozusagen viele Glaskugeln. Doch eine konkrete Entwicklung würde ich als wirklich entscheidend ansehen, und das ist der zunehmende Grad der Vernetzung und Kommunikation. Viele Unternehmen haben bereits eine Customer Community entwickelt mit dem Ziel, wesentlich dichter an den Bedürfnissen ihrer Kunden zu sein. Die Frage ist: Welches ökonomische Potential steckt hinter dieser neuen Vernetzung und den damit verbundenen neuen Technologien, und wie kann dieses Potential in der Zukunft bezogen auf jedes individuelle Unternehmen optimal genutzt werden?

---

1   Banken-IT-Studie 2009 – Trends in der Prozessoptimierung. Die Studie wurde im Auftrag von Capgemini sd&m im 4. Quartal 2008 durch IDC durchgeführt.

KAPITEL I
BUSINESS PROCESS MANAGEMENT

Neugestaltung eines Geschäftsmodells im Banking
Von der Produktorientierung zur Kundenzentrierung

Von Prof. Dr. Jürgen Moormann

Banken zögern noch, die ganzheitliche Betrachtung von Kundenprozessen in ihr Produkt- und Serviceangebot einzubeziehen. Dies könnte jedoch ein entscheidendes Differenzierungs- merkmal gegenüber Konkurrenten darstellen und die Kundenbindung stärken.

Aufgrund von strukturellen Veränderungen im Wettbewerb des europäi- schen Bankenmarkts ist eine stärkere Kundenorientierung mehr denn je erforderlich. Kundenzentrierung sollte sich aber nicht auf eine umfassen- de Beratung beschränken, sondern die ganzheitliche Erfüllung von Forde- rungen, Erwartungen und Wünschen der Bankkunden beinhalten. Kunden- prozesse sollten hierfür als Ausgangslage der Betrachtung gelten.

Veränderungen des Wettbewerbs im europäischen Bankenmarkt
In den letzten Jahren hat sich das Wettbewerbsumfeld im europäischen Ban- kenmarkt stark verändert. Dieser stark fragmentierte Markt wurde von einer Welle von Fusionen und Übernahmen überrollt, die auch grenzübergreifend stattfanden. Ein weiterer Faktor, der entscheidenden Einfluss auf den Wett- bewerb hat, ist die steigende Transparenz der Kosten für standardisierte Fi- nanzprodukte. Besonders aufgrund von Innovationen in der Informations- und Kommunikationstechnologie haben Kunden die Möglichkeit, Angebote, Konditionen und Preise unterschiedlicher Finanzdienstleister einfacher zu vergleichen und daraufhin ihre Kaufentscheidung zu treffen.

Zudem müssen sich etablierte Banken besonders gegen Low-Cost-Anbieter, wie zum Beispiel Direktbanken, durchsetzen. Die aktuelle Finanzmarktkrise und ihre realwirtschaftlichen Auswirkungen setzen europäische Kreditinsti- tute weiter unter Druck. Aufgrund dieser strukturellen Veränderungen müs- sen Banken neue strategische Ansätze verfolgen, um weiterhin in diesem harten Wettbewerb bestehen zu können.

Stärkere Kundenorientierung im Bankenmarkt erforderlich
Schon 1954 schrieb Peter F. Drucker: *„[...] it is the customer who determi- nes what a business is, what it produces and whether it will prosper"*[1]. In vielen Branchen ist schon seit langem ein Wechsel von Produktorientierung (Inside-out-Perspektive) hin zur Kundenorientierung (Outside-in-Perspekti- ve) zu beobachten. Eine stärkere Kundenzentrierung wird auch für Banken immer wichtiger. Aufgrund gestiegener Preissensibilität der Kunden und des generellen Vertrauensverlusts ist die Loyalität der Kunden gegenüber ihrer

*Prof. Dr. Jürgen Moormann
Professor für Bankbetriebslehre
und Leiter des ProcessLab an
der Frankfurt School of Finance
& Management*

Bank oftmals nicht mehr gegeben. Daher wird es in einem verschärften Wettbewerbsumfeld immer wichtiger, dass Banken neue Wege finden, ihre Kunden zu erreichen und deren Bedürfnisse zu erfüllen, um Kundenzufriedenheit und -loyalität zu stärken. Als Konsequenz daraus müssen Banken einen Perspektivenwechsel von einer bisher stark dominierenden Produktorientierung hin zu einer Kundenorientierung vornehmen.

Dass ein solcher Wechsel stattfinden muss, ist vielen Banken bereits bewusst. Oftmals scheitert allerdings die Umsetzung. Dies zeigt unter anderem ein Bericht von Booz Allen Hamilton. Es wurde festgestellt, dass Kundenorientierung von Banken oftmals lediglich als umfassende Beratung und das Ausschöpfen von Cross-Selling-Möglichkeiten verstanden wird.[2] Kundenzentrierung sollte aber die konsequente Ausrichtung der gesamten Aktivitäten eines Unternehmens auf die Forderungen, Erwartungen und Wünsche seiner Kunden beinhalten. Die Kundenzentrierung bei Banken darf sich also nicht darauf beschränken, den Kunden bei der Auswahl benötigter Finanzprodukte zu unterstützen. Daher sollte eine ganzheitliche Betrachtung der zu unterstützenden *Kundenprozesse* Ausgangsbasis der Kundenbedarfsanalyse sein.

Oft greift die Kundenorientierung der Banken zu kurz

Kundenprozesse

Unter einem Kundenprozess sind all diejenigen Schritte zu verstehen, die ein Kunde durchläuft, um ein Bedürfnis zu erfüllen oder ein Problem zu lösen. Der Kundenprozess dient daher als Ausgangslage zur ganzheitlichen Identifikation von Kundenbedürfnissen. In jedem Schritt des Kundenprozesses braucht der Kunde zur Erfüllung seines Grundbedürfnisses Unterstützung im Sinne von Informationen, Dienstleistungen oder Produkten von verschiedenen Anbietern.

Beispiele von banknahen Kundenprozessen sind: „Hauskauf/-verkauf", „Altersvorsorge" und „Vermögensbildung". Ein Kundenprozess zentriert sich um ein Grundbedürfnis und beinhaltet viele weitere „Teilbedürfnisse", wie zum Beispiel auch die Finanzierung des Hauskaufs. Meist gibt es keinen zentralen Lieferanten, der als Kontakt zum Kunden über den gesamten Kundenprozess hinweg existiert. Der Kunde muss im Laufe des Kundenprozesses mit vielen verschiedenen Lieferanten und Dienstleistern in Kontakt treten, bis das Grundbedürfnis umfassend erfüllt ist. Banken fokussieren sich hier generell nur auf diejenigen „Teilbedürfnisse" eines Kundenprozesses, die mit einer Finanzierung oder einem bestimmten Bankprodukt in Zusammenhang stehen.

Ein kundenprozessorientiertes Geschäftsmodell für das Bankgeschäft

Ansätze für die kundenzentrierte Herleitung von Geschäftsprozessen finden sich bereits in der Literatur.[3] Hier besteht allerdings noch viel Erweiterungspotential. Heinrich nutzt zum Beispiel die Phasen des **Customer Buying Cycle (CBC)** als Ausgangspunkt zur Entwicklung eines kundenzentrierten Geschäftsmodells für das Retail Banking.[4] Der CBC umfasst die Schritte der Anregungs-, Evaluations-, Kauf- und After-Sales-Phase, die ein Kunde durchläuft, wenn er den Kauf eines (Finanz-)Produkts tätigt. Mit Hilfe des CBC kann man erkennen, in welchem Umfeld und Zusammenhang der Kunde die Leistungen zur Bedürfnisbefriedigung erwartet und welcher Service hierfür gewünscht wird. So kann der CBC als Basis zur Ableitung der Kundenprozessschritte und der daraus resultierenden Kundenbedürfnisse dienen.

Schaffung von weiteren Schnittstellen zum Kunden

Folgt man diesem Ansatz, kann eine Bank Kontaktschnittstellen zwischen ihren Kunden und der Bank im Laufe eines Kundenprozesses identifizieren. Normalerweise ist eine Bank nur in wenige Schnittstellen eines Kundenprozesses involviert, zum Beispiel nur dann, wenn es um eine Finanzierung geht. Allerdings kann die Schaffung von weiteren Schnittstellen zum Kunden im Verlauf eines Kundenprozesses für eine Bank durchaus Vorteile haben. So kann eine Bank die führende Rolle in der ganzheitlichen Unterstützung des Kundenprozesses übernehmen und die primäre Schnittstelle zwischen Kunde und Lieferanten sein. In der Konsequenz kann der persönliche Kundenkontakt intensiviert werden und dadurch eine stärkere Kundenbindung unterstützen. Auch wenn die Bank die Produkte und Services innerhalb des Kundenprozesses nicht selbst „herstellt", kann die umfassende Betreuung einen positiven Einfluss auf die Verbundenheit des Kunden mit der Bank haben. Natürlich sollte eine Bank aber auch nicht alle Produkte und Dienstleistungen selbst anbieten, um sich nicht zu weit von den eigenen Kernkompetenzen zu entfernen.

Zentrale Fragen bei der Entwicklung eines kundenzentrierten Geschäftsmodells im Banking sind demnach:

■ Welche Kundenprozesse können „sinnvoll" von der Bank ganzheitlich unterstützt werden?

■ Welche Produkte und Dienstleistungen zur ganzheitlichen Unterstützung der Kundenprozesse sollte eine Bank selbst anbieten? Welche sollen besser an Partner ausgelagert werden?

■ Wie kann eine Bank dennoch die Position als primärer Kontakt zum Kunden über den gesamten Kundenprozess etablieren?

Business Collaboration Infrastructure

Die Idee einer Business Collaboration Infrastructure (BCI) nach Winter[5] kann sinnvoll in die Entwicklung des kundenprozessorientierten Geschäftsmodells integriert werden, insbesondere um den letzten der obengenannten

Abbildung 1: Ein kundenprozessorientiertes Geschäftsmodell im Banking

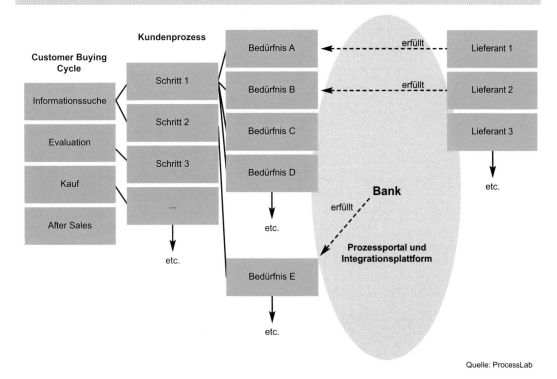

Quelle: ProcessLab

Punkte zu beachten. In dieser BCI nimmt ein sogenannter **Service Integrator** in einem Wertschöpfungsnetzwerk von Unternehmen bzw. Geschäftseinheiten die Rolle des primären Kontakts zum Kunden ein. Dieses Unternehmen „bündelt" alle Produkte und Services aus einem Netzwerk von Lieferanten und bietet diese dem Kunden an. Innerhalb dieses Netzwerks wird außerdem zwischen **Shared Service Providers** und **Exclusive Service Providers** unterschieden. Erstere bündeln standardisierte Prozesse zur Gewinnung von Kostenvorteilen (Economies of Scale), wohingegen Letztere Services anbieten, die individualisiert werden und als Gegenstand der Differenzierung dienen. Ausgehend von dem CBC, wird in Anlehnung an die BCI nach Winter im Folgenden ein Konzept über ein kundenprozessorientiertes Geschäftsmodell im Banking beschrieben. Die Vorgehensweise ist in Abbildung 1 dargestellt.

Service Integrator hält den primären Kontakt zum Kunden

Die Bank als Service Integrator im Wertschöpfungsnetzwerk

Nach der Identifikation jener Kundenprozesse, die für eine ganzheitliche Unterstützung durch die Bank in Frage kommen, werden zunächst – mit Hilfe des Customer Buying Cycle – die einzelnen Schritte der Kundenprozesse hergeleitet. Daraus folgt die Ableitung von Kundenbedürfnissen innerhalb jedes Schritts.

Nun gilt es, ein Lieferantennetzwerk aufzubauen, das diese Bedürfnisse erfüllen kann. Hierbei gilt es nun auch, die Geschäftsprozesse zu identifizieren, die zur Auslagerung an Shared Service Provider und Exclusive Service Provider in Frage kommen. Über die Bank als Service Integrator werden die Lieferantenangebote zusammengeführt und dem Kunden aus einer Hand angeboten.

Dieses Geschäftsmodell ist klar kundenzentriert aufgebaut, da es aus den Bedürfnissen der Kunden abgeleitet wurde. Die Bank offeriert nicht mehr nur eine Vielzahl voneinander unabhängiger Finanzprodukte, sondern eine umfassende Unterstützung der Kundenprozesse. Der bankbetriebliche Geschäftsprozess ist nun konsequent am Kundenprozess ausgerichtet. Die einzelnen hierfür notwendigen Produkte und Dienstleistungen, die über die Kernkompetenzen einer Bank hinausgehen, werden von Lieferanten im Kooperationsnetzwerk bezogen. Das Kreditinstitut tritt dem Kunden gegenüber als Ansprechpartner zur ganzheitlichen Bedürfnisbefriedigung auf, was eine stärkere Kundenbindung ermöglicht.

Aus den Transaktionen mit der Bank können außerdem Kundendaten gesammelt und anschließend ausgewertet werden, um ein individualisiertes Angebot aus dem Kooperationsnetzwerk anzubieten. Mit der Vermittlung des Kunden an die Kooperationspartner im Wertschöpfungsnetzwerk kann die Bank, je nach Vertragsgestaltung, ebenfalls Erträge in Form von Provisionen generieren.

Implementierung und Anforderungen an die IT

Prozessportale als Kollaborationsplattform: Zur Unterstützung der Kundenprozesse kann die Bank als Service Integrator zum Beispiel eine Kollaborationsplattform in Form eines Prozessportals zur Verfügung stellen.[6] Auf dieser Plattform sollten alle Informations-, Interaktions- und Transaktionsfunktionen, die sich aus den jeweiligen „Teilbedürfnissen" des Kundenprozesses ableiten, zur Verfügung stehen.

Prozessportal, das seine Funktionen aus den Kundenbedürfnissen ableitet

Zusätzlich sollte der Kunde mit Hilfe des Prozessportals gezielt durch seinen aktuellen Kundenprozess geleitet werden.[7] So würde zum Beispiel eine Auflistung der Prozessschritte inklusive einer vorgegebenen Auswahl an passenden Produkten/Dienstleistungen/Informationen und Lieferanten dem Kunden ein hohes Maß an Komfort gewährleisten. Dies könnte in der Folge sicherstellen, dass der Kunde tatsächlich das Angebot der Bank nutzt.

In einigen Branchen sind Prozessportale ähnlicher Art bereits im Einsatz. Hierzu zählt zum Beispiel die Automobilbranche.[8] Für die Umsetzung des zuvor vorgestellten kundenzentrierten Geschäftsmodells sollten allerdings einige Besonderheiten in den Anforderungen an die IT bei der Umsetzung eines solchen Portals beachtet werden. Die essentiellen Punkte werden im Folgenden zusammengefasst dargestellt.

Im Rahmen der **technischen Anforderungen** muss insbesondere definiert werden, über welche Art der Vernetzung der Datenaustausch stattfinden soll. Dies hängt von speziellen Vereinbarungen zwischen den Beteiligten ab. Zur Senkung der Transaktionskosten im Falle des Kundenprozessportals empfiehlt sich der Datenaustausch über das Internet. So können sich Bankkunden über das Internet in das Portal einloggen und hier auf alle gewünschten Informationen, Dienstleistungen und Produkte zugreifen. Bei der Integration des Portals mit den IT-Systemen der Lieferanten ist besonders auf eine Standardisierung der Datensyntax und -semantik zu achten, um einen reibungslosen Datentransfer zu gewährleisten. Eine eindeutige Definition von Standards ist bei einer großen Anzahl an beteiligten Unternehmen im Wertschöpfungsnetzwerk sehr wichtig, da der Datentransfer sonst sehr fehleranfällig sein kann.

In Bezug auf **rechtliche Anforderungen** muss gerade bei dem Transfer sensibler Bankdaten auf die Einhaltung des Datenschutzes geachtet werden. Zugriffsrechte der Portalnutzer müssen demnach genau definiert werden. Auch die unterschiedlichen Kooperationsformen müssen sich entsprechend den individuellen Vertragsinhalten (z.B. Kooperationsvereinbarungen) in der IT-Architektur abbilden lassen. So sollte zum Beispiel der Integration des Portalsystems mit dem IT-System eines strategischen Partners, der an zahlreichen Transaktionen über das Portal beteiligt ist, besonders große Beachtung zugemessen werden. Bei allen Transaktionen zwischen Kunden, Lieferanten und der Bank über das Kundenprozessportal kommt es zum regelmäßigen Datentransfer zwischen Applikationen, die verschiedenen Verantwortungen unterliegen (z.B. Lieferant und Bank). Daher ist eine genaue Definition der Schnittstellen sowie der Art der Datenübertragung von besonderer Wichtigkeit. Für das Portal sollte eine möglichst automatisierte Integration der Anwendungssysteme der beteiligten Unternehmen sichergestellt werden.

Datenübertragung und Datenschutz

Voraussetzung für die erfolgreiche Umsetzung eines kundenzentrierten Geschäftsmodells ist außerdem eine ständig aktualisierte und umfassende **Kundendatenhaltung,** zum Beispiel über ein Data Warehouse, das den kompletten operativen Datenfluss speichert. Hieraus lassen sich durch gezielte Datenauswertung spezielle Kundenwünsche ableiten.

Zukunftspotential und Herausforderungen
In Zukunft werden Banken ihr Erscheinungsbild am Markt aktiv gestalten müssen. Eine stärkere Kundenzentrierung ist hierfür der erste Schritt. Allerdings sollte sich diese Kundenorientierung nicht nur auf eine umfassende Beratung im Verkaufsgespräch beschränken. Durch die Identifikation von

Kundenprozessen hat eine Bank die Möglichkeit, ihr Angebot gezielt auf Kundenwünsche auszurichten. Dabei kann sie ihren Kunden einen Mehrwert bieten, der über die Bereitstellung der eigentlichen Finanzprodukte hinausgeht.

Allerdings sind mit der Umsetzung des kundenzentrierten Geschäftsmodells auch Schwierigkeiten verbunden. So besteht die Gefahr, dass der Bank die Kompetenz zur Erstellung der angebotenen Zusatzleistungen abgesprochen wird. Daher ist eine kundenbedarfsgerechte Ausgestaltung der Zusatzleistungen Voraussetzung für den Erfolg. Kritisch könnte auch sein, dass der Kunde ausschließlich die Informationen erhält, die für ihn in der jeweiligen Prozessphase von der Bank vorgesehen sind. Das Informationsangebot ist somit von der Bank abhängig. Nur wenn die Bank im Vorfeld dem Kunden eine individuelle Vorgehensweise innerhalb seines Prozesses zugesteht, kann die Unterstützung von Kundenprozessen bedarfsgerecht sein. Außerdem könnten sich unzureichende Leistungen von Kooperationspartnern negativ auf das Image der Bank auswirken.

Kundenbindung durch ganzheitliche Betrachtung von Prozessen stärken

Banken zögern noch immer, die ganzheitliche Betrachtung von Kundenprozessen als Ausgangspunkt ihres Produkt- und Serviceangebots zu betrachten. Allerdings sind viele Kreditinstitute aufgrund verschärfter Wettbewerbsbedingungen gezwungen, eine strategische Veränderung vorzunehmen. Die Betrachtung von kompletten Kundenprozessen könnte somit ein entscheidendes Differenzierungsmerkmal gegenüber Konkurrenten darstellen und die Bindung der Kunden an die Bank stärken.

---

1   Drucker, P. 1954.
2   Vgl. Booz Allen Hamilton 2003.
3   Vgl. beispielsweise Flück B.; Heinrich B. 2002.
4   Vgl. Heinrich, B. 2002, S.77f.
5   Vgl. Winter, R. 2003, S. 90ff.
6   Vgl. beispielsweise Schmid, R.; Bach, V. 2000.
7   Ein konkretes Beispiel zeigen Heckl und Moormann 2007.
8   Vgl. Schmid R.; Bach, V., S. 50.

Quellen- und Literaturangaben

Booz Allen Hamilton: The Customer-Centric-Bank: Debunking the Myth that Cross-Sell = Customer-Centric, 2003. URL: www.boozallen.com. Abgerufen am 12.02.2009.

Drucker, P.: The Practice of Management. HarperCollins, New York, NY 1954.

Flück, B.: Identifizierung neuer Prozesse im Finanzdienstleistungsvertrieb. In: Leist, S.; Winter, R. (Hg.): Retail Banking im Informationszeitalter. Springer, Berlin 2002, S. 167-182.

Heckl, D.; Moormann, J.: How to design costumer-centric processes in the banking industry, in: Journal of Financial Transformation, 21. Band, 2007, S. 67-76.

Heinrich, B.: Die konzeptionelle Gestaltung des Multichannel-Vertriebs anhand von Kundenbedürfnissen. In: Leist, S.; Winter, R. (Hg.): Retail Banking im Informationszeitalter. Springer, Berlin 2002, S. 73-91.

Schmid, R.; Bach, V.: Prozessportale im Banking. Kundenzentrierung durch CRM, Information Management and Consulting, 15. Jg., Nr. 1, 2000, S. 49-55.

Winter, R.: Modelle, Techniken und Werkzeuge im Business Engineering. In: Österle, H.; Winter, R. (Hg.): Business Engineering. Auf dem Weg zum Unternehmen des Informationszeitalters. 2. Aufl., Springer, Berlin 2003, S. 87-118.

Business Process Management
Den permanenten Wandel als Kernkompetenz verstehen

Von Kurt Wiener und Michael Lumma

Seit in den 1990er Jahren das Reengineering von Geschäftsprozessen zeigte, welche Potentiale sich durch eine Optimierung der Abläufe in den Unternehmen heben lassen, ist die Prozessoptimierung ein vielzitiertes Standardrezept.

Kurt Wiener
Leiter Competence Center
Prozessberatung
BTC Business Technology
Consulting AG

Michael Lumma
Leiter Unternehmens- und
Organisationsentwicklung
BTC Business Technology
Consulting AG

Wichtig bei der Prozessoptimierung ist, nicht nur von Optimierung zu reden, sondern auch die richtigen Werkzeuge für die Umsetzung zu nutzen. Die Ausgangsfrage heißt: Welche prozessbasierten Herausforderungen haben Unternehmen gegenwärtig zu bewältigen? Eine der größten aktuellen und meist existentiellen Herausforderungen für Unternehmen jeder Branche ist der effiziente Einsatz und Gebrauch von Ressourcen. Aufgrund der gesamtwirtschaftlichen Lage kann sich heute kaum noch ein Unternehmen Verschwendung leisten. Genau an diesem Punkt liegt auch die größte aktuelle Anforderung an das Prozessmanagement. Durch die angespannte Konjunktur werden Unternehmen derzeit zu mehr Agilität und Flexibilität gezwungen. Doch bevor ein Prozessmanager oder Fachleiter handeln kann, muss er für Transparenz seiner Unternehmensprozesse sorgen. Er sollte erkennen können: Was sind die Kernprozesse? Wie ist ihre Performance? Wo und wie können nicht wertschöpfende Zeiten und Aktivitäten identifiziert und eliminiert werden? Diese Fragen lassen sich anhand von Prozesskennzahlen beantworten, die analysiert und bewertet werden.

Wenn Auftragsschwankungen, der Ausfall von Zulieferern, Kapazitätsüberhänge und strengere Ratinganforderungen der Banken immer stärker auf die Unternehmensrealität durchschlagen, werden Kennzahlen wie Prozessdurchlaufzeit, Kosten pro Vorgang, Prozesseffektivität, Kapitalbindung sowie die Auslastung immer wichtiger. Doch viele Unternehmen nutzen diese Kennzahlen zur Unternehmenssteuerung derzeit noch nicht oder ziehen sie nur teilweise dafür heran. Ihnen ist zu raten, eine Entscheidungsgrundlage zu schaffen, die als solide Basis konkrete Zahlen liefert und dabei hilft, die richtigen Optimierungsmaßnahmen einzuleiten.

Die Veränderungszyklen werden kürzer

Zeitgleich hierzu ist zu beobachten, dass heute Organisationen die eigene Position in immer kürzeren Zyklen überdenken müssen und gefordert sind, ihre Prozesse kontinuierlich den Veränderungen am Markt anzupassen. Wie sagte schon Charles Darwin: „It is not the strongest that survive, not the most intelligent, but the ones most responsive to changes."

Die Strategie der Unternehmen ist dabei einmal mehr von der marktorientierten Optimierung von Strukturen, Prozessen und Systemen bestimmt. Problematisch bei derartigen Anpassungen ist allerdings häufig, dass die Zuordnung „Geschäftsprozesse und unterstützende Systeme" in den meisten Unternehmen noch nicht vollständig vollzogen ist. Immer noch herrscht „Sprachlosigkeit" zwischen den Fach- und IT-Abteilungen. Hier gilt es, zukünftig eine gemeinsame, nachhaltige Basis für eine bessere Dokumentation, Überprüfbarkeit und für Kostensenkungsinitiativen sowie reaktionsoptimierte Anpassungen zu schaffen. Dazu zählt beispielsweise auch, die in dem ERP-System implementierten Abläufe für die Prozessoptimierung in eine Modellierungsumgebung zu überführen, sie dort zu bearbeiten und hinterher wieder verlustfrei in das ERP-System zurückzuspielen.

Die veränderte konjunkturelle Unternehmenssituation wirkt sich auch auf den Charakter von Beratungsprojekten aus. Mehr denn je zählen von innen heraus generierte Quick Wins mit nachhaltigen Optimierungseffekten. Es wird oft erwartet, dass die ROI-Kalkulation den Breakevenpoint schon nach sechs Monaten erreicht. Das heißt, es sollte methodisch und zielorientiert statt technisch und stereotypisch vorgegangen werden – ohne die vorhandene Komplexität aus den Augen zu verlieren. Die Herausforderung hierbei liegt in der Veränderung der Denkstruktur bei den eigenen Mitarbeitern. Ein bewusstes „Denken in Prozessen" ist angesagt – und zwar vom Manager bis hin zum Mitarbeiter. Nur so kann aus dem Unternehmen heraus möglichst simultan auf den permanenten Wandel reagiert werden.

Quick Wins zählen mehr denn je, die Erwartungen an den Unternehmenserfolg steigen

Resümierend lässt sich sagen, dass Unternehmen heute effizienter, kostengünstiger und flexibler auf den Markt reagieren müssen als in vergangenen Jahren. Nicht unterschätzt werden sollte dabei die Komplexität, die bei der Veränderung von internen Strukturen entsteht. Dies begründet auch die Notwendigkeit, die Organisations- und IT-Beratung zu kombinieren.

Hand in Hand: Organisation und IT

Im Idealfall bilden die IT-Prozesse die Organisation eines Unternehmens ab. Die Wirklichkeit ist eine Annäherung an dieses Ideal. Aus diesem Grund spielt die Organisationsberatung im Geschäftsprozessmanagement eine immer größer werdende Rolle. Bei der Anpassung der Unternehmensstrukturen an den Markt geht es in den wenigsten Fällen nur um technische Strukturen, sondern es betrifft ebenso alle Bereiche der Organisation – über das Personalwesen und die Logistik bis hin zum Vertrieb. Das heißt, auch die Unternehmenskultur ändert sich, da alle Mitarbeiter in Prozessen funktionsübergreifend denken müssen. Geschäftsprozessmanagement ist daher zuerst ein organisatorischer Ansatz, der die operationale Performance der Unternehmensprozesse optimiert. Angewendet werden Methoden, Regeln, Metriken, Managementtechniken und Software zur Verwaltung und kontinuierlichen Verbesserung von Aktivitäten und Prozessen. Unumgänglich ist dabei die Unterstützung durch das Topmanagement, um gegenüber der gesamten Organisation die notwendige Entschlusskraft zu signalisieren. Von Beginn an sollten auch die Mitarbeiter aller Bereiche organisatorisch und fachlich mit eingebunden sein. Und erst wenn es gelungen ist, zu vermitteln, dass ein Prozess nicht an der Abteilungsgrenze aufhört, sondern von A bis Z gedacht werden muss, wird das Prozessmanagement zu einem Erfolgskonzept.

Dabei geht es nicht um eine einmalige Angelegenheit. Die Antwort auf die stetige Iteration der Anpassung kann nur sein, zu lernen, den permanenten Wandel als Kernkompetenz eines Unternehmens und als Chance zu verstehen. Prozesse sind nicht statisch, sondern müssen von allen Unternehmensmitgliedern „gelebt" werden, um den permanenten Wandel als tatsächliches Abbild der Realität prozessual handhabbar zu machen.

Der letzte, aber wesentliche Erfolgsfaktor bei Business Process Management (BPM)-Projekten ist ein strukturiertes und methodisches Vorgehen kombiniert mit geeigneten Werkzeugen.

Wege zum erfolgreichen Prozessmanagement

Unternehmensprozesse dem ständigen Wandel anpassen

Je mehr Geschäftsprozesse von IT unterstützt werden und sich gegenseitig beeinflussen oder voneinander abhängen, umso schwerer fällt es einem Organisationsverantwortlichen, eine klare Sicht auf die Dinge zu bekommen. Deshalb ist es heute Usus, ein methodisches und toolgestütztes BPM einzusetzen, um die Prozesse zu analysieren, zu implementieren und zu steuern. Die Methode sowie das Geschäftsprozessmodellierungswerkzeug dienen dabei hauptsächlich dazu, Transparenz zu erzeugen. Das bedeutet: Die Prozesse eines Unternehmens, Organisationen und eingesetzte Systeme sind so abzubilden, dass sie leicht verständlich sind.

Schaut man sich die auf dem Markt befindlichen Tools genauer an, fällt es zunehmend schwer, Alleinstellungsmerkmale zu identifizieren. Alle Werkzeuge besitzen mittlerweile eine Modellierungsoberfläche sowie diverse Schnittstellen für den Austausch der Modellinhalte. Weitreichendere Möglichkeiten bieten Werkzeuge, die eine integrierte Simulationsfunktion beinhalten und auf eine konsequente, objektorientierte Vorgehensweise setzen. Hierdurch werden Prozesse nicht nur grafisch abgebildet und statisch untersucht, sondern bis hin zu einer Hauptprozessgruppe dynamisch betrachtet. Wechselwirkungen zwischen Prozessen und zugeordneten Ressourcen werden somit detailliert analysiert und Veränderungen simuliert.

Die Basis dafür bildet zum Beispiel die Kommunikationsstrukturanalyse (KSA), die Ende der achtziger Jahre an der Technischen Universität Berlin

Abbildung 1: Bestellbearbeitung

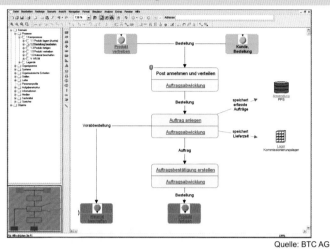

Quelle: BTC AG

entwickelt wurde und dynamische Analysen und Auswertungen ermöglicht. Besonderen Nutzen bietet die KSA, wenn man einen analytischen Vergleich mit Soll-Prozessen im Rahmen von Reengineering-Projekten durchführen möchte.

Werkzeug und Methode gehören zusammen

Ein Werkzeug kann seine Stärken jedoch nur ausspielen, wenn es zur angewandten Methode passt. Die eingesetzte Methode sollte es schaffen, eine Prozessstrategie aus den Unternehmenszielen abzuleiten und im späteren Projektverlauf umzusetzen. In zahlreichen Projekten hat sich gezeigt, dass eine Projektvoranalyse zur Festlegung der Ziele und Anforderungen an das Projekt und zur Bestimmung der Rahmenbedingungen und Verantwortlichkeiten unumgänglich ist. Auch sollte ein Prozess-Assessment den Status der Prozesse und des Prozessmanagements erheben und Antworten auf die Fragen geben: Wie weit ist das Unternehmen bei der Einführung des Geschäftsprozessmanagements? In welchem Entwicklungsstand befinden sich die einzelnen Prozesse? Was sind die nächsten Schritte zur Prozessverbesserung?

Projektvoranalyse zur Festlegung der Ziele und Anforderungen

Die aus der Evaluierung resultierenden Bewertungsergebnisse bilden eine wichtige Grundlage für die Kontrolle des Implementierungsfortschritts. Auch können hier direkt Verbesserungspotentiale aufgedeckt werden, die anschließend zu Optimierungsmaßnahmen führen. Nach der Voranalyse und dem Assessment gilt es, den Ist-Zustand durch eine Prozesserhebung abzubilden. Hierbei sollte besonders darauf geachtet werden, die Kernprozesse zu identifizieren, da sie die wertschöpfenden Prozesse des Unternehmens darstellen. Die aufgenommenen Kernprozesse sowie die Support- und Managementprozesse bilden die Grundlage für alle weiteren Schritte der Pro-

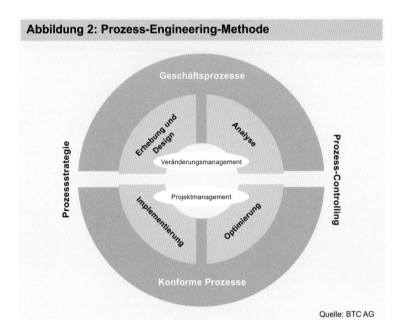

Abbildung 2: Prozess-Engineering-Methode

Quelle: BTC AG

Simulation der Ist- und Soll-Prozesse, um die profitabelste Alternative zu ermitteln

zessoptimierung und dienen gleichzeitig als erste Orientierung für mögliche Verbesserungsmaßnahmen. Nach der Dokumentation des Ist-Zustandes sind die Prozesse in einer Prozessanalyse zu untersuchen und zu bewerten. Je nach Zieldefinition werden im nächsten Schritt neue Soll-Prozesse, Soll-Systeme und eine neue Organisationsstruktur entworfen und abgestimmt. Hier kann beispielsweise die Simulationsfähigkeit eines modernen Geschäftsprozess-Modellierungswerkzeuges zur Anwendung kommen, um die modellierten Geschäftsprozesse dynamisch zu betrachten und auszuwerten. Ermittelte Schwachstellen werden in einem mit Prioritäten versehenen Maßnahmenplan erfasst und geordnet und können nach der Analyse in einer kontinuierlichen Effizienzsteigerung durch die Prozessoptimierungsmaßnahmen münden. Dies kann beispielsweise durch das hierarchische Modell zukünftiger Prozesse sowie eine erneute Simulation der Ist- und Soll-Prozesse geschehen. Die Auswertung einer solchen Simulation erlaubt die visuelle Darstellung des Mehrwertes und eine ROI-Berechnung alternativer Szenarien.

Oft wird der tatsächliche Implementierungsaufwand der entworfenen neuen Prozesse unterschätzt. Spätestens an dieser Stelle hat man es mit komplexen statt technisch komplizierten Strukturen zu tun, da Mitarbeiter in den Change-Prozess involviert sind. Jetzt heißt es, Informationssysteme und die prozessorientierte Ablauforganisation einzuführen und dafür zu sorgen, dass die neuen Prozesse auch durch die Mitarbeiter gelebt werden. Der Veränderungsprozess hin zu einem permanenten Wandel muss initiiert und gleichzeitig kontrolliert werden. Doch wie macht man die Veränderungen und die Leistungen messbar? Genau an diesem Punkt wird empfohlen, ein Prozess-

Controlling zu etablieren, um Transparenz über das aktuelle Leistungsniveau und das Potential einzelner Geschäftsprozesse zu erhalten. Abhängige Bestimmungsgrößen hierbei sind Zeit, Kosten und Qualität.

Trotz einer in zahlreichen Projekten erfolgreich eingesetzten und weiterentwickelten Methodik bergen BPM-Projekte stets auch Risiken in sich. Die langjährige Erfahrung in Beratungsprojekten hat uns diese immer wiederkehrenden Gefahren gezeigt.

Nutzen und Risiken von BPM

Eine der größten Gefahren taucht häufig schon in den Erwartungen an das Business Process Management auf. BPM darf nicht als Allheilmittel für alle im Unternehmen existierenden Probleme gesehen werden. Wichtig ist, die häufig abstrakten Problemstellungen in einem Unternehmen zu erkennen und diese zusammen mit den zu erreichenden Zielen klar abzugrenzen und zu definieren. Genau hier liegt auch die Stärke des BPM: Es bringt die Realität in die Form der Berechenbarkeit. Berechenbarkeit erzwingt aber eine mathematische und methodische Grundlage. Hier bedarf es einer toolgestützten, ausgereiften Methode.

BPM basiert auf einer mathematischen und methodischen Grundlage

Außerhalb von technischen Risiken existieren aber auch viele soziale Gefahren, die Projekte zum Scheitern bringen können. Häufig wird die Einbindung der Mitarbeiter und der damit verbundenen Akzeptanzschaffung enorm unterschätzt. In Projekten ist nicht nur, wie erwähnt, die Unterstützung durch das Topmanagement erforderlich, sondern es muss eine unternehmensweite Vision vermittelt werden. Bei BPM geht es nicht darum, Mitarbeiter zu entlassen, sondern Prozesse zu vereinfachen und damit gleichzeitig kreative Freiräume zu schaffen.

Zu guter Letzt besteht eines der größten Risiken in dem blinden Vertrauen in die Informationstechnologie (IT). Denn: Durch neue IT-Systeme hat ein Unternehmen nicht automatisch bessere Prozesse. Im Allgemeinen wird vor der Implementierung versäumt, die fachlichen Anforderungen aufzunehmen, prozessorientiert abzubilden und zu verbessern. Erst wenn diese Schritte getan sind, sollten die optimierten Prozesse durch die IT unterstützt werden. Hat es ein Unternehmen geschafft, eine prozessorientierte Denkweise zu etablieren und diese in dynamischer Weise technisch abzubilden, ist es nicht mehr weit davon entfernt, den permanenten Wandel als eine Kernkompetenz anzunehmen und zu pflegen. Die Belohnung folgt auf dem Fuß: Erfahrungen belegen, dass Geschäftsprozess-Optimierungsmaßnahmen Kosten und Durchlaufzeiten senken und dass Deckungsbeiträge um bis zu 20 Prozent gesteigert werden können.

Enterprise 2.0

Chancen und Herausforderungen von Web-2.0-Strukturen im Unternehmenseinsatz

Von Lars Geisel

Enterprise 2.0 lehnt sich an das Konzept und die Technologien von Web 2.0 an. Wichtig für den Erfolg der Enterprise-2.0-Prozesse in einer flexibleren Organisationsstruktur sind adäquate Analyse-, Einführungs- und Governance-Strategien.

Die Transformation zum Enterprise 2.0 zielt auf eine Umgestaltung herkömmlicher starrer Organisations- und Kommunikationsstrukturen hin zu einer effektiveren Vernetzung der Wissensträger im Unternehmen und anderer Stakeholder. Wichtig für den Erfolg sind adäquate Analyse-, Einführungs- und Governance-Strategien für die Enterprise 2.0-Prozesse.

Unternehmen stehen in der aktuellen Wirtschaftssituation geänderten Absatzmärkten sowie einem signifikant veränderten globalen Umfeld gegenüber. Sie müssen in ihrer Organisation schneller und flexibler werden, um effektiv kommunizieren, Entscheidungen treffen und ihre Produkte, Dienstleistungen sowie Unternehmensbotschaften zeitnah und zielgruppengerecht auf den Markt beziehungsweise zu den Kunden bringen zu können. Die bestehenden, hierarchisch starren Kommunikations- und Organisationsstrukturen können das nicht abbilden. Doch sie können den veränderten Bedingungen angepasst werden, wenn sie den Wandel zu einem „Enterprise 2.0" vollziehen.

„Enterprise 2.0" beschreibt eine ganzheitliche Unternehmensphilosophie, die durch den Einsatz von Social-Networking-Plattformen auf die Partizipation der vernetzten Mitarbeiter und Stakeholder, auf flache Hierarchien und Selbstorganisation setzt. Dazu bedingen Enterprise-2.0-Kommunikationsformen neue Denkansätze, die Veränderungen in der Unternehmenskultur forcieren. Hier ist die Managementebene gefordert, die organisatorischen Rahmenbedingungen und Prozesse zu gestalten sowie auch eine anforderungsgerechte Risikokontrolle zu etablieren, die die Stärkung des Community-Gedankens und die Nutzung der bereitgestellten Enterprise-2.0-Plattform im Unternehmen auf sichere Weise gedeihen lassen.

Lars Geisel
Principal Consultant im Bereich
Customer Management/Portale
bei Cirquent

Aus technologischer Sicht sind mit dem Konzept Enterprise 2.0 neue Plattformen verbunden, die wünschenswerte Kommunikation und den Informationsaustausch effektiver gestalten. Diese müssen durch eine Weiterentwicklung der bisherigen Unternehmens-IT zielgerichtet herbeigeführt werden. Daraus resultiert, dass die in Unternehmen vorliegenden Informationen – zumindest teilweise – auch für die Enterprise-2.0-Applikationen zugänglich gemacht werden müssen. Gleichfalls müssen die datenführenden Anwendungen wie zum Beispiel für die Ressourcenplanung (ERP – Enterprise Resource Planning), die Geschäftsprozessverwaltung (BPM – Business Process Management) oder die Kundenpflege (CRM – Customer Relationship Management) so geöffnet werden, dass sie relevanten Input aus Enterprise-2.0-Applikationen oder aus den im Internet verfügbaren Web-2.0-Anwendungen verarbeiten können.

Enterprise 2.0: Das Web 2.0 in der Unternehmensanwendung

Das Konzept des Enterprise 2.0 trägt den Web-2.0-Gedanken ins Unternehmensumfeld. Web 2.0 ist hier das Schlagwort, das für eine Reihe interaktiver und kollaborativer Dienste des Internets verwendet wird. Der Begriff soll verdeutlichen, dass es sich bei entsprechenden Diensten um eine neue Generation von (im Kern Webbrowser-gestützten) Angeboten handelt. Da die bei Web 2.0-Diensten verwendeten Techniken allerdings dieselben sind, wie sie auf beliebigen modern programmierten Websites zum Einsatz kommen, ist das Unterscheidungskriterium zwischen Web 1.0 und Web 2.0 ein inhaltliches. Denn während herkömmliche Webangebote größtenteils eine „Eins-zu-viele"-Informationsvermittlung zwischen Anbieter und Nutzer leisten, realisieren Web-2.0-Dienste eine „Viele-zu-viele"-Kommunikation, bei der die Anwender die Inhalte selbst erstellen, bearbeiten und ohne technischen Aufwand weiterverteilen können. Die dem Schlagwort Web 2.0 zugeschriebenen Internetangebote gehören deshalb zu den sogenannten „Sozialen Medien" (Social Media), die für die Bildung von Netzgemeinschaften ausgelegt sind.

Web 2.0-Ansatz für das Unternehmensumfeld

Web 2.0 als Sammelbegriff für „Social Media"

Für viele Web-2.0-Angebote bestehen mittlerweile optionale Stand-alone-Anwendungsprogramme, umgekehrt bieten auch lokal am PC zu installierende Social-Media-Dienste oftmals „mobile" Varianten, die mit Web-2.0-Techniken programmiert sind. Im Folgenden werden Web 2.0 und Social Media deshalb synonym verwendet, da eine technische Abgrenzung für Anwendungen im Enterprise 2.0, die dem Aufbau sozialer Netzwerke dienen, nicht zielführend ist.

Das Web 2.0 in diesem Sinne umfasst somit Angebote für die Echtzeitkommunikation wie Instant Messaging für Textchat, Sprache und Videokonferenzen (Windows Live Messenger, Skype etc.). Wesentlich interessanter für die folgende Betrachtung des Enterprise 2.0 sind Web-2.0-Angebote für die zeitversetzte (und damit nichtflüchtige) Kommunikation mit einer beliebigen Anzahl von Teilnehmern. Zu den Web-2.0-typischen Kommunikationskanälen zählen:

- **Blogs:** ursprünglich „Weblogs". Webjournale mit meist aus persönlicher Sicht der Autoren geschriebenen Beiträgen, die dem thematischen Schwerpunkt des Blogs folgen. Viele Social-Media-Merkmale von Blogs (wie RSS-Feeds oder Kommentarfunktion) finden sich mittlerweile auch auf redaktionellen Medienangeboten, so dass sich ein Blog heute meist rein durch die Auszeichnung als „Blog" als solches definiert.

- **Podcasts:** Audiobeiträge, die von den Nutzern im Webbrowser direkt angehört oder in Medienprogrammen wie etwa iTunes abonniert werden können. Neue Podcast-Folgen werden dann bei Erscheinen automatisch auf den PC oder den portablen Medienplayer zum späteren Anhören heruntergeladen.

- **Wikis**: Hypertext-Systeme, deren Inhalte von den Benutzern nicht nur gelesen, sondern auch auf unkomplizierte Weise direkt im Browser editiert werden können. Bekanntestes Beispiel ist die freie Enzyklopädie Wikipedia.

Zu den bekanntesten Anbietern Web-2.0-basierter Plattformen zählen Google (mit Google Maps, personalisierbarer iGoogle-Startseite, Googlemail etc.), YouTube (für Videos), Flickr (für Fotos), Twitter („Microblogging" für Kurzmitteilungen im SMS-Stil) sowie zielgruppenspezifische Community-Angebote wie XING, Lokalisten, Facebook, studiVZ oder MySpace. Zu den sozialen Netzwerken zählt auch die virtuelle 3-D-Welt „Second Life", jedoch ist hier die Anzahl der aktiven Nutzer seit Mitte 2007 entgegen dem Trend rückläufig.

Insbesondere öffentliche Bereiche wie die Politik setzen medienwirksam auf die Kommunikationsformen des Web 2.0. Angela Merkel wendet sich seit Juni 2006 – als erstes Regierungsoberhaupt weltweit – per Video-Podcast an die Öffentlichkeit. Während der US-Präsidentschaftskampagne von Barack Obama erhielten dessen Anhänger auf seiner Webseite die Möglichkeit, sich untereinander für Treffen zu verabreden sowie aktuelle Ereignisse, die Website, Obamas Auftritte etc. zu kommentieren, Fragen zu stellen und Gruppen zu bilden. In Deutschland wiederum wurde während der Bundespräsidentenwahl 2009 das Auszählungsergebnis schon vor der offiziellen Verkündung über die persönlichen Twitter-Accounts einiger Politiker verbreitet.

Die technologische Basis von Web-2.0-basierten Angeboten

Technologien für den Datenaustausch auf inhaltlicher Ebene

Für die Erzeugung von Interaktivität kombinieren Web-2.0-Programmiertechniken eine Vielzahl von – meist bereits in der zweiten Hälfte der 1990er Jahre entwickelten – Methoden. Ein Schlagwort ist hier „Ajax" (Asynchronous JavaScript and XML). Ajax bezeichnet ein Konzept der asynchronen Datenübertragung zwischen einem Server und dem Browser, das es ermöglicht, Daten sukzessive auszutauschen und im Webbrowser darzustellen, ohne eine Webseite komplett neu laden zu müssen.

Während herkömmliche Webseiten im Kern lediglich Hyperlinks für die Verknüpfung und Einbindung anderer Angebote vorsehen, bietet das Web 2.0 einen Datenaustausch auf inhaltlicher Ebene: Zum Informationsaustausch dienen Techniken wie Abonnementdienste mit RSS/Atom sowie andere, meist in der Auszeichnungssprache XML generierte Webservices. Mittels dieser standardisierten Datenbeschreibungsformate werden Inhalte durch Metainformationen strukturiert und beschrieben, zur Verfügung gestellt und können von anderen Angeboten automatisch ausgelesen, verarbeitet und inhaltlich eingebunden werden.

Chancen und Nutzen im Enterprise 2.0

Kommerzielle Web-2.0-basierte Angebote im Internet verfolgen das Ziel, durch hohe Nutzerzahlen Umsatz und durch Betriebseffizienz Profit zu generieren. Der Einsatzzweck von Social Media und Web-2.0-Technologien im Rahmen des Enterprise 2.0 hingegen liegt in der Effektivitätssteigerung von Kommunikation und Organisation des Unternehmens. So sind die bereitgestellten Enterprise-2.0-Strukturen abgestimmt auf die Interessengruppen des Unternehmens: Mitarbeiter, Partnerfirmen, bestehende und potentielle Kunden sowie sonstige Stakeholder. Der erfolgreiche Einsatz ist deshalb nicht quantitativ, sondern qualitativ zu erfassen. Potentiale ergeben sich in folgenden Bereichen:

Mehr Effizienz in Kommunikation und Organisation für Unternehmen

- ■ **Innovation:** Der Einsatz von Social-Media-Konzepten ermöglicht eine effektivere Kommunikation, eine verbesserte Koordination der Ressourcen und eine Zusammenarbeit über Abteilungs- und Unternehmensgrenzen hinaus. Der hohe Grad an Vernetzung, über den sich größere Teile der Interessengruppen erreichen und im Diskurs einbeziehen lassen, liefert zeitnah relevante Impulse für Innovationen.

- ■ **Kundennähe und -partizipation:** Die aktive Einbindung der Kunden in die Geschäftsprozesse erzeugt Nähe zum Unternehmen. Die direkte, nicht zentral gesteuerte Kommunikation birgt zwar das Risiko, „entblößt" zu werden, die Offenheit und Transparenz schafft jedoch Vertrauen und erhöht die Kundenbindung und -loyalität. Der effektive Dialog mit den Kunden vereinfacht darüber hinaus einen kontinuierlichen Verbesserungsprozess.

- ■ **Reaktionsgeschwindigkeit:** In den dezentralen Unternehmensstrukturen des Enterprise 2.0 werden Entscheidungen auf die operative Ebene verlagert. Somit liegt die Entscheidungskompetenz künftig dort, wo auch das relevante Wissen für die Entscheidungsfindung und -exekution liegt. Lange und fehleranfällige Entscheidungswege entfallen zugunsten einer ganzheitlichen Aufgabenerfüllung im Wertschöpfungsprozess.

■ **Knowledge Management:** Die automatische Verteilung von neuen, für den jeweiligen Empfänger relevanten Informationen wird durch RSS-Technologien effektiv unterstützt. Informationen können zum Beispiel in Wikis kollektiv erstellt, mit Tags strukturiert und hinsichtlich ihrer Relevanz bewertet werden. Wikis, Instant Messaging, Blogs, RSS-Feeds und Podcasts werden zur neuen Basis für die effektive Vernetzung der Wissensträger und weiterer Stakeholder.

■ **Wettbewerb um Talente:** Der demoskopische Wandel und der globale Wettbewerb verstärken den Kampf um talentierte und engagierte Mitarbeiter. Junge Mitarbeiter erwarten, dass sie die Web-2.0-Technologien, die sie als natürliche Kommunikationsformen im privaten Umfeld alltäglich nutzen, auch am Arbeitsplatz zur Verfügung haben. Gleichzeitig können Unternehmen die intern bereits vorhandenen Talente effektiver erkennen, fördern und langfristig binden.

Neue Risiken im Enterprise 2.0

Wissen wird auf breiter Basis geteilt, wodurch das Machtgefüge in Frage gestellt werden kann

■ **Persönlicher Kontrollverlust**: Zugunsten der gewünschten effektiven Vernetzung der Mitarbeiter und sonstigen Interessengruppen untereinander werden bestehende Macht- und Kontrollmechanismen, Hierarchie- und Organisationsformen in ihrer gewohnten Form aufgelöst. Das Management muss sich daher im Klaren sein, dass Wissen nicht mehr in erster Linie benutzt werden kann, um Machtausübung zu sichern, sondern dass es auf breiter Basis geteilt wird.

■ **Unerwünschter Informationsaustausch:** Mit dem erhöhten Informationsfluss steigt das Potential für die strategisch unerwünschte und missbräuchliche Kommunikation interner Daten. Es ist erforderlich, die Mitarbeiter durch Schulungen bezüglich der Tragweite der nichtflüchtigen Kommunikation im Enterprise 2.0 zu sensibilisieren.

■ **Vermischung professioneller und privater Sphären:** Im Enterprise 2.0 wird der einzelne Mitarbeiter sichtbarer, da er in den bereitgestellten Social-Media-Anwendungen intensiver und aktiv als Individuum kommuniziert. Die Selbstdarstellungen der Mitarbeiter fungieren damit auch als „Testimonials" für ihr Team/Unternehmen/Projekt/Produkt etc.

Beispiel: Mit dem Wiki zum Enterprise 2.0
Einen ersten Schritt ins Enterprise 2.0 kann die Einführung eines Unternehmens-Wikis darstellen, in dem verfügbare Informationen von allen Mitarbeitern eingesehen, editiert und ohne verzögernde Freigabeschleifen unterneh-

mensintern veröffentlicht beziehungsweise aktualisiert werden können. Dazu zählen neben Prozess- und Best-Practice-Beschreibungen auch strategische Informationen wie Projektstati oder Geschäftspläne. Vom Wiki ausgenommen sind natürlich aus rechtlichen oder anderen Gründen schützenswerte Informationen wie zum Beispiel Gehalts- oder sonstige personenbezogene Daten.

Das Unternehmens-Wiki, das einen Großteil der Unternehmensinformationen der gesamten Mitarbeiterschaft zur Referenz und zum Diskurs präsentiert, kann mehrere positive Effekte haben: Der Informationsstand aller Beteiligten verbessert sich, und die Aktualität der zugänglich gemachten Dokumente steigt. Eine breitere Basis an Mitarbeitern kann sich – vor allem auch fachkompetenz- und abteilungsübergreifend – an der Produktion von Wissen und Innovationen sowie der Entscheidungsfindung zu konkreten Problemen beteiligen.

Geeignete Analyse-, Einführungs- und Governance-Strategien
Für Unternehmen ist es wichtig, Enterprise-2.0-Strukturen zu schaffen, die auf die individuellen Merkmale des eigenen Geschäfts und den Nutzen für die Stakeholder zugeschnitten sind. Für den Konzeptionsprozess in Frage kommen etwa ein **User Centric Design** (Einbindung typischer Nutzer), ein **Social Design** (Designstrategie für Communities: Schwerpunkt auf Interaktionsmöglichkeiten der Nutzer), eine **Social-Network-Analyse** (Visualisierung und Auswertung der bestehenden sozialen Netzwerke) oder eine **Value-Network-Analyse** (Visualisierung und Auswertung der bestehenden wertschöpfenden Beziehungsgeflechte).

Der initiale Einsatz von Web-2.0-Anwendungen kann sowohl durch das Management **(Top-down)** wie auch durch die Mitarbeiter **(Bottom-up)** erfolgen. Im Top-down-Ansatz wird die Etablierung offener Kommunikation und Selbstorganisation strategisch initiiert: Das Management nutzt die neuen Kommunikationsmöglichkeiten, stellt den Mitarbeitern die Technologie zentral bereit und motiviert zu deren Anwendung. Beim Bottom-up-Ansatz gehen – mit Legitimierung durch das Management – Initiative und Impulse von den Mitarbeitern aus. Sie probieren die neuen Technologien und Konzepte wie beispielsweise Mitarbeiter-Blogs in ihrem Arbeitsumfeld aus, setzen sie projektspezifisch ein und sammeln damit erste Erfahrungen im geschäftlichen Umfeld.

Initiierung wahlweise durch Management oder durch Mitarbeiterschaft möglich

Zudem erfordert das Enterprise 2.0 ein richtiges Maß zwischen kontrollierter und loser Governance der Web-2.0-Plattformen. Beispielsweise können Policies für das Firmen-Wiki zur Überprüfung und Bewertung neuer Einträge samt wirksamen Sanktionsmöglichkeiten bei Verstößen eine effiziente Selbstorganisation durch die Nutzer unterstützen.

Web 2.0 als Evolution der Portal- und Collaboration-Technologien

Aus technischer und Nutzersicht zeigt sich der am einfachsten zu akzeptierende Wandel zu Enterprise 2.0 durch die evolutionäre Weiterentwicklung bestehender Anwendungen. Statische Portalseiten im Intranet wandeln sich etwa durch Ajax zum Lightweight-Portal mit konfigurierbaren und interaktiven Benutzerschnittstellen. Look and Feel sowie Funktionalitäten der Website ähneln einer lokal installierten Anwendung. Hier steht nun der Benutzer im Mittelpunkt: Der modulare Aufbau durch Web-2.0-Techniken ermöglicht eine aufwandsarme nutzerspezifische Konfiguration von Lösungen, etwa in Form persönlicher Portale oder dynamisch erstellter Berichte. Relevante und aktualisierte Daten werden nicht mehr nur dann angezeigt, wenn der Anwender aktiv danach sucht (Pull-Verfahren), sondern können per Push-Verfahren effektiv verfügbar gemacht werden.

Beispielsweise wandelt sich das Telefonverzeichnis zum sozialen Netzwerk: Die Mitarbeiter werden motiviert, ihre Daten persönlich einzupflegen. Abgelöst werden beispielsweise Outlook Global Directory und Teamseiten im Intranet durch persönliche Profile nach dem Vorbild von Community-Portalen, die einen informativen Mehrwert bieten. Die Integrationsmöglichkeit unterschiedlicher Dienste, über Formate und Techniken wie RSS, XML und Ajax ermöglichen außerdem die Integration externer Datenquellen sowie die Erstellung von sogenannten Mash-ups. Sie ermöglichen die nahtlose Kombination bestehender Web-2.0-Dienste zur Schaffung neuer Services, die die Funktionalitäten der jeweiligen Einzeldienste miteinander verknüpfen. So wird es beispielsweise für die Web-2.0-basierte Groupware möglich, beim Aufruf einer Projektseite etwa die zugehörigen Excel-Tabellen samt weiteren Informationen aus der ERP-Datenbank auszulesen und sie gemeinsam für die Weiterverarbeitung im Webbrowser zu visualisieren.

Web 2.0 zur Einbindung komplementärer und ergänzender Technologien

Effiziente Abwicklung von Kundenprozessen im Enterprise 2.0

Hinzu kommt, dass die Einsatzbereiche und Funktionalitäten neuer Web-2.0-Lösungen bestehende, komplementäre Ansätze und Technologien ergänzen. Zum Beispiel gehen BPM (Business Process Management) und SOA- (serviceorientierte Architektur)-Lösungen von stark strukturierten Prozessen aus. Dem gegenüber steht das anwenderzentrierte Konzept des Enterprise 2.0, das die Einbindung von Anwenderwissen für innovative Ansätze bei der Prozessgestaltung und der Prozessausführung aktiv fördern soll. Beispielsweise lassen sich typische Kundenprozesse auch im Enterprise 2.0 über das bereitgestellte BPM am effizientesten abwickeln, da es den Prozessverantwortlichen bei klar umrissenen, wiederkehrenden Aufgaben durch einen vorgegebenen Ablauf unterstützt.

Bei „offen" gestalteten Prozessen, wie etwa der Direktkommunikation mit den Kunden, bieten Web-2.0-basierte Technologien dagegen zusätzliche oder neue Kommunikationswege sowie effektivere Wissensmanagementprozesse. So befruchten sich beide Ansätze auch gegenseitig: Müssen zum Beispiel in einem festgelegten Geschäftsprozess Ausnahmen behandelt werden, dann stellt das soziale Netzwerk der Web-2.0-Umgebung eine effektive, in den Prozess integrierte Informations- und Kommunikationsstruktur für die zielführende Bearbeitung bereit.

Am Enterprise 2.0 führt kein Weg vorbei
Zusammenfassend lässt sich festhalten: Der Erfolg des Enterprise 2.0 steht und fällt mit der Bereitschaft und der Befähigung der Mitarbeiter, die bereitgestellten Web-2.0-Lösungen zielführend einzusetzen. Dafür braucht es Änderungen in der Unternehmenskultur, die Mitarbeiter müssen Verantwortung übernehmen und die neuen Freiräume aktiv nutzen. Der Rollout notwendiger Enterprise-2.0-Strukturen in gewünschter starker oder schwacher Form ist dabei nur eine Frage der Zeit, vergleichbar der Einführung von E-Mail, Netzzugang oder Unternehmenswebsites. Dies frühzeitig zu verinnerlichen schafft heute Konkurrenzvorteile und legt das Fundament für die nachhaltig flexible und erfolgreiche Organisation von morgen.

Mitarbeiter werden künftig mehr Verantwortung tragen

KAPITEL II
ENTERPRISE BUSINESS INTELLIGENCE UND INFORMATION MANAGEMENT

Business Intelligence
Die neue Applikationsvielfalt verlangt nach wirksamen Governance-Strukturen

Von Prof. Dr. Hans-Georg Kemper und Dr. Henning Baars

Geschäftsprozessorientierung und eine kennzahlenorientierte Unternehmenssteuerung sind treibende Faktoren für die wachsende Bedeutung von Business-Intelligence-Anwendungen. Der damit verbundene hohe Integrationsanspruch erfordert eine konsequente BI-Governance.

Prof. Dr. Hans-Georg Kemper
Universität Stuttgart
Lehrstuhl für Allgemeine
Betriebswirtschaftslehre und
Wirtschaftsinformatik I

Dr. Henning Baars
Universität Stuttgart
Lehrstuhl für Allgemeine
Betriebswirtschaftslehre und
Wirtschaftsinformatik I

Business Intelligence (BI) ist zu einem Kernthema des betrieblichen Informationsmanagements herangereift. So führt Business Intelligence im CIO-Panel der Gartner Group[1] – einer regelmäßigen Befragung von 1.500 IT-Führungskräften – im Jahr 2009 die Liste der priorisierten Technologiethemen an. Das verwundert nicht: Die unter BI subsumierten Infrastrukturen für die IT-basierte Management- und Entscheidungsunterstützung versprechen weitreichende Nutzenpotentiale. Aufgrund ihres Umfangs und ihrer Komplexität erfordern sie gleichzeitig die besondere Aufmerksamkeit der IT-Führungskräfte.

Hoher Integrationsanspruch

IT-Lösungen zur Managementunterstützung sind nicht neu und wurden unter wechselnden Überschriften bereits seit den 1960er Jahren diskutiert. Was speziell der BI-Begriff mitbringt ist jedoch ein hoher Integrationsanspruch. Mit BI sollen *technisch, konzeptionell* und *organisatorisch* integrierte Plattformen für die Managementunterstützung geschaffen werden. Dahinter steht die Erkenntnis, dass es erst mit Hilfe einer umfassenden Integration möglich wird, Kennzahlen und Analyseergebnisse aus verschiedenen Unternehmensteilen, Funktionsbereichen und Prozessen zu vergleichen und übergreifende Analysen durchzuführen.

Der Bedarf für entsprechende Anwendungen wird nicht zuletzt von dem immer weiter verbreiteten Denken in Geschäftsprozessen sowie dem Aufkommen unternehmensweiter und strategieorientierter Steuerungskonzepte getrieben. Aus diesen Gründen lässt sich in der Praxis ein starkes Wachstum der BI-Infrastrukturen in Größe, Komplexität und Bedeutung feststellen, was wiederum zur Notwendigkeit des Aufbaus von geeigneten Rahmenkonzeptionen sowie von Maßnahmen zur Gestaltung BI-spezifischer Steuerungs- und Kontrollstrukturen (BI-Governance) führt.

Rahmenkonzepte für Business Intelligence

Das in Abbildung 1 dargestellte Rahmenkonzept[2] bietet eine herstellerneutrale Übersicht über die zu koordinierenden Typen von Systemen bzw. Systemkomponenten. Die darin enthaltenen Abgrenzungen sind konzeptioneller

Abbildung 1: BI-Ordnungsrahmen

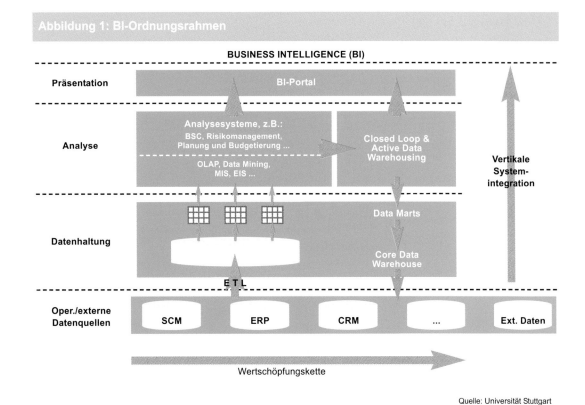

Quelle: Universität Stuttgart

Natur; konkrete Softwareprodukte decken zum Teil die Funktionen mehrerer Komponenten ab und umfassen mehrere Schichten. In dem Rahmen werden die Schichten *Datenhaltung, Analyse* und *Präsentation* unterschieden:

1. Datenhaltungsschicht: In der Datenhaltungsschicht werden Daten in eine für die Managementunterstützung adäquate Form überführt und in speziellen Datenhaltungssystemen bereitgestellt. Die Komponenten dieser Schicht umfassen ETL *(Extract, Transform, Load)*-Werkzeuge für die Extraktion und die Aufbereitung relevanter Daten aus heterogenen Vorsystemen, *Core Data Warehouses (C-DWH)* als anwendungsübergreifend integrierte Datensammlungen sowie *Data Marts* mit spezifisch optimierten Datenauszügen für bestimmte Funktionsbereiche (zum Beispiel Einkauf, Vertrieb oder Personalwesen) oder Prozesse (zum Beispiel Logistik- oder Auftragsabwicklungsprozesse).

Rahmenkonzepte bestehen aus den Schichten Datenhaltung, Analyse und Präsentation

2. Analyseschicht: Die Komponenten der Analyseschicht bieten Funktionen, mit denen die Inhalte aus der Datenhaltungsschicht zur Entscheidungsunterstützung zusammengestellt, analysiert und präsentiert werden können. Hierbei können *Basissysteme* und *konzeptorientierte Systeme* unterschieden werden.

Basissysteme und konzeptorientierte Systeme

■ Als **Basissystem** wird ein BI-System bezeichnet, das – unabhängig von anwendungsspezifischen Konzepten – Funktionen zur Datenaufbereitung und -analyse bereitstellt. Zu dieser Kategorie gehören zum Beispiel *OLAP (OnlineAnalytical Processing)*-Systeme für die Navigation in aggregierten Daten auf Basis verschiedener Analysedimensionen (zum Beispiel Region, Zeit, Produkt) oder *Data-Mining-Werkzeuge* für das Aufdecken komplexer Muster in umfangreichen Datenbeständen. Schließlich sind den Basissystemen auch die *berichtsorientierten Systeme* zuzuordnen, für die sich auch die Begriffe Executive Information System (EIS) oder Management Information System (MIS) finden.

■ In Abgrenzung zu den Basissystemen sind **konzeptorientierte Systeme** auf die Umsetzung von Ansätzen für abgegrenzte betriebliche Aufgabengebiete ausgerichtet. Typische Vertreter dieser Kategorie sind Lösungen für Planung und Budgetierung, für das Risikomanagement oder für eine kennzahlenorientierte, strategieorientierte Steuerung des Unternehmens (zum Beispiel Lösungen für die Umsetzung einer Balanced Scorecard [BSC]).

Die in der Abbildung 1 aufgeführten Begriffe *Closed Loop & Active Data Warehousing* bezeichnen spezielle Formen der Anbindung von BI-Anwendungssystemen.

■ Bei **Closed-Loop-Anwendungen** werden berechnete Analyseergebnisse in die operativen und/oder dispositiven Datenhaltungssysteme zurückgeschrieben. Typische Anwendungsfälle finden sich zum Beispiel im Kampagnenmanagement, bei dem über Data-Mining-Verfahren ermittelte Kundensegmentierungen direkt zur Steuerung von Marketingmaßnahmen herangezogen werden.

■ Beim **Active Data Warehousing** starten definierte Datenkonstellationen automatisch Prozesse. Beispiele für Einsatzgebiete sind die Generierung von Ausnahmeberichten oder die Optimierung von Logistikprozessen durch das automatisierte Auslösen von Bestellprozessen oder die Ermittlung alternativer Lieferwege bei Engpässen.

3. Präsentationsschicht: Die Präsentationsschicht steuert den Zugriff auf die Anwendungen der Analyseschicht und stellt die Ergebnisse der Analysekomponenten in einer integrierten Benutzerschnittstelle zusammen. Die Präsentationsschicht wird üblicherweise über *Portalsysteme* realisiert, die als mitarbeiterspezifische Zugangssysteme die unterschiedlichen Applikationen unter einer Oberfläche zusammenfassen und dem Anwender mit Hilfe eines einmaligen Anmeldevorgangs („Single Sign-on") die Systemnutzung erheblich vereinfachen.

Wie der Rahmen veranschaulicht, ist im BI-Kontext eine Reihe unterschiedlicher Teilkomponenten zu integrieren. Damit einher geht die Notwendigkeit, Konzepte für die stufenweise Zusammenführung, Aggregation und Anreicherung von Daten zu entwickeln sowie eine abgestimmte Administration und Weiterentwicklung der Systeme sicherzustellen.

Hierbei ist insbesondere isolierten Ansätzen zu begegnen, die aus einer oftmals eingeschränkten Sicht der Fachbereiche auf BI-Anwendungen resultieren: Da die Fachbereiche primär an der möglichst schnellen und kostengünstigen Entwicklung von Systemen zur Umsetzung der eigenen Anforderungen interessiert sind, ist es oftmals schwierig, die Notwendigkeit einer weiterreichenden Infrastruktur mit einer über ein C-DWH abgestimmten Datenhaltung zu vermitteln. Infolgedessen finden sich in vielen Unternehmen stark dezentrale Infrastrukturen mit isolierten Data Marts, die in Administration und Betrieb ineffizient sind sowie die Entwicklung unternehmensweiter Anwendungen erschweren.

Neue Einsatzbereiche – neue Herausforderungen

Die BI-Infrastrukturen der Unternehmen wachsen stetig. DWHs im Terabyte-Bereich sind heute keine Seltenheit mehr – in Einzelfällen finden sich bereits Beispiele von DWHs mit einem Volumen von einigen Petabyte. Hinter dem Wachstum steht dabei vor allem eine Ausweitung des Spektrums an Anwendungen. Hierbei können zwei Ansatzpunkte unterschieden werden: eine Erhöhung der Detaillierung der Daten sowie eine Anbindung weiterer bzw. innovativer Datenquellen.

BI-Infrastrukturen wachsen durch Ausweitung des Anwendungsspektrums

Die *Datendetaillierung (Granularität)* wird erhöht, um wirksame Anwendungen für die Mustererkennung und für eine feinere Zuordnung von Problemursachen zu ermöglichen. Gleichzeitig werden neue Einsatzbereiche für DWH-Systeme eröffnet, indem zusätzliche Datenquellen erschlossen werden, etwa aus Systemen der Produktionsbereiche oder aus externen Datenquellen der Marktpartner. Neue Anwendungsfelder ergeben sich hierbei insbesondere durch die Berücksichtigung *unstrukturierter* Daten sowie durch die Verwendung prozessorientierter Ablaufdaten im Rahmen des *„Operational BI“*.

Unstrukturierte Daten stellen einen großen Teil der betrieblichen Informationsbasis, zum Beispiel in Form von E-Mails, Webseiten, Präsentationen, Textdateien oder PDF-Dateien. Beispiele für den Einsatz dieser Daten in der Managementunterstützung finden sich in der Klassifikation von Beschwerde-E-Mails oder bei der Analyse von Patentdokumenten. Obwohl die notwendigen Algorithmen zur Interpretation unstrukturierter Dokumente laufend verbessert werden, stoßen die Methoden dennoch regelmäßig an Grenzen und erfordern häufig eine umfangreiche manuelle Nachbearbeitung. Da-

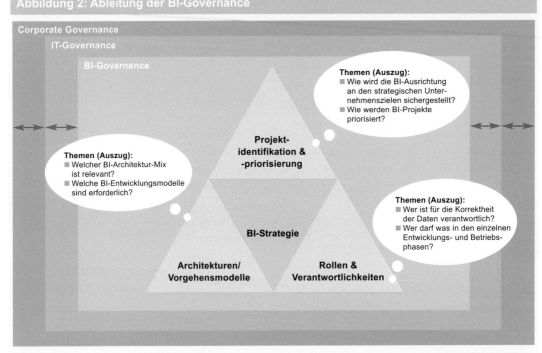

Abbildung 2: Ableitung der BI-Governance

Corporate Governance

IT-Governance

BI-Governance

Projekt-identifikation & -priorisierung

BI-Strategie

Architekturen/ Vorgehensmodelle

Rollen & Verantwortlichkeiten

Themen (Auszug):
- Wie wird die BI-Ausrichtung an den strategischen Unternehmenszielen sichergestellt?
- Wie werden BI-Projekte priorisiert?

Themen (Auszug):
- Welcher BI-Architektur-Mix ist relevant?
- Welche BI-Entwicklungsmodelle sind erforderlich?

Themen (Auszug):
- Wer ist für die Korrektheit der Daten verantwortlich?
- Wer darf was in den einzelnen Entwicklungs- und Betriebsphasen?

Quelle: vgl. Gutierrez 2008[3]

rüber hinaus ist zu beachten, dass diese Art von Anwendungen auch die Notwendigkeit einer Anbindung einer weiteren Klasse von Systemen nach sich zieht – Content- und Document-Management-Systeme, die für den Umgang mit unstrukturierten Inhalten ausgelegt sind.

Operational BI

Enge Verzahnung von BI-Plattformen mit operativen Systemen

Noch weitreichender sind die Auswirkungen der Einbindung von Lösungen, die unter der Überschrift *Operational BI* diskutiert werden: Hierbei wird eine enge Verzahnung von BI-Plattformen mit operativen Systemen angestrebt, wobei insbesondere auf Konzepten des Active und Closed Loop Data Warehousing aufgesetzt wird.

Ein Bedarf für Operational BI entsteht zum Beispiel bei der Etablierung von Managementkonzepten wie dem Corporate Performance Management (CPM), das auf eine über die verschiedenen Hierarchieebenen integrierte, kennzahlenorientierte Steuerung abhebt. Hierfür ist eine konsistente Datenaufbereitung auf operativer, taktischer und strategischer Ebene erforderlich. Die operative Ebene wird hierbei über prozessorientierte Kennzahlen gesteuert, die mit Lösungen für das Business Activity Monitoring (BAM) visualisiert werden können. Bei Business Activity Monitoring handelt es sich um BI-Anwendungen für die Prozessüberwachung, bei denen Daten aus verschiedenen prozessunterstützenden Systemen zeitnah zusammengeführt, analysiert und präsentiert werden. Eine weitere Domäne des Operational BI sind prozessübergreifende Anwendungen, die eine leistungsfähige Infrastruktur zur Datenintegration benötigen, etwa im Supply Chain Management (SCM) oder im Customer Relationship Management (CRM).

Speziell das Operational BI erfordert eine große Professionalität bei der Entwicklung und dem Betrieb von BI-Systemen: Je mehr Daten und Funktionen von BI-Anwendungen im Tagesgeschäft genutzt werden, desto kritischer werden die dahinterliegenden BI-Infrastrukturen. DWHs müssen daher mittlerweile erhöhten Anforderungen hinsichtlich Ausfallsicherheit, Zuverlässigkeit und Performance genügen. Dies verschärft den Bedarf an einer sorgsam ausgearbeiteten BI-Governance.

BI-Governance

Die BI-Governance ist eingebettet in die Bereiche der Corporate und der IT-Governance und steht in enger Beziehung zu diesen. Abbildung 2 verdeutlicht die Zusammenhänge.

Ausrichtung der IT an der Unternehmensstrategie

Wie die Abbildung verdeutlicht, stellt die *Corporate Governance* die Basis des Ansatzes dar. Corporate Governance bezeichnet hierbei die unternehmensspezifische Gestaltung und Implementierung geeigneter Leitungs- und Kontrollstrukturen, die eine nachhaltige, an ethischen und kulturellen Werten ausgerichtete Unternehmensführung sicherstellen sollen. Die *IT-Governance* ist – mit geringem Zeitverzug – in diesem Umfeld entstanden. Sie umfasst die Gestaltung von Regelungen, Empfehlungen, Rollen und Verantwortungen sowie Richtlinien zur Projektpriorisierung, um eine konsistente Ausrichtung der IT an der Strategie des Unternehmens gewährleisten zu können (vgl. Gutierrez 2008, IT Governance Institute 2003, S. 10ff)[4].

Da Business Intelligence zweifellos zum IT-Komplex gehört, ist die Frage durchaus berechtigt, ob eigenständige BI-Governance-Ansätze überhaupt erforderlich sind. Bei genauerer Analyse lassen sich jedoch erhebliche Unterschiede zwischen traditionellen IT-Lösungen und komplexen BI-Landschaften feststellen. So stehen bei Business Intelligence nicht die Entwicklung und der Betrieb isolierter Systeme zur Optimierung von Einzelfunktionen im Mittelpunkt, sondern die Schaffung einer zeitbeständigen BI-Infrastruktur, in deren Kontext einzelne BI-Anwendungen integriert interagieren.

BI-Governance wird in diesem Kontext definiert als „… Bereich der organisatorischen Einbindung, der prozessualen Gestaltung und Steuerung des gesamten BI-Kontextes eines Unternehmens, um eine konsequente Ausrichtung des BI-Konzeptes an der Gesamtstrategie des Unternehmens sicherzustellen"[5].

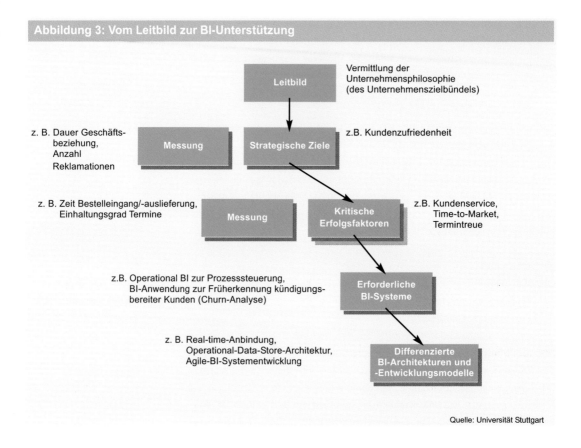

Abbildung 3: Vom Leitbild zur BI-Unterstützung

Quelle: Universität Stuttgart

BI-Governance adressiert die Gestaltungsbereiche

- Projektidentifikation und -priorisierung,
- BI-Architekturen und -Vorgehensmodelle,
- Rollen und Verantwortlichkeiten.

Projektidentifikation und -priorisierung

BI-Projekte abgrenzen und Erfolgsfaktoren bestimmen

Selbstverständlich sind BI-Systeme – wie andere Investitionen im Unternehmen auch – stets vor dem Hintergrund ihres geschäftlichen Nutzens zu bewerten. Entsprechend sind geeignete BI-Anwendungsfelder zu identifizieren, BI-Projekte abzugrenzen und entsprechend zu priorisieren.

Für die BI-Governance entsteht somit die Aufgabe, Business Intelligence an der Unternehmensstrategie auszurichten. Zur Sicherstellung einer erfolgsorientierten internen Ressourcenallokation im BI-Bereich sind somit stets die wertschöpfenden (Kern-)Geschäftsprozesse des Unternehmens zu dokumentieren sowie die kritischen Erfolgsfaktoren, Performanceindikatoren und Messgrößen zu bestimmen (vgl. Abbildung 3).

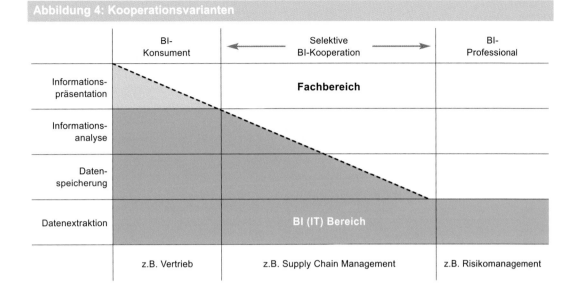

Quelle: Universität Stuttgart

BI-Architekturen und -Vorgehensmodelle

Eng verbunden mit der Projektidentifikation und -priorisierung ist, die Architektur- und Vorgehenswahl zu konkretisieren. Aufgrund der Heterogenität geschäftlicher Anforderungen ist es hierbei in aller Regel unrealistisch, lediglich eine einzige organisationsspezifische BI-Referenzarchitektur und ein einziges Entwicklungsmodell zu implementieren.

Vielmehr sind in den Unternehmen verschiedene BI-Lösungen – wie Data Marts, Core Data Warehouses oder Datendirektdurchgriffe – mit unterschiedlichen Datenaktualitäten (zum Beispiel real-time, tages-, wochen- oder monatsaktuell) zu koordinieren. Hierbei kann die Bandbreite der verwendeten Entwicklungsmodelle von agilen Vorgehensmodellen über prototypische bis hin zu traditionellen Ansätzen (wie den Varianten des sequentiellen Wasserfallmodells) reichen.

Verschiedene BI-Lösungen müssen koordiniert werden

So ist es beispielsweise für zeitkritische Berechnungen im Risikomanagement einer Bank nützlich, agile Vorgehensweisen für die Systementwicklung und eigenständige Data-Mart-Architekturen zu wählen, um innerhalb eines Tages revisionsfähige DV-Lösungen entwickeln zu können.

Andere Lösungen – zum Beispiel BI-Anwendungen im Personalwesen – sind häufig nicht zeitkritisch, erfordern jedoch oft große, harmonisierte Datenbestände verschiedener operativer Vorsysteme, so dass in diesen Fällen iterative Vorgehensmodelle und traditionelle DWH-Strukturen zu wählen wären.

Rollen und Verantwortlichkeiten

Ein dritter großer Aufgabenblock der BI-Governance ist die Aufgabenregelung zwischen IT- und Fachbereichen. Auch hier sind ausschließlich situative, unternehmensspezifische Kooperationslösungen von Relevanz, die den einzelnen Benutzergruppen entsprechende Handlungsspielräume gewähren. So ist es denkbar, dass Endbenutzer aus Vertriebsbereichen ausschließlich BI-Lösungen einsetzen, die vollständig durch die IT-Abteilung umgesetzt werden. Technikaffine Organisationseinheiten – wie das Risikomanagement – präferieren meist Lösungen, bei denen nahezu sämtliche Entwicklungsarbeiten im Fachbereich selbst durchgeführt werden. Sie erwarten von den IT-Bereichen daher meist lediglich die Extraktion der Daten aus den operativen Quellen. Die Abbildung 4 zeigt die Spannbreite der Kooperationsmöglichkeiten zwischen IT und Fachbereichen.

Selbstverständlich ist es zur Steuerung der resultierenden Vielfalt an Leistungsverflechtungen erforderlich, eindeutig abgrenzbare BI-Services zu definieren und wirksame Ansätze des Vertragsmanagements (Service Level Agreements, SLAs) zu gestalten.

Fazit: BI-Governance erfordert eine organisatorische Implementierung

ICC haben sich künftig vermehrt mit Governance-Aufgaben zu befassen

Wie eine groß angelegte empirische Untersuchung[6] deutlich machte, ist sich die Mehrheit der deutschen Unternehmen bewusst, dass neben der Entwicklung auch der Betrieb von BI-Anwendungssystemen als zeitstabile Aufgabe eine adäquate organisatorisch verankerte Unterstützung erforderlich macht. So hatten von den über 400 teilnehmenden Unternehmen bereits 65 Prozent institutionalisierte Unterstützungseinheiten eingerichtet, und 11 Prozent planten zum Befragungszeitpunkt konkret deren Einführung.

Diese Institutionen, die häufig als BICC (Business Intelligence Competence Center) bezeichnet werden, haben sich in Zukunft vermehrt mit Governance-Aufgaben auseinanderzusetzen. Ihre Position wird sich somit von der reinen Servicebereitstellung hin zur Instanz der strategiekonformen Gestaltung des gesamten BI-Komplexes wandeln. Zur Qualitätssicherung dieser BICC-Aktivitäten könnte zusätzlich ein Lenkungsausschuss erforderlich werden, der als BI-Governance-Komitee mit hochrangigen Vertretern des Managements besetzt ist und die unternehmenskonforme Ausgestaltung des BI-Gesamtbereiches gewährleistet.

Da diese Aufgaben komplex sind, mit organisatorischen Veränderungen einhergehen und ihr Wert keinesfalls mit einfachen Wirtschaftlichkeitsanalysen dokumentierbar ist, bedarf es eines vorausschauenden Managements, das sich als Promotor dieser erforderlichen Strukturvorhaben zur Verfügung stellt und seiner Rolle als Macht- und Fachsponsor gerecht wird.

1   Gartner Group 2009.

2   Unger, C.; Kemper, H.-G. 2008.

3   Gutierrez, N. 2008.

4   IT Governance Institute 2003.

5   Kemper, H.-G; Baars, H. 2008.

6   Unger, C.; Kemper, H.-G. 2008, S. 141-153.

Quellen- und Literaturangaben

Gartner Group: Gartner EXP Worldwide Survey of More than 1,500 CIOs Shows IT Spending to Be Flat in 2009. Veröffentlicht am 14.01.2009. URL: http://www.gartner.com/it/page.jsp?id=855612. Abgerufen am 23.07.2009.

Gutierrez, N.: Business Intelligence (BI) Governance, veröffentlicht 2008, URL: http://www.businessintelligence.com/article.asp?id=170. Abgerufen am 23.04.2009.

IT Governance Institute: Board Briefing on IT Governance, 2. Aufl., Rolling Meadows (IL): IT Governance Institute 2003.

Kemper, H.-G; Baars, H.: Business Intelligence – Arbeits- und Übungsbuch, Wiesbaden: Vieweg 2008.

Kemper, H.-G.; Mehanna, W., Unger, C.: Business Intelligence – Grundlagen und praktische Anwendungen, 2. Auflage, Wiesbaden: Vieweg 2006.

Unger, C.; Kemper, H.-G.: Organisatorische Rahmenbedingungen der Entwicklung und des Betriebs von Business Intelligence – Ergebnisse einer empirischen Studie, in: Bichler et al. (Hg.), Tagungsband der Multikonferenz Wirtschaftsinformatik 2008 in München, Berlin 2008, S. 141-153.

Management von Vertragslebenszyklen als Bestandteil des Information Management

Prozessoptimierung, Effizienzsteigerung und Transparenz

Von Matthias Lichtenthaler und Drazen Nikolic

Verträge liegen noch häufig ausschließlich in Papierform vor. Das Contract Lifecycle Management bindet sie in die bestehende IT-Struktur ein, dokumentiert den gesamten Vertragslebenszyklus und erleichtert das Bearbeiten von Claims und Compliance-Anforderungen.

Modernes Vertragsmanagement bedeutet die Steuerung und Überwachung über den gesamten Lebenszyklus einer vertraglichen Vereinbarung hinweg. Wichtiger Nebeneffekt: Ohne großen Aufwand können relevante Compliance-Anforderungen wie Nachweispflichten und Datenschutzvorschriften eingehalten werden.

Definition

Contract Lifecycle Management (CLM) ist der Prozess der systematischen und effizienten Verwaltung von Verträgen im Unternehmen. Der Lebenszyklus eines Vertrages wird unterteilt in die Phasen Vertragserstellung, -verhandlung, -überwachung und -speicherung. Die Ziele des CLM sind es, Kosten zu reduzieren, Umsatz zu steigern, operative und finanzielle Performance zu maximieren und Risiken zu kontrollieren. Eine systemunterstützte CLM-Lösung erlaubt es, diese Ziele zu erreichen.

Im Rahmen des ganzheitlichen Information Managements ist es von entscheidender Bedeutung, entscheidungsrelevante Informationen logisch zusammenzuführen und einen gesamten Geschäftsvorgang abzubilden. Zu diesem Geschäftsvorgang gehören eben nicht nur Dokumente, sondern auch die Vertragswerke, die damit zusammenhängen, und die korrespondierenden E-Mails. Verträge liegen noch häufig ausschließlich in Papierform vor. Das macht es zum Beispiel unmöglich, sie mit dem elektronischen Geschäftsvorgang zu verknüpfen und im Finanzcontrolling digital auszuwerten.

An dieser Stelle setzt das Konzept des intelligenten Contract Lifecycle Managements an. Ein modernes Vertragsmanagement erfordert, dass man den gesamten Lebenszyklus eines Vertrages abbildet. Immer mehr an Relevanz gewinnen dabei die Schnittstellen zu verwandten Themenbereichen, neben den zentralen Vertragselementen. Lösungen, bei denen lediglich die Vertragserstellung und -verhandlung im Vordergrund stehen, sind letztendlich nur Inseln in der IT-Landschaft des Unternehmens. Der Lebenszyklus

*Matthias Lichtenthaler
Manager bei Accenture,
verantwortet innerhalb von
Accenture Information Management Services (AIMS) den
Bereich Compliance & Contract
Management*

*Drazen Nikolic
Senior Executive bei Accenture
und Geschäftsführer des
Bereichs Accenture Information
Management Services (AIMS)*

eines Vertrages sollte so in die Unternehmensprozesse integriert sein, dass regulatorische Anforderungen in jeder Phase vollständig abgedeckt werden können. Das erfordert eine detaillierte Prozessanalyse, lange vor der möglichen Implementierung einer spezifischen Lösung.

Von Bedeutung ist die Einbindung von vertragsrelevanten Prozessen in den Gesamtablauf des Unternehmens vor allem in drei Bereichen:

■ Bei vorgelagerten Prozessen wie Einkauf und Beschaffung ist eine entsprechende Verknüpfung notwendig.

■ Externe Beteiligte wie externe Kanzleien und Gutachter sollten eingebunden werden, jedoch ohne dass sie direkten Zugriff auf das unternehmensinterne System haben müssen.

■ Claim und Contract Management erfordern eine intelligente Verknüpfung.

Ziel muss es sein, alle Aufgaben zu optimieren, die mit den vertraglichen Anforderungen im Zusammenhang stehen, und zwar in einem durchgängigen Prozess, der die vollständige Integration mit vor- und nachgelagerten Prozessen gewährleistet. Vordringliche Aufgabe dabei sollte sein, dieses Konzept primär mit den vorhandenen IT-Systemen umzusetzen und keine Insellösungen zu schaffen.

Das Konzept sollte mit den vorhandenen IT-Systemen umgesetzt werden

Wird ein solches Konzept umgesetzt, deckt man die Compliance-Vorgaben (zum Beispiel Datenschutz, Aufbewahrungsfristen bei der Archivierung) gleich mit ab.

1. Der Vertragslebenszyklus

Der Vertragslebenszyklus unterteilt sich in vier Phasen:

■ Vertragserstellung,
■ Verhandlung,
■ Monitoring und Controlling während der Vertragslaufzeit,
■ Abschluss des Vertrages und Erneuerung oder Archivierung.

In vielen Unternehmen machen die folgenden Faktoren ein ganzheitliches und strukturiertes Vertragsmanagement notwendig:

■ unkoordinierte Zusammenarbeit bei der Erstellung und Genehmigung von Verträgen,
■ kein standardisiertes Vorgehen/keine koordinierte Schnittstelle zwischen Einkauf/Vertrieb und Rechtsabteilung/Kanzlei,
■ kein zentraler Zugriff auf Verträge und die gesamte Vertragsakte,

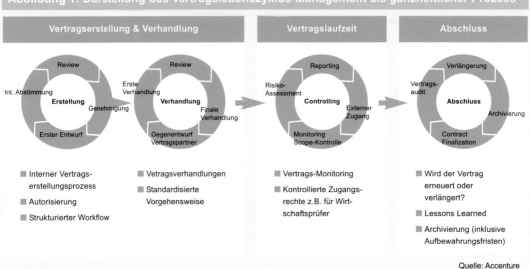

Abbildung 1: Darstellung des Vertragslebenszyklus-Management als ganzheitlicher Prozess

Quelle: Accenture

Faktoren für ein ganzheitliches und strukturiertes Vertragsmanagement

- mangelnde Transparenz bei existierenden Verträgen und spezifischen Einzelvereinbarungen,
- steigende Anforderungen an das Risikomanagement,
- Mangel an vollständiger Nachvollziehbarkeit und Nachweisbarkeit für Auditoren und Wirtschaftsprüfer,
- Compliance von Verträgen und sonstigen Vereinbarungen, regulatorische Anforderungen,
- steigende Bedeutung von Controlling und Monitoring innerhalb der Geschäftsprozesse,
- langwierige und uneffiziente Vertragsverhandlungsprozesse,
- mangelnde Verknüpfung zum Beschaffungsprozess als Input für den Vertragsprozess.

Ganzheitliches und strukturiertes Vertragsmanagement lässt sich typischerweise im Kern mit den bestehenden IT-Systemen umsetzen. Gängige Dokumentenmanagementsysteme bieten in der Regel bereits die Basis dafür, ein standardisiertes Vertragsmanagement aufzubauen.

2. Einbindung der vorgelagerten und sonstigen Unternehmensprozesse
Der Grund, warum ein Vertrag geschlossen wird, sind meist vorgelagerte Prozesse im Bereich der Beschaffung. Bevor ein Vertrag mit einem Partner geschlossen wird, hat in der Regel ein Kundenakquisitionsprozess oder ein geordneter Einkaufprozess oder ein damit vergleichbarer Vorgang stattgefunden.

In vielen Unternehmen sind diese Vorgänge nicht in adäquater Weise mit dem Vertragsmanagement verknüpft, obwohl sich die entscheidenden Parameter des Einkaufs- oder Vertriebsprozesses im Vertrag widerspiegeln sollten. Wichtig ist vor allem, die Eckdaten der vorherigen Vereinbarung so in das Contract Management zu überführen, dass eine Veränderung der Daten grundsätzlich nicht möglich ist. Auch wenn die meisten Unternehmen diese Möglichkeit abstreiten: Es ist schon vorgekommen und auch vor Gericht verhandelt worden, dass ohne erkennbaren Grund der im Vertrag vereinbarte Endpreis höher fixiert wurde als der ursprünglich ausgehandelte.

Selbstverständlich sind Nachverhandlungen auch nach einem standardisierten Ausschreibungsverfahren möglich. Dann sollte dieser Prozess aber auch vollständig dokumentierbar und revisionssicher nachzuvollziehen sein. Wird dieser Prozess in eine entsprechende IT-Konzeption umgesetzt, ist gewährleistet, dass alle vorgelagerten Vorgänge mit dem Lebenszyklus des Vertrages verknüpft sind. Damit können selbst umfangreiche Nachverhandlungsprozesse in den Vertragserstellungsprozess einfließen und auch später nachvollzogen werden.

Alle vorgelagerten Vorgänge werden mit dem Lebenszyklus des Vertrages verknüpft

Dass der Nachweispflicht durchgängig nachgekommen wird, stellen die konsequent durchgeführte Strukturierung der damit zusammenhängenden Prozesse sowie eine entsprechende IT-Konzeption sicher. Gleichzeitig lassen sich mögliche Risiken und rechtliche Vorwürfe aus vorvertraglicher Haftung minimieren – dadurch, dass der Prozess von der Beschaffung bis in das Contracting hinein lückenlos zu dokumentieren ist.

Von entscheidender Bedeutung sind also Schnittstellen zu den Systemen, die im Vorfeld des Vertragsmanagementprozesses zum Einsatz kommen. Hervorzuheben sind besonders die Beschaffungsprozesse, auch in Verbindung mit dem bestehenden ERP-System. So liefern die angebundenen Systeme letztlich auch relevante Metadaten und damit Eckpunkte für eine strukturierte Vertragserstellung.

Darüber hinaus lassen sich zum Beispiel Vertragsmuster schon im Rahmen des Beschaffungs- und Ausschreibungsprozesses in elektronischer Form hinzufügen, die vorab von der Rechtsabteilung oder der Hauskanzlei geprüft wurden. Die Variablen, die in dem beigefügten Vertragsmuster enthalten sind, können vom Vertragspartner durch eine intelligente Formulartechnologie wie Adobe Lifecycle Interactive Forms befüllt werden, ohne dass sonstige Standardformulierungen geändert werden können. Diese Variablen stellen Metadaten dar, die für den weiteren Vertragsmanagementprozess weiter verwendbar sind.

Sonstige Unternehmensprozesse: Nicht nicht nur der Einbindung der vorgelagerten Prozesse kommt Bedeutung zu, auch der Verknüpfung mit anderen IT-Systemen, und zwar nicht nur, um das Inseldasein des Vertragsmanage-

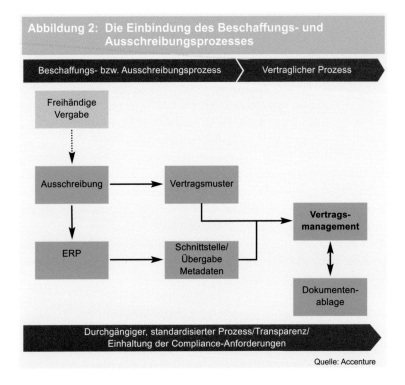

Abbildung 2: Die Einbindung des Beschaffungs- und Ausschreibungsprozesses

Quelle: Accenture

Integration in ERP-Systeme, Finanzbuchhaltung, Controlling

ments zu vermeiden. Die standardisierte Verknüpfung – zum Beispiel mit dem ERP-System – kann vielmehr bewirken, Effizienz zu steigern und Kosten zu sparen. Zum Beispiel lassen sich relevante Eckdaten des Vertrags dem Controlling und der Finanzbuchhaltung automatisiert zur Verfügung stellen, indem man das IT-basierte Finanzwesen anbindet. Auch Rabattstaffeln, Skonti und vergleichbare Regelungen können besser mit dem Rechnungseingangscontrolling abgeglichen werden, wenn man die finanziellen Auswirkungen von Verträgen strukturierter überwacht und steuert.

Die entscheidenden Aspekte sind also Verknüpfung und Integration. Wenig zielführend ist es, eine isolierte Lösung für das Vertragsmanagement zu implementieren – das Ziel sollte sein, die vorgelagerten Prozesse einzubinden.

3. Einbindung externer Beteiligter

Häufig ist es sinnvoll oder notwendig, Externe wie Rechtsanwaltskanzleien oder Gutachter einzubinden, wenn Verträge erstellt oder verhandelt werden, oder auch im Rahmen des Vertragsabweichungsmanagements (s. Seite 89/90). Ein häufiges Problem in diesem Zusammenhang: Der direkte Zugriff der Externen auf das Vertragsmanagementsystem ist nicht möglich oder nicht gewünscht, etwa aus Sicherheitsbedenken. Das macht es schwierig und teilweise ineffizient, die Beteiligten von außerhalb so zu schulen, dass sie die Vertragsmanagementlösung anwenden können. Oft lohnt es sich gar nicht erst, sie zu schulen, wenn von vornherein klar ist, dass die Nutzer das System nur sehr selten und dann auch nur in Bezug auf einen einzelnen, stark eingeschränkten Aufgabenbereich verwenden werden.

Für dieses Problem braucht man Lösungen, die es ermöglichen, die Externen ohne Systemzugang einzubinden. Dabei sollte vermieden werden, dass ihr Input manuell in das Vertragsmanagementsystem eingegeben werden muss. Hier kommen sogenannte Dokumentencontainer zur Anwendung.

Die Daten und Dokumente, die für die Begutachtung eines speziellen Sachverhalts relevant sind, packt man in einen Container, zusammen mit einem vorgefertigten Antwortformular, und schickt sie den Externen – entweder als Link auf einen Fileserver oder als Attachment einer verschlüsselten E-Mail. Durch das standardisierte Dateiformat können die Informationen der Externen ohne Verlust in die Vertragsmanagementlösung zurückgespielt werden und bedürfen keinerlei manueller Nachbearbeitung. Dieses strukturierte Vorgehen ermöglicht somit auch die Einbindung von weniger IT-affinen Beteiligten in den Prozess.

Unternehmensexterne werden über Dokumentencontainer eingebunden

Der Workflow der Lösung lässt sich so einrichten, dass der externe Knowhow-Träger nicht umgangen werden kann. Zum Beispiel muss in bestimmten, vordefinierten Fällen zwingend der juristische Rat der Hauskanzlei eingeholt werden.

Den Kernanwendern des Systems wird damit deutlich: Der Aufwand, die Externen einzubinden, wird mit der neuen Vertragsmanagementkonzeption stark vereinfacht und ist unproblematisch abzuwickeln.

4. Verknüpfung mit Vertragsabweichungungsmanagement
Bei kapitalintensiven Großprojekten und längerfristig vertraglich geregelten Geschäftsbeziehungen sind unterschiedliche Beteiligte involviert und damit auch verschiedene Vertragsverhältnisse notwendig.

In diesen vertraglichen Vereinbarungen sind in der Regel bereits Vorschriften enthalten, wie eine Abweichung vom Soll-Zustand (Vertragsabweichung bzw. Claim) abzuwickeln ist. Dies ist der Tatsache geschuldet, dass bei der Abwicklung solcher Projekte oder Vorgänge die vollständige Vermeidung von Vertragsabweichungen letztlich nicht möglich ist.

Für Abweichungen (auch Claims genannt) sieht ein Vertrag üblicherweise Regelungen vor. Doch Verträge wandern schnell ins Archiv, sind häufig nicht in einer zentralen Ablage gesammelt und nicht für jeden Verantwortlichen jederzeit verfügbar. Die Folge: Vertragsabweichungen werden oft abgewickelt, ohne den detaillierten Abgleich mit den vertraglichen Regelungen durchzuführen.

Vertragsabweichungen leichter bearbeiten

Die logische Verknüpfung zwischen Claim und Contract kann durch die Umsetzung einer entsprechenden IT-Konzeption zielführend unterstützt werden. Sie ermöglicht Unternehmen, Projekte und fehleranfällige Vorgänge systematischer und effizienter zu managen. Dabei werden die relevanten Metadaten aus der Claim-Erfassung mit den entsprechenden Informationen in standardisierter Weise abgeglichen. Mit diesem sogenannten Matching zwischen Claim und Contract kann dann schnell festgestellt werden, welche vertragliche Regelung und welche Anhänge die Anspruchsgrundlage zu dem zu analysierenden Claim bilden.

Darüber hinaus können folgende Vorteile mit der Verknüpfung des Vertrags- und Vertragsabweichungsmanagements erreicht werden:

- Kostensenkungen
  - bessere Beschaffung durch effektivere Prozesse
  - weniger Rechtsstreitigkeiten durch schnellere Klärung der Verantwortlichkeiten bei Claims

- Transparenz
  - Übersicht über alle Verträge in allen Vertragsphasen
  - Identifizierung von *kritischen Punkten* bei Großprojekten
  - schneller Überblick über Zuverlässigkeit von Zulieferern

- Risikomanagement
  - verbesserte Projekt- und Prozesskontrolle
  - Verminderung von haftungsrechtlichen und sonstigen Vertragsrisiken

In diesem Zusammenhang ist es auch sinnvoll, die wichtigsten Eckdaten und Erfolgskennzahlen zum Vertrags- und Claim Management in einem Dashboard oder Management Cockpit darzustellen.

Unterschiedliche Funktionen im Unternehmen können anhand von verschiedenen Ansichten den Status quo analysieren – zum Beispiel die Anzahl der Claims pro Lieferant – und direkt aus dem Cockpit Aktionen starten. Ein dadurch als sehr unzuverlässiger Geschäftspartner identifizierter Zulieferer etwa könnte kurzfristig oder zumindest beim nächsten Projekt ausgeschlossen werden.

5. Fazit

Bisher stand bei einer Vertragsmanagementlösung die Abwicklung der Erstellung und Verhandlung von Verträgen im Vordergrund. Inzwischen setzt sich langsam die Erkenntnis durch, das Management von Vertragsvorgängen im Sinne eines ganzheitlichen Lebenszyklus einer vertraglichen Vereinbarung zu betrachten. An Bedeutung gewinnen daher auch vorgelagerte Prozesse (Beschaffung, Einkauf, Ausschreibung etc.), das Vertragscontrolling während der Vertragslaufzeit, die Integration in die bestehenden IT-Landschaft des Unternehmens, die Einbindung von externen Beteiligten und der strukturierte Umgang mit Vertragsabweichungen.

Damit lässt sich die gesamte Prozesskette vom Beschaffungsprozess bis hin zur Vertragsarchivierung steuern und überwachen. Als relevanter Nebeneffekt können damit dann auch verschiedene Compliance-Anforderungen wie zum Beispiel Nachweispflichten und Datenschutzvorschriften ohne großen Aufwand eingehalten werden.

So wird modernes Vertragsmanagement nicht zu einer schwer greifbaren Pflichtübung für Unternehmen, sondern zu einer Chance, Prozessoptimierungen, Effizienzsteigerungen, Kosteneinsparungen und die Abdeckung rechtlicher Anforderungen intelligent zu verbinden.

KAPITEL III
ENTERPRISE
ARCHITECTURE
MANAGEMENT

Enterprise Architecture Management
Globalisierte IT-Landschaften ganzheitlich gestalten

Von Prof. Dr. Florian Matthes, Sabine Buckl, Christian M. Schweda

Das EA Management soll helfen, mit stabilen Strukturen und langfristigen Architekturplänen den Wandel im Spannungsfeld zwischen langlebigen IT-Systemen und sich ändernden Geschäftsmodellen zu ermöglichen. Der Beitrag betrachtet aktuelle und neue Ansätze.

Prof. Dr. Florian Matthes
Lehrstuhl für Informatik 19
TU München

Sabine Buckl
Lehrstuhl für Informatik 19
TU München

Christian M. Schweda
Lehrstuhl für Informatik 19
TU München

Nebel liegt über der IT-Landschaft – mit diesem Satz lässt sich die aktuelle Situation in international agierenden Großunternehmen verschiedenster Branchen, wie Banken, Telekommunikation, Logistik oder Versorger charakterisieren. Geschäft und Management beklagen die geringe Kosten- und Nutzentransparenz der IT. Projekte beginnen immer wieder mit einer Analyse der bestehenden IT-Systeme und ihrer Schnittstellen. Dabei finden immer wiederkehrende Befragungen statt, um Informationen zur Struktur und zu Eigenschaften der IT-Landschaft zu sammeln, zum Beispiel zu Sicherheitsthemen und Lieferanten.

Umgekehrt beklagen Mitarbeiter aus der IT das Desinteresse bei Geschäft und Management an strategischen Fragen der Gestaltung der IT-Landschaft und fordern von Managern eine *Einarbeitung* in ihre Begriffswelt, wie dies bei vergleichbaren Investitionsentscheidungen wie der Standortwahl oder der Akquisition von Schutzrechten üblich ist. Weiterhin fehlt aus Sicht der IT-Verantwortlichen häufig eine ausreichende Konkretisierung unternehmensweit gesetzter strategischer Geschäftsziele. Im Vergleich zu anderen Investitionsgütern sind im Bereich Unternehmens-IT die Verantwortlichkeiten oft unklar: Es gibt keine nachhaltige Dokumentation der Eigentümer von Prozessen, Anwendungen und Diensten, oder es fehlen daraus abgeleitete verbindliche Rechte und Pflichten für IT und Geschäft.

Zusätzlich verschärft werden diese Probleme durch die ständig zunehmende Dynamik und Unsicherheit im Geschäft durch Globalisierung, Firmenzusammenschlüsse, und Geschäftsauslagerungen. Da die IT-Landschaft immer vernetzter und heterogener wird, kann sie dieser Dynamik häufig nicht in der notwendigen Geschwindigkeit folgen.

Wesentliche technologische und konzeptuelle Fortschritte durch SOA, modellgetriebene Entwicklung, Middleware-Produkte und Server-Virtualisierung versprechen, die Anpassbarkeit der Anwendungslandschaft an vorab nicht genau spezifizierte Anforderungen zu verbessern *(IT Agility)*. In der Unternehmenspraxis erweist es sich aber als sehr schwierig, die dazu not-

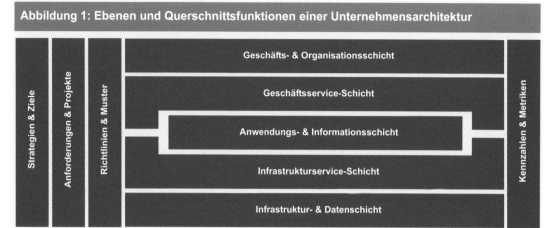

Abbildung 1: Ebenen und Querschnittsfunktionen einer Unternehmensarchitektur

Quelle: Matthes, F. et al., Enterprise Architecture Management Tool Survey 2008, Technische Universität München

wendigen langjährigen und kostenintensiven Architekturprogramme zur Modernisierung ganzer IT-Landschaften zu definieren, nachhaltig zu steuern und erfolgreich abzuschließen.

Modellierung von Unternehmensarchitekturen

Das Enterprise Architecture Management (EA Management) zielt auf eine Verbesserung dieser Situation durch eine ganzheitliche Modellierung der Unternehmensarchitektur *(Enterprise Architecture)* ab. Diese besteht aus der Architektur der IT-Landschaft (Informationssysteme, Schnittstellen) und ihrer Beziehungen zu Elementen der übergeordneten Geschäftsarchitektur (Produkte, Prozesse) sowie zu Elementen der sie unterstützenden Infrastrukturarchitektur (Rechenzentren, Server) des Unternehmens. Unternehmen, die einen serviceorientierten Architekturansatz verfolgen, streben dabei eine Entkopplung der drei Schichten durch die Einführung von zusätzlichen Serviceschichten (Geschäftsservices und Infrastrukturservices) an. Insgesamt ergibt sich daraus das in Abbildung 1 dargestellte Fünf-Schichten-Modell. Die Kapselung von Implementierungsdetails, zum Beispiel eines E-Mail-Services, erlaubt dabei, denselben Service zukünftig transparent durch virtualisierte Server, langfristig eventuell in der *Cloud*, zu erbringen. Nur sehr wenige Unternehmen ergänzen aktuell die Elemente ihrer Unternehmensmodelle um Kennzahlen, Verweise auf laufende und geplante Projekte, Technologiestandards und strategische Ziele. In der Fachliteratur werden sogar noch ausgefeiltere Unternehmensarchitekturmodelle diskutiert, die auch Wirkungsketten und Regelungskreise erfassen, die sich über mehrere Schichten erstrecken können. Solche Querschnittsaspekte sind in Abbildung 1 durch vertikale Rechtecke angedeutet.

Durch die Einführung von zusätzlichen Serviceschichten entsteht ein Fünf-Schichten-Modell der Unternehmens-architektur

Das EA Management fungiert als Bindeglied zwischen den Ebenen und fokussiert auf die folgenden geschäftsrelevanten Strukturierungsprinzipien:

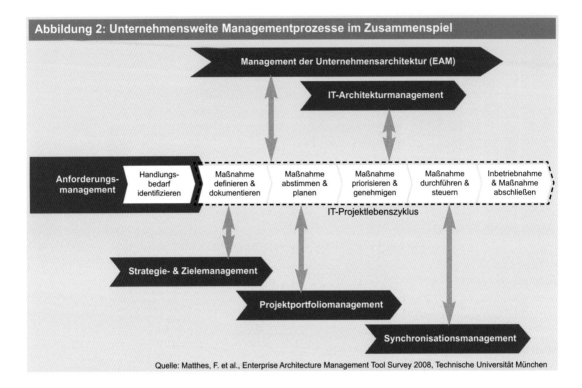

Abbildung 2: Unternehmensweite Managementprozesse im Zusammenspiel

Quelle: Matthes, F. et al., Enterprise Architecture Management Tool Survey 2008, Technische Universität München

Mehr Transparenz und eine stärkere Geschäftsorientierung durch effektives EA Management

- **Transparenz der IT-Landschaft:** Es sind zeitnah und zielgruppengerecht relevante Informationen für Entscheidungen verfügbar. Diese Informationen werden in grafischer oder tabellarischer Form aufbereitet und automatisch generiert.

- **Geschäftsorientierung der IT:** Die Architektur der IT-Landschaft ist an Strukturen, Kriterien und der zu erwartenden Dynamik des Geschäfts orientiert.

- **Strategische Planung und Steuerung der IT-Landschaft:** Bei der Entwicklung der IT-Landschaft über IT-Projekte werden zusätzlich zu den individuellen Fachanforderungen übergeordnete unternehmensweite Architekturprinzipien und strategische Vorgaben berücksichtigt.

Mehr noch als die reinen Geschäfts- und IT-Architekturen ist die Unternehmensarchitektur beständigen Änderungen unterworfen. Deswegen steht das EA Management vor der Herausforderung, mit stabilen Strukturen und langfristigen Architekturplänen den Wandel im Spannungsfeld zwischen langlebigen IT-Systemen und sich konstant verändernden Geschäftsmodellen zu ermöglichen. Dabei spielt die gegenseitige Ausrichtung von Geschäft und IT (*Business-IT-Alignment)* eine zentrale Rolle und bildet die Kernaufgabe des EA Managements.

Im EA Management besitzen praktisch alle Architekturinformationen (Objekte, Beziehungen) einen Zeitbezug (in Planung, im Betrieb). Da es für Menschen kognitiv sehr schwierig ist, nebenläufige Änderungen komplexer Beziehungsgeflechte konsistent zu planen, hat es sich bewährt, diskrete Planungszyklen und entsprechende Schnappschüsse der EA einzuführen. Jedes Architekturmodell besitzt einen Zeitbezug: Ist (heute), Plan (heute + Zyklusdauer * i), Soll (ferne Zukunft). Darüber hinaus ist es üblich und notwendig, dass verschiedene Projektteams Varianten von Planzuständen erstellen, die dann konsistenzerhaltend zusammengeführt werden müssen.

Abbildung 2 zeigt im Überblick, wie das EA Management Entscheidungsunterstützung für andere unternehmensweite Managementprozesse, wie zum Beispiel das Projektportfoliomanagement, liefert. Durch die ganzheitliche Perspektive des EA Managements können Entscheidungen, die in diesen Prozessen lokal optimal erscheinen, zugunsten einer unternehmensweit optimierten Entscheidung überdacht werden. Weiterhin wird deutlich, dass das EA Management auf Informationen aus anderen Managementprozessen angewiesen ist, um die Dokumentationen von Ist-, Plan- und Soll-Architekturen aktuell zu halten. In der Mitte von Abbildung 2 sind die Phasen eines klassischen IT-Projekts dargestellt, das mit dem Anforderungsmanagement beginnt und mit der Inbetriebnahme eines einzelnen IT-Systems endet. Da letztlich alle Änderungen der EA über solche Projekte stattfinden, ist es notwendig, das klassische IT-Projektmanagement durch geeignete Governance-Mechanismen mit dem EA Management zu verzahnen.

Entscheidungen können am gesamten Unternehmen ausgerichtet und damit optimiert werden

Einführung und Durchführung des EA Managements

Die durch das EA Management angebotene Entscheidungsunterstützung stellt andererseits eine der großen Gefahren für die Akzeptanz dar, weil sie von den Prozessverantwortlichen als Einmischung von außen wahrgenommen werden kann. Um diese Wahrnehmung des EA Managements als Bedrohung zu verhindern, müssen geeignete Mittel zur Kommunikation zwischen den Beteiligten der unternehmensweiten Managementprozesse gefunden werden. Hierfür spielen im Besonderen grafische Modelle zur Beschreibung, Bewertung und Gestaltung von Unternehmensarchitekturen eine wichtige Rolle. Eng verknüpft mit der zuvor angesprochenen Herausforderung der Benutzerakzeptanz ist die Frage des Einflussbereichs des EA Managements. Bei einem minimal invasiven Ansatz stellt EA Management im Wesentlichen ein Werkzeug zum Austausch von relevanten Informationen zwischen unterschiedlichen Verantwortlichkeitsgruppen bereit, um die Koordination zwischen den anderen Managementprozessen zu erleichtern. Bei einem höheren Reifegrad kann EA Management weitergehende organisationale Bevollmächtigungen erhalten, zum Beispiel um im Rahmen von Standardisierungsbemühungen verpflichtende Architekturüberprüfungen für IT-Projekte einzuführen. Solche organisationalen Vorgaben können jedoch als Seiteneffekt die Agilität des Unternehmens verringern, zum Beispiel weil aus fachlicher Sicht relevante Projekte mit einer nicht standardkonformen Architektur verzögert genehmigt werden. Dieser Tatsache muss bei der Etablierung des EA Managements Rechnung getragen werden.

Aktuelle Ansätze zur Einführung eines EA Managements

Bestehende Frameworks nutzen und unternehmensspezifisch ausgestalten

Die in der Praxis anzutreffenden Ansätze zur Einführung eines EA Managements lassen sich grob in drei Gruppen einteilen. Zum einen wird versucht, bestehende **EA Management Frameworks**, zum Beispiel das Zachmann Framework oder TOGAF, zu nutzen. Diese Frameworks bilden auf einem abstrakten Niveau den Rahmen für das EA Management und können durch konkrete Managementaktivitäten ausgestaltet werden. In diesem Kontext führt ein verwendendes Unternehmen bei der organisationalen Implementierung des Frameworks eine Anpassung desselben an die zentralen EA-Management-Fragestellungen im Unternehmen durch.

Die zweite Möglichkeit der Einführung besteht darin, in einem **Greenfield-Ansatz** ein geeignetes EA Management zu entwickeln. Dabei zeigt die Praxis, dass dies häufig zu typischen Fehlern führt. So werden zum Beispiel die für das nachhaltige Management notwendigen Governance-Strukturen nur unzureichend etabliert. Nicht selten werden die Anforderungen an das EA Management unter Beteiligung zu vieler Interessengruppen erhoben. Dies führt in der Regel zu umfangreichen und wenig fokussierten Ansätzen, die sich auf Dauer, unter anderem aufgrund der umfassenden Informationsbedarfe, nicht aufrechterhalten lassen.

Die Einführung eines spezialisierten **Werkzeugs** stellt die dritte Möglichkeit für die Etablierung eines EA Managements dar. Allerdings bringen alle Werkzeuge auf dem Markt ihre eigenen generischen Methoden, Modelle und Visualisierungen mit. Dementsprechend allgemein ist das von den Werkzeugen propagierte Verständnis von EA Management. In der Regel müssen die Werkzeuge daher in einem zweiten Schritt durch ein Customizing-Projekt an die speziellen Gegebenheiten des Unternehmens angepasst werden.

Neue Wege zur Einführung und Weiterentwicklung

Einen neuen Weg zur Einführung eines EA Managements in einem Unternehmen beschreiten musterbasierte Ansätze. In der Folge soll die Idee der **EA-Management-Muster** anhand eines an der Technischen Universität München entwickelten Ansatzes erläutert werden. EA-Management-Muster stellen wiederverwendbare Bausteine zur Lösung häufig auftretender Problemstellungen im EA Management dar. Dabei beschreiben sie nicht nur, welche Schritte zur Lösung einer gegebenen Problemstellung unternommen werden können, sondern benennen auch die Konsequenzen aus der Anwendung der Schritte sowie Rahmenbedingungen *(Forces)*, welche die Anwendung des Musters beeinflussen können. Besonders die beiden letztgenannten Bestandteile eines Musters gehen damit über die in EA Management Frameworks anzutreffenden Beschreibungen für Best Practices hinaus.

Dies soll in der Folge mit Auszügen aus einem EA-Management-Muster zum Thema *Standardisierung von IT-Architekturen* beispielhaft erläutert werden. Einleitend werden sich widersprechende **Einflüsse** im Bereich Standardisierung diskutiert, so zum Beispiel die geringe Interoperabilität in technologisch heterogenen IT-Landschaften sowie der hohe Bedarf an Administratoren mit Kompetenzen für alle eingesetzten Technologien, welche für eine Standardisierung der Landschaft sprechen. Als der Standardisierung entgegenwirkende Kraft wird u.a. die Gefahr einer Konzentration auf einen Softwarehersteller genannt, an welchen sich das standardisierende Unternehmen bindet *(vendor lock-in)*.

Musterbasierte Ansätze mit Bausteinen zur Lösung häufig auftretender Probleme im EA Management

Weiterhin beschreibt das Muster *Standardisierung von IT-Architekturen* die Daten über die Unternehmensarchitektur, welche im Vorfeld von Standardisierungsbemühungen erhoben werden sollen. Dies sind zum Beispiel Informationen zu den eingesetzten Anwendungssystemen, aber auch zu den von den Systemen verwendeten IT-Basisdiensten. Der mit der Erhebung dieser Informationen verbundene Aufwand wird u.a. als Konsequenz aus der Anwendung des Musters aufgeführt und mit Zeitabschätzungen aus der Praxis unterlegt.

Zur **Aufbereitung** der für das Muster relevanten Informationen gibt jedes Muster geeignete Darstellungsformen an und illustriert diese an einem Beispiel. So können unter anderem Farben in Architekturdiagrammen benutzt werden, um anzuzeigen, ob ein System einen im Unternehmen zulässigen Standard verwendet oder nicht. Ergänzend können im Diagramm weitere Symbole dargestellt werden, mittels derer angezeigt wird, dass ein System zwar nicht standardkonform ist, aber eine *erlaubte Ausnahme* bildet. Das Konzept der *erlaubten Ausnahme* wird als ein wertvoller Beitrag im Bereich Standardisierung diskutiert, da es ermöglicht, geschäftskritische oder unternehmenspolitisch brisante Systeme von Diskussionen über die Standardisierung auszunehmen.

Die verschiedenen Muster für das EA Management werden in einem Katalog, dem sogenannten **EAM Pattern Catalog**[1], zusammengefasst. Dieser beschreibt etwa 30 Problemstellungen aus den Themenfeldern *Standardisierung und Homogenisierung, Geschäftsprozessunterstützung, Anwendungslandschaftsmanagement, Projektportfoliomanagement, IT-Infrastrukturmanagement, Service Management* und *Kennzahlen* sowie erprobte Lösungsansätze. Insgesamt trägt der Katalog annähernd 100 Muster zur Lösung dieser Problemstellungen zusammen. Diese Problemstellungen sowie die erprobten

Lösungen wurden nicht an der Universität entwickelt, sondern bei Partnerunternehmen im Rahmen einer 17-monatigen Studie erhoben und dokumentiert.

Fazit

Muster zur Lösung gängiger Problemstellungen im EA Management

Zusammenfassend kann der musterbasierte Ansatz für das EA Management als eine Möglichkeit verstanden sein, strukturiert und auf konkrete Probleme konzentriert mit einem unternehmensspezifischen EA Management zu beginnen oder ein bestehendes EA Management weiterzuentwickeln. Er steht dabei nicht in Konkurrenz zu etablierten EA Management Frameworks oder Werkzeugen, sondern kann ergänzend zum Einsatz gebracht werden. So ist es zum Beispiel mit den EA-Management-Mustern möglich, die Vorgaben eines Frameworks unternehmensspezifisch zu detaillieren und an konkreten Problemstellungen zu spiegeln. Darüber hinaus geben die gewählten EA-Management-Muster präzise Aufschluss über die Informationsbedarfe und verwendeten Darstellungsformen, die sich wiederum in EA-Management-werkzeugen abbilden lassen. Insofern kann eine Auswahl an Mustern die Grundlage für ein Customizing eines EA-Managementwerkzeugs bilden.

Zusammenfassung und Ausblick

Häufig wird EA Management als ein *Alles-oder-Nichts*-Ansatz verstanden, doch gerade musterbasierte Herangehensweisen erlauben es, EA Management schrittweise und problemgetrieben in Angriff zu nehmen. So lässt sich für ausgewählte Problemstellungen in einer Initialphase zuerst ein berichtendes EA Management einführen, welches den Informationsaustausch zwischen den verwandten Managementprozessen zentral ermöglicht. Erst im Anschluss können in einzelnen Bereichen eigene Planungsfunktionen für Bestandteile der EA etabliert und Richtlinien auf der EA-Ebene als Vorgaben an die anderen Managementprozesse, wie *Quality Gates,* weitergegeben werden. Abschließend soll die Frage beleuchtet werden, *welche* Unternehmen EA Management einführen und *wann* sie dies tun sollten. Gerade auf die erste Frage, ist häufig die Antwort zu hören, dass EA Management nur etwas für große Unternehmen sei. Erklärt wird dies in der Regel mit der geringeren Komplexität und dem geringeren Umfang der EA in mittelständischen Unternehmen. Auch wird EA Management als zu schwergewichtig für das mittelständische Umfeld empfunden. Umgekehrt jedoch treffen die zu Anfang genannten Rahmenbedingungen, zum Beispiel sich schnell ändernde Marktsituationen und Geschäftsmodelle, bei mittelständischen Unternehmen ebenso, wenn nicht im besonderen Maße zu. Dementsprechend können gerade auch diese Unternehmen von einem EA Management profitieren, das auf die speziellen Problemstellungen im Unternehmen zugeschnitten ist und so einen leichtgewichtigen Einstieg erlaubt.

Auch die Frage nach dem *Wann?* wird häufig aus der Perspektive des Aufwands, der mit EA Management verbunden ist, beantwortet. Vor dem Hintergrund der gegenwärtigen wirtschaftlichen Lage wird die Einführung eines EA Managements nicht selten auf *bessere Zeiten* verschoben. Dadurch jedoch berauben sich die Unternehmen der Möglichkeiten für Kosteneinsparungen, z.B. durch Standardisierung. Darüber hinaus stellt eine ganzheitliche Planung der EA eine Investition in die Flexibilität und Wandelbarkeit des Unternehmens dar; zwei Eigenschaften, die gerade in einem herausfordernden ökonomischen Umfeld hoch geschätzt werden. ⦚⦚⦚⦚

Auch mittelständische Unternehmen profitieren von EA Management

---

1 EA Management Pattern Catalog 2009.

Quellen- und Literaturangaben

Aier, S. et al.: Unternehmensarchitektur – Literaturüberblick und Stand der Praxis. In: Wirtschaftsinformatik 04/2008. Wiesbaden: Gabler 2008.

Dern, G.: Management von IT-Architekturen. Dritte Auflage. Wiesbaden: Vieweg+Teubner 2009.

Hanschke, I.: Strategisches Management der IT-Landschaft. Erste Auflage. München: Hanser Fachbuch 2009.

Keller, W.: IT-Unternehmensarchitektur. Erste Auflage. Heidelberg: dpunkt 2006.

Matthes, F. et al.: Enterprise Architecture Management Tool Survey 2008. Erste Auflage. München: Technische Universität München 2008. http://www.systemcartography.info/eamts. Abgerufen am 21.07.09.

Matthes, F.: Softwarekartographie. In: Kurbel, K.; Becker, J.; Gronau, N.; Sinz, E.; Suhl, L. (Hg.): Enzyklopädie der Wirtschaftsinformatik – Online-Lexikon. Zweite Auflage. München: Oldenbourg 2008. http://www.enzyklopaedie-der-wirtschaftsinformatik.de. Abgerufen am 21.07.09.

Niemann, K.: Von der Unternehmensarchitektur zur IT-Governance. Erste Auflage. Wiesbaden: Vieweg+Teubner 2005.

Technische Universität München, Lehrstuhl für Software Engineering betrieblicher Informationssysteme: EA Management Pattern Catalog. München, 2009. http://www.systemcartography.info/eampc-wiki . Abgerufen am 21.07.2009.

Schneller Geschäftsnutzen mit TOGAF

Serviceorientiertes Framework für das Architekturmanagement

Von Marcel Berneaud

Neue Anforderungen an Strategie und IT lassen sich mit einem umfassenden Management der Unternehmensarchitektur abdecken. TOGAF, das Framework der Open Group, bietet hierfür effektive Standards und Best Practices.

Spätestens seit „IT Doesn't Matter"[1] von Nicholas G. Carr ist klar, dass die IT kein Selbstzweck ist, sondern sich gewaltig um den Geschäftsnutzen im Unternehmen kümmern muss. Hierzu soll sie sicherstellen, dass jede Investition, ob in Geldeinheiten, Zeit oder Personal, nicht nur langfristigen Nutzen produziert, sondern auch kurzfristig praxisrelevante Erfolge hervorbringt. Damit einher gehen neue Anforderungen an Strategie und IT, die Unternehmen mit einem umfassenden und serviceorientierten Enterprise Architecture Management (EAM) stemmen können. TOGAF, das Architektur-Framework der Open Group, bietet effektive Standards und Best Practices für den zügigen Aufbau eines EAM. Denn der Wildwuchs hält sich hartnäckig: Jahrelang gewachsene IT-Anwendungslandschaften, die aufgrund unterschiedlicher IT-Strategien und Technologien wie auch teils zentraler, teils dezentraler Konzepte entstanden sind, erzeugen immer noch Systemredundanzen. Viele Software-Tools und Hardwarelösungen stellen dann identische Funktionen zur Verfügung.

Enterprise Architecture Management soll daher als unternehmensweiter Prozess geschäftlich relevante Fähigkeiten effizient bereitstellen, die tatsächlich den Anforderungen der Organisation entsprechen. Als Managementaufgabe für Business-IT-Alignment ist EAM daher zwischen dem Anforderungs- und dem Programmmanagement der IT-Organisation anzusiedeln. Grundlegende Änderung zu den meisten heute verwendeten Architekturmodellen: Die Unternehmensarchitektur wird in mehrere Ebenen entkoppelt, von denen mindestens eine die Ebene der Geschäftsarchitektur darstellt. Diese Ebenen werden getrennt, aber auch übergreifend nach ihren Beziehungen zueinander beplant.

Messen lassen muss sich eine Enterprise Architecture am betriebswirtschaftlichen Erfolg und an folgenden drei wesentlichen Nutzenfeldern:

Marcel Berneaud
Managing Consultant im Bereich Architekturstrategie bei
Detecon International

- Erhöhung der Effizienz der Informationstechnologie
- Verbesserung der Kapitalrendite und Verringerung des Investitionsrisikos
- Optimierung der Beschaffung

TOGAF als Framework für eine Enterprise Architecture

Vielfach frei am Markt verfügbare Frameworks für Architekturen vereinfachen die Konzeption und den Aufbau eines unternehmensspezifischen Frameworks. Das Architekturframework der Open Group TOGAF wurde nicht als rein theoretisches Modell entwickelt, sondern entstand aus den Best Practices von über 300 Unternehmen weltweit und wird kontinuierlich von diesen weiterentwickelt. Weit mehr als eine reine Klassifikationshilfe für Architekturelemente, beinhaltet es Prozesse, Methoden, Referenzen und Standards, die zur Entwicklung einer Enterprise Architecture adaptiert und verwendet werden können. Der Aufbau der TOGAF 9 Spezifikation orientiert sich dabei an der Struktur und den Inhalten einer Enterprise Architecture Capability, also den Fähigkeiten, die notwendig sind, um eine EA aufbauen zu können. Um ein Unternehmen in die Lage zu versetzen, eine Enterprise Architecture erfolgreich zu etablieren, stellt TOGAF eine Reihe von Referenzmaterialien als Guidelines zur Verfügung. Sie beschreiben Methoden und Vorgehensweisen, um die notwendigen Organisationsstrukturen, Prozesse, Rollen, Verantwortlichkeiten und Kenntnisse der Mitarbeiter aufzubauen und damit die notwendigen Fähigkeiten zu erlangen.

Kontinuierliche Weiterentwicklung durch die Unternehmen

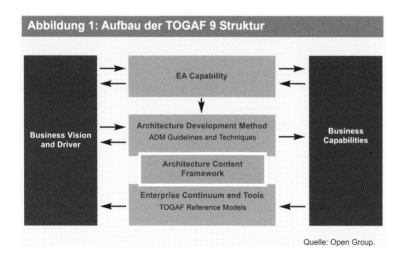

Abbildung 1: Aufbau der TOGAF 9 Struktur

Quelle: Open Group.

Eine zentrale Komponente von TOGAF stellt die Architecture Development Method (ADM) dar, ein phasenbasierter Ansatz für die Entwicklung einer Unternehmensarchitektur. Hierbei handelt es sich um einen generischen, iterativen Prozess, der in vorherige Phasen zurückspringen kann und für den zudem ein klarer Scope pro Phase und Durchlauf der ADM festgelegt wird. Diese Festlegung ist extrem wichtig, da somit die Aufgaben und die Reichweite der Architekturarbeit im Unternehmen festgelegt werden. Typische Fragen, die im Rahmen des Scoping beantwortet werden, lauten: Welche Unternehmensbereiche sind betroffen? Was ist der angestrebte Detaillierungsgrad? Welchen Zeithorizont und welche Meilensteine gibt es? Als relevante

Kriterien für die Festlegung des Umfangs werden etwa die verfügbaren Ressourcen und Kompetenzen oder der erwartete Nutzen herangezogen. Diese Skalierung ermöglicht, Inhalt und Umfang der Architekturarbeit so zu schneiden, dass innerhalb einer kurzen Zeit (ca. 3 bis 6 Monate) ein messbarer Geschäftsnutzen aus Enterprise-Architecture-Aktivitäten generiert werden kann.

Denn die Architekturarbeit und die daraus erstellten Ergebnisse müssen immer dem gegebenen Zweck entsprechen – nicht mehr und nicht weniger. Wichtig ist dabei jedoch, nie die Ziele der strategischen Planung des Unternehmens zu vergessen, die als Input in die Planung des ADM-Durchlaufs einbezogen werden. Zudem ist stets auf die Einhaltung des methodischen Vorgehens zu achten, welches auf Basis des TOGAF-Frameworks festgelegt wurde. Dabei sind die Verknüpfung des verwendeten Frameworks zur Architecture Governance, zu der TOGAF ebenfalls eine Referenz bietet, als auch das korrekte Aufsetzen der EA-Organisation Schlüsseltätigkeiten bei der Einführung einer Unternehmensarchitektur.

Die Vielfalt der Möglichkeiten für einen Einsatz von TOGAF-gestützten Unternehmensarchitekturen illustrieren im Folgenden drei Anwendungsbeispiele zu den Bereichen IT-Effizienz, Outsourcing (Carve-out) und Budgetplanung.

Case Study: IT-Effizienz für Datenobjekte

Normiertes Datenmodell vermittelt zwischen Prozessen, Applikationen und Systemen

Üblicherweise arbeiten in einem Unternehmen eine hohe Anzahl von unterschiedlichen Applikationen mit gleichen oder ähnlichen Datenobjekten. Jedoch verwendet in der Regel jede Applikation unterschiedliche Datenmodelle des gleichen Objekts. So ist beispielsweise das Business-Objekt „Kunde" im CRM-System mit anderem Format und anderer Semantik definiert als im ERP-System. Das Geschäftsobjekt „Kunde" repräsentiert dann je nach Anwendung einen Kontakt, einen Lead oder auch einen Rechnungsempfänger. Der EA-Ansatz basiert hingegen auf einem gemeinsamen Business-Objekt und einem zentralen, normierten Datenmodell, das als „Verkehrssprache" zwischen Prozessen, Applikationen und Systemen wirkt und für eine konsistente Sicht auf die Daten sorgt.

Zudem bestehen oft Definitionsmängel bei der Ownership für ein solches Geschäftsobjekt. Welcher Fachbereich und welche Anwendung hat die Hoheit über das Erstellen und Löschen einer Instanz eines solchen Geschäftobjekts? Bestimmt etwa das Marketing die Definitionen für das Geschäftsobjekt „Kunde" oder doch der Vertriebsbereich? Die durch die TOGAF ADM unterstützte Enterprise Architecture hilft hier Antworten zu finden, indem, basierend auf der Methode der Capability Map, einer „Landkarte" der Kerngeschäftsfähigkeiten des Unternehmens, eine Definition und Zuordnung der zugehörigen Geschäftsobjekte zu den Geschäftsfähigkeiten stattfindet.

Abbildung 2: Beispiel für Capability Map mit konzernweiter Gültigkeit für Business und IT

Channels	Web Portal	Voice Portal	...	...	...
	Service Desktop	POS Desktop	...	...	...

Process-based	Customer Management	Interaction Management	Order Management	...	...
	Sales & Acquisition	Contract Management	...	...	...

Related	Content Management	Knowledge Management	...	...	...
	Workforce Management	Sales Partner Management	...	...	...

Quelle:Detecon

Die Vorgehensweise und Methodik dieser Zuordnung wird innerhalb der ADM in der Phase C „Architektur der Informationssysteme" und dort im Rahmen der „Datenarchitektur" beschrieben. Verbunden mit der Ausrichtung an den anderen Phasen der ADM werden damit folgende Problemstellungen deutlich:

1. Informationen sind nicht dort verfügbar, wo sie benötigt werden
2. Die falschen Daten sind verfügbar
3. Informationen werden nicht erzeugt
4. Informationen werden nicht konsumiert
5. Es gibt Fehler bei Beziehungen zwischen Daten

Aufbau einheitlicher Capabilities

Die auf diese Weise aufgebauten Capabilities stellen immer Einheiten aus Prozessen, Ressourcen (Personen und Informationen) und IT-Systemen dar. Sie bilden keine prozessualen Abläufe ab, sondern repräsentieren die wettbewerbsrelevanten Kernfähigkeiten und ihre Beziehungen untereinander. Als Beispiel aus dem Bereich CRM kann es sich dabei etwa um ein Order Management, das Campaign Management oder das Sales Partner Management handeln. Es hat sich als sinnvoll erwiesen, dass sowohl die Erstellung der Capability Maps als auch die Zuordnung der entsprechenden Kerngeschäftsobjekte (Business Objects) zwischen den Fachabteilungen und der IT-Organisation gemeinsam stattfinden. Wenn sich beide auf die gleiche „Sprache" einigen, fällt die künftige Verständigung zwischen Fachseiten untereinander und der IT wesentlich leichter.

Durch die Vorgehensweise nach der TOGAF ADM können schnell redundante Datenobjekte identifiziert, klare Verantwortlichkeiten für die Geschäftsobjekte geschaffen und damit Optimierungspotentiale in den Geschäftsprozessen freigesetzt werden. Beispielsweise wird das mehrfache Erzeugen und Bearbeiten von Datenobjekten verhindert. Eine solche auf dem TOGAF-Framework basierende Analyse, die die Lücke zwischen Ist- und Ziel-Informationsarchitektur aufzeigt, kann je nach definiertem Umfang und Vorarbeit ein lediglich drei Monate währendes Projekt erzeugen und damit schon kurzfristig Optimierungspotentiale freisetzen.

Case Study: Outsourcing (Carve-out) von Prozessen und Systemen

Einheitliche IT-Architektur schafft Kostentransparenz und hilft bei Entscheidungen

Ein weiteres Praxisbeispiel betrifft die Frage der notwendigen Fertigungstiefe und Kernkompetenzen eines Unternehmens. Denn zunehmend lagern Unternehmen auch Prozesse an Dritte aus, die bis dahin traditionell zu ihren Kernkompetenzen gezählt wurden. Besonders Automobilkonzerne, aber auch Konzerne anderer Branchen beziehen immer mehr Teile bzw. Dienstleistungen von spezialisierten Zulieferern, da diese unter anderem schneller auf technologische Herausforderungen reagieren können. So wurde in einem Unternehmen der Modebranche die Frage gestellt, ob nicht die Abwicklung der Logistik und der Supply-Chain-Management (SCM)-Prozesse durch externe Dienstleister erfolgen kann. Zur Bewertung der möglichen einzusparenden Kosten wurde im Rahmen der Enterprise Architecture eine Capability Map erstellt, welche Kostentransparenz schuf.

Diese entstand durch die detaillierte Beschreibung der Kerngeschäftsfähigkeiten und der zugehörigen ITK-Funktionalitäten. Damit ließen sich genaue Aussagen über die direkte Zuordnung von Logistik- und SCM-Kosten zu Produkten und/oder Services realisieren. Konkret geschah dies durch die Detaillierung der identifizierten Capabilities in Architektur- und Lösungsbausteinen. Diesen Bausteinen konnten dann sehr spezifisch die einzelnen Kostenarten zugewiesen werden, so dass unter anderem deutlich wurde, dass ein großer Kostenblock in den Betrieb einer Sortiermaschine einfließt. Die neue Transparenz und die Erkenntnis, dass ein hohes Maß an operativen IT-Kosten durch Geschäftsprozesse begründet ist, die eigentlich nicht zu den Kerngeschäftsfähigkeiten des Unternehmens zählten, schufen somit eine fundierte Entscheidungsgrundlage über den Umfang der Fertigungstiefe des eigenen Unternehmens.

Der Prozess der Entscheidungsfindung basierte dabei wiederum auf einem angepassten Ablauf der ADM und weiterer Komponenten des TOGAF Framework, wie etwa des Enterprise Continuum (EC). Dieses stellt ein virtuelles Repository aller relevanten Architekturelemente und beinhaltet unter anderem auch generische Architekturmuster wie das Technische Referenzmodell (TRM). Die Verwendung dieser Elemente aus dem Enterprise Continuum erlaubte es, die relevanten Architektur- und Lösungsbausteine zu identifizieren und zusammen mit dem TRM in ein kundenspezifisches Referenzmodell zu überführen. Um die EAM abzurunden, sollte schließlich das Controlling anstelle einer üblichen Kostenstellenrechnung den Grundsatz des

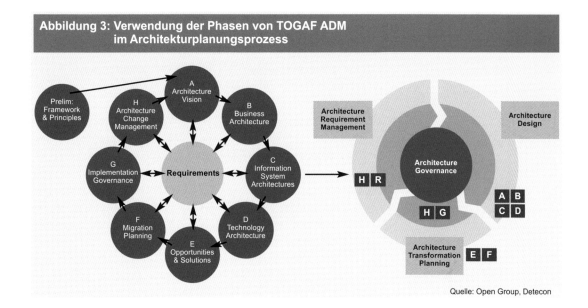

Abbildung 3: Verwendung der Phasen von TOGAF ADM im Architekturplanungsprozess

Quelle: Open Group, Detecon

„Activity Based Costing", also einer Kostenstrukturierung nach den identifizierten Funktionsblöcken (Bausteinen) einführen.

Case Study: Budgetplanung

Das letzte Beispiel demonstriert eine Anpassung des TOGAF ADM, so dass sowohl eine jährliche Budgetplanung und -steuerung als auch Ad-hoc-Analysen durch Architekturinformationen untermauert werden können. Hierzu wurden die unterschiedlichen Phasen des ADM in einem Architektur-Planungsprozess umgesetzt und unterstützen damit die Planung und Steuerung des Budgets. Dieser Prozess kann so einerseits für die langfristige, mehrjährige Planung der Geschäfts- und IT-Unterstützung genutzt werden. Andererseits lässt er sich als Basis für jährliche Budgetierungsrunden oder Ad-hoc-Planungen und die Reallokation von Budgets nutzen. In der obenstehenden Grafik ist die Verwendung der einzelnen Phasen der TOGAF ADM in den Phasen des Budget- und Architektur-Planungsprozesses dargestellt.

Unterstützung der Planung und Steuerung von Budgets

Die Schlüsselkomponenten des Planungs- und Steuerungsprozesses für die Architektur sind:

■ Das „Demand Management": Mit Hilfe von IT-Domänen, oder verfeinert anhand der Architekturbausteine, sammelt es Anforderungen unterschiedlicher Herkunft und Granularität, konsolidiert diese und führt sie einer umfassenden Umsetzungsplanung zu. Dabei sollten die Demand Manager allerdings nur Anforderungen in den Bewertungsprozess aufnehmen, die sich eindeutig einem strategischen Ziel – wie etwa „schnellere Kundenprozesse" – zuordnen lassen. Das Ergebnis dieses Prozessschrittes sind gemeinsam erarbeitete Aufträge für die Planungsteams. Diese Aufträge weisen einen zugeordneten Geschäftsnutzen auf und stehen zur Beplanung frei. Diese Komponente wurde hauptsächlich aus den Phasen „Architecture Change Management" und „Requirements Management" der ADM entwickelt.

■ Im zweiten Prozessschritt „Tactical Architecture Management" werden für die gestellten Planungsaufgaben Lösungsszenarien entwickelt und unter verschiedenen Gesichtspunkten bewertet. Kunde und Dienstleister entscheiden sich hiernach gemeinsam für eine endgültige Lösung. Eine typische Methode, die hierbei Anwendung findet, ist die Bebauungsplanung. In ihr werden mögliche neue Architekturelemente in Beziehung zu mehreren, meist zwei, Dimensionen gesetzt. Auf diese Weise kann ein Bebauungsplan die Verwendung einer beauftragten Applikation in verschiedenen Prozessen und Organisationseinheiten aufzeigen. Aus der Entscheidung für eine umzusetzende Lösung ergibt sich dann ein Veränderungsbedarf der Architektur vom Ist zum Soll. Die einzelnen Veränderungen werden festgehalten, konsolidiert und von IT-Dienstleister und Fachabteilungen zusammen bewertet. Zusätzlich werden in dieser Phase Standards, Richtlinien und Konsolidierungsvorgaben eingesteuert und durch regelmäßige Bewertungen und Reviews die Einhaltung dieser Vorgaben in den Planungsprozessen überprüft. Das „Tactical Architecture Management" beinhaltet die Vorgehensweisen und Methoden aus den TOGAF-ADM-Phasen „Architecture Vision", „Business Architecture", „Information System Architectures" und „Technology Architecture".

Redundanzen beseitigen und Synergien heben

■ Im dritten Prozessschritt „Portfolio-Management" werden die notwendigen Architekturänderungen über alle aktuellen Planungsprojekte hinweg gesammelt, konsolidiert und der Budgetierung zugeführt. Diese richtet sich an den tatsächlichen strategischen Anforderungen des Business aus und verlagert die Investitionsschwerpunkte dorthin, wo der Einsatz der IT am meisten Mehrwert bringt. Dieser Schritt ermöglicht erneut sowohl dem Unternehmen wie auch dem IT-Dienstleister eine Planung, bei der Redundanzen vermieden und Synergien gehoben werden können. Gleichzeitig lassen sich auch Risiken und Abhängigkeiten besser planen und steuern. Auch dieser Prozessschritt wurde aus der TOGAF ADM entwickelt. Hierbei wurden die Phasen „Opportunities and Solutions" sowie „Migration Planning" angepasst und mit Komponenten der Portfolioplanung angereichert.

Der gesamte Planungsprozess wird darüber hinaus durch eine Architecture Governance begleitet, welche aus den Phasen „Architecture Change Management" und „Implementation Governance" der TOGAF ADM gebildet wurde. Die Implementierungsdauer dieses Projekts betrug fünf Monate und belegt damit, wie klare Ziele und ein klares Scoping der Architekturarbeit einen schnellen Nutzen erzeugen.

Alle Beispiele zeigen, dass die Einführung einer Enterprise Architecture auf verschiedenste Weise schon nach kurzer Zeit einen messbaren Mehrwert für das Unternehmen generieren kann. Da sich heutige Geschäftssituationen durch hohe Komplexität von Strukturen und Systemen sowie kurze Entscheidungszyklen auszeichnen, bedarf es dabei einer hohen Operationalisierung eines solchen Modells. Gerade hier bietet TOGAF mit seiner Architekturentwicklungsmethode große Vorteile. Wichtig bleibt jedoch immer, dass auch langfristige, strategische Perspektiven stets in die EAM mit einfließen.

---

1   Carr, N. G.: „IT Doesn't Matter" , in: Harvard Business Review, Mai 2003.

KAPITEL IV
IT-INFRASTRUKTUR –
STRATEGIEN ZUR OPTIMIERUNG

Everything-as-a-Service
Konzept der Zukunft?

Von Frank P. Sempert

Der neue IT-Ansatz, alles als Service zur Verfügung zu stellen, wird derzeit viel diskutiert. Wie definieren sich die verschiedenen Modelle, und welches Konzept wird den IT-Abteilungen den notwendigen Nutzen bringen?

Zurzeit mangelt es im Markt der Informationstechnologie noch an der Klarheit über Software-as-a-Service (SaaS), Cloud Computing und derivate Produkte, die unterschiedlichen Technologien, ihren Nutzen und die weitere Entwicklung. Die nachfolgende Betrachtung unternimmt einen Beitrag zur Erläuterung und Klarstellung.

Bei SaaS handelt es sich keineswegs um einen sogenannten Hype, eine Entwicklung, die relativ ungesteuert auf dem Markt auftaucht, große Wellen schlägt und nach einiger Zeit unter Zurücklassen einiger verwendbarer und vom Markt akzeptierter Elemente wieder aus dem Blickfeld verschwindet. SaaS, wie die Folgeentwicklung Cloud Computing, hat bereits eine Historie, die etwa 2002 begonnen hat. Abbildung 1 verdeutlicht dieses.

Der Schwerpunkt des SaaS-Computing durchläuft im Laufe der Zeit eine Reihe verschiedener Stufen, von

- **Application Service Providing (ASP)** als kostengünstiger Bereitstellung von Stand-alone-Anwendungen
über
- **integrierte Unternehmenslösungen** – befähigt über Web Services, Application Programming Interfaces (API) und Enterprise Service Bus (ESB)
bis hin zu
- steuerbaren End-to-End-Geschäftsprozessen im **Cloud Computing**.

Die Gründe für das SaaS-Konzept sind aus der Sicht des Unternehmens einleuchtend: Anwender abonnieren einen Service, den sie wann immer und wie oft nutzen und dementsprechend bezahlen, anstatt eine Anwendung auf eigene Kosten zu installieren, pflegen und warten zu müssen.

IT-Hersteller oder Softwareanbieter stellen den Service kostengünstig über das Internet zur Verfügung. Zum Einsatz kommen Webbrowser mit modernen Technologien und vielfach Entwicklungs- und Betriebsmodelle der nächsten Generation wie Multi Tenancy (Betriebsplattform mit Mandanten-

Frank P. Sempert
Senior Program Executive, Europe bei Saugatuck Technology Inc.

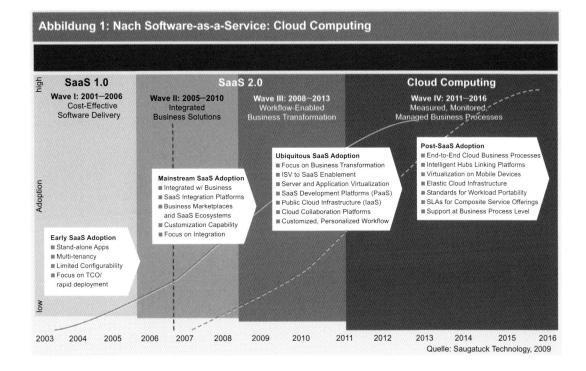

Abbildung 1: Nach Software-as-a-Service: Cloud Computing

Quelle: Saugatuck Technology, 2009

Fähigkeit oder multipler Nutzung einer physischen Anwendung für beliebig viele individuelle Anwendungen).

Typischerweise werden diese Dienstleistungen entweder über ein Subskriptionsmodell, nach Art der Bereitstellung/Infrastruktur, nach Nutzungsintensität oder nach der Anzahl der Nutzer etc. bezahlt.

Wie unterscheiden sich nun SaaS, Cloud Computing und andere Servicekonzepte?

Wichtig ist in diesem Zusammenhang die Unterscheidung nach Anwendungsmerkmalen der verschiedenen Technologien bzw. Angebote:

Software-as-a-Service

Während SaaS im Zeitraum von 2008 bis 2013 workflowbasierte Geschäftsprozessveränderungen fokussiert, ist Cloud Computing eine folgerichtige Weiterentwicklung dieser SaaS-Ausrichtung. Obwohl zurzeit noch CRM- und Collaboration-Anwendungen dominieren, sind Core-Anwendungen wie ERP, HR und Business Intelligence (BI) auf dem Vormarsch.

Cloud Computing als Weiterentwicklung von SaaS

SaaS ist eine internationale Entwicklung, speziell in den westlichen Industrieländern. Mit Blick auf Westeuropa kann man durchaus davon sprechen, dass sich SaaS – getrieben von lokaler Innovation – auf dem Wege zu einer explosionsartigen Verbreitung befindet. Dies betrifft im Besonderen UK, die

Benelux- und die skandinavischen Länder, was einem Abstand von zwölf Monaten zu der Entwicklung in den USA entspricht. In Frankreich und Deutschland wächst der Markt in gleicher Weise und hier im Besonderen im Mittelstand, mit einem Abstand von 18 bis 24 Monaten zu den USA.

Der europäische Mittelstand wird Altanwendungen schneller durch SaaS-Lösungen ersetzen als Großunternehmen

Der Mittelstand in Europa, und das trifft für Deutschland in gleichem Maße zu, wird SaaS sehr viel schneller adaptieren als die großen Unternehmen.

Dafür gibt es drei Gründe:

- **Finanzen, liquide Mittel:** Eine unverzügliche Reduzierung der IT-Kosten um den Faktor 5 bis 10 wird sehr schnell von den Managern und Eigentümern mittelständischer Unternehmen verstanden werden.

- **IT-Fachkräfte:** Mittelständische Unternehmen verfügen vielfach über keine oder nur eine kleine IT-Mannschaft. Daher sind Ressourcen für das Management der Infrastruktur und der Anwendungen, von Upgrades und Security nicht sehr effizient. SaaS-Anbieter können das aber sehr wohl und nachhaltig anbieten.

- **Altanwendungen:** Der Mittelstand ist meist schnell in der Lage, seine Altanwendungen wie Geschäftsanalysen, die in der Regel noch über Tools wie Spreadsheets oder einfache Datenbanken gelöst werden, durch die Einführung neuer Business-Intelligence- und CRM-Lösungen zu ersetzen.

Wichtig bei einer zukünftigen SaaS-Lösung ist die weitere Entwicklung vom singulären Ansatz des SaaS-Konzeptes zu SaaS-Anwendungen, die über Web Services, APIs und ESBs in On-Premise-Geschäftsprozesse integriert werden.

Computing-on-Demand

In jüngster Zeit wird auch das Angebot „Computing-on-Demand" wieder in Umlauf gebracht. Wo liegen hier die Unterschiede? On-Demand ist technologisch wie wirtschaftlich ein organischer Bestandteil von SaaS. Erste SaaS-Angebote 2002/2003 waren im Grunde On-Demand, wobei der Fokus auf der Kostenreduktion und der schnellen Implementierung von *nicht* geschäftskritischen Anwendungen lag. Cloud Computing dagegen kann als ein umfassendes Ecosystem (Cloud-Ecosystem) beschrieben werden, das auf Dauer die Transformation der Unternehmen in ihren weltweiten Geschäftsaktivitäten flexibel und agil gestalten kann.

Cloud Computing

Cloud Computing wird etwa ab 2011 bis 2014 End-to-End-Geschäftsprozesse, integriert mit Public Services, zur Verfügung stellen. Darüber hinaus be-

Abbildung 2: Die *as-a-Service-Systematik im Überblick

„....-as-a-Service" Taxonomy

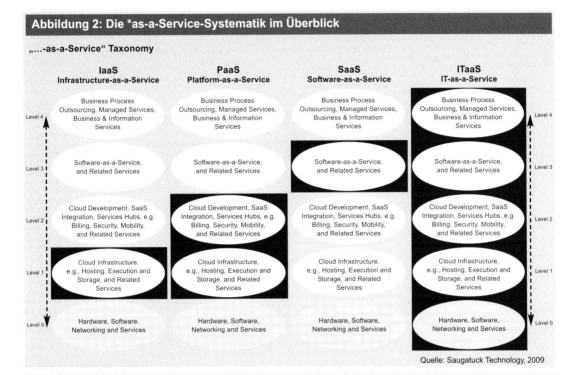

Quelle: Saugatuck Technology, 2009

Begriffserläuterungen:

Infrastructure-as-a-Service (IaaS):
Cloud-Infrastruktur wie Hosting, Betrieb und Speicherung.

Platform-as-a-Service (PaaS):
Plattform zur Cloud-Entwicklung, SaaS-Integration unterschiedlicher Anwendungen wie zum Beispiel mobile Lösungen.

IT-as-a-Service (ITaaS):
Dieser Ansatz fasst alle Komponenten der bisherigen Evolution einer Cloud-Architektur zu einem sinnvollen Ganzen zusammen.

inhaltet Cloud Computing die Integration mobiler Endgeräte und Sensoren. Um 2013, so unsere Einschätzung, werden mindestens 20 Prozent der IT-Arbeitslast, die historisch gesehen unternehmensintern gefahren wurde, in der Cloud operieren, was eine erheblich erweiterte Funktionalität, geringere Kosten und eine reduzierte Infrastruktur ermöglicht.

Cloud Computing wächst in den kommenden Jahren dynamisch

Saugatuck Technology definiert Cloud Computing als ein Servicemodell, das On-Demand-Infrastruktur (Rechner, Speicher, Netze) und On-Demand-Software (Betriebssysteme, Anwendungen, Middleware, Entwicklungstools, Managementtools) umfasst, die jeweils dynamisch an die Erfordernisse von Geschäftsprozessen angepasst werden. Zukünftiges Cloud Computing beinhaltet nach unserer Einschätzung folgende Technologiebausteine:

■ On-Demand-Infrastruktur

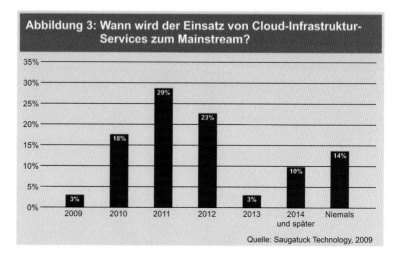

Abbildung 3: Wann wird der Einsatz von Cloud-Infrastruktur-Services zum Mainstream?

Quelle: Saugatuck Technology, 2009

- Software-as-a-Service
- Web 2.0/Social Networking
- Cloud-basierte Anwendungsentwicklung
- Cloud-basierte Services Hubs (Abrechnung, Administration sowie andere Ergänzungen, die zur Wertebildung beitragen).

„Public Clouds" und „Private Clouds" als Bestandteil von Unternehmensinfrastrukturen

Des Weiteren wird zwischen „Public Clouds" und sogenannten „Private Clouds" als Bestandteil einer Unternehmensinfrastruktur unterschieden.

Computing Power, Datenhaltung oder Applikationen eines lokalen Rechenzentrums, das über ein Flächenraster (Grid) einer Vielzahl – Tausenden oder Millionen – von Nutzern auf Subskriptionsbasis zur Verfügung gestellt wird, wird als „public" bezeichnet (jedermann, ob privat oder als Institution, kann subskribieren). Bekannte Beispiele hierfür sind Amazon EC2 oder Google Apps.

Outsourcing

SaaS/Cloud Computing umfasst die Bereitstellung und individuelle Nutzung von integrierten, skalierbaren und anpassbaren Applikationen einfacher wie komplexer Geschäftsprozesse im Sinne einer Veränderung des Unternehmens hin zu höherer Flexibilität bei geringeren Kosten und Risiken. Das konventionelle Outsourcing verlagert lediglich das Operating von Teilen des IT-Ecosystems zu einem Outsourcing-Anbieter. Dieser herkömmliche Ansatz ist demnach nicht unternehmensstrategisch, sondern Teil von Kostenreduktionsprogrammen, die sich in der Vergangenheit nicht in jedem Fall als nachhaltig erwiesen haben. Heute arbeiten die bekannten Anbieter an Konzepten, die SaaS als wesentliche Komponente des stark individuell geprägten Business Process Outsourcing (BPO)-Angebotes einbeziehen und als strategisch attraktiver darstellen.

Fazit

Wir befinden uns bildlich noch in den ersten Tagen des „Everything-as-a-Service"-Modells. Technologien, Schnittstellen, Anforderungen an das Management sowie andere wichtige Aspekte befinden sich im Stadium eines Veränderungsprozesses. Unternehmen tun gut daran, zunächst zu untersuchen und zu verstehen, wo die Hauptanforderungen liegen und wo sie den besten Nutzen aus den Serviceangeboten ziehen können.

Datenschutz und Verfügbarkeit sind mit Bezug auf den betrieblichen Einsatz unternehmenskritischer Anwendungen wichtige Themen. Auch für die Anbieter sind dies wichtige Kriterien ihrer Wettbewerbsfähigkeit. Unter diesem Gesichtspunkt ist davon auszugehen, dass die Vorkehrungen der Anbieter weitaus umfassender sein werden, als dies die meisten On-Premise-Standorte heute leisten können.

Die wahrscheinlich größte Herausforderung an das Management dürfte jedoch in der Verhandlung und dem Management adäquater Service Level Agreements (SLAs) mit den Anbietern liegen.

Ausblick

Saugatuck hat im Juni 2009 eine internationale Befragung bei 670 Unternehmen unterschiedlicher Größe und Branchen durchgeführt und nachgefragt, wann die Verantwortlichen Cloud Computing als Mainstream und damit als Teil ihrer Unternehmensinfrastruktur ansehen. Die Ergebnisse verdeutlicht Abbildung 3.

Befragung: Die meisten Unternehmen sehen Cloud Computing im Jahr 2012 als Mainstream etabliert

Mehr als die Hälfte der Befragten (50,1 Prozent) erwartet, dass Cloud Computing bereits 2011 zum Mainstream wird, nahezu 75 Prozent erwarteten dies bis zum Jahr 2012.

Es ist offensichtlich: Nützliche wie sinnvolle Cloud-Angebote werden bereits heute im Markt angeboten, die Angebote werden verbessert, und die Marktdurchdringung wird weiter wachsen. Die IT-Abteilungen der Unternehmen können zunächst davon profitieren, einiges an Arbeitslast in die Cloud zu verlagern.

Es ist also absehbar, Cloud Computing wird ab 2012, wahrscheinlich aber bereits im Jahr 2011, zum Mainstream und damit zum „Enabler" zukünftiger Ecosysteme und Unternehmensarchitekturen werden. ▥

SOA irgendwo zwischen Hype und Commodity
Vielfältige Nutzendimensionen serviceorientierter Architekturen

Von Stephan Ziegler

Aus technischer Sicht haben serviceorientierte Architekturen bereits einen hohen Reifegrad erreicht. Durch die zunehmende Bedeutung von Software-as-a-Service ist zu erwarten, dass uns das SOA-Paradigma auch in den kommenden Jahren begleiten wird.

Noch vor gut vier Jahren wurden serviceorientierte Architekturen (SOA) von namenhaften Analysten als die Lösung aller Integrationsprobleme gepriesen und eine weitestgehend reibungslose Zusammenarbeit zwischen den nur widerwillig kooperierenden Fach- und IT-Abteilungen angekündigt. Anfang 2009 tauchten in der Presse Aussagen zum Scheitern des Paradigmas von eben den Analysten auf, die SOA Jahre zuvor mit ihren Prophezeiungen erst groß gemacht hatten.

In Zeiten, in denen die Glaubwürdigkeit von Vorhersagen generell kritisch hinterfragt wird, liegt die Frage nahe: Haben sich die namenhaften Marktforschungsinstitute hinsichtlich des Potentials von serviceorientierten Architekturen geirrt? Offenbar sind nicht alle ursprünglich auf den bunten Slides angekündigten Vorteile zum veranschlagten Preis zu bekommen. Aber ist deswegen der serviceorientierte Ansatz gescheitert? Sicher nicht. Aber der Teufel steckt ja bekanntlich jenseits der Marketingpräsentationen im Detail.

Aktuelle Marktsituation

Verschiedene Umfragen aus der jüngeren Vergangenheit haben gezeigt, dass Serviceorientierung bei den großen und mittleren deutschen Unternehmen durchaus Einzug hält. Immerhin etwa 50 Prozent der Befragten geben an, dass SOA in ihren Unternehmen eine große beziehungsweise sehr große Bedeutung hat.

Rund 75 Prozent der Anwenderunternehmen verfügen bereits über eine unternehmensweite Roadmap zum IT-Umbau in Richtung SOA oder mindestens über einen Plan für einzelne Anwendungen. Nach anderen Umfragen nutzen derzeit zwischen 45 und 50 Prozent der großen und mittelständischen Unternehmen bereits SOA, auch wenn der Umfang der Nutzung nicht genauer definiert ist. Vorreiter sind Branchen wie Finanzdienstleister und Versicherer, deren Wertschöpfung zum großen Teil bereits jetzt von Informati-

Stephan Ziegler
Bereichsleiter Software, BIT-KOM – Bundesverband Informationswirtschaft, Telekommunikation und neue Medien e.V.

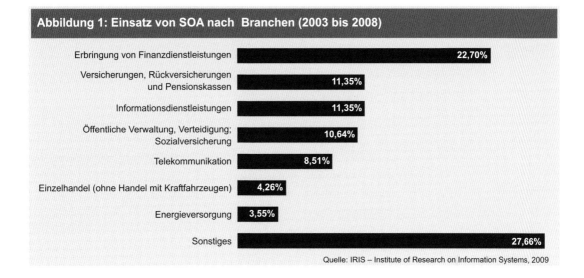

Abbildung 1: Einsatz von SOA nach Branchen (2003 bis 2008)

Erbringung von Finanzdienstleistungen	22,70%
Versicherungen, Rückversicherungen und Pensionskassen	11,35%
Informationsdienstleistungen	11,35%
Öffentliche Verwaltung, Verteidigung; Sozialversicherung	10,64%
Telekommunikation	8,51%
Einzelhandel (ohne Handel mit Kraftfahrzeugen)	4,26%
Energieversorgung	3,55%
Sonstiges	27,66%

Quelle: IRIS – Institute of Research on Information Systems, 2009

onstechnologie abhängt. Gerade diese nutzen bereits serviceorientierte Architekturen.

Aktuelle Wirtschaftslage als Treiber für BPM und SOA

Für die Unternehmen rücken in wirtschaftlich angespannten Zeiten die Optimierung der Geschäftsabläufe und die möglichst exakte Bewertung der Unternehmenssituation in den Mittelpunkt des Interesses, um sich am Markt behaupten zu können. Fragen nach Time-to-Market, Produktivitätssteigerung und Innovationsfähigkeit werden überlebenswichtig.

Zentraler Ansatzpunkt sind hier die Geschäftsprozesse. Hat ein Unternehmen seine Schwachstellen oder Optimierungspotentiale ausgemacht, so sind die verbesserten Prozesse möglichst schnell umzusetzen. Hier beginnen häufig die Probleme: Praktisch alle mittleren und großen Unternehmen verfügen über heterogene Anwendungslandschaften. Diese bestehen beispielsweise aus ERP-, CRM-, und SCM-Systemen verschiedener Hersteller und sind teilweise über mehr als ein Jahrzehnt gewachsen.

Nur eine Flexibilisierung der IT unterstützt schnelle Änderungen in den Wertschöpfungsprozessen

Die Flexibilität oder Agilität ist schlicht zu gering, um in dynamischen Märkten mitzuhalten. Je nach Komplexität dauerten Projekte zur Anpassung von Prozessen bis zu 2 Jahre. Die Anwender sind sich dieses Problems durchaus bewusst. Über 80 Prozent der Unternehmen gaben in einer im März 2009 durchgeführten Umfrage an, der Flexibilisierung der IT eine große beziehungsweise sehr große Bedeutung beizumessen.

Stellt sich die Frage: Welche Voraussetzungen müssen geschaffen werden, damit die IT in einem Unternehmen mit der Marktgeschwindigkeit Schritt halten kann? Wenn nicht schon erfolgt, etablieren die Unternehmen Geschäftsprozessmanagement beziehungsweise Business Process Management (BPM), um die Ist-Situation zu analysieren und Verbesserungsmöglichkeiten zu identifizieren. Danach müssen flexible IT-Anwendungslandschaften bereitgestellt werden, die schnelle Änderungen in den Wertschöpfungsprozessen unterstützen.

Diese Umgestaltung ist nicht trivial und bedarf neben Sorgfalt bei der Planung und genügend Zeit für die Umsetzung insbesondere der Unterstützung sowohl der Fach- als auch der IT-Abteilungen. Das Zusammenspiel zwischen beiden Seiten wird schrittweise neu geregelt und die Rollenverteilung angepasst. Gemeinsames Ziel ist, dass die Fachabteilungen die Wertschöpfung analysieren und Prozesse verbessern. Die IT setzt die Vorschläge anschließend auf Basis von SOA deutlich schneller als bisher in den produktiven Systemen um.

Der serviceorientierte Ansatz trägt hier zu einer höheren Flexibilität der IT und damit zur Geschwindigkeitssteigerung bei der Umsetzung bei. Darüber hinaus nutzen die Anwender den Umbau in Richtung SOA häufig auch zur Konsolidierung der Anwendungslandschaften. Mittlerweile besteht weitestgehender Konsens zwischen IT-Anbietern und -Anwendern: Komplexe IT-Landschaften bleiben nur beherrschbar und lassen sich nur konsolidieren durch eine Kombination aus BPM, SOA, IT- und SOA-Governance. Anpassungen und neue Prozesse werden nur unter diesen Voraussetzungen schnell und mit vertretbarem Aufwand umzusetzen sein.

SOA-Governance als *der* Erfolgsfaktor

Lebenszyklen der Services müssen von Fach- und IT-Abteilung gemeinsam überwacht werden

Noch immer ist in vielen Unternehmen der Unterschied zwischen IT- und SOA-Governance nicht hinreichend klar. Der Begriff SOA-Governance bezeichnet die Definition, Durchsetzung und Steuerung von organisatorischen Regeln, Richtlinien und Standards zur konsequenten Ausrichtung der Services und Geschäftsprozesse an der Unternehmensstrategie. IT-Governance hingegen fokussiert auf Organisation, Steuerung und Kontrolle der IT und der IT-Prozesse. SOA-Governance ist vereinfacht formuliert die gemeinsame Aufgabe von Fach- und IT-Abteilungen, die Lebenszyklen der verfügbaren Services zu überwachen und zu steuern und ggf. neue oder veränderte Services zu definieren.

Neben den fachlichen und technischen Eigenschaften der Services sind Nutzungsaspekte zu managen. Beispielsweise muss die Frage, welcher Service in welcher konkreten Version in einem bestimmten Geschäftsprozess verwendet wird, immer zweifelsfrei beantwortet werden können, um die Wertschöpfung durch die IT nicht zu gefährden. Mittlerweile bieten viele Softwareanbieter umfangreiche Softwarelösungen für das Management der Services an. Die notwendigen Veränderungen in der Zusammenarbeit zwischen

Fach- und IT-Abteilung lassen sich – so die Erfahrungen der vergangenen Jahre – nur schrittweise und mit Geduld vollziehen.

Charakteristik der Projekte verändert sich

Waren die SOA-Projekte in der Vergangenheit häufig noch durch die IT-Abteilungen getrieben, um in heterogenen Anwendungslandschaften komplexe Integrationsszenarien auch zukünftig beherrschen zu können, so geht zunehmend der Trend zu Projekten, die durch die Fachabteilungen getrieben werden. Geschäftsprozessintegration rückt immer mehr in den Fokus.

Geschäftsprozessintegration rückt immer mehr in Fokus

Darüber hinaus haben viele Unternehmen erkannt, dass das bisherige Zusammenspiel zwischen IT- und Fachabteilungen von Missverständnissen und unklarer Aufgabenverteilung geprägt ist. Serviceorientierte Architekturen können bei konsequenter Umsetzung, d.h. mit der gleichzeitigen Einführung von SOA-Governance, die neue Verteilung der Rollen und Aufgaben im Unternehmen unterstützen.

Auch die Einführung von SOA, kombiniert mit Geschäftsprozessmanagement, geht mit der Erarbeitung von gemeinsamen fachlichen Architekturen, d.h. dem gleichen Verständnis von beispielsweise Geschäftsprozessen oder Geschäftsobjekten, einher. Neben Werkzeugen zur Dokumentation und Analyse von Geschäftsprozessen bieten immer mehr Softwarehersteller integrierte Tools an, um das bisherige Zusammenspiel zwischen Fach- und IT-Abteilung (Business/IT-Alignment) besser zu unterstützen.

Zentrale Herausforderung bei den genannten Aspekten ist die logische Verbindung zwischen fachlichen Domänenmodellen, Geschäftsprozessen und der realisierenden IT-Architektur beziehungsweise deren Services. In diesem Zusammenhang ist der Trend zu erkennen, dass die Fachabteilungen durch immer bessere Werkzeugunterstützung schrittweise die vollständige Verantwortung für Änderungen der Prozesse durch beispielsweise den Austausch von realisierenden Services übernehmen. Im Rahmen von vordefinierten Regeln können so Änderungen auf Basis bestehender Services innerhalb kürzester Zeit vollzogen werden.

Herausforderung Kosten-/Nutzenberechnung

Eine wesentliche Herausforderung ist die Vorhersage, welchen Mehrwert die Einführung von BPM und die Umstellung der IT auf serviceorientierte Architekturen erzeugt. Zahlreiche Untersuchungen haben sich bereits dem Thema gewidmet. Das Ergebnis ist aus betriebswirtschaftlicher Sicht ernüchternd. Der Nutzen von SOA ist sehr individuell. Zukünftige Ereignisse im und um ein Unternehmen und damit bisher unbekannte Änderungen der Wertschöpfung sowie neue Anforderungen an die IT bestimmen die Geschwindigkeit, mit der sich die Investition in SOA und BPM auszahlt.

Kein allgemeingültiges Muster bei der Nutzenberechnung

Sich bei der Nutzenargumentation lediglich auf die verschiedenen IT-Kostenblöcke zu fixieren und die Wiederverwendung von Services oder reduzierte Betriebskosten als wichtigstes Maß anzulegen wird den vielfältigen hinter SOA stehenden Nutzendimensionen nicht gerecht. Mittlerweile gibt es verschiedene Beispiele von Anwendern, die in ihrer Nutzenargumentation den Schwerpunkt beispielsweise auf die beschleunigte Markteinführung von neuen Produkten und Dienstleistungen setzen. Einfache und allgemeingültige Muster für die Nutzenberechnung sind im Moment nicht in Sicht, die dauerhafte Diskussion dazu aber notwendig.

Security als Kernbestandteil

Security wurde in der Vergangenheit oftmals als Schwachstelle der serviceorientierten Architekturen diskutiert, dabei sind die vermeintlichen Sicherheitslücken keinesfalls neu und vor allem vermeidbar. Generell erfordert SOA keine grundlegend neuen Techniken beziehungsweise Konzepte zur Sicherstellung von Informationssicherheit. Doch durch die Einbindung von Partnern und Kunden in die eigenen IT-Systeme und die hohe Flexibilität sind die Herausforderungen an die IT-Sicherheit besonders offensichtlich.

Um eine sichere SOA umzusetzen, müssen Sicherheitsaspekte von Anfang an berücksichtigt werden. Die Sicherheitsbedarfe müssen schon frühzeitig in die gesamte SOA-Planung einbezogen und auch in die Beschreibung der Geschäftsprozesse aufgenommen werden. Security Policies, welche alle Anforderungen beinhalten, die Anwender und Betreiber einhalten müssen, um die Sicherheit und Qualität des IT-Systems zu gewährleisten, müssen entworfen werden.

Durch ein zentrales Policy Management kann dann sichergestellt werden, dass diese Richtlinien eingehalten werden und auch in einem System von hoher Agilität greifen. In den vergangenen zwei Jahren entstanden verschiedene Sicherheitsmechanismen und Lösungsmuster, die sich auch in heterogenen Anwendungslandschaften implementieren lassen. Bleibt wie schon in der Zeit vor SOA die nicht immer einfache Aufgabe, alle Verantwortlichen und Projektbeteiligten von der Bedeutung der Security zu überzeugen und die gepflanzte Erkenntnis anschließend auch mit Maßnahmen nachhaltig zu stützen.

Ausblick

Durch die zunehmende Bedeutung von Software-as-a-Service (SaaS) als Liefermodell für Software und die steigende Marktdurchdringung ist zu erwarten, dass uns das SOA-Paradigma auch in den kommenden Jahren weiter begleiten wird. Aus technischer Sicht haben serviceorientierte Architekturen bereits einen hohen Reifegrad erreicht. In den Bereichen SOA-Governance und bei der Neuordnung der Zusammenarbeit zwischen Fach- und IT-Abteilungen erarbeiten Anbieter und Anwender schrittweise Best Practices. Spannend für den zukünftigen Erfolg von BPM und damit auch für SOA bleibt, ob sich unternehmensübergreifende Domänenmodelle etablieren lassen, um zukünftig IT-Services auch mit einer standardisierten fachlichen Beschreibung versehen zu können. Neben einer echten Vergleichbarkeit der Services wären dann auch Servicemarktplätze und die lukrative Vermarktung von Services direkt innerhalb der Anwenderbranchen denkbar. Die Bewertung des daraus entstehenden Potentials sollte man aufgrund der mangelhaften Informationslage besser den Profis mit den Glaskugeln überlassen. ▥

SOA für Frontends
Effizienz in Entwicklung und Betrieb der Client-Landschaft

Von Dr. Werner Steck

Um eine höhere Client-Flexibilität zu erreichen, bedarf es fachlicher Komponenten, die das Zusammenspiel mit den Middle-Tiers bzw. Backends erleichtern. Wesentliche Prinzipien, die dieser Lösung zugrunde liegen, lassen dabei Analogien zu SOA erkennen.

Bei der Optimierung von Anwendungslandschaften wird der Präsentationsschicht eine vergleichsweise geringe Aufmerksamkeit gewidmet. Dies ist umso erstaunlicher, als die typischerweise zu beobachtenden Defizite in diesem Bereich sowohl zu hohen Entwicklungs- und Wartungskosten als auch zu Einschränkungen in der Flexibilität führen. Ausgehend von dieser Beobachtung werden in diesem Beitrag Anforderungen an ein „optimales" Frontend genannt und Bestandteile für einen Lösungsansatz entworfen. Dessen Umsetzung hilft dabei, Clients zu niedrigeren Kosten und mit höherer Flexibilität zu entwickeln und zu betreiben.

Probleme in großen Client-Landschaften
Die folgenden Fallbeispiele aus der Vertriebs-IT von Finanzdienstleistern illustrieren schlaglichtartig Problemstellungen, mit denen Entscheider beim Management ihrer Client-Landschaften zu kämpfen haben.

- Eine Anpassung im Wertpapiergeschäft erfordert eine Ergänzung um einen zusätzlichen Eingabedialog (das heißt eine oder mehrere Eingabemasken). Trotz identischer Fachlichkeit muss die Anpassung für jeden Vertriebskanal explizit durchgeführt werden.
- Bei der Umsetzung einer fachlichen Änderung in den relevanten Vertriebskanälen stellt sich heraus, dass es nicht einfach möglich ist, Programmteile wieder zu verwenden, da sich die Realisierung der Fachlichkeit – trotz Einsatzes der gleichen Webtechnologie – in jedem Vertriebskanal deutlich unterscheidet. Zusätzlich zum Umsetzungsaufwand ist für jeden Kanal ein erneuter und erheblicher Einarbeitungsaufwand erforderlich.
- Eine auslaufende Supportverpflichtung führt dazu, dass eine Client-Anwendung vollständig erneuert werden muss. Eigentlich wäre eine fachlich abgestufte Umsetzung ratsam, bei der zuerst nur die am wenigsten geschäftskritischen Funktionen in der neuen Technologie auf den Markt gebracht werden. Da die Integration der unterschiedlichen Umsetzungstechnologien in der Anwendung nicht möglich ist, kann diese Einführungsstrategie nicht gewählt werden.

Dr. Werner Steck
Principal Consultant
Senacor Technologies AG

■ Nach der Durchführung einer eigentlich funktional beschränkten Änderung innerhalb eines Clients ist der Test eines großen Teils der gesamten Client-Applikation erforderlich.

Die oben genannten Anwendungsbeispiele stehen stellvertretend für typische Probleme in heutigen Client-Anwendungslandschaften:

■ hohe Entwicklungs- und Wartungskosten (vor allem in Multi-Frontend-Umgebungen),
■ geringe Flexibilität bei der Umsetzung neuer Anforderungen bzw. der Anpassung existierender Funktionalität,
■ geringe Flexibilität bei technologischen Ablösungen oder Modernisierungen,
■ zu geringe Skalierungsfähigkeit, das heißt die Kosten je zusätzlicher Funktionalität steigen mit zunehmender Größe der Landschaft.

Ursachen der Probleme

Redundanz

Ein wesentliches und in der Vertriebs-IT häufig vorzufindendes Strukturdefizit ist die Redundanz in der Umsetzung. Dabei wird – wie bereits erwähnt – sehr häufig im Falle mehrerer unterstützter Vertriebskanäle oder Marken die zugrunde liegende gleiche Fachlichkeit mehrmals von unterschiedlichen Abteilungen umgesetzt.

Redundanzen bei Umsetzung der Fachlichkeit als ein Problem in großen Client-Landschaften

Verflechtung

Im Gegensatz zum Redundanzproblem, das unmittelbar wahrnehmbar und nachvollziehbar ist, ist für die Analyse des Strukturproblems der Verflechtung ein Blick in die umgesetzten Codestrukturen unerlässlich. Hier offenbart sich oftmals, dass es unterhalb grob granularer fachlicher Einheiten wie „Banking", „Brokerage" etc. häufig an einer sauberen Kapselung in fachlich strukturierte Einheiten mit definierten Aufrufbeziehungen mangelt. Das Ergebnis sind monolithische Anwendungen mit internen „Spaghetti-Code"-Strukturen und oftmals zusätzlich harten Verkopplungen zu nachgelagerten Systemen.

Intransparenz

Manifestieren sich die beiden oben genannten Problemfelder im Wesentlichen in der Umsetzung bzw. im Einflussbereich der IT, so trifft man auf das Strukturproblem der Intransparenz an der Schnittstelle zur Fachlichkeit: Die vorhandene Dokumentation bietet häufig keine Transparenz auf struktureller Ebene, und das relevante Wissen wird damit zum exklusiven Know-how einiger weniger Kopfmonopolisten. Häufig stellt sich auch heraus, dass die in der Fachspezifikation niedergelegte fachliche Struktur tatsächlich nicht der Umsetzungsstruktur in der Client-Applikation entspricht.

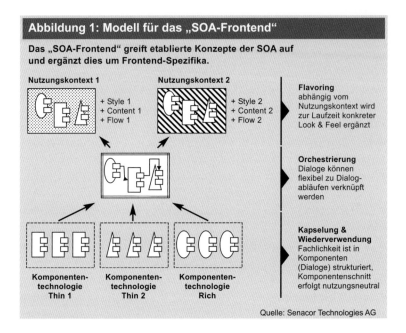

Abbildung 1: Modell für das „SOA-Frontend"

Das „SOA-Frontend" greift etablierte Konzepte der SOA auf und ergänzt dies um Frontend-Spezifika.

Quelle: Senacor Technologies AG

SOA-Frontends – das Konzept

Ziel-Vision: SOA-Frontends

Bei der Analyse der genannten Schwierigkeiten bei der Realisierung heutiger Client-Landschaften kristallisieren sich zwei Hauptprobleme heraus: Entweder mangelt es bereits an einer erfolgreichen bzw. konsequent durchgeführten funktionalen Kapselung der Realisierungseinheiten, oder es fehlen entsprechende Konzepte zur Wiederverwendung existierender Komponenten. Anhand der Aussagen in den ersten beiden Abschnitten lässt sich ein Modell ableiten, das besser geeignet ist, mit den genannten Problemfeldern bzw. deren Ursachen umzugehen. Die wesentlichen Bausteine dieses Modells sind eine nutzungsneutrale Kapselung von fachlichen Komponenten, die Orchestrierung dieser Komponenten in einem bestimmten Kontext (zum Beispiel bei einer Nutzung durch unterschiedliche Vertriebspartner) und die Anreicherung um Look-&-Feel-Aspekte zur Laufzeit (das sog. „Flavoring"). In Abbildung 1 ist dieses Modell im Überblick dargestellt.

Nutzungsneutrale Kapselung

Hinter der Forderung einer nutzungsneutralen Kapselung verbirgt sich die Erkenntnis, dass Fachlichkeit in aller Regel in fein granulare fachliche Teileinheiten zerlegt werden kann. An diese Teileinheiten wird die Anforderung gestellt, dass sie unabhängig von anderen fachlichen Teileinheiten genutzt werden können. Das bedeutet konkret, dass die Ausführung von der Erfüllung der erforderlichen Vorbedingungen abhängig ist. Nach der Ausführung ist dann ein definierter Zielzustand ggf. mit Rückgabewerten erreicht.

Im Kontext der serviceorientierten Architekturen (SOA) erfolgt die Kapselung der Fachlichkeit in Services, in dem hier beschriebenen Frontend-Kontext in sogenannten Dialogen. Als Beispiel für einen (wieder verwendbaren) Dialog kann die „Bankleitzahl-Ermittlung" genannt werden. Vorbedingung für die Durchführung ist das Vorliegen der Adressdaten der Bank, Nachbedingungen sind die Anzeige und die Rückgabe der Bankleitzahl (oder eines Fehlers). Der Anspruch der nutzungsneutralen Kapselung umfasst ebenso den Anspruch, dass im Idealfall fachliche Komponenten, die auf Basis unterschiedlicher Technologien entstanden sind, zu Geschäftsprozessen zusammengeschaltet werden können.[1]

Orchestrierung
Analog zum Konzept der Orchestrierung aus dem Bereich der serviceorientierten Architekturen sollen die Frontend-Dialoge für den jeweiligen Nutzungskontext zu größeren Dialogen zusammengeschaltet werden können. So können beispielsweise im Rahmen des Dialogs „Überweisung" die Dialoge „Autorisierung" und „Bankleitzahl-Ermittlung" wieder verwendet werden. Die Orchestrierung von Dialogen ermöglicht eine Wiederverwendung der umgesetzten Fachlichkeit in mehreren Geschäftsprozessen.

Zusammenschaltung der Frontend-Dialoge

Flavoring
Weitere Wiederverwendungspotentiale lassen sich erst dann realisieren, wenn der Anspruch der Dialog-Wiederverwendung um ein für den jeweiligen Nutzungskontext passendes Dialogdesign ergänzt wird. Dazu wird ein sogenanntes Flavoring zur Laufzeit der Anwendung erforderlich. Das bedeutet, dass für den jeweiligen Nutzungskontext zur Laufzeit unterschiedlich ausgeprägte Versionen der Dialoge für den Benutzer zur Verfügung gestellt werden müssen. Hierbei kann man zwischen Content und Style Flavoring unterscheiden. Content Flavoring bedeutet, dass Ein- bzw. Ausgabedialoge in einem bestimmten Nutzungskontext hinsichtlich der verwendeten bzw. angezeigten Felder mehr oder weniger reichhaltig angezeigt werden (bspw. für unterschiedliche Vertriebskanäle wie Web und Mobile). Style Flavoring betrifft die originären Look-&-Feel-Aspekte, das heißt das Oberflächendesign der Anwendung wie Farbe etc. (beispielsweise beim Einsatz der gleichen Plattform für unterschiedliche Vertriebspartner).

SOA-Frontends – Lösungsansatz für Clients
Für die erfolgreiche Umsetzung von SOA-Frontends ist das Zusammenspiel von drei Dingen erforderlich:
- technische Umsetzung mittels einer Komponentenplattform,
- modulare Spezifikation, in der die fachliche Lösungsstruktur vorgegeben wird,
- konsequentes und übergreifendes Business-IT-Management für alle Frontends.

Im Folgenden wird auf die Kernidee des ersten Punktes zur Lösung der technischen Realisierung von SOA-Clients in einem Thin-Client-Umfeld eingegangen. Hierbei sind die wesentlichen Aspekte grundsätzlich auch in der Umsetzung von Rich Clients oder hybriden Ansätzen deckungsgleich abbildbar, auch wenn hier noch nicht alle technologischen Herausforderungen bewältigt sind.

SOA-Frontends: Technische Realisierung

Klassischer Implementierungsansatz im Vordergrund Wesentliche Hauptanforderung an die technische Realisierung ist die Schaffung eines leichtgewichtigen Realisierungs-Frameworks für die effiziente, modularisierte Abbildung von Geschäftsprozessen im Frontend – ohne Festlegung auf eines der vielen existierenden Web Frameworks. Insofern verstehen sich die nachfolgenden Umsetzungskonzepte als Ergänzung zu existierenden Web Frameworks und nicht als Konkurrenz. Konzeptionell sollen dabei vom Portalansatz einige wesentliche Ideen übernommen werden wie die Aggregation von Inhalten oder die Existenz einer übergreifenden Benutzersitzung. Im Gegensatz zu kommerziellen Portalimplementierungen existiert jedoch weder der Anspruch, Out-of-the-Box Frontend Features wie Kalender oder Arbeitslisten anzubieten, noch die Entwicklungsarbeit durch Produktivitätsfeatures wie Wizards oder andere Entwicklungshelfer zu unterstützen. Vielmehr steht der klassische Implementierungsansatz im Vordergrund, bei dem die Entwicklungsumgebung das einzige wesentliche Produktivitätswerkzeug ist.

Im Folgenden wird für den Thin-Client-Kontext beschrieben, welche Kernbestandteile in einem technischen Umsetzungskonzept realisiert sein müssen, um die erwähnten Eigenschaften von SOA-Frontends umsetzen zu können.

Dialog-Registry

Die wesentliche Kernanforderung an ein „SOA-Frontend" ist die Fähigkeit, die existierenden fachlich gekapselten Bausteine – in unserem Fall die Dialoge – flexibel verwalten und wieder verwenden zu können. Eine wesentliche Leistung dafür stellt die Dialog-Registry als zentraler Dienst zur Adressierung von Dialogen in komponentenbasierten Webanwendungen zur Verfügung. So melden sich bei der Aktivierung einer Frontend-Komponente alle Dialoge inkl. ihrer logischen Namen, Einsprungadressen, Versionen und Flavors an der Dialog-Registry an. Bei der Deaktivierung melden sich die Dialoge wieder ab. So erhält die Dialog-Registry aktuelle Informationen über Status und Adresse aller Dialoge in einem laufenden Gesamtsystem.

Dialog-Integration

Der Dienst der Dialog-Integration ermöglicht die Verlinkung zwischen Dialogen, dies entspricht dem Konzept der Orchestrierung. Dialoge können sich

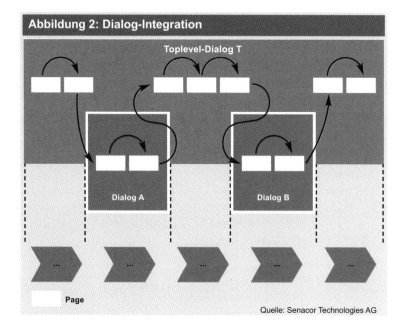

Abbildung 2: Dialog-Integration

Toplevel-Dialog T

Dialog A

Dialog B

Page

Quelle: Senacor Technologies AG

gegenseitig über ihre logischen Namen, Versionen und Flavors (logische Adressierung) aufrufen. Die Dialog-Integration greift hierzu auf Informationen der Dialog-Registry zurück, um die logischen Adressen in physikalische Adressen umzusetzen. Abbildung 2 zeigt exemplarisch ein Dialog-Integrationsszenario.

Content-Aggregation

Der Aufbau einer Seite wird durch das Gesamtlayout festgelegt. Das Gesamtlayout definiert die Lage von Content-Bereichen, in denen Dialoge dargestellt werden können. **Abbildung 3** zeigt die beispielhafte Aufteilung einer Seite in Content-Bereiche, in denen mehrere Dialoge angezeigt werden können. Den Dialogen muss es möglich sein, Einfluss auf ihr Umfeld zu nehmen. Deshalb können Dialoge dem System andere Dialoge empfehlen, die in einem anderen Content-Bereich angezeigt werden sollen. So kann ein Dialog, der gerade in der Main-Flow-Area dargestellt wird, die Empfehlung aussprechen, dass ein bestimmter Informationsdialog in der User-Info1-Area und ein anderer in der User-Info2-Area angezeigt werden.

Dialoge müssen Einfluss auf ihr Umfeld nehmen können

Dialoge können jedoch selbst keinen direkten Einfluss auf das Layout der Gesamtseite nehmen. Verschiedene Varianten eines Gesamtlayouts werden von der Rahmenanwendung definiert. Die Content-Aggregation ist ein wichtiges Mittel, um auch einzelne Seiten modular aufzubauen. Weiter reichende Konzepte zur Content-Aggregation sind in großen Portallösungen enthalten. Das vorgestellte Konzept zur Modularisierung hat im Gegensatz zu Portalen den Schwerpunkt auf der Integration und Wiederverwendung von Dialogen.

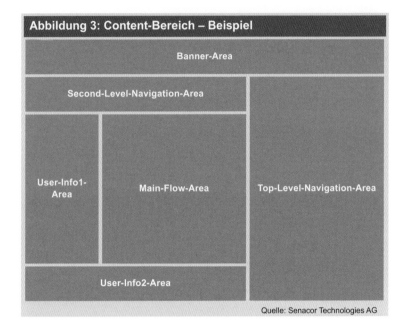

Abbildung 3: Content-Bereich – Beispiel

Banner-Area

Second-Level-Navigation-Area

User-Info1-Area

Main-Flow-Area

Top-Level-Navigation-Area

User-Info2-Area

Quelle: Senacor Technologies AG

Context-Management

Für alle Module und ihre Dialoge verwaltet ein globales Management die Benutzer-Session-Daten. Zwischen allen Dialogen der Webanwendung existiert ein gemeinsamer Session-Kontext für Benutzer des Systems. Analog zur HTTP-Session in monolithischen Webanwendungen können im Session-Kontext benutzerbezogene, allgemein relevante Daten hinterlegt und den Dialogen zugänglich gemacht werden.

Umsetzung von Flavoring

Zur Umsetzung des Flavoring, das heißt der kontextabhängigen Darstellung der Webapplikation hinsichtlich optischer Gestaltung und Inhalt können bewährte Technologien zum Einsatz kommen. So sind Cascading Style Sheets (CSS) ein gängiger Weg, um das Aussehen identischer HTML-Dokumente zu modifizieren. Durch CSS können zum Beispiel Farben, Zeichensätze, Hintergründe oder das Aussehen von Formularfeldern manipuliert werden. Einfache Style Flavorings sind mit CSS leicht zu implementieren. Ebenso ist möglich, Content Flavoring zu realisieren.

Vorteile bei einer dem Lösungsansatz entsprechenden Realisierung

Nutzen der erzielten Frontend-Applikationen

Bei konsequenter Nutzung der vorgestellten Konzepte lassen sich Frontend-Applikationen realisieren, die u. a. die folgenden Vorteile erzielen können:

■ Ein und dieselbe Applikation kann unterschiedliche Mandanten und/oder Vertriebskanäle unterstützen.

- Komponenten mehrerer Web Frameworks können in ein und derselben Applikation zusammen betrieben werden.
- Flexible Ablösungsszenarien sind realisierbar, in denen ein Teil der Anwendung noch in der alten und ein anderer bereits in der neuen Technologie betrieben wird.

Damit lassen sich unserer Erfahrung nach erhebliche Kostensenkungs- und Flexibilitätspotentiale realisieren und folglich die zu Beginn erwähnten Defizite beseitigen, die in vielen der real existierenden Client-Landschaften derzeit noch vorhanden sind.

Zusammenfassung und Ausblick

Die vorgestellte Idee zu einem Framework, mit dessen Hilfe typische Probleme bei der Entwicklung und Wartung von Client-Landschaften vermieden werden können, wird mit unterschiedlich starker Ausprägung bereits von wenigen Open Source Frameworks unterstützt. Für eine erfolgreiche Umsetzung eines flexiblen Komponentenansatzes ist neben der eigentlichen technischen Problemlösung ebenso eine Anpassung des Spezifikationsansatzes sowie der organisatorischen Prozesse erforderlich. So sollten die fachlichen Komponenten idealerweise nicht erst als Bestandteil des Realisierungsprozesses, sondern bereits als Bestandteil der fachlichen Analysetätigkeit identifiziert und spezifiziert sowie während der Design- und Entwicklungsphase mit der fachlichen Modellierung abgeglichen werden. Ebenso ist es erforderlich, dass die organisatorischen Prozesse dem Anspruch Rechnung tragen, dass Fachlichkeit übergreifend definiert und umgesetzt werden soll. Dies wird durch die typischerweise vorzufindenden Silo-Zuständigkeiten für einzelne Vertriebskanäle erschwert. In diesem Fall wäre eine Organisationseinheit, die kanal- und fachlichkeitsübergreifend die Spezifikation für alle Client-Applikationen übernimmt, zu empfehlen. Ähnliche organisatorische Herausforderungen sind neben dem Analysebereich ebenso für den Bereich der Umsetzung und des Fachtests zu lösen.

Kompromisse zwischen Flexibilität und Standardisierung finden

Abschließend bleibt zu erwähnen, dass für eine wirklich komplette Lösung im Client-Bereich, die sowohl Rich- als auch Thin-Client-Komponenten unterschiedlicher Herkunftsart zu flexibel zusammenschaltbaren Prozessen integrieren kann, noch erhebliche technologische Herausforderungen zu überwinden sind. Solange ist es ratsam – sofern nicht im Ausnahmefall wirklich gute Gründe dagegen sprechen –, stark auf Standardisierung der eingesetzten Technologien zu setzen.

---

1 Dazu ist anzumerken, dass die Orchestrierung von Frontend-Komponenten auf Basis der gleichen oder mehrerer Thin-Client-Technologien relativ problemlos realisiert werden kann. Beim Zusammenspiel zwischen Thin- und Rich-Client-Technologien sind dagegen noch einige Herausforderungen zu bewältigen.

Cloud Computing
Eine Technologie transformiert das Rechenzentrum

Von Gerd Breiter und Michael Behrendt

Unternehmen aller Branchen und Größen müssen flexibler und schneller denn je auf Veränderungen reagieren können. Cloud Computing kann eine Antwort auf diese Herausforderungen sein.

Gerd Breiter
IBM Distinguished Engineer
IBM Deutschland Research &
Development GmbH

Michael Behrendt
IBM Cloud Computing Architect
IBM Deutschland Research &
Development GmbH

Cloud Computing beschreibt ein Konzept, bei dem Rechenleistung, Speicher sowie eine Vielzahl unterschiedlicher Anwendungen schnell und umfassend bereitgestellt werden können, ohne dass der Nutzer sich mit der dafür im Hintergrund notwendigen IT beschäftigen muss. Grundsätzlich werden zwei Ausprägungen von Cloud Computing unterschieden, die jeweils spezielle Eigenschaften mit sich bringen und verschiedene Kundenbedürfnisse adressieren. Es gibt den Ansatz der Public Cloud, bei dem ein externer Service Provider die Cloud betreibt und sich Kunden dort beliebig die jeweiligen Cloud Services bestellen können. Zum anderen gibt es den Ansatz der Private Cloud, bei dem die IT weiterhin unter der Kontrolle des Kunden verbleibt, jedoch zu deren Betrieb Automatisierungs- und Optimierungstechnologien eingesetzt werden, wie man sie auch in Public Clouds verwendet. Auch Hybrid Clouds, also eine Kombination aus beidem ist möglich.

Cloud Computing ist ein Resultat des Zusammenführens von IT-Technologien wie Virtualisierung, Automatisierung und anderer Optimierungstechnologien. In erster Linie ermöglicht es eine Veränderung und Transformation der Betriebsführung eines Rechenzentrums: Es geht dabei um Veränderungen in Größenordnungen bezüglich der Flexibiliät und Reduktion von Kosten.

Cloud Computing ist eine weitere Evolutionsstufe in der Informationstechnologie. Es ist absehbar, dass sich mit Cloud Computing für Unternehmen neue Möglichkeiten auftun, wie sie ihre eigene IT oder die der Public Clouds zukünftig effizienter einsetzen können. Die bedarfsgerechte Abrechnung von IT-Leistungen ist dabei nur ein Schlagwort. Unternehmen haben es bei konsequenter Umsetzung und Ausrichtung ihrer IT-Strategie auf Cloud Computing in der Hand, mehr aus der vorhandenen IT-Infrastruktur herauszuholen, als das bisher der Fall war: zum einen eine bessere Auslastung der eigenen IT-Infrastruktur, eben beispielsweise durch die oben genannte und konsequent umgesetzte Virtualisierung aller Ressourcen und einer darauf basierten Dynamisierung. Zum anderen kann die IT besser auf strategische Unternehmensprozesse und -entscheidungen abgestimmt werden, indem neue Services oder Anwendungen schnell bereitgestellt, nicht benötigte verlagert

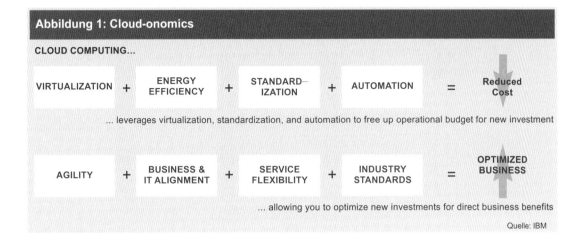

Abbildung 1: Cloud-onomics

CLOUD COMPUTING...

VIRTUALIZATION + ENERGY EFFICIENCY + STANDARD–IZATION + AUTOMATION = Reduced Cost

... leverages virtualization, standardization, and automation to free up operational budget for new investment

AGILITY + BUSINESS & IT ALIGNMENT + SERVICE FLEXIBILITY + INDUSTRY STANDARDS = OPTIMIZED BUSINESS

... allowing you to optimize new investments for direct business benefits

Quelle: IBM

oder abgestellt werden und eine bessere, verbrauchsgerechte Kosten-steuerung und -zuordnung zu einzelnen Unternehmensbereichen ermöglicht wird.

Herausforderungen beim heutigen Betrieb von Rechenzentren

Im Laufe der vergangenen Jahre haben Fortschritte in der Informationstech-nologie viele fundamentale Änderungen im Geschäftsumfeld, aber auch in den Rechenzentren möglich gemacht. Zugleich sind aber auch die Komple-xität und die Erwartungen an die IT innerhalb eines Unternehmens deutlich gewachsen. Insbesondere im operativen Bereich sind die Anforderungen an die schnelle Bereitstellung von IT-Services, die Hochverfügbarkeit der ent-sprechenden Ressourcen sowie Sicherheit und Energieeffienz gestiegen. Hinzu kommt, dass die Menge der zu verarbeitenden Informationen, der zu unterstützenden Geräte (vor allem im mobilen Bereich) und dadurch bedingt der entsprechende Bandbreitenbedarf im Netzwerkbereich in den vergange-nen Jahren sprunghaft angestiegen sind. Diesen Herausforderungen sollen die IT-Verantwortlichen bei gleichbleibenden oder gar schrumpfenden IT-Budgets mit kostengünstigen und intelligenten Ansätzen begegnen.

Virtualisierung und Dynamisierung aller Ressourcen

Lassen Sie uns das an ein paar Zahlen verdeutlichen:

■ Das Datenvolumen und die benötigte Bandbreite zum Transportieren der Daten verdoppelt sich ca. alle 18 Monate. Die Anzahl der Geräte, die über das Netzwerk auf diese Daten zugreifen, verdoppelt sich ca. alle zweiein-halb Jahre.

■ Die Kosten für die Energieversorgung und die Kühlung von Rechenzen-tren sind in den vergangenen fünf Jahren um das Zwei- bis Achtfache ge-stiegen – abhängig vom Standort des Rechenzentrums und den existieren-den Verträgen mit dem jeweiligen Energieversorger.

Hohe Kosten und ungenutzte Kapazitäten in herkömmlichen Rechenzentren

■ Die Gesamtmanagementkosten für die existierenden heterogenen Systemlandschaften in den Rechenzentren sind damit im Durchschnitt innerhalb
der vergangenen fünf Jahre um das ca. Vierfache angestiegen.

■ Der Blick in ein gängiges Rechenzentrum zeigt, dass die Kapazitäten von
verteilten Computerumgebungen zu 85 Prozent ungenutzt bleiben. Es ist
sogar so, dass im Durchschnitt lediglich drei von 100 Energieeinheiten im
Rechenzentrum wirklich für Rechenleistungen genutzt werden. Mehr als
die Hälfte wird für die Kühlung der Server eingesetzt.

In Gesprächen mit CIOs wird immer wieder deutlich, dass etwa 85 bis
90 Prozent des heutigen IT-Budgets für das Management der existierenden
und über Jahre gewachsenen Systemlandschaften benötigt werden. Oft bleiben nicht einmal 5 Prozent des Budgets zur Einführung von neuen Services
und Innovationen im Rechenzentrum übrig. Eines der größten Ziele der
Transformation zu Cloud Computing ist es deshalb, dieses Kostenverhältnis
deutlich zu ändern und die finanziellen Möglichkeiten für eine Modernisierung deutlich zu erweitern.

Die schrittweise Umstellung des Betriebskonzepts auf Cloud Computing
Die Umstellung des Rechenzentrumsbetriebs auf ein neuartiges, aber dennoch evolutionäres Betriebskonzept lässt sich natürlich nicht auf einen
Schlag und über Nacht durchführen. Vielmehr muss dies schrittweise und
mit einer wohl definierten Roadmap geschehen. Als erster Schritt sollte dabei in der von der ITIL (IT Infrastructure Library) empfohlenen Vorgehensweise die Strategie der zukünftigen Betriebsführung unter Berücksichtigung
der künftig zu erbringenden Business Services des Rechenzentrums definiert
werden. Das kennzeichnet dann den Zielzustand, zu dem sich das Rechenzentrum innerhalb eines definierten Zeitraums hinentwickeln sollte.

Im nächsten Schritt werden dann die Infrastruktur, die Middleware und die
Applikationen im Rechenzentrum hinsichtlich ihrer Betriebsmetriken, entsprechender Service Level Agreements und ihrer Wichtigkeit für das Unternehmen analysiert. Hier müssen Fragen bezüglich der **Dynamik** („Wie oft
werden neue Instanzen einer solchen Umgebung neu angefordert?", „Wie
stark schwankt die Last auf diesen Landschaften, d.h., „Wie oft sind Änderungen in der Skalierung erforderlich?") oder der **Sicherheit** und **Verfügbarkeit** geklärt werden.

Somit entsteht ein ganzheitliches Bild der Unternehmens-IT, was als Grundlage für die Entscheidung dienen kann, für welchen Bereich der IT sich der
Einsatz von Cloud-Computing-Technologien am besten eignet. Basierend
darauf kann dann im nächsten Schritt für einen als gut geeignet identifizierten, klar begrenzten Bereich der IT ein Cloud-Computing-basiertes Manage-

ment eingeführt werden. Somit ist es möglich, erste Erfahrungen mit der Technologie zu sammeln und erste Flexibilitätsgewinne und Kosteneinsparungen zu identifizieren. Dies macht es üblicherweise einfacher, weitere Investitionen zu tätigen, um den Einsatzbereich von Cloud Computing innerhalb des Unternehmens zu vergrößern und schließlich weite Teile des Rechenzentrums auf das neue Betriebskonzept umzustellen.

Der Einsatz von Cloud-Computing-Technologien ermöglicht der IT auch, ihren Wert für das Kerngeschäft des Unternehmens zu erhöhen. Als ein Beispiel sehen wir heute in Diskussionen mit CIOs, dass die IT teilweise mehrere Wochen benötigt, um die Umgebungen bereitzustellen, die für den Launch einer neuen Marketingkampagne, eines neuen Produkts oder die Simulation eines neuen Geschäftsgedankens erforderlich sind. Durch den Einsatz von Cloud-Computing-Technologien können diese Zeiträume teilweise auf wenige Stunden reduziert werden, was zu einer starken **Beschleunigung des Kerngeschäftes** des Unternehmens beitragen kann. Die frühe Identifizierung solcher Situationen und deren Anforderungen ermöglicht es somit dem Verantwortlichen des entsprechenden Rechenzentrums, seinen Bereich als eine wichtige strategische Komponente innerhalb des Unternehmens zu positionieren.

Schnelle Bereitstellung neuer IT-Umgebungen

Um Cloud-Computing-Technologien und Betriebskonzepte optimal einsetzen zu können, sind bestimmte Voraussetzungen erforderlich. Ein sehr wichtiger Aspekt hierbei ist die Verfügbarkeit einer virtualisierten Hardwareinfrastruktur (idealerweise für Server, Storage und Network). Eine derart virtualisierte Infrastruktur ermöglicht in vielerlei Hinsicht eine hohen Grad an **Flexibilität:** Beispielsweise können neue virtuelle Maschinen innerhalb sehr kurzer Zeit mit Hilfe von sogenannten imagebasierten Provisioning-Ansätzen bereitgestellt werden. Außerdem kann auf sich ändernde Kapazitätsanforderungen sehr flexibel durch dynamisches Hinzuschalten von CPU-/Memory-/Disk-Kapazität reagiert werden.

Das Verständnis all dieser Faktoren ist extrem wichtig, um das volle Spektrum der Möglichkeiten von Cloud Computing ausnutzen zu können.

Noch ein Wort zum Betreiben von speziellen Anwendungen in einer Cloud-Umgebung: Es macht im Rahmen der Planungen für eine Cloud keinen Sinn, eine hochgradig spezialisierte und statische Anwendung, die nur einmal innerhalb des Rechenzentrums betrieben wird, mit Cloud-Computing-Technologien zu betreiben, da hier die Eigenschaften von Cloud Computing bzgl. Flexibilität und Dynamik nicht genutzt werden können. Sehr häufig von der IT nachgefragte Umgebungen und sehr dynamische Anwendungen sind jedoch, wie oben schon erwähnt, üblicherweise sehr gut geeignet, mit Hilfe von Cloud-Computing-Technologien betrieben zu werden.

Cloud Computing – Relevanz für Unternehmen aller Größen und Sektoren?
Lassen Sie uns abschließend noch kurz die Relevanz von Cloud Computing
für Unternehmen unterschiedlicher Größe betrachten und damit auch die
Frage beleuchten, wann Private Clouds, Public Clouds oder Mischformen
(sog. Hybrid Clouds) am besten geeignet sind.

Im Allgemeinen hat Cloud Computing sowohl für kleinere/mittlere Unternehmen als auch für große Unternehmen Relevanz – allerdings aus verschiedenen Gründen:

Die Nutzung von Public Clouds bietet sowohl kleinen als auch großen Unternehmen Vorteile

Kleine Unternehmen können durch den Einsatz von Ressourcen, die durch
sogenannte Public Clouds (außerhalb der Firewall) bereitgestellt werden, Investitionen zum Kauf eigener Infrastruktur vermeiden. Derartige Public
Clouds werden von externen Service Providern bereitgestellt und stellen
grundsätzlich jegliche Art von IT- Funktionalität als Service bereit. Beispiel
hierfür sind reine Infrastrukturressourcen wie Server und Storage, aber auch
Middleware-Plattformen oder sogar Anwendungen. Speziell sehr kleine Unternehmen wie Start-ups können von den Eigenschaften der Public Clouds
profitieren, da die hier üblicherweise recht knappen IT-Budgets nicht zusätzlich durch hohe Anschubinvestionen belastet werden sollen. Vielmehr kann
das Unternehmen nur so viel IT von der Public Cloud einkaufen, wie gerade
erforderlich und finanziell tragbar ist.

Für große Unternehmen bieten sich Public Clouds an, um Teile ihrer IT außerhalb der eigenen Infrastruktur betreiben zu lassen. Im Gegensatz zu klei-
neren Unternehmen betreiben große Unternehmen normalerweise eine eigene
IT-Infrastruktur, um Anforderungen in Bezug auf Verfügbarkeit, Sicherheit
und staatliche Regularien zu genügen. Diese Anforderungen können üblicherweise nicht durch hochgradig standardisierte Public Clouds erfüllt werden. In solchen Fällen können Cloud-Computing-Technologien – wie sie
auch in Public Clouds zum Einsatz kommen – zum optimierten Management
der unternehmenseigenen IT eingesetzt werden. Somit können die Vorteile
von beiden Welten in einer solchen Private Cloud verbunden werden: ein hoher Grad an Flexibilisierung und Automatisierung der IT in Kombination mit
dem Erfüllen sehr spezifischer Quality-of-Service-Anforderungen.

Zudem ist es dann auch möglich, den Ansatz einer Private Cloud und einer
Public Cloud zu verbinden: die Private Cloud zum Betreiben der Kern-IT des
Unternehmens, unter nahtloser Integration einer Public Cloud, die für be-
stimmte, dafür geeignete Anwendungen genutzt werden kann.

Im Hinblick auf Branchen ist weniger ein Unterschied in der Eignung von
Cloud Computing zu sehen, als in den Einsatzbereichen, die über alle Indus-
triezweige hinweg ähnlich sind.

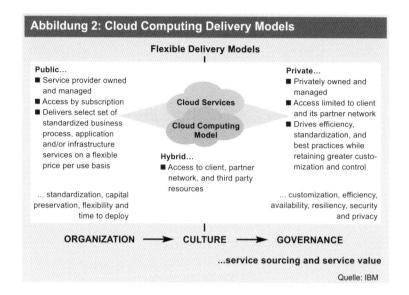

Abbildung 2: Cloud Computing Delivery Models

Flexible Delivery Models

Public...
■ Service provider owned and managed
■ Access by subscription
■ Delivers select set of standardized business process, application and/or infrastructure services on a flexible price per use basis

... standardization, capital preservation, flexibility and time to deploy

Cloud Services

Cloud Computing Model

Hybrid...
■ Access to client, partner network, and third party resources

Private...
■ Privately owned and managed
■ Access limited to client and its partner network
■ Drives efficiency, standardization, and best practices while retaining greater customization and control

... customization, efficiency, availability, resiliency, security and privacy

ORGANIZATION ⟶ CULTURE ⟶ GOVERNANCE

...service sourcing and service value

Quelle: IBM

Fazit

Der Einsatz von Cloud-Computing-Technologien wird zukünftig die Betriebsführung in Rechenzentren dramatisch verändern. Diese Technologien verlagern das Betätigungsfeld der IT-Administratoren. Der Abstraktionslevel des Servicemanagements wird durch den Einsatz von Virtualisierungs- und Automationstechnologien sehr stark angehoben, so dass die Administratoren nicht mehr von der überwältigenden Anzahl einzelner Ressourcen, unterschiedlichster Managementtools und der damit verbunden Komplexität erdrückt werden.

Cloud Services aggregieren die entsprechenden Ressourcen und Managementfunktionalitäten zu einer Gesamteinheit und stellen ihrerseits hochgranulare (Management-)Methoden für die individuellen Services zur Verfügung. Die Managementinfrastruktur sorgt (in vielen Fällen autonom) dafür, dass die verschiedenen Cloud Services über ihren gesamten Lebenszyklus hinweg entsprechend ihrer Service Level Agreements gemanaged werden. Das sogenannte Service Automation Management mit seinen auf „Good Practices" beruhenden Bau- und Managementplänen ist als die zentrale Einheit in Private und Public Clouds zuständig für die dynamische Instanziierung und das Management von Cloud Services. Cloud Computing ist der Beweis dafür, dass Informationstechnologie viel intelligenter eingesetzt werden kann, als dies heute der Fall ist. ▮

„Service Automation Management" von Cloud Services

Desktop-as-a-Service
Konzept und Einsatzmöglichkeiten

Von Michael Ziegler

Die Basis für Desktop-as-a-Service bilden die Virtualisierung und weitgehend automatisierte Prozesse, die den administrativen Aufwand minimieren. Durch die Verlagerung der Daten und Applikationen in das Rechenzentrum steigen Verfügbarkeit und Sicherheit.

W as ist ein Schreibtisch ohne PC? Die Virtualisierung von Desktops bringt in vielen Unternehmen großes Einsparpotential zutage, wirft aber bei IT-Verantwortlichen und Anwendern auch Fragen auf – gerade in Bezug auf die Umsetzung. Denn der Charakter des Desktops verändert sich grundlegend: Der störungsanfällige und damit wartungsintensive Rechner im Büro gehört endgültig der Vergangenheit an.

Am Anfang steht die Automatisierung
Die Virtualisierung der IT eröffnet völlig neue Wege: Dazu zählt auch das Modell des Desktop-as-a-Service – also die Bereitstellung des Desktops als Dienstleistung. Allerdings steigt in einer virtualisierten IT-Landschaft zunächst der Administrationsaufwand. Das liegt unter anderem daran, dass viele IT-bezogene Prozesse in Organisationen manuell ablaufen und bedingt durch die Virtualisierung weitere administrative Aufgaben entstehen.

Diese gilt es durch Automatisierung effizienter und einfacher zu gestalten. Zu diesem Zweck sollten virtuelle Maschinen unter anderem nur nach vorab definierten Standards entstehen. Hilfreich ist auch die Dokumentation des Einsatzgebiets und Ansprechpartners jeder Maschine sowie ihrer geplanten Lebenszeit. Die Virtualisierung ergänzt um die weitgehende Automatisierung der Prozesse bildet die Basis für das Desktop-as-a-Service-Konzept.

Die Revolution im Büro:
Anwendungen und individuelle Einstellungen aus der Steckdose
Die Einrichtung von herkömmlichen Desktops ist ein aufwendiger Prozess: Von spezifischen Anwendungen für bestimmte Aufgaben bis hin zu individuellen Einstellungen muss der IT-Administrator jeden PC individuell konfigurieren. Durch Virtualisierungstechnologien lässt sich dieser Vorgang weitgehend automatisieren. Dafür bereiten die IT-Administratoren Standard-Templates für verschiedene Rollen zum Beispiel in Marketing, Vertrieb oder im Sekretariat vor. Mit Hilfe dieser Templates werden die virtuellen Desktops automatisch erstellt, inklusive aller benötigten Anwendungen. Der Konfigurationszyklus verkürzt sich so auf wenige Minuten. Mitarbeiter greifen

Michael Ziegler
Teamleiter Virtualisierung und
Security, MATERNA GmbH

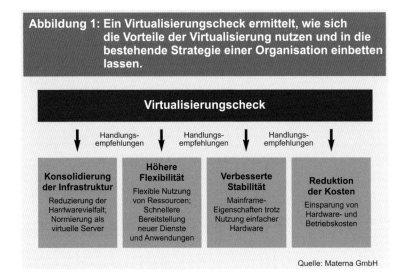

Abbildung 1: Ein Virtualisierungscheck ermittelt, wie sich die Vorteile der Virtualisierung nutzen und in die bestehende Strategie einer Organisation einbetten lassen.

Quelle: Materna GmbH

danach beispielsweise via Thin Client, Notebook oder auch mit einem Handheld auf ihren PC-Arbeitsplatz zu. Individuelle Einstellungen und Anwendungen erhalten sie als Dienst direkt aus der Steckdose; der Desktop mit seinen Daten existiert virtuell im Rechenzentrum.

Weitgehende Automatisierung des Konfigurationsaufwands

Hochverfügbar und sicher: Der virtualisierte PC im Rechenzentrum

Durch die Verlagerung von Daten und Applikationen ins Rechenzentrum wird der Desktop-Service hoch verfügbar: Gibt es beispielsweise Probleme mit dem Thin Client, kann der Nutzer einfach über ein beliebiges anderes Endgerät seinen Desktop nutzen.

Zudem kann er sofort dort weiterarbeiten, wo er vor der Unterbrechung aufgehört hat – ohne seine Anwendungen neu zu starten. Der Desktop im Rechenzentrum ist permanent in Betrieb. Das Desktop-as-a-Service-Konzept sorgt darüber hinaus für Sicherheit: Bei Diebstahl oder Verlust eines Endgeräts geraten geschäftskritische Daten nicht in falsche Hände, weil sie nicht lokal gespeichert sind.

Desktop-Virtualisierung in der Praxis

Wie können Unternehmen ihre Desktop-Landschaft nun so virtualisieren, dass alle davon profitieren und gleichzeitig die IT-Kosten sinken? Zunächst sollte immer der Ist-Zustand erfasst und bewertet werden. Zu diesem Zweck lässt sich beispielsweise ein Virtualisierungscheck durchführen. Damit können Unternehmen unter anderem ermitteln, wie sich eine virtualisierte Desktop-Umgebung vorteilhaft in die bestehende IT-Strategie einbinden lässt. Speziell bei der Anwendungs- und Desktop-Virtualisierung ist es wichtig, die benötigten Bandbreiten auf Basis der Anwendungen und des Nutzungsverhaltens richtig abzuschätzen.

Der virtuelle Desktop – Voraussetzungen schaffen

Gemischte IT-Landschaften aus virtuellen und realen Maschinen sind die Regel

Beim Aufbau einer Virtual Desktop Infrastructure (VDI) sind einige Parameter zu berücksichtigen: Die IT-Verantwortlichen müssen insbesondere die Nutzungsprofile der Anwender bestimmen und genau betrachten. Denn daraus lässt sich ableiten, welche Netzlasten durch den Betrieb von virtuellen Desktops entstehen werden, welche Bandbreiten vorzuhalten und welche Protokolle für den Zugriff zu verwenden sind: beispielsweise das einfache RDP-, das opimierte ICA- oder das für Hochleistungsgrafik entwickelte RGS-Protokoll. Dabei handelt es sich um Übertragungsprotokolle, mit deren Hilfe sich rechenintensive Multimediaanwendungen in virtuellen Desktop-Infrastrukturen bereitstellen lassen.

Die IT-Verantwortlichen müssen auch klären, wie viel Speicherplatz die Anwender benötigen. Stellt man jedem virtuellen Arbeitsplatz denselben exklusiven Plattenplatz zur Verfügung, den er auch in einem Desktop-PC hätte, wäre das zentrale Storage Management mit einem geeigneten Datensicherungssystem sehr umfassend und teuer. Was ist die Alternative? Thin Provisioning, die kostensparende Bereitstellung von Speicherkapazität, verspricht, diese Probleme zu lösen. Allerdings gibt es hier bisher wenig Praxiserfahrungen mit dem Storage-Wachstumsverhalten während des produktiven Betriebs mit Windows-Client-Betriebssystemen. Somit muss auch bei einer VDI-Realisierung mit Thin-Provisioning-Systemen eine Lösung für die dauerhafte Speicherung individueller Änderungen bei den virtuellen Desktops gefunden werden. Entscheidend für eine akzeptable und wirtschaftliche Lösung ist also, dass die erforderlichen Arbeitsplatzkategorien zahlenmäßig erfasst und ein auf die Anwenderbedürfnisse passendes Storage-Konzept erstellt wird.

Akzeptanz ist generell ein wichtiger Aspekt, der bei der Einführung virtueller Desktops zu berücksichtigen ist. Hier stellt sich die Frage, mit welchen Abteilungen und Mitarbeitern sich etwa ein Roll-out starten lässt. Heimarbeitsplätze erweisen sich als ideale Kandidaten: Es ist ein echter Mehrwert, wenn die Arbeitsplätze zu Hause und im Büro identisch sind und bei einem Wechsel zwischen dem heimischen und dem Büroarbeitsplatz sogar die laufende Session erhalten bleibt. Ist die neue Lösung erst einmal bei einigen Anwendern akzeptiert, steht einem weiteren Roll-out nichts im Wege.

Einheitliches Management macht den Unterschied

Zentralisierte virtuelle Maschinen mit individuellen Betriebssysteminstallationen sowie individuelle Anwendungsinstallationen erfordern durchdachtes Management. Eine entscheidende Rolle bei virtuellen Infrastrukturen spielt daher das IT-Servicemanagement, an das solche Konzepte besondere Anforderungen stellen: Meistens lassen sich in der Praxis nicht alle Desktops eines Unternehmens virtualisieren, so dass die IT-Abteilung eine „gemischte"

Desktop-Landschaft aus virtuellen und realen Maschinen zu verwalten hat. Experten rechnen damit, dass die Unternehmen mittelfristig 10 bis 20 Prozent der herkömmlichen PC- und Notebook-Arbeitsplätze erhalten. Große Desktop-Umgebungen sind also typischerweise sehr heterogen aufgebaut, was dazu führt, dass verschiedene Verwaltungswerkzeuge benötigt werden.

Grundsätzlich stellt eine virtualisierte Landschaft den IT-Administrator vor dieselben Herausforderungen wie eine herkömmliche IT-Umgebung. Er muss Nutzer, Profile, Peripherie und Netzwerkressourcen im Griff haben – genau wie bei einem physischen Desktop. Bei virtuellen Maschinen muss zusätzlich die Beziehung zwischen Desktop und Nutzer gepflegt werden. Außerdem gilt es, immer wieder neue Applikationen im Rechenzentrum zu virtualisieren und als Service für bestimmte Anwender zur Verfügung zu stellen. Und ganz ohne Hardware kommen auch virtuelle Desktops nicht aus. So ergänzen neue Komponenten wie zum Beispiel Thin Clients den IT-Bestand, und auch Notebooks und Handhelds sind typische Arbeitsgeräte für virtualisierte Desktop-Umgebungen.

Effiziente Administration gemischter Landschaften über eine gemeinsame Managementoberfläche

Diese Faktoren führen dazu, dass die Komplexität und der Administrationsaufwand in einer IT-Umgebung im Zuge von Virtualisierungsprojekten zunächst steigen. Das Management der gesamten IT-Infrastruktur sollte deshalb möglichst einfach und einheitlich gestaltet sein. Virtuelle Systeme sind zudem nur dann effizient, wenn die Automatisierungsmöglichkeiten virtualisierter Umgebungen genutzt werden. Virtuelle und physische Maschinen sollten sich dabei über eine gemeinsame Managementoberfläche verwalten lassen.

Dieses Ziel wird mit Desktop-as-a-Service erreicht. So entsteht ein konsistenter Lifecycle für den virtuellen Desktop: Der Anwender kann jederzeit effektiv damit arbeiten, und der administrative Aufwand wird minimiert. ▥

Desktop-as-a-Service

Umsetzen lässt sich die „Desktop-as-a-Service"-Welt folgendermaßen: Der Benutzer-Account wird direkt aus dem HR-System oder dem Service Desk erzeugt – und zwar automatisiert. Die virtuelle Maschine wird für diesen Benutzer automatisch mit all seinen spezifischen Berechtigungen personalisiert und mit seinem Account verbunden. Dabei werden die im HR-System vorhandenen Informationen wie Name, organisatorische Einordnung (beispielsweise die Abteilungszugehörigkeit) sowie die Rolle des Anwenders verwendet, um einen Account zu erzeugen. Aus diesen Informationen leiten sich auch alle Zugriffsberechtigungen für Daten und Anwendungen ab. Auf ihnen basiert auch die Vorlage für die virtuelle Maschine. Denn die virtuelle Instanz eines solchen Maschinentyps wird innerhalb kürzester Zeit aus einem vorab definierten Template erzeugt. Danach kann, ebenfalls aufgrund von Organisation und Rolle, eine individuelle Ausstattung mit rollen- oder abteilungsspezifischen Konfigurationen und Anwendungen erfolgen. Damit ist das Ziel von Desktop-as-a-Service erreicht: innerhalb von wenigen Minuten und ohne weitere manuelle Eingriffe eine für den Benutzer und damit für das Unternehmen produktive IT-Umgebung zu schaffen.

Neue Farbenlehre für Rechenzentren
Informationen rücken ins Zentrum

Von Michael Hammerstein

Echte Nachhaltigkeit setzt in erster Linie einen intelligenten Umgang mit Informationen voraus. Intelligente Content-Management-Systeme und die Virtualisierung von IT-Strukturen helfen dabei, die Datenflut zu bewältigen und dabei Energie zu sparen.

D ie anhaltende Debatte um Grüne IT fokussiert oft zu stark auf die Energieeffizienz technischer Systeme. Verdrängt wird dabei leicht, dass der wünschenswerte Umstieg auf stromsparendes und recyclefähiges Equipment noch keine Nachhaltigkeit garantiert. Explosionsartig steigende Datenmengen erzwingen Kapazitätssteigerungen, die alle auf diese Weise erzielten Einsparungen in der Energiebilanz schnell wieder kompensieren. Auf Dauer lässt sich der wachsende Volt- und Watt-Appetit von Server- und Speicherlandschaften deshalb nur durch effizientere Prozesse zügeln.

Wer von Grüner IT redet, sollte daher das „I" in IT stärker als bisher betonen. Denn echte Nachhaltigkeit im Sinne nachhaltigen Wirtschaftens setzt in erster Linie einen intelligenteren Umgang mit Informationen voraus. Dies führt zu effizienten IT-Architekturen, die per se auch energieeffizienter sind. Nicht mehr die Anwendungen stehen im Fokus, sondern Prozesse und damit assoziierte Informationen. Vor diesem Hintergrund gewinnen Schlüsseltechnologien wie Enterprise Content Management, Virtualisierung und Tiered Storage sowie Dienste wie Software-as-a-Service (SaaS) und Cloud Computing besondere Bedeutung. Anders als oft zu hören, sind ökologische und ökonomische Interessen kein Gegensatz, sondern zwei Seiten der Medaille „Ökosystem Unternehmen".

Der aktuelle Green-IT-Hype geht meist an einer Tatsache vorbei: der riesigen Datenwelle, die auf die Rechenzentren zurollt. Analysten beeilen sich, die erwarteten Pegelstände der globalen Informationsflut weiter nach oben zu korrigieren. Um 487 Milliarden Gigabyte hat das Digitale Universum im Jahr 2008 zugelegt. Die Menge dieser unvorstellbaren Anzahl an Informationen wuchs um drei Prozent schneller als IDC, das die Studie im Auftrag von EMC durchgeführt hat, ursprünglich vorausgesagt hatte. Trotz Wirtschaftkrise hat sich das Wachstum rasant beschleunigt. Alle anderthalb Jahre wird sich die Ausdehnung des Digitalen Universums erwartungsgemäß verdoppeln, womit 2012 fünfmal mehr Informationen erzeugt werden als noch im Jahr 2008. Die aktuelle Zahl an Gigabytes entspricht beispielsweise 162 Billionen digitalen Fotos oder 19 Milliarden handelsüblichen DVDs.

Michael Hammerstein
Geschäftsführer der EMC
Deutschland GmbH

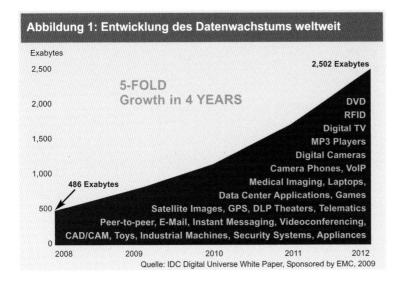

Abbildung 1: Entwicklung des Datenwachstums weltweit

Exabytes

2,500 — 5-FOLD Growth in 4 YEARS — 2,502 Exabytes

2,000 — DVD / RFID / Digital TV

1,500 — MP3 Players / Digital Cameras

1,000 — Camera Phones, VoIP / Medical Imaging, Laptops,

486 Exabytes

500 — Data Center Applications, Games / Satellite Images, GPS, DLP Theaters, Telematics / Peer-to-peer, E-Mail, Instant Messaging, Videoconferencing, / CAD/CAM, Toys, Industrial Machines, Security Systems, Appliances

0

2008 — 2009 — 2010 — 2011 — 2012

Quelle: IDC Digital Universe White Paper, Sponsored by EMC, 2009

Web 2.0 und digitaler Schatten

Der „digitale Schatten" veranschaulicht die passive Datenspur, die jeder Einzelne im Alltag heute hinterlässt: Bezahlungen mit der Kreditkarte, Mobilfunktelefonate, Recherchen bei Google & Co., „Einchecken" per Versicherungskarte in der Hausarztpraxis sowie die Videoüberwachungskameras an Geldautomaten oder auf öffentlichen Plätzen. Dieser Datenschatten eines Menschen ist im Durchschnitt doppelt so groß wie die aktiv produzierte Datenmenge, also digitale Fotos, Webkamera- und Camcorder-Aufzeichnungen, E-Mails, Forum-, oder Blog-Beiträge.

Explodierende Datenmengen

Statistisch gesehen, hinterließ jeder Erdeinwohner 2007 einen digitalen Fußabdruck von gut 45 Gigabyte. Vor allem Individuen beschleunigen die Ausbreitung des digitalen Datenuniversums. Aber auch in Wirtschaft, Wissenschaft und in der öffentlichen Verwaltung sind Rechenzentren künftig nicht nur mit einer zahlenmäßig explodierenden Datenmenge, sondern auch mit einer höheren Vielfalt unterschiedlicher Informationstypen konfrontiert, denn der Web-2.0-Trend hat mittlerweile auch Unternehmen und Behörden erfasst. So tragen beispielsweise projektbezogene Wikis, Firmen- oder Themen-Blogs, Unified Communications und multimediale Webplattformen beträchtlich zum Datenwachstum bei.

Das Kreuz mit den Effizienzkennzahlen

Vor diesem Hintergrund verlieren manche, mit lautem Marketinggetöse propagierten Kennzahlen zur IT-Energieeffizienz ihren Glanz. Zum Beispiel die vielzitierte Data Center Efficiency, kurz DCE, bei der die Verbrauchssumme aller Einzelkomponenten ins Verhältnis gesetzt wird zum Gesamtverbrauch der IT-Infrastruktur. So geht das Green-Grid-Konsortium beispielsweise da-

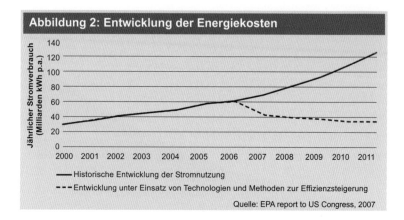

Abbildung 2: Entwicklung der Energiekosten

Jährlicher Stromverbrauch (Milliarden kWh p.a.)

—— Historische Entwicklung der Stromnutzung

--- Entwicklung unter Einsatz von Technologien und Methoden zur Effizienzsteigerung

Quelle: EPA report to US Congress, 2007

von aus, dass dieser DCE-Wert in den meisten Rechenzentren derzeit um 3 rangiert. Physikalisch möglich jedoch, postuliert Green Grid, sei ein Wert von 1,3. Das entspräche einer Verbesserung der Energieausbeute von heute 33 auf knapp 77 Prozent, also etwas mehr als eine Verdopplung – aber nur, wenn alle technischen Energiesparoptionen bis zum Anschlag ausgereizt sind. Stellt man dem nun ein zehnfaches Datenvolumen gegenüber, bleibt von doppelter Energieausbeute nicht mehr viel übrig. Trotz aller technischen Verbesserungen an Server- und Speichersystemen, Kühlaggregaten, Routern, Switches und Management-Workstations steigt der Stromverbrauch weiter unaufhaltsam an. Und zwar so lange, bis IT-Verantwortliche andere Register ziehen, um der Lage Herr zu werden.

Die Drosselung des Verbrauchsanstiegs ist dabei keineswegs nur eine Frage des „grünen" Gewissens, sondern in Anbetracht der Strompreise eine wirtschaftliche Notwendigkeit. Für echte Nachhaltigkeit sind demnach intelligente Konzepte gefragt, welche die Informationen als solche und vor allem ihre konkrete Relevanz für bestimmte Geschäftsprozesse verstärkt ins Visier nehmen – ganz im Sinne der Information Governance.

Nur mit Gold aufzuwiegen: vom Wert digitaler Informationen

Effizientes Informationsmanagement ist unumgänglich

Kaum ein Entscheidungs- oder Kommunikationsprozess wäre heutzutage ohne digitale Daten denkbar. Der Wert von Informationen liegt jedoch keineswegs in ihrer schieren, nahezu stündlich anwachsenden Menge. Wertschöpfend allein sind relevante Informationen, auf die im gegebenen Geschäftskontext unmittelbar zugegriffen werden kann. Der Wertbeitrag von Informationen bemisst sich folglich an der Flexibilität und Präzision, mit denen diese in das Prozess- und Beziehungsgefüge eines Unternehmens einfließen können. Umgekehrt verursachen schwer auffindbare, irrelevante oder ineffizient gemanagte Informationen beträchtliche Mehrkosten. Fehlender Zugriff bremst Entscheidungen und beeinträchtigt mitunter empfindlich die Wettbewerbsfähigkeit. Des Weiteren sinkt der Anteil kritischer Informa-

tionen, die wohlstrukturiert in eindeutig lokalisierten Datenbanken residie-
ren. Stattdessen haben es Unternehmen vermehrt mit unstrukturierten Inhalten zu tun: Bestellungen per Fax, Reklamationen per Brief, Anfragen per
E-Mail oder – im Web 2.0-Zeitalter immer bedeutsamer – Kundenfeedback
aus Chatrooms, Blogs und Onlineforen.

ECM – zentrale Informationsdrehscheiben entstehen

Enterprise Content Management, kurz ECM, bezieht als übergeordneter Lösungsansatz sämtliche Datenquellen eines Unternehmens ein und behandelt
Informationen gemäß ihrer Prozessrelevanz. Anders als bisher verfügbare
Content-Management-Konzepte fokussiert ECM weder einseitig auf isolierte Prozessbereiche noch auf bestimmte Informationstypen. Der Ansatz erstreckt sich über alle Phasen im Lebenszyklus unstrukturierter Informationen: von der Erfassung und Evaluierung über alle Verarbeitungsstufen bis
hin zur Archivierung und finalen Löschung.

Enterprise Content Management unterstützt bei der Verarbeitung unstrukturierter Informationen

Auf der Ebene der Geschäftsprozesse zielt ECM auf effiziente Bereitstellung
unstrukturierter Inhalte und deren situationsgerechte Verknüpfung mit strukturierten Daten. ECM verbindet also die prozessorientierte Sicht mit der Le-
benszyklusperspektive. Ziel dabei ist es, den Wertschöpfungsbeitrag unstrukturierter Inhalte zu maximieren und gleichzeitig die Kosten für deren
Beschaffung, Verwaltung, Archivierung und Bereitstellung nachhaltig zu
senken.

Den Startpunkt jeder ECM-Lösung bildet ein effizientes Input-Management.
Maßgabe dabei ist, dass Inhalte unabhängig von ihrem Medientyp nur ein
einziges Mal erfasst werden und anschließend in beliebigen Zusammenhängen wieder verwendbar sind.

Effizienzkur für Informationen

Manuelle Bearbeitungsschritte im Umgang mit Informationen so weit wie
möglich zu eliminieren ist Aufgabe des ECM-Teilbereichs TCM. Das Kürzel
steht für Transactional Content Management und bezeichnet ein Konzept zur
automatisierten und damit hocheffizienten Weiterleitung sämtlicher Doku-
menteneingänge an die jeweiligen Geschäftsapplikationen. Notwendig dafür
ist eine enge Integration der TCM-Lösung mit diversen Speicher- und Back-
end-Systemen.

TCM verbessert durch revisionssichere Archivierung die Compliance-Fähig-
keit, senkt Erfassungs- wie Datenhaltungskosten und hilft zudem, Streuver-
luste von Vertriebsaktivitäten zu verringern. Darüber hinaus vertieft das
TCM-Repository die Kundenkenntnis und ermöglicht auf diesem Weg besser fundierte, qualitativ höherwertige Beratungsangebote. Dies wiederum
festigt die Kundenloyalität und trägt somit direkt zur Ertragssteigerung bei.

ECM etabliert eine unternehmensweit konsistente Informationsinfrastruktur, die alle herkömmlichen Formen von Dokumenten-, Content- und Wissensmanagement zwar einschließt, doch weit mehr ist als nur Summe dieser Teile. Prinzipiell sind sämtliche IT-Systeme eines Unternehmens in die ECM-Strategie involviert, ERP-Anwendungen ebenso wie Datenarchive, Mailserver, Officeprogramme oder Web-2.0-Portale. Hier liegt auch der Grund, warum sich traditionelle Architekturen und feste Schnittstellen für ECM von vornherein verbieten. Denn andernfalls müssten alle beteiligten Einzelsysteme für den Datenaustausch mit ECM umprogrammiert werden.

Nicht nur die Implementierung wäre zeitraubend und unverhältnismäßig teuer, sondern auch jede spätere Anpassung an veränderte Geschäftsprozesse. Gerade die Flexibilität jedoch, mit der IT-Architekturen auf veränderte Geschäftsprozesse reagieren, wird zur unabweisbaren Forderung an praktisch jedes Rechenzentrum. Denn bei einem permanent beschleunigten Markttempo hängt die Wettbewerbsfähigkeit eines Unternehmens von eben dieser Flexibilität ab.

Informationsflut erfordert Datenmobilität

Virtualisierung steigert Auslastung, senkt Stromverbrauch und Platzbedarf

Flexibilität ist nur ein Grund, weshalb die Virtualisierung zu einer Basistechnologie avanciert. Die logische Sicht wird hierbei von den physischen Ressourcen getrennt. Dieser Abstraktionsschritt ermöglicht es Rechenzentren, ganze Server-Farmen auf wenige Systeme zu konsolidieren. Moderne Mehrkernprozessorgeräte können pro Core dann durchaus acht bis zwölf Server ersetzen. Bei Webservern etwa liegt er zumeist um ein Vielfaches höher; bei Datenbankservern dagegen deutlich niedriger, oft nur bei fünf und darunter.

Allgemein gilt: Je größer der Konsolidierungsfaktor, desto größer sind die potentiellen Einspareffekte. Bei dezidierten, nicht virtualisierten Servern liegt die Auslastung typischerweise bei 15 Prozent. Durch Virtualisierung steigt dieser Wert auf bis zu 85 Prozent, bei einem Konsolidierungsfaktor von 1 zu 100. Im gleichen Maß sinken Stromverbrauch und Platzbedarf. Entsprechend weniger Fläche muss klimatisiert werden – ebenfalls ein Beitrag zu höherer Energieeffizienz im Rechenzentrum. Virtuelle Server sind zudem unabhängig von einer bestimmten CPU. Sie lassen sich auf der physischen Infrastruktur nahezu beliebig verschieben. Hardware kann bei laufendem Betrieb ausgetauscht werden. Auch müssen weniger physische Server vorgehalten werden, um ausreichend Redundanz für den Ausfallschutz zu garantieren.

Ähnlich sieht es im Speicherumfeld aus. Per Storage-Virtualisierung lassen sich logische Datenträger unabhängig von physischen Disk-Systemen einrichten, ändern, verwalten und sichern. Die Vorteile liegen auf der Hand: unterbrechungsfreie Backup-/Recovery-Verfahren, flexible Storage-Zuteilung, höherer Datendurchsatz, verbesserte Kapazitätsausnutzung und stark vereinfachtes Speichermanagement. Virtualisierung sollte jedoch als ganzheitliche Herausforderung begriffen werden, die alle Infrastrukturebenen im Rechenzentrum gleichermaßen betrifft: Server, Clients, Speicher, Netzwerk und Applikationen. Virtualisierung erfordert umfassende Prozessanpassungen bei Datensicherung, Monitoring, Steuerung sowie im organisatorischen Bereich.

Information ist nicht gleich Information

Nicht alle Daten sind zu jeder Zeit gleich wichtig. Sie müssen folglich auch nicht permanent auf dem gleichen Servicelevel vorgehalten werden. Informationen minderer Priorität beispielsweise, die von teuren Highendsystemen flexibel auf sekundäre Speicherebenen mit geringerer Performance verschoben werden, verbrauchen entsprechend weniger Strom. Noch weniger, wenn sie so früh wie möglich in Offline-Archivsysteme verlagert und pünktlich zum Ende ihres Lebenszyklus endgültig gelöscht werden.

Energie sparen durch das Ordnen der Daten nach Relevanz

Im Sinne eines durchgängigen Information Lifecycle Management lässt sich die Energiebilanz für Informationen somit unabhängig von den Watt- und Volt-Kennzahlen einzelner Geräte optimieren. Die Einspareffekte erstrecken sich dabei nicht nur auf die eigentliche Datenhaltung, sondern ebenso auf alle Backup- und Wiederherstellungsprozesse. Gerade Datensicherungen binden enorme Ressourcen, neben Speicherplatz auch Netzwerk- und Rechenkapazität. In der skizzierten Tiered-Storage-Umgebung, in der Informationen prozessbezogen klassifiziert und auf verschiedenen Speicherebenen abgelegt sind, müssen nicht mehr sämtliche Daten nach einheitlichem Regime gesichert werden. Für sekundäre Informationen mit relativ geringer Nutzungsfrequenz reichen unter Umständen größere Backup-Abstände aus. Das insgesamt zu bewegende Datenvolumen lässt sich auf diese Weise drastisch reduzieren – ohne Abstriche an der Verfügbarkeit kritischer Informationen hinnehmen zu müssen.

Insellösungen abschalten

Selten im Green-IT-Kontext erwähnt, eröffnet das Software-as-a-Service-Modell im unternehmensweiten Datensicherungsmanagement gleichwohl vielversprechende Optionen für höhere Prozess- und damit auch höhere Energieeffizienz. Mit SaaS können Rechenzentren nahezu beliebig skalierbare Online-Backup-/Recovery-Lösungen realisieren, wobei die Steuerung dezentral in den Niederlassungen, also sehr flexibel und aufwandsarm erfolgt. Insellösungen können abgeschaltet werden. Weniger dezentrale Geräte – das heißt auch: weniger Stromverbrauch und weniger Kosten für die Administration. Um den Backup-Traffic zur Zentrale zu verringern, empfehlen sich Technologien wie die sogenannte Datendeduplizierung: Das neuartige Verfahren eliminiert redundante Informationsanteile, so dass nur tatsächlich geänderte Daten über Netzwerkleitungen verschickt werden. Im Vergleich zu bisher verfügbaren Lösungen benötigt Deduplizierung bis zu 43 Prozent weniger Energie. Gegenüber Bandsicherungen geht die Total Cost of Ownership (TCO) sogar um bis 75 Prozent zurück. Wie die aktuelle Studie „Green IT Update 2009" von Experton ergab, setzen bisher erst 20 Prozent der befragten deutschen Unternehmen die Deduplizierungstechnologie ein.

Wolken am Horizont

IT-Services werden unabhängig von der Infrastruktur

Eine Erweiterung der vorhandenen Konzepte wie SaaS und SOA (serviceorientierte Architektur) ist das Cloud Computing, das die Modelle auf eine Multi-Mandanten-Architektur ausdehnt. Die Virtualisierung macht den Weg frei für diesen neuen Technologietrend. Cloud Computing bietet ein ungeahntes Potential für Rechenzentren im Hinblick sowohl auf Effizienz und Flexibilität als auch auf die Art und Weise, wie IT-Services generell bereitgestellt werden. Sie laufen in einer „Wolke" und sind dort jederzeit via Internet abrufbar.

Wichtigstes Merkmal für die Nutzer: Die IT-Services werden vollkommen unabhängig von der zugrunde liegenden IT-Infrastruktur. IT-Verantwortliche können flexibel, kostengünstig und bedarfsgerecht auf veränderte Geschäftsanforderungen reagieren. Lastspitzen lassen sich bei Bedarf auslagern, und Unternehmen befreien sich auf diese Weise von der Notwendigkeit, kostspielige IT-Kapazitäten lediglich für den Fall der Fälle vorzuhalten. Sie sparen also massiv Investitionen ein. Zudem verursachen kleiner dimensionierte Rechenzentren deutlich geringere Betriebs- und Energiekosten.

Wann ist ein Rechenzentrum grün?

Die kürzlich veröffentlichte Experton-Studie belegt, dass in deutschen Unternehmen zwar das Thema „grün" durchaus als wichtig eingestuft wird, jedoch das erforderliche Know-how darüber sehr gering ist. Damit Rechenzentren auch in der Zukunft effizient und damit „grün" sind, müssen die IT-Prozesse die Geschäftsprozesse im Unternehmen optimal unterstützen. Bei einer 24×7-Geschäftstätigkeit rund um den Globus kann sich die IT keine Pause leisten. Sie kann aber unter energietechnisch optimierten Bedingungen agieren.

Auf Infrastrukturebene funktioniert dies durch den Einsatz unterschiedlicher Speichertechnologien, auf der Rechenzentrumsebene durch die optimale Ausnutzung bestehender Ressourcen, auf der Ebene des Ökosystems durch Unternehmen, wenn Prozesse und Transaktionen reibungsloser erfolgen und Informationen sicher ausgetauscht werden können. Und zu guter Letzt auf der Ebene des Unternehmens als Teil seines gesamten Wirkungskreises: Nachhaltigkeit wird bei der Gestaltung der gesamten Wertschöpfungskette zum ausschlaggebenden Kriterium. Grün ist IT, wenn sie in umfassendem

Sinn effizient ist. Nachhaltig ist sie, wenn sie dauerhaft erfolgreich die Geschäftsprozesse unterstützt, also die Information ins Zentrum rückt. ||||||

Unternehmenslösungen für Nachhaltigkeit
Innovative Technologien im Energiesektor

Von David Murphy und Nikhil Felix Nakra

Neue Marktbedingungen sorgen für eine technologische Wende im Energiesektor. Die Branche steht vor neuen Aufgaben, die eine enge Verzahnung von Energieleitsystemen und moderner Informationstechnologie erfordern. Smart Grids bieten vielversprechendes Potential.

David Murphy
Portfolio-Manager bei Siemens
IT Solutions and Services

Nikhil Felix Nakra
Senior Business Developer
bei Siemens IT Solutions and
Services im Bereich Energy

Umwelt und Wirtschaft im Einklang miteinander – so realitätsfern, wie dies auf den ersten Blick scheinen mag, ist es schon lange nicht mehr. Einen Beweis dafür liefert zum Beispiel die Rolle der IT: Sie verursacht heute zwar 2 Prozent des weltweiten CO_2-Ausstoßes, könnte gleichzeitig aber dazu beitragen, ihn um ganze 15 Prozent zu reduzieren. Sei es mittels Virtualisierung oder durch Smart Grids – viele Technologien fördern heute den Klimaschutz und helfen, Ressourcen zu sparen. Dadurch rechnen sie sich auch ökonomisch, für Energieversorger, Industrieunternehmen oder den öffentlichen Sektor.

Immer knappere Ressourcen, fortschreitender Klimawandel, zunehmende Urbanisierung und demografischer Wandel – Gründe genug für die Industrie, zukunftsfähige Lösungen für eine dauerhafte Ressourcenschonung zu entwickeln. In diesem Zusammenhang spielt nachhaltige IT eine wichtige Rolle. Das übergeordnete Ziel: die durch die IT verursachten CO_2-Werte langfristig zu reduzieren und gleichzeitig die Nachhaltigkeit aller industriellen und öffentlichen Infrastrukturen zu steigern.

Die Voraussetzung dafür sind moderne und leistungsstarke Informations- und Kommunikationstechnologien (ITK). Beispielsweise sind für nachhaltig ausgerichtete Rechenzentren umfangreiche Dienstleistungen und Beratung über Strategieentwicklung, Planung, Inbetriebnahme, Wartung und Outsourcing notwendig. Hier zeichnen sich innovative Konzepte dadurch aus, dass sie alle Infrastrukturen mit einbeziehen – Bauweise, Sicherheit, Energie und Wassermanagement ebenso wie Gebäudetechnologie.

Virtualisierung: verlässlich und ökologisch muss nicht teuer sein
Ein wichtiger Baustein im Gesamtkonzept nachhaltiger IT sind Virtualisierungstechnologien. Sie bieten etwa die Möglichkeit, mehrere virtuelle Maschinen auf einem physischen Computer auszuführen, wobei die Ressourcen dieses einzelnen Computers von mehreren Umgebungen gemeinsam genutzt werden. Auf diese Weise lassen sich Rechenzentren, Server, Speicherplatz, Desktops und Applikationen nachweisbar deutlich besser auslasten. Wesent-

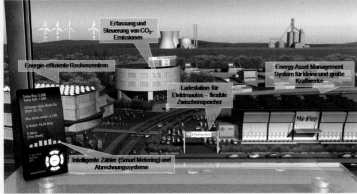

Abbildung 1: Smart Grid: Lösungen für die intelligente, automatisierte Netzbetriebsführung und Netzwartung helfen, weltweit CO₂ einzusparen.

Quelle: Siemens IT Solutions and Services

lich für den Erfolg der meist hochkomplexen Projekte ist aber eine durchgängige Architektur aller Prozesse und Werkzeuge. Doch der Aufwand lohnt sich: Mittels Virtualisierung lassen sich zirka 40 bis 60 Prozent der Betriebskosten sparen.

Begünstigt werden die Entwicklung und Verbreitung von Virtualisierungstechnologien weiterhin dadurch, dass derzeit weltweit an Regularien und Programmen gearbeitet wird, um den Energiehunger von Rechenzentren sowie den durch IT verursachten CO_2-Ausstoß insgesamt zu drosseln. Experten schätzen, dass Virtualisierung bereits innerhalb der nächsten drei bis fünf Jahre Standard und damit zum festen Bestandteil jeder Unternehmensstrategie wird. Mit Unterstützung bei Beratung und Betreuung durch spezialisierte und erfahrene Dienstleister lassen sich Hürden wie Finanzierungskosten, Disaster Recovery oder Back-ups leicht überwinden.

Aufgrund neuer Energiesparvorschriften werden Virtualisierungstechnologien zum Standard

Smart Grids: neue Paradigmen in der Stromerzeugung, -übertragung und -verteilung

Angesichts der zahlreichen Herausforderungen steht vor allem die Energiewirtschaft in puncto Nachhaltigkeit vor großen Aufgaben. Vielversprechend ist für sie der Ausbau sogenannter Smart Grids. Diese Lösungen für die intelligente, automatisierte Netzbetriebsführung und Netzwartung sollen zu Einsparungen von weltweit jährlich zirka 2 Milliarden Tonnen CO_2 führen. Somit ist das CO_2-Vermeidungspotential der Smart Grids größer als der weltweite CO_2-Ausstoß durch PCs, Drucker, Netzwerke, Rechenzentren und andere Informations- und Kommunikationstechnologien.

In diesem Umfeld ermöglichen es etwa spezielle **Energy-Asset-Management-Systeme,** Kraftwerke und Netze effizient und sicher zu überwachen und zu optimieren. Sie reduzieren kostspielige Ausfallzeiten, erhöhen die Performance und verringern so den Primärenergieeinsatz sowie den CO_2-Ausstoß. Vielversprechendes Potential – sowohl ökonomisch als auch ökologisch – bietet auch der koordinierte Einsatz dezentraler Energieerzeugungsanlagen. Innovative IT-Lösungen verbinden und managen dabei die vielen kleinen Einheiten in sogenannten **virtuellen Kraftwerken.**

Bei den Ablese- und Abrechnungsprozessen – und damit unmittelbar bei den Endkunden – setzt dagegen **Smart Metering** an. Mit digitalen Ablesegeräten haben diese jederzeit ihren Strom- und Gasverbrauch und dadurch auch die Kosten besser im Griff. Der direkte Draht zum Stromlieferanten ermöglicht es, den Einsatz energieintensiver Haushaltsgeräte wie Waschmaschinen an der Stromlast zu orientieren und somit die vorhandene Energie effizienter und umweltschonender zu nutzen.

Was die Zukunft bringt: elektronische Marktplätze und mobile Energiespeicher

Smart Grids unterstützen die Stromerzeugung in Privathaushalten

Die Weiterentwicklung der Smart Grids wird es Verbrauchern künftig ermöglichen, selbst als Mikroerzeuger aktiv zu werden, beispielsweise mit kleinen Solaranlagen. Voraussetzung hierfür sind intelligente Zähler und Netze, die auf häufig umkehrende Lastflüsse vorbereitet sind. Eine Vorreiterrolle spielt hier das Projekt „E-Energy" des Bundesministeriums für Wirtschaft und Technologie (BMWi), das sich gemeinsam mit der Versorgungswirtschaft, Hochschulen und Industrie auf Basis modernster ITK mit der

Abbildung 2: Mit Hilfe von Virtualisierungstechnologien lassen sich Rechenzentren, Server, Speicherplatz, Desktops und Applikationen nachweisbar deutlich besser auslasten.

Quelle: Siemens IT Solutions and Services

Entwicklung und Demonstration dezentral vernetzter Energiesysteme befasst.

Der Trend zur dezentralen Energieerzeugung ist auch eine wichtige Grundlage für ein weiteres Konzept: Da zunehmend auf erneuerbare Energien wie Wind und Solar gesetzt wird, deren Ertrag wetterbedingt schwankt, steigt der Bedarf an schnell einsetzbaren Zwischenspeichern. Als solche könnten sich bidirektional funktionierende Batterien von Elektroautos eignen, die an jeder Steckdose Strom tanken oder liefern können. Die Bundesregierung plant, dass bis 2020 eine Million solcher Fahrzeuge als Puffer zur Lastglättung aktiv an der Optimierung der Energienetze mitwirken. Zwingende Voraussetzung hierfür sind wiederum eine IT-gestützte dezentrale Energieerzeugung sowie Back-End-Systeme, beispielsweise in der Stromabrechnung.

IT als Rückgrat dezentraler Energieerzeugung und -speicherung

Outsourcing 2.0
Innovationskraft stärken, Zukunft sichern

Von Jürgen Stauber

„IT aus der Steckdose" wird wohl weiterhin eine Vision bleiben, zumindest für komplexe Services und Anwendungen. Mit dem Konzept des „Outsourcing 2.0" wird aber ein weiterer Schritt in diese Richtung vollzogen: die Auslagerung zeitraubender Routineaufgaben der IT.

Auch in turbulenten Zeiten stellt sich die Frage: Wie lassen sich kurzfristig operative Kosten senken und nachhaltiger wirtschaftlicher Erfolg erzielen? Einige der Hauptfaktoren sind: effiziente und kostenoptimierte Prozesse und die Fähigkeit zu Innovation. Dabei steht die Unternehmens-IT besonders im Fokus – sie unterstützt Geschäftsprozesse und soll neben Kostenreduzierungen auch neue Technologien wertsteigernd implementieren. Erreichen kann die IT diese Ziele nur, wenn sie ihre Ressourcen gezielt einsetzt und sich auf ihre strategischen Aufgaben konzentriert. Zeitraubende Routineaufgaben hingegen können problemlos und günstig ausgelagert werden.

Möglich machen das „Outsourcing-2.0"-Services. Hierbei werden End-to-End-IT-Services eingekauft, die dann deutlich flexibler die individuellen Infrastrukturen ersetzen und sich den kundenspezifischen Qualitäts- und Skalierungsanforderungen anpassen lassen. Die Servicequalität garantieren zentralisierte Service Factories und standardisierte Prozesse, Service- und System-Management-Tools sowie IT-Infrastrukturen. Unter dem Strich können Unternehmen Kosten sparen und flexibler handeln, IT-Abteilungen werden von Routinen entlastet und können an Innovationen arbeiten, das Business unterstützen und zur Kostensenkung und Geschäftsentwicklung beitragen. Alles Punkte, die immer – ob im Ab- oder Aufschwung – zum Unternehmenserfolg beitragen.

Outsourcing – die Abgabe von Unternehmensaufgaben und -strukturen an Dienstleister – ist nicht out, sondern in. Das belegen eindrucksvoll die Zahlen des IT-Outsourcing-Marktes: Allein in Deutschland hat er nach Analystenmeinung derzeit ein Volumen von etwa 13 Milliarden Euro. Beachtlich ist auch die jährliche Wachstumsrate in diesem Segment. Experten gehen bis zum Jahr 2011 von einem jährlichen Anstieg zwischen 5,1 und 8,6 Prozent aus. Bedingt durch die Krise schrumpfen die Ausgaben für Outsourcing-Projekte im Jahr 2009 zwar punktuell um etwa 3 Prozent, so die Analysten, das Interesse und damit die Investionsbereitschaft in Fremdleistungen bleibt allerdings mittelfristig ungebrochen.

Jürgen Stauber
Geschäftsführer Managed
Services, Computacenter
Deutschland AG & Co. oHG

Die Ansprüche steigen

Etwa 30 Prozent der deutschen IT-Budgets werden heute für extern erbrachte Dienstleistungen ausgegeben, bereits mehr als 40 Prozent davon entfallen auf Outsourcing und Managed Services. Damit hat sich das Konzept langfristig ausgelegter Partnerschaften zur Unterstützung des IT-Betriebs längst etabliert und wird weiter an Bedeutung zunehmen. Kaum eine Unternehmens-IT, die sich nicht mit Sourcing-Strategien beschäftigt.

Mit zunehmender Marktreife hat sich auch das Outsourcing-Konzept gewandelt. Die bekannten Vorzüge wie Kostenvorteile, Zugang zu externem Provider-Know-how und die Entlastung interner Ressourcen, gelten nach wie vor. Das Ziel von IT-Auslagerungen ist aber zunehmend bestimmt von der Ausrichtung am konkreten Geschäftsnutzen des Kunden. Aus einem Dienstleister wird ein Partner, der Verantwortung übernimmt und aktiv Mehrwert für das Business des Kunden durch den Einsatz innovativer End-to-End-IT-Services schafft. Was die neue Qualität einer Outsourcing-Partnerschaft heute ausmacht, welche Erwartungen Kunden an ihre Dienstleister stellen und wie sich „Zulieferer" von „Partnern" unterscheiden untersuchten die Marktanalysten Pierre Audoin Consultants (PAC) im Auftrag von Computacenter. Im Dezember 2008 wurden dafür 105 Entscheider aus Management und IT-Leitung mittelständischer und großer Unternehmen in Deutschland befragt.[1]

Die erste Generation

Lag der Anteil der IT-Ausgaben für externe Betriebsleistungen Anfang der 1990er Jahre noch bei unter 2 Prozent, machen diese Ausgaben heute bereits über 12 Prozent in Deutschland aus. Damit ist die Fertigungstiefe der IT in Deutschland zwar nach wie vor relativ hoch. Immerhin werden aber bereits mehr als 40 Prozent der extern erbrachten IT-Dienstleistungen in Form langfristiger Betriebsverträge erbracht. Die Zuwachsraten von über 20, teilweise sogar 30 Prozent pro Jahr gehören zwar der Vergangenheit an.

Nachfrage nach externen Betriebsleistungen steigt weiter

Nichtsdestotrotz rechnet PAC auch in den kommenden Jahren mit einer zunehmenden Nachfrage nach externen Betriebsleistungen als mittlerweile etablierte Antwort auf das grundsätzliche Dilemma einer jeden IT-Abteilung: die Unternehmens-IT bewegt sich im Spannungsumfeld zwischen der kosteneffizienten Aufrechterhaltung des laufenden Betriebs einerseits und der Forderung, durch Innovation Mehrwert für das Business zu generieren, andererseits. Immer komplexer werdende Systeme müssen mit immer weniger finanziellen Mitteln verwaltet werden. Gleichzeitig müssen Compliance-Richtlinien wie der Sarbanes-Oxley-Act IT-seitig umgesetzt werden. Das traditionelle Outsourcing verspricht in der Regel signifikante Einsparungen bei den Betriebskosten. Eine anerkannte Möglichkeit, sich Raum für Innovation zu schaffen, ist das Outsourcing von nicht wettbewerbsdifferen-

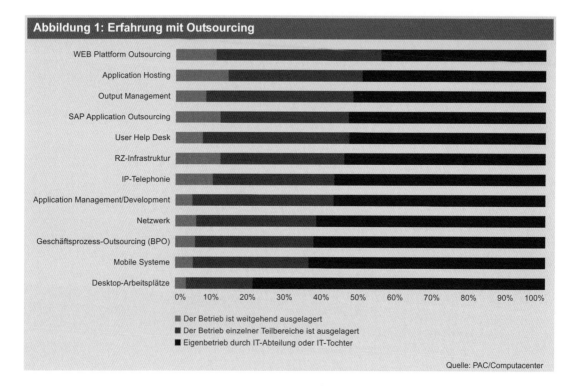

Abbildung 1: Erfahrung mit Outsourcing

zierenden Leistungen an einen spezialisierten Anbieter. Der Kunde bekommt zudem Zugang zum Know-how und den Technologien des Dienstleisters und befreit Mitarbeiter und eigene Systeme von wiederkehrenden Routinearbeiten. Wer aber nur kurzfristig Kosten senken möchte, läuft Gefahr, lediglich interne Probleme, wie zu hohe Kosten, zu hohe Komplexität oder zu geringe Qualität an einen Dienstleister zu übergeben. Die einzelnen Services werden zwar günstiger erbracht, etwa durch die Nutzung von Skaleneffekten auf Seiten des Dienstleisters. Häufig wird aber vergessen zu hinterfragen, ob diese Services in Form und Qualität für den Kunden wirklich optimal sind.

Outsourcing bei Desktop-Arbeitsplätzen und mobilen Systemen

Erfahrungen mit Outsourcing und Managed Services haben die von PAC befragten Unternehmen hauptsächlich in den Bereichen Web Platform Outsourcing, Application Hosting oder Output Management (siehe Abbildung 1). Mehr als ein Drittel der Befragten plant in den nächsten Monaten konkrete Auslagerungsvorhaben im Umfeld von IP-Telephonie, User Help Desk, Application Management/Development, Mobility, Output Management und Geschäftsprozess-Outsourcing (Abbildung 2). Am häufigsten wird derzeit bei den Themen Desktop-Arbeitsplätze und mobile Systeme über ein Outsourcing diskutiert. Interessanterweise werden der Netzwerkbetrieb und das Outsourcing von Geschäftsprozessen meistens kategorisch von einem Outsourcing ausgeschlossen.

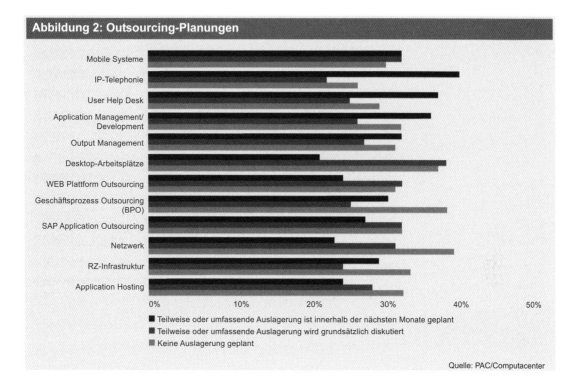

Abbildung 2: Outsourcing-Planungen

Quelle: PAC/Computacenter

Outsourcing 2.0

Der Anteil von Outsourcing-Verträgen, die nach der vereinbarten Laufzeit neu verhandelt werden, hat in den vergangenen Jahren signifikant zugenommen. Manche der ersten Verträge, die in Deutschland Anfang der 1990er Jahre geschlossen wurden, gehen bereits in die zweite, dritte oder gar vierte Erneuerungsphase. Gerade dieses „Second Generation Outsourcing" verlangt nach einem Modell, das die bereits erzielten Vorteile aus der ersten Outsourcing-Phase einschließt, zusätzlich aber weitere Pluspunkte für den Kunden bringt. Erneute Kostenersparnis wird dabei als selbstverständlich angesehen. Im Mittelpunkt steht aber zunehmend der konkrete Mehrwert der IT für das Business.

Der Wandel hin zu diesem neuen Outsourcing-Modell wird gemeinhin als „Next Generation Outsourcing" oder „Outsourcing 2.0" bezeichnet. Eine eindeutige und allgemeingültige Definition zum „Next Generation Outsourcing (NGO)" existiert nicht. Es sind verschiedene Aspekte, die unter diesem Begriff subsumiert werden. Allerdings besteht ein gemeinsamer Konsens unter Branchenverbänden, Anbietern und Analysten, was unter NGO zu verstehen ist. Das Konzept des klassischen Outsourcing wird dabei auf die nächsthöhere Wertschöpfungsebene gehoben. Die meisten enthaltenen Kriterien wie Standardisierung und Automatisierung in der Leistungserbringung oder die nutzungsbasierte Abrechnung sind nicht neu. Erst ihre intelligente Kom-

**„Outsourcing 2.0":
Bedingungslose
Ausrichtung von
End-to-End-Services auf
den Geschäftsnutzen**

bination und die bedingungslose Ausrichtung von End-to-End-Services auf den Geschäftsnutzen machen die neue Qualität im Outsourcing aus. An die Stelle von rein kundenindividuellen Leistungen tritt ein Mix aus individuellen und standardisierten Services mit klaren Service Level Agreements.

Unterstützung von Geschäftsprozessen

Es geht nicht mehr nur in erster Linie darum, den Betrieb eines bestimmten IT-Layers durch einen Outsourcer kostengünstiger betreiben zu lassen. Vielmehr werden Verfügbarkeit, Service Levels und Performance eines End-to-End-Services entsprechend den Bedürfnissen des unterstützten Geschäftsprozesses modelliert. Geschäftsprozesse erstrecken sich häufig über verteilte, oft internationale Niederlassungen und binden Partner, Kunden und Zulieferer ein. Umso wichtiger ist es, die Performance und Verfügbarkeit von IT-Services auf die Bedarfe entlang des gesamten Geschäftsprozesses abzustimmen. Damit ändert sich auch das Verhältnis zwischen Kunde und Dienstleister. Aus einem Zulieferer wird ein Partner, der Verantwortung übernimmt und aktiv Mehrwert für das Business des Kunden durch den Einsatz innovativer Lösungen schafft.

Statt auf Probleme zu reagieren, werden mögliche Schwachstellen im Vorfeld analysiert und gemeinsam mit dem Kunden Optimierungsvorschläge erarbeitet. Dies bedingt auch, dass die Spezifikation der zu erbringenden Leistungen mehr und mehr auf einer service- oder businessorientieren Ebene erfolgt und nicht mehr rein technologisch. Die Frage „Welche Leistung wird geliefert?" ersetzt zunehmend jene nach dem „Wie wird sie erbracht?". Da sich Geschäftsprozesse immer schneller den Gegebenheiten des Marktumfeldes anpassen lassen müssen, sollten Umfang und Qualität der IT-Services flexibel erweitert oder reduziert werden können. Dies erfordert ein skalierbares Serviceumfeld sowie eine Abrechnung nach tatsächlich verbrauchten Einheiten („Pay-per-Use"-Prinzip). Starre Fixkostenblöcke werden so zu variablen Kosten. Das senkt nicht nur die Eingangs- und Betriebskosten, sondern erhöht gleichzeitig die Planbarkeit und Transparenz der Services. Anfallende Kosten lassen sich leichter dem Verursacher zuordnen und entsprechend steuern.

Industrialisierung der IT

So viel Individualität wie nötig und so viel Standardisierung wie möglich

Erst wenn der Dienstleister seine Services und vor allem ihre Erbringung im Sinne der Industrialisierung standardisiert, zentralisiert, automatisiert und modularisiert, kann er auf die Kundenanforderungen individuell zugeschnittene Lösungen modellieren, die in ihren Kernbestandteilen wiederum auf Standards basieren. Outsourcing-Anbieter sind gefordert, ihre eigene Erbringungsstruktur, bestehend aus Prozessen, Tools, Infrastrukturen, effizient zu gestalten und fortwährend zu optimieren. Durch den Einsatz von bewährten Standards und Automatisierung in der Leistungserbringung erreicht der IT-

Anbieter höhere Effizienz-, Qualitäts- und Sicherheitsniveaus als mit einer Vielzahl sehr komplexer, individuell gestalteter Verträge. Über standardisierte Prozesse, Tools und Services profitieren Kunden zudem von den Skalen- und Lernkurveneffekten, die durch die gemeinsame Nutzung von zentralen Service Factories entstehen. Daraus resultieren ein höheres Maß an Kosteneffizienz, Qualitätsoptimierung und Möglichkeiten zur Fokussierung auf das Kerngeschäft. Und nicht zuletzt wird die Inbetriebnahme neuer Funktionen signifikant vereinfacht und beschleunigt.

Die zunehmende Bedeutung des Next Generation Outsourcing wird sowohl angebots- als auch nachfrageseitig vorangetrieben: Die Anbieter verfügen über die entsprechenden Technologien und können gewünschte Prozesse implementieren. Virtualisierungstechnologien und breitbandige Verbindungen ermöglichen die effiziente und zentralisierte Erbringung von Services. Innovative Monitoring- und Abrechnungsinstrumente gestatten die Erfassung und Dokumentation des tatsächlichen Verbrauchs. Erst in einem reifer gewordenen Markt konnten sich Best Practices und De-Facto-Standards wie Six Sigma oder ITIL durchsetzen.

Aber auch die Anwender akzeptieren inzwischen zunehmend innovative Outsourcingkonzepte. Sie nutzen Ressourcen des Dienstleisters gemeinsam mit anderen Kunden (Shared Services). Kunden, die bereits Erfahrungen mit Outsourcing sammeln konnten, fordern verstärkt die aktive Beratung des Dienstleisters. Kosteneffizienz bleibt ein essentielles Kriterium für Outsourcing. Aber mit dem sich wandelnden Selbstverständnis der IT-Abteilungen ändert sich auch deren Anforderung an den externen Partner.

Aus Zulieferern werden Partner

Die IT sieht sich nicht mehr ausschließlich als „Enabler" des Business, sondern will aktiv Mehrwerte für das Unternehmen generieren. Sie trägt zu erhöhter Kundenbindung oder erfolgreicherer Kundengewinnung bei, hilft Prozesse effizienter zu gestalten und erleichtert die Zusammenarbeit unter Kollegen oder mit Partnern. Dementsprechend sieht sich der CIO nicht mehr als Leiter einer Kostenstelle, sondern in der Rolle eines Innovators. Es geht nicht mehr allein um die Effizienz der IT selbst, sondern um die Möglichkeiten, die die IT bietet, die Effizienz und Flexibilität des Unternehmens zu erhöhen. Demzufolge wird auch vom externen Partner erwartet, neben dem kosteneffizienten Betrieb auch innovative Impulse zu setzen. Gelingt ihm dies, kann er sich als Partner der IT-Abteilung positionieren.

> IT sieht sich nicht mehr nur als Enabler, sondern will verstärkt selbst Mehrwerte für Unternehmen generieren

Die Idealvorstellung einer „Innovationspartnerschaft" zwischen Kunde und Dienstleister aber erfordert zwingend zwei Voraussetzungen: Zum einen muss der Dienstleister neben der Technologiekompetenz ein tiefes Verständnis für das Business des Kunden besitzen und in der Lage sein, seine Leistungen für den Kunden optimal zuzuschneiden. Zum anderen muss aber auch der Kunde bereit sein, dem Dienstleister die notwendige Freiheit zu lassen, aktiv Innovationen voranzutreiben. Die Wahl des billigsten Anbieters oder das zu strikte Festhalten an eigenen Tools, Prozessen oder Technologien sind dabei nicht dienlich.

Standardisierte Services mit individueller Note

Das Next Generation Outsourcing/Outsourcing 2.0 stellt höhere Erwartungen an den Dienstleister. Mit der sich wandelnden Rolle der IT-Abteilungen, vom Cost Center zum Enabler und Innovationsmotor des Business, treten bei der Wahl des Dienstleisters Aspekte wie Business-Alignment, Innovationsfähigkeit, Vertrauen/„Augenhöhe" sowie die Möglichkeit der verbrauchsgerechten Abrechnung vor die reine Kostenersparnis.

Allerdings unterstreichen die teils widersprüchlichen Aussagen der befragten Entscheider im Rahmen der PAC Studie, dass wir uns in einer Übergangsphase befinden. Insbesondere bei Themen wie Standardisierung, Shared Services oder der Aufgabe eigener Technologien oder Prozesse zugunsten jener des Providers, ergibt sich kein eindeutiges Bild. So zeigten sich über 80 Prozent der Umfrageteilnehmer bereit, standardisierte Leistungen in Anspruch zu nehmen, sofern sie Kosteneinsparungen versprechen. Auf der anderen Seite bezweifeln über 86 Prozent, dass standardisierte IT-Dienstleistungen ihren Businessanforderungen gerecht werden.

Ebenso äußerten über 90 Prozent, es sei für sie wichtig, dass der Dienstleister die Verantwortung für einen End-to-End-Service übernimmt, der sich an den Geschäftsbedürfnissen orientiert. Zugleich aber sollen die Services „nach Vorgabe der kundeneigenen Prozesse und Methodologien erbracht werden". Mehr als 70 Prozent der Befragten erachten zudem die eigene „Wahl der Technologieplattform" als wichtig bis sehr wichtig. Die Einstellung vieler Kunden ist also ambivalent.

Standardisierte Leistungsmodule werden kundenindividuell umgesetzt

Dass sich zusätzliche Kostenvorteile insbesondere durch die Standardisierung von Infrastruktur und Betriebsprozessen sowie die gemeinsame Nutzung von zentralen Service Factories erzielen lassen, ist anerkannt. Gleichzeitig aber herrscht nach wie vor eine weitverbreitete Skepsis gegenüber diesen Formen der Leistungserbringung. Aber genau hier liegt die eigentliche Stärke des Outsourcing 2.0. Es geht nicht um „entweder – oder" in der Frage, ob ein IT-Betrieb komplett kundenspezifisch oder komplett standardisiert konzipiert ist. Der Kern des neuen Konzeptes besteht gerade darin, einzelne standardisierte Leistungsmodule kundenindividuell umzusetzen.

Und wo möglich und sinnvoll, lassen sich Shared Services in das Gesamtkonzept mit einbinden, um zusätzliche Kosteneffekte zu erzielen. Der Outsourcing-Partner übernimmt die umfassende Verantwortung für den Betrieb eines End-to-End-Services gemäß den Anforderungen des Geschäftsbetriebes des Kunden. Dabei ersetzen SLAs zur Verfügbarkeit des Services jene zur Verfügbarkeit einzelner Infrastruktur-Komponenten. Die technologischen Details der externen Lösung sind dann nebensächlich. Im Vordergrund steht der gelieferte Service und dessen Mehrwert für das Kunden-Business. Die vielbemühte „IT aus der Steckdose", die für jeden Kunden und jeden Geschäftsprozess nutzbar ist, bleibt eine Vision, zumindest für komplexe Services und Anwendungen. Mit dem Konzept des Outsourcing 2.0 wird aber ein weiterer Schritt in diese Richtung vollzogen. ▥

---

1   Vgl. Pierre Audoin Consultants (PAC): PAC-Trendanalyse Outsourcing 2.0
    (im Auftrag von Computacenter) 2009.

Servicemanagement – Performance und Business Continuity im Zentrum
ITIL als wichtige Säule der IT-Governance

Von André Kiehne

Unternehmen mit einem IT-Servicemanagement, das sich an der IT Infrastructure Library (ITIL) ausrichtet, haben Vorteile gegenüber solchen ohne standardisierte IT-Prozesse: mehr Prozessqualität, eine höhere Benutzerzufriedenheit und eine verbesserte Systemauslastung.

D er Geschäftserfolg eines Unternehmens ist ohne IT-Unterstützung nahezu undenkbar geworden. Rolle und Stellenwert der Informationstechnologie haben sich im Zuge der Globalisierung deutlich gewandelt. Sie ist zentraler Bestandteil der Wertschöpfungskette geworden und damit das Rückgrat des modernen Unternehmens. Mit ihrem enormen Einfluss auf reibungslose Abläufe im unternehmerischen Alltag geht jedoch eine wachsende Abhängigkeit der Unternehmen von ihren IT-Infrastrukturen einher. Das bleibt nicht ohne Auswirkungen auf die Anforderungen an das Infrastrukturmanagement.

Ob im Unternehmen abgewickelt oder an einen Partner ausgelagert, IT-Servicemanagement erfolgt heute global. Services sind an international anerkannten Standards und industriellen Maßstäben auszurichten. Ein professionelles IT-Servicemanagement ist daher für eine gut funktionierende Partnerschaft zwischen IT und Business entscheidend. Erst die zuverlässige Performance der Informationstechnologie kann die Business Continuity und damit den Geschäftserfolg des einzelnen Unternehmens garantieren.

Heterogene IT-Landschaften – Reibungsverluste im IT-Betrieb

Im Streben nach dem bestmöglichen Preis-Leistungs-Verhältnis setzen Unternehmen in ihrer IT-Landschaft in der Regel auf einen Lösungsmix unterschiedlicher Hersteller. In diesen heterogenen IT-Umgebungen stellt sich im Servicefall jedoch immer wieder die Frage nach den Zuständigkeiten. Nicht selten gibt es mit den unterschiedlichen Herstellern individuelle Serviceverträge, häufig auch auf unterschiedlichen Service Levels und für jeden Standort separat.

André Kiehne
Director Technology Solutions
Portfolio, Head of Managed
Datacenter,
Fujitsu Technology Solutions

Zwar mag ein Best-of-Breed-Ansatz einerseits kostengünstiger sein, andererseits stellen die Reibungsverluste im IT-Betrieb die ursprünglichen wirtschaftlichen Vorteile der Multi-Vendor-Umgebung in Frage. Und die Folgen liegen auf der Hand: Die Koordination im Servicefall und schon selbst die Klärung der Zuständigkeit erweisen sich als aufwendig und oftmals schwierig. Selbst einfache Serviceprozesse dauern lange und werden dadurch zu einer teuren Angelegenheit. Einen Ausweg aus dieser verfahrenen Situation kann das Servicemanagement aus einer Hand durch einen externen Partner bieten. Der Kunde profitiert dabei in erster Linie von Kosten- und Skalenvorteilen im operativen IT-Betrieb. Und: Er muss nicht zwangsläufig die Kontrolle über seine IT-Prozesse komplett aus der Hand geben.

IT-Servicemanagement – worauf es ankommt

Die größten Herausforderungen an ein umfassendes IT-Servicemanagement sind die Heterogenität der Infrastruktur sowie die zunehmende Komplexität der IT-Lösungen und ihre Verflechtungen. Auch die Verwaltung einer Infrastruktur, die im Zuge von Konsolidierungs- und Virtualisierungsprojekten immer häufiger nicht nur aus physikalischen, sondern auch virtuellen Maschinen besteht, stellt den Service Provider vor besondere Herausforderungen. Darüber hinaus müssen Aspekte wie Sicherheit, Compliance und IT-Governance beachtet werden.

Die größte Herausforderung ist die heterogene IT-Infrastruktur

Aus betriebswirtschaftlicher Perspektive sind die Planung und Erbringung, die Unterstützung und Optimierung der Effizienz von IT-Services wichtige Instrumente, damit Unternehmen ihre Geschäftsziele besser und schneller erreichen. Für den Dienstleister heißt das wiederum: Er muss ständig seine Dienstleistungen und Prozesse auf den Prüfstand stellen und sie den sich verändernden Herausforderungen an die Unternehmen entsprechend verbessern und optimieren. Eine zentrale Aufgabe ist dabei die ständige Weiterentwicklung der speziellen IT-Serviceleistungen, die für einen Kunden vereinbart wurden.

Alles aus einer Hand – Managed Maintenance

Mit Managed Maintenance Services, bei denen ein Servicepartner die IT-Services sämtlicher IT-Partner des Kunden koordiniert, überwacht und an festgelegten Service Level Agreements (SLAs) ausrichtet, profitieren Kunden quasi unmittelbar von konsistenten und kontinuierlichen Prozessen, was die Verfügbarkeit und Sicherheit ihrer IT betrifft. Spezialisierte Managed-Maintenance-Anbieter können somit die gesamte Komplexität der Unternehmens-IT schultern und übernehmen sogar das Vertragsmanagement mit den Herstellern. Da sie diese Leistungen industrialisiert, standardisiert und für zahlreiche Kunden erbringen, sind sie in der Regel günstiger als eine vergleichbare Eigenleistung eines Unternehmens selbst.

Managed Maintenance Services gehen in der Regel mit der Konsolidierung aller Verträge und der Absprache konkreter SLAs einher. Diese Vereinbarungen garantieren, dass die Services rund um die Uhr zu den vereinbarten Service Levels erbracht werden. Bei Veränderungen in der IT-Landschaft werden die Service Levels automatisch angepasst. Die Ergebnisse sprechen für sich: die Kosten für die IT-Services sinken, die Servicequalität steigt. Von großer Bedeutung hat sich in der Debatte um die Quality of Service oder Dienstgüte die Ausrichtung des IT-Servicemanagements an der IT Infrastructure Library (ITIL) erwiesen. Neben der Einführung der verbindlichen SLAs für den Kunden schafft die Ausrichtung an diesem internationalen De-facto-Standard zusätzliche Transparenz. Hier gilt mittlerweile die Version ITIL 3.

ITIL macht den Unterschied

Der De-facto-Standard ITIL schafft die Rahmenbedingungen für wirtschaftliches Servicemanagement im Rechenzentrum. International anerkannt und erfolgreich angewendet stellt die IT Infrastructure Library mit ihren Best Practices Unternehmen ein Framework für die Ausrichtung ihrer IT-Serviceprozesse zur Verfügung.

Prozesse im IT-Servicemanagement werden beschrieben und klassifiziert. Beziehungen zwischen IT-Leistungen und Geschäftsprozessen werden anhand ihrer Wirtschaftlichkeit definiert. Services nach ITIL haben damit per se den wirtschaftlichen Mehrwert des Kunden im Blick und sind damit eine wichtige Säule der IT-Governance.

Vorteile für Unternehmen mit ITIL-konformem IT-Servicemanagement

Unternehmen mit einem ITIL-konformen IT-Servicemanagement haben wesentliche Vorteile gegenüber Unternehmen ohne standardisierte IT-Prozesse. Zu diesem Ergebnis kommt auch eine aktuelle Erhebung des Beratungshauses Serview. Die **Vorteile** liegen der Studie zufolge in den Bereichen

- Prozessqualität,
- Leistungssteuerung,
- Kostensteuerung und
- Benutzerzufriedenheit,

die erhebliche Auswirkungen auf die Wirtschaftlichkeit der IT haben.

Einen wichtigen Beitrag zur Qualitätssicherung und der Sicherheit der vereinbarten IT-Services bieten Managementsysteme, die einer zentralen Governance folgen. Grundlage dieser Governance sind die ISO-Zertifizierungen 20000-1 für das IT-Servicemanagement, 27001 für die IT-Security und 9001 für das Quality Management. Diese Zertifikate eines Serviceanbieters, die er in regelmäßigen Abständen auditieren lassen muss, bilden für Unternehmen die Grundlage, um brancheneigenen Compliance-Anforderungen gerecht zu werden.

IT-Services: der richtige Mix macht's

Neben dem Aspekt der garantierten kontinuierlich hohen Servicequalität muss ein zentrales Servicemanagement aber auch die Aufgabe verfolgen, dem Kunden kontinuierlich Einsparpotentiale im operativen IT-Betrieb zu erschließen. Eine gezielte Kombination aus standardisierten, proaktiven und reaktiven Servicemaßnahmen hilft, dieses Ziel zu erreichen. Angesichts knapper IT-Budgets ist es für Unternehmen deshalb wirtschaftlich besonders interessant, wenn ihr Servicemanagement in ein sogenanntes Active Service Management mündet.

Konkret heißt das, dass zum Beispiel Services die in den SLAs festgelegten reaktiven Maßnahmen ergänzen. Diese zusätzlichen Services werden kontinuierlich durch eine erprobte Methodik verbessert und erweitert. Dabei ist nicht nur ein erfolgreiches Innovationsmanagement, sondern auch eine Transparenz über Kosten und deren Zuordnung zu Services erfolgskritisch. Dadurch lassen sich weitere Kosteneinsparungen realisieren und die Verfügbarkeit der geschäftskritischen Systeme weiter erhöhen. Unterstützt wird dies durch proaktive Services. Sie helfen bei der Lokalisierung von Fehlerquellen, bevor hohe Kosten oder Ausfälle entstehen. Eine wichtige Ergänzung bieten in diesem Zusammenhang auch Remote Services. Per Ferndiagnose stellen sie zeitgleich mit der Störungsmeldung Informationen zur Problemlösung bereit.

Active Service Management für das Real-Time Enterprise

Mit den wachsenden Anforderungen an das Servicemanagement stehen Dienstleister in der Pflicht, ihre Services und Prozesse zu verbessern sowie kontinuierlich Serviceinnovationen für den IT-Betrieb zu erbringen. So lassen sich mit einer Plattform für das proaktive Incident & Problem Management durch den Einsatz einer Service-Engine – welche die Systeme über automatisierte Prüfroutinen laufend überwacht – Systemfehler frühzeitig erkennen, klassifizieren und automatisch beheben. Diese Plattform vergleicht Fehlermeldungen mit Informationen in einer Wissensdatenbank, die erprobte Lösungsvorschläge zur Fehlerbehebung bereithält und übermittelt. Über eine Rückkopplungsschleife werden Ergebnis und Qualität des Vorschlags überprüft und damit das Wissen in der Datenbank erweitert. Damit wird es möglich, Fehler zu bereinigen, noch bevor sie zu Verfügbarkeits- oder Sicherheitsproblemen führen.

Durch die proaktive Immunisierung und die Automatisierung von Serviceprozessen können zudem Vor-Ort-Einsätze reduziert und somit signifikante Kosteneinsparungen erzielt werden. Derartige Lösungen für einen prozessunterstützten, proaktiven IT-Service zeigen auf, in welche Richtung sich das IT-Servicemanagement entwickeln muss und wie die IT selbst zum Werkzeug wird, um das Servicemanagement kundenorientiert weiterzuentwickeln.

Automatische Fehlerbehebung, noch bevor es zu Problemen kommt

Managed Services und Infrastruktur als Service

Zulieferketten, Logistiknetzwerke und Versorger beweisen es: Ein Unternehmen muss nicht alles selber machen! Oftmals ist es besser und günstiger, Leistungen und Services von spezialisierten Partnern zu beziehen. Im IT-Betrieb heißt das, durch das Einbinden externer Dienstleister die eigene Fertigungstiefe im IT-Betrieb gezielt und stufenweise zu verringern.

Im Ergebnis ändert sich dadurch die Kalkulation der IT-Kosten. Die Abrechnung nach Leistung und Qualität ersetzt fixe Personalkosten. Managed Services haben den reibungslosen Betrieb der Infrastrukturplattformen im Auge. Unternehmen können gezielt Teilaufgaben auslagern, bei denen besondere Herausforderungen zu bewältigen sind.

Durch die Auslagerung von IT-Leistungen beziehungsweise die Inanspruchnahme von Managed Services können Kunden der steigenden Komplexität und der zunehmenden Know-how-Knappheit im eigenen Unternehmen erfolgreich entgegenwirken: Sie profitieren von Kosteneinsparungen und verbessern damit ihre IT-Performance und damit die Business Continuity. Voraussetzung für den erfolgreichen Einsatz von Managed Services sind klare Definitionen der zu erbringenden Leistungen und der benötigten Qualität.

Basis für Managed Services sind klare Leistungsbeschreibungen in Form von Service Level Agreements

Hierin liegt auch der Schlüssel zur Optimierung, denn Unter- oder Überversorgung führen zu Effizienzverlusten und unnötigen Kosten. Basis für Managed Services sind deshalb immer klare Leistungsbeschreibungen in Form von Service Level Agreements, die Aufgaben und Rollen sowie Reaktions- und Wiederherstellungszeiten definieren. Die Zusammenarbeit von Dienstleister und Unternehmens-IT basiert auf diesen SLAs. Verrechnet wird nach Leistung und Verbrauch, die über Service Reportings dokumentiert werden.

Je mehr Flexibilität und Verantwortung in der Umsetzung der SLAs definiert sind, umso effizienter gestalten sich die Services und damit die wirtschaftlichen Vorteile, die ein Kunde daraus zieht. Generell sorgen die ITIL-basierten Services für eine verbesserte Auslastung von Servern und Storage-Systemen und den effizienten Betrieb der dahinter liegenden Netzwerke.

Einsparpotentiale durch alternative Liefermodelle
Noch mehr Einsparpotentiale lassen sich durch weitere alternative Liefermodelle, wie zum Beispiel Infrastructure-as-a-Service, erzielen. Dabei greift ein Kunde auf zentral bereitgestellte, standardisierte Services zurück, bei denen die Infrastruktur und deren Betrieb über mehrere Kunden verteilt sind. Die Sicherstellung von Security-Aspekten und Compliance-Richtlinien wird hierbei über technische Lösungen ermöglicht.

Egal, für welches Servicekonzept sich ein Unternehmen letztendlich jedoch entscheidet, professionelles IT-Servicemanagement verfolgt immer das Ziel, die Verfügbarkeit der IT zu verbessern, Prozesse zu optimieren und die Business Continuity abzusichern.

Effiziente Lösungen für das System- und Netzwerkmonitoring im Mittelstand
Agieren statt reagieren

Von Dennis Plöger

Die Zahl der zu überwachenden Dienste und Anwendungen für unternehmenskritische Prozesse wächst auch im Mittelstand. Der Einsatz einer proaktiven Überwachungsumgebung mit Hilfe von Monitoring-Tools bietet IT-Verantwortlichen eine effiziente Lösung.

Der Schlüssel zu effizienten und sicheren IT- und TK-Infrastrukturen ist ein systematisches und automatisiertes System- und Netzwerkmonitoring. Es vereinfacht nicht nur die Fehlersuche, sondern versetzt den Administrator in die Lage, stets proaktiv zu agieren, statt nur zu reagieren, wenn es oft schon zu spät ist. Wo liegt der Fehler? Diese Frage kann einen enormen zeit- und kostenintensiven Prozess nach sich ziehen. Dazu ein Beispiel aus der Praxis: In der IT-Abteilung eines mittelständischen Unternehmens laufen plötzlich gehäuft Supportanfragen ein: Aus ungeklärter Ursache können sich die Benutzer nicht mehr im System anmelden. Der zuständige Systemadministrator überprüft seine Anmeldeserver und kommt zu dem Schluss, dass dort kein Fehler zu finden ist. Er überprüft weitere Teile seiner Infrastruktur, bis er nach knapp einer Stunde und vielen weiteren Anfragen unzufriedener Benutzer den Fehler in einem überlaufenen Dateiserver findet. Fazit des kleinen Störfalls: Nicht nur die in Suche und Behebung investierte Arbeitszeit des Administrators verursachte Kosten für das Unternehmen, sondern auch die ausgefallenen Arbeitsstunden der Benutzer, ganz abgesehen von den nicht quantifizierbaren Folgen – Stress und Unzufriedenheit der Mitarbeiter.

Die Fehlerursache ist jedoch nicht etwa an dem Dateiserver oder allgemein an der IT-Infrastruktur festzumachen, sondern an fehlender Proaktivität. In der Praxis wird eine proaktive Arbeitsweise aufgrund steigender Komplexität und wachsender IT-Umgebungen in vielen mittelständischen Unternehmen noch nicht gelebt. Administratoren sind zum „Blindflug" in ihrer eigenen Infrastruktur verdammt. Dabei ist die Schaffung einer proaktiven IT-Umgebung kein großer Aufwand. In erster Linie ist ein konsequent konfiguriertes und gepflegtes System- und Netzwerkmonitoring dazu notwendig.

Dennis Plöger
Consultant der HeLi NET iTK,
der Systemhaussparte der
HeLi NET GmbH & Co KG
mit Sitz in Hamm

System- und Netzwerkmonitoring auf Open-Source-Basis
Bei der Wahl eines System- und Netzwerkmonitoring-Moduls gibt es heute auch dank der lebendigen Open-Source-Gemeinde eine Reihe von Open-Source-Plattformen, die sich bereits auf dem Markt durchgesetzt haben und al-

le relevanten Funktionen bieten , die man für ein proaktives System- und Netz-werkmonitoring benötigt. Selbst die Schaffung selbstheilender Systeme ist da-mit möglich. Neben der Möglichkeit, alle zur Verfügung stehenden Systemda-ten eines Windows- oder Linux-Servers durch einen einfach zu installierenden Agenten abzufragen, können auch Daten von entfernten Systemen über das SNMP-Protokoll, das heißt ohne einen separaten Agenten, kontrolliert werden. Die Systemübersicht erstreckt sich dadurch nicht nur auf Server und Arbeits-platzrechner, sondern auch auf Drucker, Netzwerkinfrastruktur wie Router oder Switches – selbst auf Temperaturfühler und Rauchmelder.

Einführung einer proaktiven IT-Umgebung

Basis einer proaktiven IT ist die Schaffung einer Systemübersicht mit allen eingesetzten Teilen der Infrastruktur. Danach folgt die Abfrage relevanter Systemdaten, die kritische Punkte der einzelnen Systeme qualifizieren. Da-zu gehören beispielsweise freie Festplattenspeicher, benutzte Arbeitsspei-cherressourcen, Auslastung der Maschinen und die Erreichbarkeit von be-stimmten Diensten. Das Ergebnis ist ein besserer Einblick der Administrato-ren in ihre IT-Landschaft – Transparenz, die ihnen vorher fehlte. Um eine proaktive Umgebung zu schaffen, müssen darüber hinaus Schwellwerte de-finiert werden: Wann ist ein freier Festplattenspeicherplatz kritisch? Bei welcher CPU-Load ist ein System überlastet? Welche Prozesse müssen lau-fen, damit eine Anwendung zur Verfügung steht?

Sobald dann ein Schwellwert überschritten wird, können unterschiedliche Alarmierungsszenarien stattfinden, die es den Systemverantwortlichen er-möglichen, rechtzeitig Maßnahmen zu ergreifen, damit Fehler oder System-ausfälle verhindert werden können.

Automatisierung durch selbstheilende Systeme

In heutigen automatisierten Umgebungen ist auch die Schaffung von selbst-heilenden Systemen möglich, die zum Beispiel bei Überschreitung eines Schwellwertes einen automatisierten Bestellprozess beim Lieferanten einer Festplatte ausführen oder in virtuellen Umgebungen das automatisierte Ver-schieben von virtuellen Maschinen auf andere Server anstoßen.

Bei Überschreitung von Schwellwerten wird die Fehlerbehebung aktiviert

Darüber hinaus bieten solche Systeme Managementübersichten und -reports, SLA-Kalkulationen, IT-Dashboards für Monitoring-Bildschirme und andere Steuerungsinstrumente. Die Installation und Konfiguration der System- und Netzwerkmonitoring-Plattform für einen Serverpark von ca. 20 Maschinen in einem mittelständischen Unternehmen dauert dabei nur knapp einen Tag. Die Integration neuer Systeme verläuft dabei ohne Störung von Betriebsab-läufen – die Clients nehmen keine Notiz von der Umstellung. Dennoch scheuen IT-Verantwortliche im Mittelstand häufig noch den Aufwand einer solchen Installation, obwohl die Vorteile auf der Hand liegen. ▊

KAPITEL V
TELEKOMMUNIKATION
UND MOBILE COMPUTING

Der Telekommunikationsmarkt im Wandel
Neue Player, neue Technologien, neues Potential

Von Dan Bieler

Die graduelle Migration in das IP-Zeitalter führt zu einem Wandel im Telekommunikationsmarkt. Damit verändern sich die klassischen Geschäftsmodelle vieler Player im Markt, und auch die IT-Verantwortlichen in den Unternehmen stehen vor neuen Herausforderungen.

Sprache und IT-Anwendungen wachsen weiter zusammen. Aber die Konvergenz zwischen TK und IT beinhaltet auch das Zusammenwachsen von Festnetz, Mobilfunk, Daten und Inhalten (inklusive Multimedia). Mittelfristig wird die Kommunikation also in die Geschäftsprozesse hineinwachsen.

IT-Manager sehen sich einer immer komplexeren ITK-Landschaft gegenüber. Unsere Praxiserfahrung hat gezeigt, dass IT-Verantwortlichen zum Teil das notwendige Know-how und Verständis für Fragen der Telekommunikationsnetzwerke fehlen. Vielfach wird auch unterschätzt, dass die Erwartungen der Endnutzer an Sprache sehr viel höher sind als bei anderen Applikationen.

Auch ändert sich die Herangehensweise der IT-Abteilungen an IT-Anforderungen. War es früher die IT-Abteilung, die entschieden hat, wie sich die Geschäftsprozesse an die technischen Erfordernisse anzupassen haben, so sind es heute oft die Mitarbeiter, insbesondere Mobile Workers und Information Workers, die ihre Forderungen stellen. Auf diese neue Entwicklung müssen sich die IT-Verantwortlichen einstellen. Nach unserer Einschätzung werden viele IT-Manager hier an ihre Grenzen stoßen.

Im Zuge der Migration zu IP-basierten Anwendungen sollten die Unternehmen auf Interoperabilität und Integrationsfähigkeit achten. Eine graduelle Migration erfordert offene Schnittstellen und einen modularen Lösungsansatz. Es ist daher ratsam, nach Anbietern zu suchen, die ganz konkret an der Planung einer Kommunikationslösung und deren Umsetzung mitwirken.

Komplexe Anbieterlandschaft
Neue Kommunikationsanbieter erhöhen ganz klar den Druck auf die traditionellen Telekommunikationsdienstleister. Dabei unterscheiden wir zwischen zwei Typen dieser „neuen" Anbietergeneration. Auf der einen Seite gehören hierzu die klassischen Telekommunikationsanbieter wie Kabelnetzbetreiber, Anbieter aus dem Energiesektor sowie virtuelle Mobilfunkbetreiber (Mobile Virtual Network Operators, MVNOs). Diese Anbieter haben

Dan Bieler
Director Consulting, European Telecommunications & Networking, IDC Central Europe GmbH in München

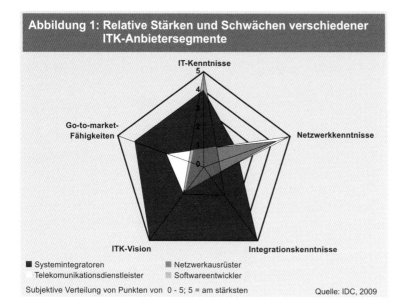

Abbildung 1: Relative Stärken und Schwächen verschiedener ITK-Anbietersegmente

- Systemintegratoren
- Telekomunikationsdienstleister
- Netzwerkausrüster
- Softwareentwickler

Subjektive Verteilung von Punkten von 0 - 5; 5 = am stärksten

Quelle: IDC, 2009

sich im Geschäftskundensegment zumeist auf ein recht konservatives Portfolio konzentriert. Gekämpft wird hier mit traditionellen Mitteln wie günstigeren Minutenpreisen oder niedrigeren Sprach- und Datenflatrates, um sich von der etablierten Konkurrenz abzuheben.

Neue Kommunikationsanbieter stehen in den Startlöchern

Doch die Anbieterlandschaft ist weitaus komplexer geworden, und neue Kommunikationsanbieter bringen sich gegenüber dem traditionellen Telekommunikationsdienstleister in Position. Die Aufgabe dieser Kommunikationsanbieter ist es, neue Möglichkeiten in der Kommunikationslandschaft zu schaffen. Dazu zählen insbesondere Systemintegratoren, Softwareentwickler, Telekommunikationsdienstleister sowie Netzwerkausrüster.

Die Diskussionen in den Bereichen Unified Communications (UC) oder Mobile Workforce Management (MWM) werden von Anbietern aus den verschiedensten Bereichen geführt. Obwohl alle Anbieter aufgrund ihrer „Herkunft" einen anderen Blickwickel auf UC und MWM haben, klingen die Marketingbotschaften aus Sicht der IT-Manager oft sehr ähnlich. Dies macht die Auswahl eines Anbieters natürlich nicht leichter. Anbieter sollten deshalb viel klarer definieren, welche Rolle sie in der ITK-Mehrwertkette spielen.

In dem Anbieterdschungel kann unserer Meinung nach kein Unternehmen allein die gesamte ITK-Mehrwertkette abdecken. Abbildung 1 zeigt, dass verschiedene Anbieter jeweils verschiedene Stärken mitbringen, die fest in ihrer „Herkunft" verwurzelt sind. Telekommunikationsdienstleister und Netzwerkausrüster haben zum Beispiel umfassende Netzwerkkenntnisse, sind aber schwächer im Software- und Systemintegrationsumfeld. Aus unserer Sicht sind Systemintegratoren insgesamt am besten aufgestellt, um ITK-Kernaspekte erfolgreich abzudecken.

Aus den verschiedenen Segmenten werden sich voraussichtlich „Platzhirsche" herauskristallisieren. Diese entwickeln dann untereinander Partnerschaften, um Gesamtlösungen anbieten zu können.

Anwender kaufen Lösungen und nicht Technologien. Deshalb ist es wichtig, einen Anbieter zu wählen, der die Sprache des jeweiligen Unternehmens spricht und dessen Geschäft versteht. Es wäre jedoch fatal für IT-Manager, jede Marketingbotschaft zu glauben. Traditionelle Telekommunikationsdienstleister und Netzwerkausrüster werden sich nicht über Nacht in Softwarehäuser verwandeln und umgekehrt.

Zukunftsweisende technologische Trends

Wir sehen eine Reihe von wichtigen Trends, die die Entwicklung von ITK-Landschaften in Firmen fundamental beeinflussen:

■ Mobility und Breitband

Beide sind und bleiben Hauptthemen. Allerdings werden sie zunehmend als „gegeben" angesehen. IT-Manager und Anwender erwarten, dass gewisse Anwendungen einfach verfügbar sind, unabhängig davon, an welchem Ort man sich befindet oder welches Endgerät man gerade verwendet. Mobility und Breitband sind wichtige Aspekte der Kommunikationsrevolution, bleiben aber Mittel zum Zweck.

■ Cloud Computing

Cloud Computing ist zu einem realistischen Konzept geworden

Zwar wurde dieses Thema unter anderen Terminologien schon seit über zehn Jahren diskutiert, nicht zuletzt dank anderer verfügbarer und kostengünstiger Bandbreiten ist es aber nun zu einem realistischen Konzept herangereift. IT-Manager sollten sich darüber im Klaren sein, was Cloud Computing bieten kann und bewusst in ihr Kommunikationskonzept einbauen. Teilkomponenten der Kommunikationslandschaft bieten sich an. Zum Beispiel laufen Siemens OpenScape Voice- und UC-Anwendungen als „Dienstleistungen" von der Amazon Elastic Compute Cloud (EC2). Diese Art von Lösung öffnet die Tür für „Pay-as-you-go"-Sprach-und-UC-Konzepte, basierend auf einem virtualisierten Modell in Unternehmen. Als ein potentielles Minenfeld dürfte sich aber die rechtliche Seite von Cloud Computing für Anwender entpuppen, zum Beispiel bei der Frage, welche Regelungen es zu beachten gilt, wenn sich Patienten- oder Kundendaten auf Datenbanken befinden, die im Ausland stehen.

■ Unified Communications (UC)

UC ist einer der Megatrends, der die Kommunikationslandschaft grundlegend verändert. In der IDC-Definition beinhaltet UC als Minimum-Komponenten die Integration von mobiler und Festnetzsprache, Messaging, Kon-

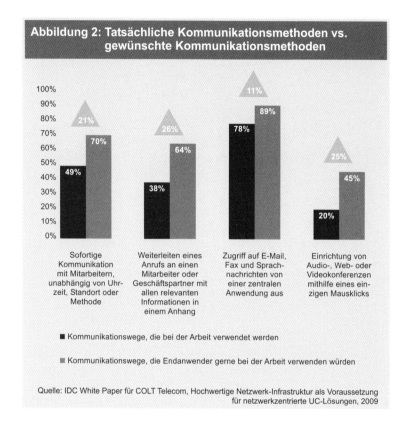

Abbildung 2: Tatsächliche Kommunikationsmethoden vs. gewünschte Kommunikationsmethoden

Quelle: IDC White Paper für COLT Telecom, Hochwertige Netzwerk-Infrastruktur als Voraussetzung für netzwerkzentrierte UC-Lösungen, 2009

taktmanagement, Kalenderfunktionen und Präsenzinformationen. In Deutschland wird UC im Sinne der IDC-Definition bereits von etwa einem Drittel der Firmen verwendet. Wenn man UC als Konzept und als Prozess interpretiert, dann kann man sicher sagen, dass UC noch am Anfang eines Umwälzungsprozesses im Kommunikationsbereich steht.

Megatrend Unified Communications (UC)

■ Instant Messaging (IM)

Eine der potentiellen „Killer-Applikationen" ist unserer Meinung nach Instant Messaging. IT-Manager berichten darüber, wie Mitarbeiter ohne Direktion von oben dieses Medium für sich gewinnen und sich organische User-Gruppen bilden. IM ist bestimmt nicht jedermanns Sache, aber wir sehen, dass gerade von innovativeren Geistern IM als Medium sehr stark angewandt wird – oft auch in Verbindung mit Social-Networking-Lösungen, um schnell und informell über vertraute Kanäle Wissen auszutauschen.

Neue Potentiale und Anwendungen

Die neuen Services und Anwendungen bieten Firmen Chancen, effizienter und produktiver zu agieren. In einer IDC-Umfrage zur Kommunikationsnachfrage von Endanwendern wurden Firmen in Deutschland über die tatsächlichen und die gewünschten Kommunikationsmethoden befragt. Dabei

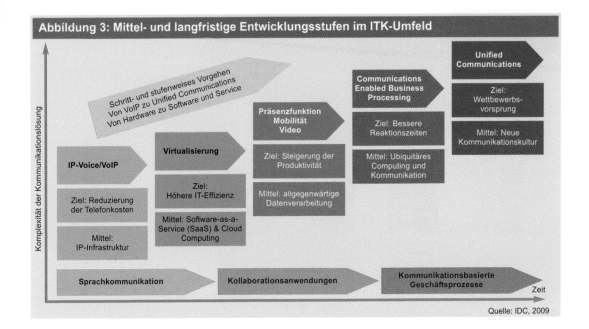

Abbildung 3: Mittel- und langfristige Entwicklungsstufen im ITK-Umfeld

Quelle: IDC, 2009

Anwender wünschen Ausbau der Collaborative Working Tools

stellte sich heraus, dass insbesondere der Wunsch nach Collaborative Working Tools noch nicht ausreichend erfüllt wird (siehe Abbildung 2):

■ 64 Prozent der Endanwender wollen eine Lösung zum Weiterleiten eines Anrufs an einen Mitarbeiter oder Geschäftspartner mit allen relevanten Informationen in einem Anhang. Nur 38 Prozent der Endanwender haben eine solche Lösung bereits in ihrem Unternehmen (eine Differenz von 26 Prozent zwischen Wunsch und Realität).

■ Am häufigsten – in 89 Prozent der Fälle – wünschen sich Endanwender Zugriff auf E-Mail, Fax und Sprachnachrichten von einer zentralen Anwendung aus. In 78 Prozent der Fälle ist dies auch tatsächlich realisiert.

Stufenweises Vorgehen zu kommunikationsbasierten Geschäftsprozessen

Die wirklichen Potentiale von neuen Kommunikationslösungen werden unserer Meinung nach allerdings erst wirklich sichtbar, wenn man eine längerfristigere und themenübergreifendere Betrachtungsweise einnimmt. Diese schritt- und stufenweise Entwicklung hin zu kommunikationsbasierten Geschäftsprozessen wird in Abbildung 3 dargestellt.

■ Kostenreduzierungen

Neben Sicherheit sind und bleiben Kostenreduzierungen natürlich ein wichtiges Dauerthema für IT-Manager. Oft basiert die Entscheidung, Voice over IP (VoIP) einzuführen, genau darauf. Allerdings ergeben sich nicht immer automatisch Kosteneinsparungen durch die Migration hin zu VoIP. Firmen, die ihre alten Telefonanlagen bereits abgeschrieben und gute Konditionen mit ihren Telekommunikationsdienstleistern vereinbart haben, werden im Zweifelsfalle gar keine Kosteneinsparungen im Zuge der VoIP-Migration sehen. Für Firmen, die aus anderen Gründen auf das Thema VoIP treffen, kann es aber sehr hohe Kosteneinsparungen geben. In Gesprächen mit IT-Managern haben wir von Einsparungen bis zu über 50 Prozent im Vergleich zu der Situation vor der Einführung von VoIP erfahren.

■ Effizienzsteigerung

Die Virtualisierungsdebatte konzentriert sich stark auf die Möglichkeiten der Effizienzsteigerung. Gerade in den Bereichen Server Processing, Storage, Collaboration und Desktop treffen wir auf großes Interesse bei IT-Managern. Die möglichen Effizienzsteigerungen schwanken stark, je nach Umfang der Virtualisierung. Aber Kostenreduzierungen durch Virtualisierung von bis zu 30 Prozent sind keine Seltenheit.

■ Produktivitätssteigerung

Neue Kommunikationsmöglichkeiten zielen schwerpunktmäßig nicht rein auf Kostenreduzierungen oder Effizienzsteigerung ab, sondern auf Produktivitätssteigerung. Die Hauptvorteile neuer Kommunikationslösungen liegen darin, dass IT-Anwendungen mit Kommunikationselementen verschmelzen. Zum Beispiel erlauben mobile Technologien den dynamischen Datenaustausch von Routenplanern in Servicefahrzeugen, um Staus zu vermeiden. In Verbindung mit ortsbezogenen Diensten, erlauben es mobile Technologien auch beispielsweise einem Paketdienstleister, einen neuen Auftrag schneller zuzusenden.

IT-Anwendungen verschmelzen mit Kommunikationselementen

Die Präsenzfunktion wiederum sichert eine bessere Verfügbarkeit von Mitarbeitern und kann elementar für besseren Kundendienst sein. Auch können Teams an verschiedenen Orten dank Videokonferenzen, Instant Messaging, Präsenzfunktion, mobiler Internetzugänge usw., sehr viel enger und produktiver zusammenarbeiten. Wirklich Neuland betritt Google mit Google Wave, welches gleichzeitiges Arbeiten an verschiedenen Applikationen erlaubt. Diese Lösung ist ein gutes Beispiel wie neue Wege der Kollaboration aussehen können.

ROI-Kalkulation

Wir betrachten Kalkulationen zum Return on Investment (ROI) für neue Kommunikationslösungen mit gewisser Skepsis. Diese schwanken stark, je nach Ausgangssituation im Unternehmen. Kein Unternehmen hat die gleichen Ausgangsbedingungen. Die Leistungsindikatoren (KPIs), die Anwenderunternehmen ansetzen, wenn es um die Berechnung des ROI geht, sind vielfältig. Exemplarisch beinhalten sie die Total-Cost-of-Ownership-Berechnungen, den fallenden Betriebs- und Investitionsaufwand (OPEX/CAPEX), die

Gesamtkapitalrendite (Return on Assets, ROA), das Nutzungsverhalten, die Verfügbarkeit, die Nutzer- und Kundenzufriedenheit, die Anzahl der vollendeten Anrufe sowie die Zeitspanne des Kundenkontakts usw.

Die ROI-Kalkulation des Nutzens für neue Kommunikationslösungen misst die weichen Faktoren nicht

Darüber hinaus gibt es eine ganze Reihe von weichen Faktoren, die nicht immer fest zu messen sind, wie den Zeitgewinn durch nicht verpasste Anrufe oder verminderte Kundenabwanderung dank eines besseren Kundendienstes. Viele dieser Vorteile sind allerdings nicht allein an einer besseren Kommunikationsinfrastruktur festzumachen. Vereinfachende ROI-Messungen ignorieren auch Vorteile für verwandte Geschäftsprozesse. ROI-Kalkulatoren sind unserer Meinung nach kein verlässliches Werkzeug, um den wirklichen Nutzen einer Kommunikationslösung exakt zu messen.

Fazit und Ausblick

Trotz der Unkenrufe, die den Untergang der Telekommunikation beschwören, wird unserer Meinung nach das Netzwerk das Kernstück jeder ITK-Lösung bleiben. Keine netzwerkbasierte IT-Lösung wird jemals besser sein als das Netzwerk, auf dem diese basiert. IT-Managern fällt daher eine besondere Verantwortung bei der Planung von neuen Kommunikationslösungen zu. Wir empfehlen, folgende Aspekte bei der Planung zu beachten:

■ Krise als Chance

Die Krise bietet Chancen, die firmeneigene ITK auszubauen, um den Wettbewerbsvorteil für die Zeiten nach der Krise zu sichern. Die derzeitige Krise bietet für Anwender gute Chancen, bei Anbietern nach besseren Konditionen zu fragen.

■ Netzwerkexpertise

Anwender müssen Kommunikationslösungen von Anbietern wählen, die sowohl IT als auch klassische Telefonie verstehen. Dennoch ist Vorsicht geboten, was die Versprechungen von Anbietern im Hinblick auf Qualitätsansprüche angeht. Wir raten IT-Entscheidern, auf rechtlich einklagbaren Service Level Agreements (SLAs) zu beharren.

■ Modulare Vorgehensweise

Sinnvoll ist eine modulare Vorgehensweise bei der Einführung. Netzwerke, Endgeräte oder IT-Applikationen, die noch nicht voll abgeschrieben sind, werden weiterhin genutzt werden. Wir nehmen jedoch auch wahr, dass mehr und mehr IT-Manager die Krise auch als Chance erkennen, antizyklische Investitionen zu tätigen, die einen mittel- und langfristigen Wettbewerbsvorteil sichern. IT-Manager sollten sehen, welche Applikationen Anwender wirklich nutzen, um dann in diesen Bereichen weiter auszubauen. Die Planung des Wegesystems des Olympiaparks in München bietet eine interessante Anekdote für ein solches Vorgehen: Der zuständige Landschaftsarchitekt Günther

Grzimek bat Münchner Einwohner, während der Planungsphase des Olympiaparks über die Wiesen des Oberwiesenfelds zu laufen. Erst als sich klare Trampelpfade gebildet hatten, schuf Grzimek genau dort feste Wege.

■ Interoperabilität

Ein Kernbestandteil einer langfristigen Investitionsstrategie verlangt die Interoperabilität von Endgeräten, Netzwerkkomponenten und Applikationen. Um diese zu gewährleisten und Middleware und Systemintegration zu minimieren, sollten IT-Manager auf offenen Standards und Schnittstellen bestehen, insbesondere auf dem Session Initiation Protocol (SIP).

■ Einbeziehung der Nutzer

Nicht zuletzt sollten IT-Manager die Endnutzer/Mitarbeiter von Anfang an in neue ITK-Projekte miteinbeziehen. Dabei kommt dem Training eine große Bedeutung zu. Unserer Erfahrung nach nutzen zwischen 20 und 40 Prozent der Mitarbeiter die für sie bereitgestellten Kommunikationslösungen nicht vollständig, da sie nicht verstehen, wie sie den vollen Nutzen aus der Lösung ziehen können. Dementsprechend schlecht fällt in solchen Fällen auch ein ehrlich gemessener Return on Investment (ROI) aus. Ohne dafür zu sorgen, dass Mitarbeiter Lösungen wie UC nutzen, ist jede Berechnung des ROI vergeblich. Denn ohne *Nutzung* der neuen Kommunikationslösungen gibt es keinen *Nutzen*.

IT-Manager sollten diejenigen Applikationen ausbauen, die die Nutzer dann auch wirklich verwenden

Die mobile Welt der Zukunft
Neue Erkenntnisse aus aktueller Forschung

Von Prof. Dr.-Ing. Gerd Ascheid und Prof. Dr. rer. pol. Matthias Jarke

Nach GSM und UMTS steht mit Long Term Evolution (LTE) die nächste große technische Innovation im Bereich Mobile Kommunikation an. Die weiter steigenden Datenübertragungsraten eröffnen eine Vielfalt neuer Anwendungsbereiche.

B ei der Frage nach der zukünftigen Nutzung des Mobilfunks und neuen Geschäftsmodellen setzen die Anbieter auf drei große Anwendungsbereiche: Arbeit, Haus, soziale Vernetzung. Beispiele aus der aktuellen Forschung zeigen das hohe Potential der zukünftigen mobilen Informations- und Kommunikationsmöglichkeiten.

Zu Beginn der 1990er Jahre wurde der digitale Mobilfunk („GSM") in Europa eingeführt. Die Wachstumsraten übertrafen schon bald die kühnsten Prognosen. Heute gibt es in Deutschland mehr Handys als Einwohner. Als um die Jahrtausendwende die nächste Generation des Mobilfunks „UMTS" eingeführt wurde, waren die Erwartungen ähnlich hoch. Es ist aber noch in guter Erinnerung, dass hohe Summen für Lizenzen gezahlt wurden, der erhoffte Marktschub jedoch vollkommen ausblieb. Wo lag der Denkfehler?

*Prof. Dr.-Ing. Gerd Ascheid
Inhaber des Lehrstuhls für
Integrierte Systeme der Signalverarbeitung und Koordinator
des UMIC-Forschungszentrums
an der RWTH Aachen*

UMTS – Stärken und Defizite

UMTS bringt den Nutzern, die Gespräche führen wollen oder SMS verschicken, praktisch keine merkbaren Verbesserungen. Es fehlten die neuen Anwendungen und Nutzungsmöglichkeiten, die UMTS für die Nutzer interessant gemacht hätten. Zum Glück wurde trotzdem eine UMTS-Versorgung aufgebaut, inzwischen hat das Verkehrsaufkommen durch Datenübertragung das durch Sprache überholt – mit zunehmender Wachstumsrate.

Insbesondere Datenübertragung mit hohen Datenraten ist jedoch eine Stärke von UMTS. Ein kurzer Aufenthalt von nur wenigen Minuten in einem Hauptbahnhof reicht beispielsweise aus, um sich per UMTS-Stick am PC in das Mobilfunknetz einzuwählen und eine E-Mail mit einem 25 MByte-Anhang mittels HSDPA (High Speed Downlink Packet Access) herunterzuladen (sofern man nicht in einem ICE mit WLAN-Hotspot sitzt).

*Prof. Dr. rer. pol. Matthias Jarke
Inhaber des Lehrstuhls für
Informationssysteme und
Datenbanken (Informatik 5) und
stellvertretender Koordinator
des UMIC-Forschungszentrums
an der RWTH Aachen*

Dieses Beispiel mag zunächst vor allem Geschäftsreisende ansprechen, es ist aber nicht gewagt vorherzusagen, dass das „mobile" Internet seinen Weg in die breite Nutzung findet wie es PC und Internet getan haben. Auf diese Weise kommt UMTS quasi durch die Hintertür doch zu den Nutzern.

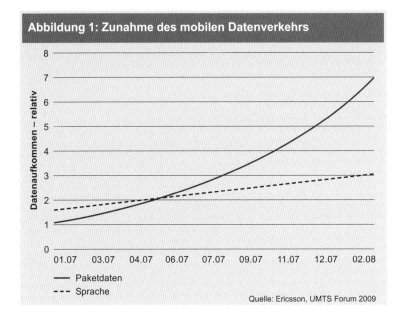

Abbildung 1: Zunahme des mobilen Datenverkehrs

Quelle: Ericsson, UMTS Forum 2009

— Paketdaten
--- Sprache

Lehren für die Zukunft

Als wichtige Lehre, die aus diesen Erfahrungen gezogen wurde, stehen zukünftige Anwendungen und Nutzungsmöglichkeiten des Mobilfunks heute viel stärker im Fokus von Forschung, Standardisierung und Entwicklung. Mobilfunknetzbetreiber haben sich beispielsweise in NGMN (Next Generation Mobile Networks) zusammengetan, um ihre Anforderungen an zukünftige Technologien zu formulieren und in die Weiterentwicklung des Mobilfunks einzubringen. Eine Kernarbeitsgruppe befasst sich etwa mit zukünftigen Nutzungsmöglichkeiten und Geschäftsmodellen für den Mobilfunk. Auch die Forschung des Exzellenzclusters „Ultra High Speed Mobile Information and Communication (UMIC)" an der RWTH Aachen befasst sich vor diesem Hintergrund nicht nur mit der eigentlichen Mobilfunktechnologie, sondern bezieht mögliche Anwendungsszenarien als eines der Schlüsselthemen in die Forschung mit ein.

Technische Weiterentwicklungen des Mobilfunks

Auch wenn permanent an der Verbesserung des Mobilfunks gearbeitet wird, scheinen große Umbrüche in einem Zehnjahreszyklus zu folgen: Nach dem Start des digitalen Mobilfunks mit GSM zu Beginn der 1990er Jahre kam um die Jahrtausendwende UMTS, nun steht mit „LTE" die nächste große technische Innovation an.

Auf GSM und UMTS folgt Long Term Evolution (LTE)

LTE

Dieses Akronym steht für „Long Term Evolution" und soll zum Ausdruck bringen, dass hier nicht ein komplett neues Mobilfunksystem auf den Markt kommt, sondern eine – wenn auch erhebliche – Weiterentwicklung des bestehenden Systems. Sie bringt viele Verbesserungen in der Mobilfunkinfrastruktur, die dem Nichtexperten kaum etwas sagen, für den Kunden aber bessere Übertragungsqualität bedeuten.

Datenraten bis zu 300 Mb/s und damit das Zehnfache der bisherigen Übertragungsraten

Zwei ganz wesentliche Vorteile von LTE sind, dass zum einen um mehr als den Faktor 10 höhere Datenraten im Vergleich zu UMTS-HSPA zur Verfügung gestellt werden können (theoretisch bis zu 300 Mb/s), zum anderen sich die Übertragung wesentlich besser an die jeweiligen Gegebenheiten anpasst. Letzteres wird insbesondere durch eine Anpassung von Datenrate und Fehlerschutz an die Empfangsqualität sowie an die zur Verfügung stehende Bandbreite für das Sendesignal erreicht. In LTE wird auch ein Übertragungsverfahren (OFDM – Orthogonal Frequency Division Multiplexing) verwendet, das bereits bei DSL und bei WLAN benutzt wird.

Ein Problem wird sich durch LTE aber wahrscheinlich verschärfen: UMTS erreicht mittlerweise den überwiegenden Teil der möglichen Nutzer, bezogen auf die Fläche Deutschlands, ist der Prozentsatz der Abdeckung aber deutlich geringer. Dies liegt daran, dass die Mobilfunkbetreiber vor allem dort investieren, wo viele Kunden sind, also bevorzugt in Ballungsgebieten. In ländlichen Gegenden erfolgt der Ausbau nur langsam. Der Unterschied zwischen UMTS (Datenraten bis 14,4 Mb/s) und GSM (Datenraten bis 0,384 Mb/s) ist aber beträchtlich. Es ist zu erwarten, dass LTE ebenfalls vor allem in den dichtbesiedelten Gebieten installiert wird.

Bei höheren Geschwindigkeiten und bei Fahrten außerhalb der Ballungsgebiete werden daher die hohen Datenraten nicht stabil nutzbar sein – niedrigere Datenraten natürlich schon. Es wird also für den Nutzer einen Abtausch Mobilität gegen Datenrate geben.

Die Ökonomie des Mobilfunks

Die erforderlichen Investitionskosten zum weiteren Ausbau des Mobilfunknetzes sind erheblich, der Datenverkehr steigt beträchtlich, die Erlöse der Mobilfunknetzbetreiber sind von dieser Zunahme aber entkoppelt. Kein Nutzer ist bereit, für die zehnfache Datenrate das Zehnfache an Gebühren zu zahlen. Akzeptable und vorhersehbare Gebühren sind eine wesentliche Basis für die verstärkte Datennutzung. Mit einer Flatrate für die Datennutzung sind die Erlöse des Mobilfunkanbieters jedoch unabhängig von den genutzten Datenraten. Als Folge sinken die Erlöse je übertragenes Bit dramatisch. Daher befassen sich die Mobilfunkbetreiber derzeit sehr intensiv mit den Fragen, wie die zukünftige Nutzung des Mobilfunks und wie zukünftige Geschäftsmodelle aussehen könnten. Zwei interessante Zielrichtungen sind die Erhöhung der Anzahl der Nutzer – genauer gesagt, der Anzahl der Geräte, die den Mobilfunk nutzen – und neue Dienste und Angebote, deren Nutzung berechnet wird.

Abbildung 2: Projekt „Virtual Campfire" zur Unterstützung des Wiederaufbaus afghanischen Kulturbesitzes

Quelle: UMIC Research Centre, RWTH Aachen

Zukünftige Anwendungen

Die drei großen Anwendungsbereiche für den Mobilfunk sind in den Erwartungen der Mobilfunkbetreiber Arbeit, Haus und soziale Vernetzung. Es ist offensichtlich, dass der mobile und nahezu an jedem Ort mögliche Zugang zum Internet und damit auch zum Firmennetz nicht nur eine Flexibilisierung der Arbeit ermöglicht, sondern auch viele neue Nutzungsmöglichkeiten erschließt.

Zu Hause erlaubt der Mobilfunk den universellen Zugang zu Information, Unterhaltung und Kommunikation und die Steuerung der entsprechenden sowie vieler weiterer Geräte (wie zum Beispiel Lampen, Garagentor, Jalousien) von jedem Ort. Nicht zuletzt wird der ortsunabhängige Zugang zum Internet eine wichtige Rolle im sozialen Leben spielen – von der Kommunikation über die Information bis hin zu interaktiven Spielen.

Der ortsunabhängige Zugang zum Internet spielt eine immer größere Rolle

Ein besonders interessanter Aspekt ist – in all diesen Anwendungsszenarien – die Kommunikation zwischen Geräten, wie beispielsweise einem Navigationssystem, das per Mobilfunk nicht nur aktuelle Verkehrsinformationen erhält, sondern auch Informationen zurückmelden kann. Hier gibt es viel Raum für innovative Geschäftsideen.

Mobile Webserver

Das mobile Internet beschränkt sich nicht darauf, dass man Webseiten von stationären Webservern unterwegs aufrufen kann. Im Auto der Zukunft, aber auch beim mobilen Arbeiten in schwer zugänglichen Gegenden, werden auch die Webserver selbst mobil sein. Stabile Prototypen dafür wurden in verschiedenen Forschungslabors, so auch im UMIC Forschungszentrum in Kooperation mit der Industrie bereits entwickelt und erprobt. Ein derzeit laufendes Anwendungsexperiment betrifft beispielsweise den Kultur erhaltenden zivilen Wiederaufbau in der afghanischen Region Bamiyan, wo keiner-

Abbildung 3: Kontextanpassung von Informationen am Beispiel eines mobilen Stadtführers

Quelle: RWTH Aachen

lei Festnetzinfrastruktur oder auch nur regelmäßige elektrische Versorgung vorhanden ist und daher regional verteilte mobile Webserver dynamisch je nach Informations- und Stromverfügbarkeit die mobile und verteilte Analyse- und Planungsarbeit koordinieren müssen.

Mobile Server bilden eine räumlich-zeitliche Infrastruktur ab

Diese mobilen Server stimmen sich dann regelmäßig untereinander und mit stationären Informationsdiensten in den Ministerien, Hilfsorganisationen und Forschungseinrichtungen in aller Welt ab. Inhaltlich sind solche Anwendungsszenarien in hohem Grade multimedial, das heißt, sie bilden Fotos, historische Dokumente und moderne Planungswerkzeuge von Archäologen, Architekten, Stadtplanern, Finanzplanern und politisch-gesellschaftlichen Interessengruppen (sog. Communities) auf eine räumlich-zeitliche Infrastruktur ab. Herausforderungen betreffen dabei die semantische und soziale Verzahnung von Multimediadaten, mobile Internetprotokolle, deren Absicherung auf der kommunikationstechnischen Ebene sowie verteilte Datenbanktechnologien. Sogenannte Mashup-Techniken der großen Internetdienstleister (Google Earth etc.) bieten zwar eine wichtige Hilfestellung, es bleibt aber noch viel zu tun.

Kontextanpassung von Informationen

Auf den ersten Blick ähnliche, aber im Detail doch sehr unterschiedliche Anwendungsszenarien gewinnen auch in Ländern wie Deutschland an Bedeutung, die auch eine sehr gute Festnetzinfrastruktur aufweisen. Zum einen ist hier die Kontextanpassung von Information zu nennen, die bei mobilen Systemen aufgrund der damit verbundenen Information über Ort und Bewegung der Benutzerinnen und Benutzer viel weiter gehen kann als bei stationären Systemen. Die durch UMTS und seine Folgesysteme ermöglichte Geschwindigkeitssteigerung erlaubt es beispielsweise, bei einem mobilen Stadtführer nicht nur die Landkarte des Navigationsgeräts und vielleicht ein paar Textinformationen zu Restaurants oder Shops in der Nähe zu zeigen, sondern diese

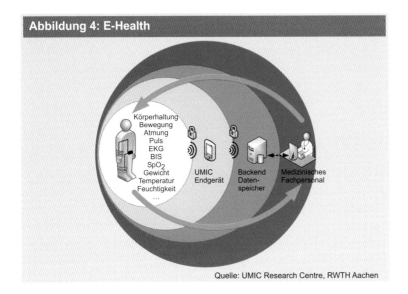

Abbildung 4: E-Health

Quelle: UMIC Research Centre, RWTH Aachen

Information auch durch Fotos, Filme oder gar Kennenlernspiele in erweiterter Realität lebendig zu machen. Dabei können nicht nur zentrale Informationsquellen, sondern auch der direkte Informationsaustausch mit Personen unterstützt werden, die sich mit gleichen Interessen in der Nähe befinden. Ein ebenfalls in der Forschung bereits erprobtes Beispiel ist etwa der Informationsaustausch zwischen Rollstuhlfahrern, die sich wechselseitig darüber informieren, auf welchem Wege man am besten in eine U-Bahnstation kommt. Auch hier kann nicht nur bei gleichzeitiger Präsenz in der gleichen Gegend Information ausgetauscht werden, sondern Erfahrungen können in multimedialer Form sehr einfach von einer Datenbank abgerufen werden. Solche Entwicklungen machen sich auch Vertriebsmitarbeiter bei ihren Kundenbesuchen zunehmend gern zunutze.

Eingebettete Systeme

Die Debatte um eine Anhebung der Altersgrenze für den Renteneintritt hält uns ständig in Erinnerung, dass in den nächsten Jahrzehnten auch die Arbeitsbevölkerung bei uns immer älter werden wird. „Successful Aging" heißt insbesondere auch lebensbegleitende Gesundheitsfürsorge. Während dies im Bereich des IT-gestützten altersgerechten Wohnens und vielleicht auch am Arbeitsplatz unter dem in der EU entstandenen Schlagwort „Ambient assisted Living" bereits vielfältig thematisiert und demonstriert wird, stellt der mobile Teil des Arbeitens aus dieser Perspektive noch eine große Herausforderung dar. Im UMIC Forschungszentrum wird beispielsweise mit einer Technik experimentiert („HealthNet"), welche Gesundheitssensoren (unter anderem Kreislauf, Blutzucker) über ein in die Kleidung eingewebtes Body Area Network kontinuierlich sammelt („wearable computing"), dann über mobile Datenhaltungssysteme etwa auf Mobiltelefonen oder PDAs (Perso-

Neue Anwendungen wie IT-gesteuerte Gesundheitsbetreuung

nal Digital Assistants) zwischenspeichert und voranalysiert, bevor die Daten im Falle besorgniserregender Muster per Mobilfunk an stationäre präzisere Datenanalysesysteme und im Alarmfall auch an geeignete Ärzte weitergeleitet werden. Nur so erscheint in naher Zukunft eine umfassende Gesundheitsüberwachung der in höheren Altersgruppen doch zahlreichen Risikofaktoren möglich.

Herausforderungen, Risiken, Chancen

Besondere Herausforderungen, aber auch Möglichkeiten für die Zukunft gibt es beim Thema Energie. Mobiltechnologien und Geräte müssen wesentlich energiesparender werden. Bei den mobilen Geräten führen steigende Datenraten zu einem steigenden Energiebedarf, so dass die Gefahr unakzeptabel kurzer Batterielaufzeiten besteht. Auf der anderen Seite ermöglicht eine verbesserte Mobilfunkinfrastruktur eine erhebliche **Energieersparnis** beispielsweise durch weniger erforderliche Fahrten und Reisen oder eine effizientere Nutzung der Energie durch mobile Steuerung.

Neue Risiken für Datensicherheit und Datenschutz

Die großen Möglichkeiten, die aus der verbesserten Kontextanpassung resultieren, bringen fast ebenso große Herausforderungen mit sich. Der Nützlichkeit der Erfassung und Anwendung von Kontextinformationen, also auch der damit verbundenen Bequemlichkeit für ihre Benutzer, stehen stets auch die damit verbundenen Risiken für Datensicherheit, Datenschutz und im Einzelfall sogar persönliche Sicherheit gegenüber. Nicht nur die Polizei, auch Konkurrenten, persönliche Feinde oder gar Terroristen können Lokalisierungsinformationen abrufen. Auch der mobile Stadtführer nutzt nicht nur dem, der ihn verwendet, sondern sammelt auch wertvolle Informationen über seine persönlichen Vorlieben und Interessen, die für verschiedenste Zwecke genutzt werden könnten.

Allerdings kann auch hier die Weiterentwicklung der Technik helfen: In der Vergangenheit waren die Chips in Mobiltelefonen schlicht zu langsam und energieaufwendig, um die besten bekannten Sicherheitstechnologien darauf zu installieren. Multiple Spezialprozessoren auf einem Chip haben dies zumindest im Labor bereits ganz wesentlich geändert. Sie führen hochspezialisiert die besten Verschlüsselungs- und Authentifizierungsverfahren sehr viel schneller, mit radikal vermindertem Energieverbrauch durch und bieten so eine Basis dafür, die angesprochenen Probleme in den nächsten Technikgenerationen deutlich besser zu lösen. Nicht verschwiegen werden sollte allerdings, dass **Sicherheit und Datenschutz** keine rein technischen Probleme sind, sondern angemessenes Benutzerverhalten und verbesserte rechtliche Rahmenbedingungen erfordern.

Im Geschäftsleben wird die nächste Generation mobiler Informations- und Kommunikationssysteme natürlich die oben beschriebenen Möglichkeiten zur weiteren **Vereinheitlichung der Arbeitsabläufe** bei Ortswechseln nutzen. Wichtig ist dabei vor allem, dass das Aufholen mobiler Systeme in Sachen Verfügbarkeit, Abdeckung, Kosten, Zuverlässigkeit und real erlebter Geschwindigkeit die immer noch vorhandenen Brüche im Informationsangebot reduziert, die beim heute üblichen ständigen Wechsel zwischen eigenem Arbeitsplatz, Arbeitsplätzen als Gast in Hotels oder bei Geschäftspartnern, Bewegung zu Fuß oder in verschiedensten Verkehrsmitteln immer noch vorhanden sind.

Die neuen Eigenschaften werden beispielsweise auch die Qualität stationärer wie mobiler Videokonferenzen entscheidend verbessern und damit Chancen eröffnen, nicht nur das Arbeiten in der Mobilität effizienter zu gestalten, sondern auch die Notwendigkeit zur ständigen Mobilität deutlich zu reduzieren. Routinetreffen, die nach Studien weit mehr als die Hälfte aller Dienstreisen verursachen, können so wesentlich reduziert werden. Dies spart nicht nur massiv Kosten, sondern senkt auch den Energieverbrauch und entlastet die Umwelt entscheidend. Nicht zuletzt sind aus solchen Tendenzen gerade für Familien und Erziehende wesentliche Entlastungen zu erwarten. Die Adaptivität der Systeme vereinfacht zudem wesentlich die Teilhabe von Menschen mit Behinderungen am Arbeitsleben zu vergleichsweise günstigen Kosten.

Mobile Videokonferenzen werden einen Großteil der Dienstreisen ersetzen.

Diese Effekte werden noch verstärkt durch die **Integration** des mobilen „sozialen" Internets mit dem „Internet der Dinge", also der Verknüpfung mit Sensorik und Aktorik, welche unmittelbar mit der natürlichen und technischen Umgebung des Menschen interagieren. Die detaillierte Diskussion dieser Zusatzoptionen sprengt den Rahmen dieses kurzen Beitrags, daher sei als Beispiel nur auf das obengenannte HealthNet sowie auf die bereits heute zahlreichen RFID-Anwendungen in der Logistik verwiesen.

Noch viel stärker als in den entwickelten Industrieländern beeinflusst die Mobilkommunikation bekanntlich Regionen und Länder, die keine stationäre Netzinfrastruktur vorweisen können und wo oft auch die Energieversorgung ein Problem ist. Auch dafür wurde oben bereits ein Beispiel genannt, das dem Bereich des E-Government, also der öffentlichen Dienstleistungen, zuzurechnen ist. Das Gleiche gilt für den E-Business-Bereich. Neue mobile Netzmodelle und energiesparende, aber hochleistungsfähige Endgeräte werden diese bereits seit einigen Jahren in Ländern wie Indien und China, sogar Somalia, zu beobachtende Tendenz massiv weiter verstärken und bieten so eine Chance zur Angleichung von Lebensbedingungen in der Welt. Diese Innovationschancen in der Breite umzusetzen bedarf gerade im Kommunikationsbereich immer einer international abgestimmten Vorgehensweise von Forschung, technischer Erfindung, betrieblicher Innovation, gesellschaftlicher Akzeptanz und politischer Unterstützung. Die deutsche Exzellenzinitiative bietet dafür eine wettbewerbsfähige Plattform.

Neue Geschäftsmodelle in der Telekommunikation
Nutzenpotentiale von M2M

Von Prof. Dr. Jens Böcker

Kunden erwarten von den Anbietern zunehmend Services, mit denen sie unabhängig von der technischen Infrastruktur ihr individuelles Leistungspaket zusammenstellen können. Hohes Wachtumspotential haben Machine-to-Machine (M2M)-Anwendungen.

Die Suche nach neuen Geschäftsmodellen hat sich im Telekommunikationsmarkt deutlich intensiviert, denn bestehende, linear geprägte Geschäftsmodelle stoßen mehr und mehr an ihre Grenzen. Die Zeiten, in denen Telekommunikationsanbieter zuerst in Infrastruktur investierten und anschließend Tarifmodelle mit monatlicher Grundgebühr und nutzungsabhängigen Entgelten umsetzten, gehören unwiederbringlich der Vergangenheit an. Damit sind vor allem die traditionellen Cash Cows (Sprache im Festnetz und im Mobilfunk) der Branche in Frage gestellt.

Vor diesem Hintergrund intensivieren Telekommunikationsanbieter ihre Anstrengungen neue, nutzenstiftende Services im Markt zu positionieren. Im Mittelpunkt stehen dabei offene, internet- und innovationsorientierte Modelle, die sich durch eine wesentlich höhere Flexibilität und Skalierbarkeit für den Nutzer auszeichnen. Aus einem Bündel von Services und möglichen Ausprägungen werden Kunden in Zukunft ihren Anforderungen entsprechend – im Sinne eines Self Customizing – ihr individuelles Leistungspaket zusammenstellen können. Sicher ist, dass es sich hierbei überwiegend um datenbasierte Services handelt – völlig unabhängig davon, ob diese Daten im Fest- oder Mobilfunknetz verschickt werden. Kunden werden in Zukunft mehr als heute „Seamless Services" erwarten und auf deren Nutzung bestehen. Die Anwendungen, die ihnen wichtig und teuer sind, möchten sie unabhängig von technischen Infrastrukturen nutzen. Das Datenvolumen wird sich damit mittelfristig, das heißt in einem Zeitraum von zwei bis drei Jahren, massiv weiter erhöhen. Insgesamt bedeutet dies eine Erhöhung des Datenvolumens um den Faktor 3 bis 5. Im Mobilfunk wird sich diese Entwicklung noch schneller zeigen.

Einen wesentlichen Beitrag zur Erhöhung der zunehmenden Datenvolumina leisten die sich abzeichnenden Machine-to-Machine (M2M)-Anwendungen. Unter M2M versteht man den automatisierten Informationsaustausch zwischen Endgeräten. Informationen werden von einem oder mehreren – in der Regel dezentralen – Endgeräten abgegeben beziehungsweise ausgelesen sowie von anderer zentraler Stelle aufgenommen und in einen weiterführenden

Prof. Dr. Jens Böcker
Inhaber des Lehrstuhls Marketing am Fachbereich Wirtschaft der Hochschule Bonn-Rhein-Sieg in St. Augustin bei Bonn

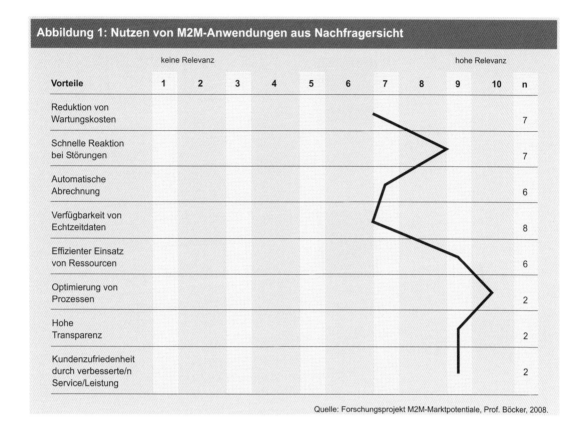

Abbildung 1: Nutzen von M2M-Anwendungen aus Nachfragersicht

Vorteile	1	2	3	4	5	6	7	8	9	10	n
Reduktion von Wartungskosten											7
Schnelle Reaktion bei Störungen											7
Automatische Abrechnung											6
Verfügbarkeit von Echtzeitdaten											8
Effizienter Einsatz von Ressourcen											6
Optimierung von Prozessen											2
Hohe Transparenz											2
Kundenzufriedenheit durch verbesserte/n Service/Leistung											2

keine Relevanz — hohe Relevanz

Quelle: Forschungsprojekt M2M-Marktpotentiale, Prof. Böcker, 2008.

IT-Verarbeitungsprozess integriert. Dabei wird die Anwendung M2M zunächst unabhängig von der eingesetzten Technologie betrachtet. Diese in der Definition verankerte Technologieunabhängigkeit ist angesichts sich abzeichnender technologischer Veränderungen wichtig.

M2M-Anwendungen wird erhebliches Wachstumspotential zugesprochen. Die Vernetzung von Maschinen mittels M2M steht erst am Anfang. Erst ca. 1 bis 2 Prozent aller M2M-fähigen Maschinen sind 2009 miteinander verbunden. In einem Forschungsprojekt an der Hochschule Bonn-Rhein-Sieg wurden die Gründe für die positive Erwartungshaltung seitens potentieller Anbieter und Nachfrager analysiert. Hierzu wurden 31 persönliche Tiefeninterviews mit Marktexperten durchgeführt. Die Anbieterseite verspricht sich vor dem Hintergrund der bereits genannten sich abzeichnenden Veränderungsprozesse die Erschließung neuer Geschäftspotentiale. Dabei lassen sich drei Gruppen von Anbietern identifizieren, deren positive Markteinschätzungen sehr ähnlich sind: Mobilfunkanbieter, Hardwarehersteller der M2M-Module und Integratoren. Für alle befragten Unternehmen ist der Ausbau von M2M-Anwendungen von strategischer Bedeutung. Besonders interessant ist, dass sich in der derzeit noch jungen Marktentwicklung kein dominierender Ansprechpartner für den Kunden zwischen den drei beteiligten Unterneh-

Marktexperten: Automatisierter Informationsaustausch zwischen Endgeräten gewinnt an Bedeutung

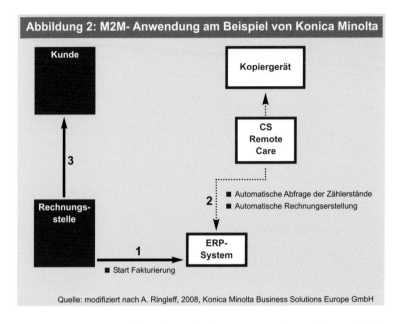

Abbildung 2: M2M- Anwendung am Beispiel von Konica Minolta

Quelle: modifiziert nach A. Ringleff, 2008, Konica Minolta Business Solutions Europe GmbH

menstypen herauskristallisiert hat. Die Akzeptanz auf der Nachfragerseite ist primär durch die Nutzenerkenntnis geprägt, dass sich zwei Parameter erheblich verbessern lassen: erstens die Optimierung bestehender Prozesse und zweitens die Sicherstellung eines verbesserten Qualitätslevels gegenüber den eigenen Kunden. Abbildung 1 zeigt die Einschätzung hinsichtlich der Nutzenerwartung seitens der Nachfrager von M2M-Anwendungen:

Best-Practice-Beispiel: Wartung von Kopiergeräten über mobile Anbindung

Der Vorteil der Prozessoptimierung bezieht sich insbesondere auf die Optimierung von Service und Wartung bei dezentralen Strukturen. So ermöglichen M2M-Anwendungen beispielsweise die Umstellung von teureren routinemäßigen Serviceprozessen hin zu optimierten bedarfsgerechten Prozessen, was am Beispiel der Konica Minolta Business Solutions Europe GmbH verdeutlicht wird. Unter der Maßgabe einer kontinuierlichen Überwachung von Kopierern wurden spezifizierte M2M-Module integriert. Somit können jederzeit Informationen über Nutzung, Verbrauch und mögliche Störungen abgerufen werden. Die individuellen Gerätedaten werden seitens der Serviceorganisation überwacht. Auf Basis dieser in Echtzeit vorliegenden Informationen können nun die Servicetechniker bedarfsgerecht eingesetzt werden. Störungen können somit – im Sinne eines Frühwarnsystems – frühzeitig erkannt und die entsprechenden Gegenmaßnahmen eingeleitet werden. Die Anbindung der Kopierer erfolgte bei Konica Minolta auf Mobilfunkbasis. Die Vorteile dieser Vorgehensweise sind, dass vorhandene IT-Strukturen bei den Konica-Minolta-Kunden nicht genutzt werden müssen (Datensicherheit /-schutz!). Darüber hinaus ist die Installationszeit von mobil angebundenen Kopierern erheblich kürzer als von kabelgebundenen. Somit lassen sich Kosten- und Wettbewerbsvorteile gut miteinander verbinden.

Die Vorgehensweise in dem oben beschriebenen Beispiel unterstreicht damit die Forschungsergebnisse im Punkt Anbindung. Neben allen Alternativen konnte eine klare Dominanz für die Anbindung von Geräten via Mobilfunk festgestellt werden. Mit Abstand folgt die kabelgebundene Anbindung, zum Beispiel via DSL. Der Trend zur Mobilfunkanbindung wird sowohl von Anbietern, als auch von Anwendern gleichermaßen gesehen.

Die individuelle M2M-Anforderung bestimmt die Anforderungen an die Datenübertragung. Bei großen Volumina – im Fall von Videoapplikationen – hat die Anbindung via Kabel durchaus Vorteile. In den meisten Anwendungen werden demgegenüber eher kleine Datenvolumina übertragen, wie im Fall des dargestellten Beispiels. Die bisherigen Technologien GSM, UMTS und HSDPA kommen mit diesen Datenvolumina in der Regel sehr gut zurecht. Für Spezialanwendungen sind Anbindungen über ZigBee und Bluetooth möglich. Angesichts der hohen Investitionen in die neueste Generation der Mobilfunknetze LTE werden in Zukunft Übertragungsgeschwindigkeiten zur Verfügung stehen, die heute bisher lediglich im Festnetz/Breitband möglich sind. Die Möglichkeit einer größeren mobilen Bandbreite wird datenintensivere M2M-Anwendungen bereits kurz- bis mittelfristig in ein bis drei Jahren erlauben.

Künftig höhere Übertragungsgeschwindigkeiten für M2M-Anwendungen

Neben der Übertragungsgeschwindigkeit ist die Integration in bestehende IT-Systeme der Schlüssel zum Erfolg von M2M-Anwendungen. Ein sicherer Kreislauf aus Generierung, Übertragung, Empfang und Verarbeitung der Daten zeichnet einen geschlossenen IT-Systemkreislauf aus. Diesen IT-Kreislauf konzeptionell und operativ umzusetzen bedarf eines engen Zusammenspiels der beteiligten Anbieter. Diese gehen derzeit projektspezifische Partnerschaften ein, um Lösungen möglichst schnell und pragmatisch potentiellen Kunden anbieten zu können. Dabei sind gerade die Beherrschung der Schnittstellen von Datenübertragung und Datenverarbeitung sowie die Integration in bestehende IT-Strukturen entscheidend. Während sich alle potentiellen M2M-Anbieter gleichermaßen als Ansprechpartner und Problemlöser im Markt positionieren, haben die Integratoren aufgrund ihrer Anpassungs- und Schnittstellenkompetenz strategische Positionierungsvorteile im Markt.

Abbildung 3: Gründe für die Dominanz von Mobilfunk bei M2M-Anwendungen

- gute Integrationsmöglichkeit in bestehende Netze
- ortsunabhängige Integration von Geräten
- Netzwerkkapazität des Kunden wird nicht belastet
- Infrastrukturinvestitionen sind nicht notwendig
- Verfügbarkeit von ausreichenden Bandbreiten (UMTS etc.)
- Standardisierung im Mobilfunk

Quelle: Forschungsprojekt M2M-Marktpotentiale, Prof. Böcker, 2008.

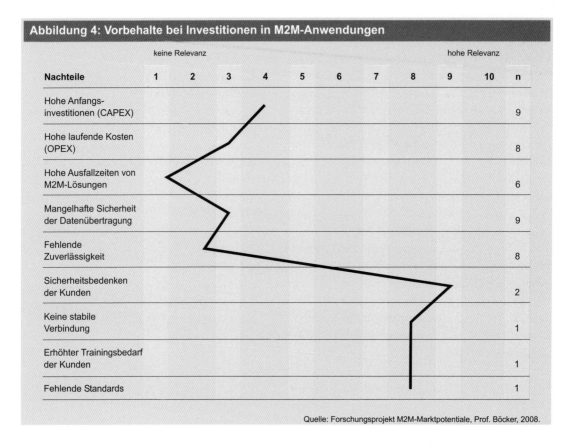

Abbildung 4: Vorbehalte bei Investitionen in M2M-Anwendungen

Quelle: Forschungsprojekt M2M-Marktpotentiale, Prof. Böcker, 2008.

Die Forschungsergebnisse haben auch gezeigt, dass aus Sicht potentieller Kunden das Zusammenspiel und die Standardisierung von M2M-Anwendungen als Investitionsbarrieren angesehen werden. Teilweise werden auch Vorbehalte hinsichtlich der Zuverlässigkeit mobiler Datenübertragung in den Mobilfunknetzen geäußert. Kabelgebundene Lösungen haben in diesem Punkt einen leichten Vertrauensvorteil. Darüber hinaus wurden Bedenken hinsichtlich der Datensicherheit geäußert – einem zunehmend sensiblen Thema aus dem Blickwinkel von Anwendern.

Kunden haben Bedenken hinsichtlich der Zuverlässigkeit und Sicherheit mobiler Datenübertragung

Angesichts dieser Bedenken sind alle mit dem Thema befassten Anbieter gefordert, entsprechende Service Levels anzubieten, um Vertrauen aufzubauen und damit die notwendige Investitionsbereitschaft für M2M-Technologien zu schaffen. Die Forschungsergebnisse zeigen allerdings auch, dass mit einem steigenden Nutzen, neuen M2M-Anwendungsfeldern und einer steigenden Penetrationsrate im Markt die Akzeptanz seitens der Anwender schnell steigt. Tatsächlich stellen sich die Investitionseffekte überraschend positiv dar.

In einer zweiten Stufe des Forschungsprojektes wurden bereits realisierte M2M-Projekte hinsichtlich ihres Amortisationszeitraumes analysiert. Hierzu wurden vier sehr unterschiedliche M2M-Anwendungen in die Untersuchung einbezogen. Der Amortisationszeitraum wurde mit einem Zeitraum von zwei bis sechs Monaten angegeben und ist damit sehr kurz. Dazu kommt, dass gerade angesichts der aktuellen konjunkturellen Situation der Druck zur (Kosten-)Optimierung von Prozessen zugenommen hat. Dieser Druck und die kurzen Amortisationszeiträume forcieren grundsätzlich die Investitionsbereitschaft.

Zusammenfassend lässt sich feststellen, dass die Markterwartungen für M2M kurz- bis mittelfristig positiv sind. Anbieter versprechen sich neue Umsatzpotentiale, Nutzer versprechen sich optimierte Prozesse und die Sicherstellung von Service Levels gegenüber ihren Kunden. Die technischen Voraussetzungen zugunsten von M2M-Anwendungen werden sich deutlich verbessern. Die Bandbreite für die mobile Datenübertragung wird sich mit den LTE-Netzen weiter steigern, und eine Standardisierung der Schnittstellen ist mit einer zunehmenden Marktpenetration zu erwarten. Die Frage nach dem optimalen Einstiegszeitpunkt lässt sich mit folgender Empfehlung ausdrücken: „zügig einsteigen", um die M2M-Lernkurve möglichst schnell zu durchlaufen und Wettbewerbsvorteile zu gewinnen. ▐▐▐▐

Investition in M2M amortisiert sich innerhalb weniger Monate

Kommunikation 2.0
Neue Wege in einem intelligenten Netz

Von Dennis Knake

Durch neue intelligente Netztechnologien werden moderne Kommunikationsnetze möglich, die nicht nur flexibler sind, sondern auch Funktionen der Informationstechnologie mit der Telekommunikationstechnik zusammenbringen und damit ganz neue Möglichkeiten eröffnen.

Die Tage der leitungsvermittelten Kommunikation sind gezählt. Erst jüngst meldete der Branchenverband BITKOM, dass Analog- und ISDN-Anschlüsse bei der Datenübertragung kaum noch eine Rolle spielen.[1] Hier wird deutlich, dass die Zeit für neue Kommunikationsnetze gekommen ist: Wo früher Telefone und Anlagen starr an einem örtlich gebundenen Anschluss installiert waren und zusätzliche Funktionen nur mit teurer Hardware an jedem einzelnen dieser Standorte realisiert werden konnten, eröffnen „intelligente" Netztechnologien ganz neue Möglichkeiten: Ein modernes Kommunikationsnetz ist nicht nur flexibler, es bringt auch die Funktionen der Informationstechnologie mit der Telekommunikationstechnik zusammen.

Die Kommunikationsnetze der Zukunft gibt es schon heute: Sie vereinen Dienste wie Telefon, Mobilfunk und Datenübertragung miteinander. Diese Fähigkeit bezeichnet man als „Konvergenz". Man nennt sie auch „Netz der nächsten Generation" oder im Fachjargon „Next Generation Network", kurz NGN. Die Konvergenz entsteht dadurch, dass Sprach- und Dateninformationen nicht mehr leitungsvermittelt und getrennt übertragen werden, sondern paketbasiert über das aus dem Internet bekannte IP-Protokoll. Hierbei wird die Information, sei es Sprache oder Daten, in einzelnen voradressierten Datenpaketen vom Absender zum Empfänger übertragen. Dabei ist es unerheblich, an welchem Ort sich die beiden Kommunikationspartner befinden, weil sich die Datenpakete nicht auf vorher festgeschriebenen Leitungswegen bewegen, sondern individuell anhand ihrer Adressierung den Weg zum Empfänger finden. Das ist wesentlich effizienter, weil die Übertragung nicht mehr auf eine fest installierte und teure Leitung zwischen Teilnehmer A und Teilnehmer B angewiesen ist. Jeder Nutzer ist unabhängig von seinem Standort immer unter der gleichen Rufnummer erreichbar.

Dennis Knake
Unternehmenskommunikation
QSC AG

Der große Unterschied zwischen der alten leitungsvermittelten Technik und der IP-basierten Kommunikation liegt darin, dass sich nun die Endgeräte im Netz anmelden und damit den individuellen Leitungsweg definieren und nicht umgekehrt die Leitung den Weg zum Endgerät bestimmt.

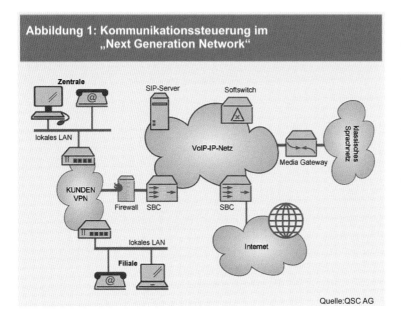

Abbildung 1: Kommunikationssteuerung im „Next Generation Network"

Quelle:QSC AG

Unterschiedliche Server sorgen in einem Next Generation Network für die sichere und intelligente Kommunikationssteuerung. Darüber hinaus kann über ein sogenanntes Media-Gateway auch in das klassische Sprachnetz vermittelt werden

Ein NGN erlaubt die Kommunikation über verschiedene Standards und Dienste hinweg und bietet Wege sowohl in das klassische Sprachnetz als auch in die mobile Welt. Das Angebot an Diensten ist dabei weitaus größer als in einem herkömmlichen Netz, da zeitgleich mehrere Informationen verarbeitet werden können, die sich zur automatisierten Kommunikationssteuerung nutzen lassen. Ein Beispiel: Ein Kunde meldet sich bei seinem Servicedienst. Über seine Absenderkennung erhält der Servicemitarbeiter auf der anderen Seite in dem Moment, in dem das Telefon klingelt, automatisch den Datensatz seines Kunden auf den Bildschirm. Sätze wie „Geben Sie mir doch mal Ihre Kundennummer, dann schaue ich mir mal ihre Daten an" entfallen. Der Servicemitarbeiter ist bereits informiert. Diese Verknüpfung von Sprache mit Daten nennt sich Computer Telephony Integration, kurz CTI. In Verbindung mit einer Customer Relationship Management (CRM) Datenbank lassen sich so automatisiert Kundendaten bei Anruf anzeigen. Nur eines von vielen Beispielen zur Effizienzsteigerung in einem intelligenten Netz.

Doch ein NGN kann noch mehr. Mit einem konvergenten Sprach-Daten-Anschluss kann man vollständig auf eine herkömmliche Telefonanlage verzichten. An ihre Stelle tritt eine beim Telekommunikationsanbieter installierte Software, auf die der Kunde über seinen Anschluss zugreifen kann. Somit müssen keine Anlagen mehr im Haus installiert werden. Das spart die teuren Wartungsverträge, kostspielige Erweiterungen oder häufigen Technikereinsatz bei Veränderungen.

Bei dieser „IP-Centrex" genannten ausgelagerten Anlagenvariante werden sämtliche Funktionen direkt aus dem Netz des Telekommunikationsanbieters geliefert. Nur noch die Telefone müssen am Arbeitsplatz installiert werden. Die Konfiguration einer solchen Telefonanlage ist denkbar einfach und erfolgt ebenfalls direkt am Arbeitsplatz über einen Webbrowser. Zieht ein Teilnehmer um, müssen keine Veränderungen mehr in der Verkabelung vorgenommen werden. Das sogenannte „Patchen", bei dem ein Techniker die Kabel der Telefonanlage anhand der geänderten Ausgangslage neu verknüpft, gehört der Vergangenheit an. Der Anschluss folgt dem Teilnehmer automatisch, er muss sich nicht einmal im gleichen Gebäude aufhalten und ist auch mobil unter seiner Hauptrufnummer erreichbar.

Besonders bei Standortvernetzungen kommen die Vorteile einer ins Netz ausgelagerten Telefonanlage zum Tragen. So entfallen für jeden Standort die Investitionen für die eigene Systemtechnik vor Ort, da alle Standorte zentral über den Provider verwaltet werden. Das spart Kosten und sorgt zudem für ein professionelles, einheitliches Erscheinungsbild, da für alle Standorte eine einheitliche Stammrufnummer gelten kann. Da die Kommunikation künftig über ein Netz stattfindet, entfallen auch die Gebühren für Gespräche zwischen den Standorten.

Besonders interessant wird IP-Centrex beim Einsatz mobiler Außendienstmitarbeiter, die nun jederzeit unabhängig von ihrem Standort in das System eingebunden werden und über Rufnummern kommunizieren können, als seien sie vor Ort. „Remote-Office" nennt sich dieses Anwendungsszenario in einer IP-Centrex-Umgebung. Dies erfolgt entweder per Mobilfunkhandy oder Festnetztelefon oder aber über Einwahl per Voice over IP an jedem Internetzugang.

IP-Centrex lagert die Intelligenz einer Telefonanlage in das Netz des Telekommunikationsanbieters aus. Sämtliche Standorte eines Unternehmens kommen so ohne zusätzliche Technik aus und können bei einem einheitlichen Erscheinungsbild flexibler agieren und Kosten besser kalkulieren

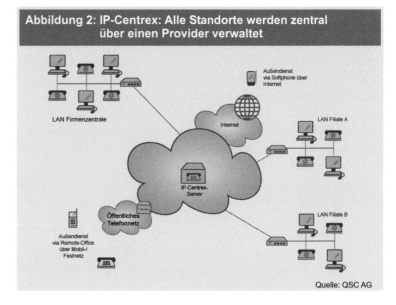

Abbildung 2: IP-Centrex: Alle Standorte werden zentral über einen Provider verwaltet

Quelle: QSC AG

Ein weiterer großer Vorteil von IP-Centrex-Diensten ist die nachträgliche Erweiterbarkeit durch neue Funktionen, Features und Anschlüsse. So wächst die Telefonanlage stetig mit den Ansprüchen des Unternehmens, ohne dass in neue Hardware investiert werden muss. Bei herkömmlichen Anlagen ist es notwendig, sich schon im Vorfeld für einen bestimmten Teilnehmerkreis mit einer bestimmten Nutzerzahl zu entscheiden. Spätere Erweiterungen machten den Ausbau der Telefonanlage notwendig. Mit IP-Centrex können weitere Personen bequem per Mausklick hinzugefügt werden, lediglich ein neues Telefon wird pro Arbeitsplatz benötigt.

Die einheitliche Verwaltung sämtlicher angeschlossener Nutzer vereinfacht zudem die Rechnungsstellung und deren Bearbeitung. So erhält der Kunde für sämtliche anfallenden Kommunikationskosten nur noch eine Rechnung von einem Anbieter.

Intelligente Kommunikationssteuerung

In Verbindung mit zusätzlicher, im Netz des Telekommunikationsanbieters installierter Software ergeben sich so ganz neue Möglichkeiten bei der Steuerung und Verwaltung der Kommunikation. Da das intelligente Netz auch erkennt, ob ein Anschluss derzeit überhaupt verfügbar ist, kann es im Falle der Nichterreichbarkeit den Anruf automatisch auf ein anderes Gerät umleiten oder den Empfänger per E-Mail oder Kurzmitteilung informieren. Anschlussinhaber können bequem am PC Routingpläne für die Anrufe erstellen, interaktive Sprachmenüs generieren oder Telefonkonferenzen per Mausklick starten.

Das intelligente Netz leitet Anrufe automatisch an die richtige Stelle weiter

Eine weitere interessante Anwendung in einem NGN ist eine weitergreifende Art der automatisierten Anrufersteuerung (Automatic Call Distribution), die insbesondere von Call Centern genutzt wird. Sie kann einen großen Beitrag dazu leisten, Geschäftsprozesse vor allem im Dienstleistungsbereich, deutlich zu vereinfachen: Die Steuerung der eingehenden Anrufe erfolgt dabei nach individuell vordefinierten Regeln. So ist es möglich, bei Erkennung einer Anrufernummer beispielsweise aus dem französischen Sprachraum, den Anruf gleich auf einen französischsprachigen Mitarbeiter zu leiten. Doch die Routingmöglichkeiten gehen noch tiefer: Anhand der noch während eines Anrufes ermittelten Daten aus den angeschlossenen CRM-Systemen können präzisere Auswahlmechanismen greifen und den Anrufer sofort an spezialisierte Mitarbeiter verweisen. Jeder Anruf wird dabei in Sekundenschnelle nach unterschiedlichen Prioritätsleveln behandelt und dann durchgestellt.

Treffen der Generationen: Rückwärtskompatibilität

Eine Herausforderung, die ein NGN zu meistern hat, liegt in der Rückwärtskompatibilität, also der Möglichkeit, herkömmliche Technologie aus der alten, „leitungsvermittelten Zeit", zu verwenden. Nicht alle Nutzer können oder wollen, sei es aufgrund bestehender oder gerade getätigter Investitionen, sofort vollständig auf eine reine IP-basierte Technologie wechseln. So müssen die Telekommunikationsanbieter Möglichkeiten schaffen, auch die alten Technologien in einem modernen NGN zu integrieren.

Klassische Telefonanlagen lassen sich problemlos in das „Next Generation Network" integrieren

Eine klassische Telefonanlage kann also nach wie vor über einen ISDN-Amtskopf verbunden bleiben, auch die Endgeräte bleiben erhalten. Die Übertragung von Sprache und Daten mittels IP-Protokoll findet in einem solchen Fall dann nur über den Breitbandanschluss beim Carrier statt. Dazu wird zwischen alter Telefonanlage und IP-Datenanschluss ein sogenanntes „Integrated Access Device" geschaltet, das über die notwendigen Schnittstellen verfügt, um zwischen alter und neuer Übertragungstechnologie zu vermitteln. Zwar sind mit einer solchen Lösung zusätzliche Anwendungsmöglichkeiten wie CTI weiterhin sehr aufwendig, trotzdem kann der Kunde unter Berücksichtigung laufender Verbindlichkeiten schrittweise zur IP-basierten Kommunikation migrieren.

Sicherheit für Kunden und Telekommunikationsanbieter

Neue Technologien werfen immer die Frage nach der Sicherheit auf. Sprachdaten werden in einem Next Generation Network als Voice over IP mittels sogenannten Real Time Protocols (RTP) unverschlüsselt übertragen. Grundsätzlich besteht daher immer die Möglichkeit, dass ein Gespräch abgehört werden kann. Dieses Risiko ist aber nicht größer und der technische Aufwand nicht geringer als bei einem herkömmlich geführten Festnetzgespräch. Auch hier werden die Sprachdaten unverschlüsselt übertragen. In beiden Fällen benötigt der Angreifer Zugang zum Datenanschluss des Teilnehmers.

Bei Voice over IP müsste entsprechende Software im lokalen Netzwerk des Teilnehmers installiert sein, zum Beispiel in Gestalt eines im Computer versteckten Trojaners, oder ein im Netz unbemerkt zwischengeschalteter Rechner. Bei der Festnetztelefonie genügt das Anzapfen der Telefonleitung, was auch außer Haus und damit sehr unauffällig geschehen kann. Schutz gegen Abhörversuche kann bei Nutzung von Voice over IP nur eine gute Absicherung des lokalen Netzwerks bieten. Dies liegt jedoch vor allem im Verantwortungsbereich des Nutzers, genau wie dieser achtgeben muss, dass kein Unbefugter Zutritt zu den Kommunikationsleitungen in seinem Gebäude erlangt.

Bei der Einhaltung einiger Grundregeln zur Sicherheit hat die IP-Telefonie aber durchaus das Potential, sicherer als die Festnetztelefonie zu sein. Die Sicherstellung von Sprachqualität, korrekter Abrechnung und Identifizierung der Nutzer ist Aufgabe der Telekommunikationsanbieter. Für die Sicherheit des Netzwerkes im eigenen Haus tragen die Nutzer Mitverantwortung. Mittels neuer Hard- und Software sowie kommender Verschlüsselungsmechanismen kann die IP-Telefonie in puncto Sicherheit in Zukunft meilenweit voraus sein.

Nach einer Studie von Arthur D. Little[2] erwarten potentielle Nutzer gehosteter Anlagenlösungen wie IP-PBX oder IP-Centrex allein bei Wartung und internen Kosten Einsparungen zwischen 10 und 23 Prozent, bei der Hardware bis zu 35 Prozent und bei den Nutzungsgebühren bis zu 20 Prozent. Angesichts dessen rechnet die Unternehmensberatung damit, dass bis 2010 rund 43 Prozent der geschäftlich genutzten Telefonanschlüsse auf dieser Technologie basieren werden.

Hohes Einsparpotential bei Wartung, Hardware und Nutzungsgebühren

Den unterschiedlichen Kommunikationsszenarien in einem Next Generation Network sind kaum Grenzen gesetzt. Die IP-Technologie ist das Werkzeug, eine ganze Palette von Kommunikationsdienstleistungen, die die Effizienz und Produktivität von Unternehmen fördern, zu realisieren.

---

1 BITKOM-Pressemitteilung, Berlin, 17. Mai 2009: „Verschiebungen im Festnetz-Markt für Telefonie", http://www.bitkom.org/de/presse/8477_59293.aspx

2 Arthur D. Little: „The Battle for the Business Customer – Impact of IP PBX, IP Centrex and Mobile PBX" , October 2006.

Unified Communications
Wertschöpfung und Kostensenkung im Unternehmen

Von Jürgen Signer

Durch die Bündelung verschiedener Kommunikationskanäle bietet Unified Communications neue Möglichkeiten der Wertschöpfung. Durch die Integration in Anwendungen sind Communication Enabled Business Processes (CEBP) möglich, die zu mehr Agilität führen.

Unified Communications vereinheitlicht unterschiedliche Kommunikationsmittel unter einer einzigen Benutzeroberfläche. Damit lassen sich als Ziel Communication Enabled Business Processes (CEBP) erreichen, in denen die Kommunikation nahtlos integriert ist und die zu einer erheblichen Effizienzsteigerung und Serviceverbesserung führen.

Bis zu 9 Millionen Euro im Jahr verlieren Unternehmen mit rund 1.000 Beschäftigten nach einer Studie der unabhängigen kanadischen Firma Insignia Research durch Produktivitätseinbußen und vermeidbare Ausgaben. Verursacht werden sie unter anderem durch Kommunikationsbrüche in den Geschäftsabläufen oder Zusatzausgaben in Unternehmen, die über keine vereinheitlichte Kommunikationsstruktur verfügen. Schwachpunkte dieser fragmentierten und oft veralteten Kommunikationssysteme wurden in der Studie auf Mitarbeiter-, Team- und Unternehmensebene analysiert. Ebenso wurden weiche Faktoren wie Zeitverluste, Auswirkungen auf den Kundenservice sowie das Frustrations- und Stressniveau von Nutzern und Teams ermittelt.

So gaben 94 Prozent der Befragten an, dass sie im Durchschnitt 5,3 Stunden pro Woche auf Informationen von anderen warten, um bestimmte Aufgaben erledigen zu können. Betrachtet man dieses praktisch allgegenwärtige Problem aus der Prozesssicht, dann hat die Verzögerung von 5,3 Stunden bei kundenbezogenen Aktivitäten eine noch größere Negativwirkung auf Umsätze und Service.

Die Befragten berichteten auch von einem durchschnittlichen Produktivitätsverlust von 7,8 Stunden pro Monat bei der Arbeit an externen Standorten, da dort Kommunikationswerkzeuge fehlen, die sie in ihrem Büro zur Verfügung haben. Beinahe ein ganzer Arbeitstag geht jeden Monat verloren, weil sie nicht mit effektiven Kommunikationswerkzeugen ausgerüstet sind, die sie auch von unterwegs einfach nutzen können. Angesichts der Tatsache, dass die Mitarbeiter immer mobiler werden, kann dies dramatische Auswirkungen haben.

Jürgen Signer
Leitung Vertrieb Deutschland,
Siemens Enterprise Communications GmbH & Co. KG,
München

Abhilfe verspricht hier Unified Communications (UC), das von den Experten des Beratungsunternehmens Berlecon Research als „Bündelung verschiedener Kommunikationskanäle und Integration in Anwendungen" definiert wird. Mehr als die Hälfte der Unternehmen in Deutschland – so eine repräsentative Studie der Berliner Marktforscher – setzt heute bereits UC-Lösungen ein oder plant ihre Installation bis Ende 2010. So hat fast die Hälfte der Befragungsteilnehmer ihre bisherige Telefonanlage bereits durch ein System ersetzt, das auf Basis des Internet Protocol (IP) arbeitet.

Offene Softwarelösung statt proprietärer Hardware

„Die Kommunikationsinfrastruktur, wie sie sich in den vergangenen 20 Jahren entwickelt hat, ist nicht mehr zeitgemäß", schreiben die Marktforscher der Butler Group in einer Studie. Sogenannte „Silo-Architekturen" behinderten die Arbeit und verringerten die Flexibilität der Unternehmen. Ihr Rat deshalb: Firmen müssen eine UC-Strategie auf Basis eines servicezentrierten Ansatzes entwickeln.

Sprachkommunikation wird Teil der IT-Struktur

Der Paradigmenwechsel von proprietären, hardwarebasierten Telefoniesystemen hin zu Softwareanwendungen, die auf Standardservern laufen, erlaubt und erfordert eine völlige Neubewertung in Bezug auf den Nutzen und die geschäftliche Relevanz von Unternehmenskommunikation. Softwarebasierte Kommunikationsserver bündeln alle Kommunikationsdienste im Unternehmen und können diese über ein Overlay-Netz auf der Grundlage des standardisierten Session Initiation Protocol (SIP) weltweit zur Verfügung stellen. Im Gegensatz zu einer verteilten Architektur mit einer Telefonanlage in jedem Unternehmensstandort werden in einer solchen softwarebasierten, zentralisierten Infrastruktur alle Mitarbeiter – auch Homeworker und mobile Beschäftigte – standortübergreifend mit allen notwendigen Kommunikationsanwendungen versorgt. Die Sprachkommunikation wird dabei im virtualisierten Data Center konzentriert und somit Teil der IT-Infrastruktur im Unternehmen.

Von der traditionellen Telefonanlage über ein Voice-over-IP-System bis hin zur UC-Lösung, deren Hauptbestandteil Software ist, ergibt sich ein logischer Migrationspfad. Dabei haben sich drei unterschiedliche Wege herauskristallisiert:

1. **Optimize:** Die existierende Kommunikationsumgebung wird überprüft und rekonfiguriert. Dazu findet zuvor sinnvollerweise ein Audit von Betrieb und eingesetzter Technologie statt, das es den Nutzern und Arbeitsgruppen erlaubt, effektiver zu arbeiten.

2. **Enhance:** Es findet eine selektive Implementierung und Integration neuer UC-Anwendungen und -Lösungen statt. Ziel ist dabei die schrittweise An-

Abbildung 1: Drei Wege für den Übergang zu Unified Communications

	Optimize	Enhance	Transform
Technologisch	Überprüfung und Rekonfiguration der existierenden Kommunikationsumgebung	Selektive Implementierung und Integration neuer Anwendungen und Lösungen	Unternehmensweiter Einsatz von Unified Communications
Prozessorientiert	Empfehlungen auf Basis eines Audits von Betrieb und eingesetzter Technologie	Sukzessive Angleichung von Unternehmens- und Kommunikationsstrategie durch gezielten Technologieeinsatz	Perfekte Harmonisierung von Unternehmens- und Kommunikationsstrategie Tiefgehende Integration in Unternehmensprozesse
Finanziell	Optimierung der vertraglichen Vereinbarungen	Schrittweise Programme zum Umstieg auf UC	Nutzung innovativer Service Optionen
Service Delivery Optionen	Site-based	Managed Services	Hosted Services

Quelle: Siemens Enterprise Communications GmbH & Co. KG 2008. All rights reserved. Siemens Enterprise Communications GmbH & Co. KG is a Trademark Licensee of Siemens AG.

gleichung von Unternehmens- und Kommunikationsstrategie durch gezielten Technologieeinsatz und die damit verbundene Aufwertung der bereits existierenden Kommunikationslösung.

3. **Transform:** UC-Lösungen werden unternehmensweit eingeführt, um eine perfekte Harmonisierung von Unternehmens- und Kommunikationsstrategie zu erreichen. Es findet eine tiefgreifende Integration in die Unternehmensprozesse statt. CEBP bietet dabei die Möglichkeit, alle relevanten Geschäftsprozesse mit UC anzureichern und bei gleichzeitigem einfachem Handling zu optimieren. Hosted-Ansätze können dabei „Software-as-a-Service"-Dienste bieten, die nur bei Inanspruchnahme der vereinbarten Leistungen Kosten für den Nutzer verursachen.

Konvergente Netzwerke als Voraussetzung

Grundlage für die Implementierung von Unified Communications sind konvergente Netzwerke

Die Grundvoraussetzung für den UC-Einsatz bilden konvergente Sprach- und Datennetzwerke, in denen sowohl die Telefonie („Voice over IP") als auch die Daten- und Videokommunikation in hoher Qualität zuverlässig abgewickelt werden. Vor der technischen Integration einer Unified-Communications-Lösung muss demnach geprüft werden, ob das Netzwerk Quality of Service (QoS) umsetzen kann.

Ist dies nicht der Fall, erfolgt als erster Schritt die Aufrüstung des Netzwerks, um eine problemlose Integration von UC in die Kommunikationslandschaft zu gewährleisten. Nach Voice over IP ist UC damit der nächste

Abbildung 2: Videokonferenzsystem

wichtige und richtige Schritt, um langfristig alle Kommunikationsmittel nahtlos in die Geschäftsprozesse zu integrieren. Beginnen kann man mit dieser Integration schon heute, denn UC ist keine schlagartige Veränderung. Ihre Einführung geschieht vielmehr über die sanfte Migration von bereits existierenden Anwendungen und aus bestehenden Infrastrukturlösungen heraus. So lässt sich beispielsweise für Mitarbeiter, die viel unterwegs sind, eine mobile Komponente ins Kommunikationssystem des Unternehmens integrieren. Single-Number-Fähigkeiten von UC-Lösungen leiten eingehende Anrufe weiter auf das gewählte Endgerät, und auch bei ausgehenden Telefonaten wird beim Angerufenen eine feste Telefonnummer, zum Beispiel die Büronummer, angezeigt und nicht die Nummer des Mobiltelefons.

Ein wesentliches Element von UC ist die Präsenzfunktion, die in Echtzeit über alle Kommunikationswege und Endgeräte hinweg anzeigt, ob und über welches Medium ein Gesprächspartner aktuell erreichbar ist. Dies hat positive Auswirkungen auf alle Bereiche der täglichen Arbeit. Darüber hinaus kann sie in einem Contact Center für einen schnelleren und qualifizierteren Service sorgen, wenn der Agent sofort einen erreichbaren Experten hinzuziehen kann.

Gesteigerte Erreichbarkeit und Flexibilität durch Präsenzfunktion

Unified Communications vereinfacht außerdem die Arbeit von länderübergreifenden Teams und macht diese effizienter und deutlich kostengünstiger, wenn Videokonferenzen in bester HD-Qualität zur Koordination genutzt werden.

Weitere Elemente von UC, die einen großen Nutzen für die geschäftliche Kommunikation darstellen und aus diesem Grund verstärkt nachgefragt werden, sind Mehrwertdienste wie virtuelle Call Center, gehostete Zusatzdienste wie Unified Messaging oder Collaboration-Funktionen, bei denen Arbeitsgruppen virtuell und über mehrere Kommunikationskanäle gleichzeitig miteinander kommunizieren können. Damit wird – neben der Integration unterschiedlicher Kommunikationsdienste – ein zweiter Vorteil der vereinheitlichten Kommunikation deutlich: Unified Communications ist ein Baukasten, aus dem Unternehmen bereits heute Schritt für Schritt die für sie passenden Services herausnehmen können.

Integration der Kommunikation in die Geschäftsprozesse

Schon allein mit der Vereinheitlichung sämtlicher Kommunikationsmittel bietet Unified Communications bereits eine große Arbeitserleichterung. Doch dieser positive Effekt lässt sich durch die Integration der UC-Funktionen in die Geschäftsanwendungen noch um ein Vielfaches steigern. Durch ihre Einbettung in die Systeme für das Customer Relationship Management (CRM) oder das Enterprise Resource Planning (ERP), in Groupware-Applikationen oder Office-Anwendungen lassen sich diese zu vollwertigen multimedialen Kommunikationsplattformen ausbauen. So sind Communication Enabled Business Processes (CEBP) möglich, welche die Agilität, Produktivität und Servicequalität entscheidend verbessern. Damit können die Mitarbeiter unmittelbar mit der am häufigsten genutzten Benutzeroberfläche den Kontakt zu einer erreichbaren, zuständigen Person im Unternehmen herstellen. Es ist nicht mehr nötig, in unterschiedlichen Datenbeständen nach den Kontaktdaten zu suchen und diese dann mühsam nacheinander „von Hand" durchzuprobieren. Geschäfts- und Entscheidungsabläufe werden so deutlich beschleunigt.

Kostenreduzierung auf verschiedenen Wegen

Kostensenkung durch Zentralisierung der Infrastruktur und Verwendung offener Standards

Berlecon Research weist in einer Untersuchung nach, dass Unternehmen, die strategisch in UC investieren, stärker im Umsatz und in der Profitabilität wachsen als ihre Konkurrenten. Zur Kostensenkung trägt Unified Communications auf der einen Seite unmittelbar und direkt bei, etwa durch die Zentralisierung der Infrastruktur im Data Center, Service-Agreements auf der Basis von ITIL (IT Infrastructure Library) oder die Verwendung offener Standards, die eine leichtere und kostengünstigere Integration neuer Anwendungen in die IT-Infrastruktur ermöglichen. Auf der anderen Seite lassen sich durch UC aber auch indirekt Kosten senken, wie zum Beispiel beim Ersatz von Geschäftsreisen durch Videokonferenzen oder durch die Verwendung intelligenter mobiler Kommunikationslösungen. Darüber hinaus lässt sich auch die Wettbewerbsfähigkeit deutlich verbessern. Etwa durch eine agile Firmenkultur, in der auf Kundenwünsche schneller reagiert werden kann.

Neue Wertschöpfungspotentiale intelligent nutzen

Die Vorteile durch den Einsatz von Unified Communications sind sehr vielfältig und lassen sich gezielt zur Steigerung der Wertschöpfung nutzen:

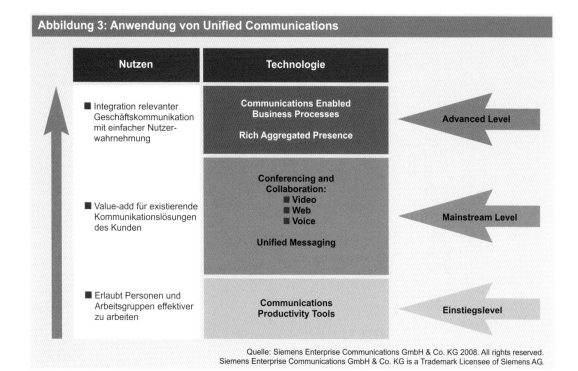

Abbildung 3: Anwendung von Unified Communications

Quelle: Siemens Enterprise Communications GmbH & Co. KG 2008. All rights reserved.
Siemens Enterprise Communications GmbH & Co. KG is a Trademark Licensee of Siemens AG.

- **Höhere Produktivität:** Dank aktueller Präsenzinformationen sparen die Mitarbeiter viel Zeit, da sie unabhängig von ihrem Standort immer den „schnellsten Draht" zueinander finden. Gleichzeitig erhält der Nutzer Zugang zu allen Funktionen unabhängig vom Endgerät.

- **Größere Flexibilität:** Die Mitarbeiter können ohne Medienbrüche einfach und schnell zwischen verschiedenen Kommunikationsmitteln wechseln. So gehen sie zum Beispiel nahtlos von Instant Messaging in ein Telefonat über, integrieren per Mausklick weitere Teilnehmer und entscheiden sich bei Bedarf kurzfristig für den Übergang in eine Videokonferenz. Auch das Arbeiten an sich wird flexibler, da die Mitarbeiter unabhängiger von Zeit und Ort werden und über ihre Telefonnummer immer erreichbar sind – gleichgültig, welches Endgerät sie gerade benutzen. Für die Unternehmen bieten offene Standards, Architekturen und Schnittstellen zudem die Chance, „ihre" eigene Unified-Communications-Lösung zu definieren.

Mitarbeiter wechseln flexibel zwischen verschiedenen Kommunikationsmitteln

- **Reduzierte Kosten:** Die Echtzeit-Kommunikation in Form von Video- oder Webkonferenzen ermöglicht eine effiziente Zusammenarbeit auch über große Distanzen hinweg. Damit reduzieren sich die Reise- und Konferenzkosten erheblich. Wenn per „Voice over WLAN" auch unterwegs im Ausland in Hotspots mobil telefoniert werden kann, entfallen teure Roamingkosten der Mobilfunkbetreiber. Und schließlich verbessert UC auch

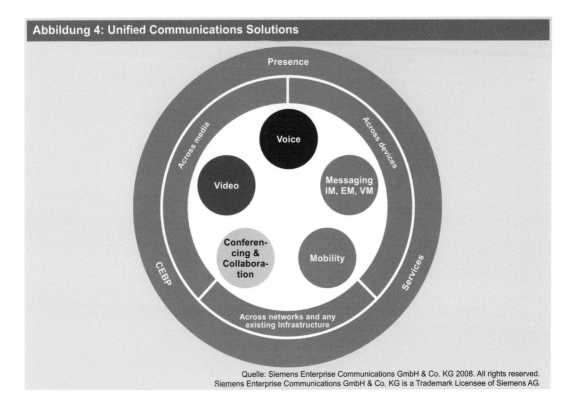

Abbildung 4: Unified Communications Solutions

Zentralisierung der Infrastruktur spart bis zu 30 Prozent Energiekosten

die Energiebilanz, kostensparende „grüne Telekommunikation" wird möglich. Allein die Zentralisierung der Infrastruktur kann gegenüber einem netzwerkimmanenten, verteilten Ansatz bis zu 30 Prozent Energiekosten sparen – so eine aktuelle Untersuchung des Aachener Beratungsunternehmens ComConsult.

■ **Weniger Aufwand:** Die einheitliche Kommunikationsumgebung mit der Bündelung von Telefon, Fax, E-Mail, Instant Messaging sowie Audio-, Video- und Webkonferenzen in einer einheitlichen Benutzungsumgebung verringert die Komplexität für die Benutzer und erhöht die Nutzbarkeit der Lösung.

Mit Managed Services auf Kernkompetenzen konzentrieren

Für die Umsetzung und den Betrieb zentraler UC-Systeme kommen für Unternehmen verschiedene Beschaffungs- und Betreibermodelle in Frage: Neben dem Eigenbetrieb beispielsweise auch Managed Services. Die Varianten haben grundlegende Vor- und Nachteile bezüglich ihrer wirtschaftlichen, technologischen und organisatorischen Flexibilität sowie in Bezug auf die Gewährleistung eines sicheren Betriebs. So können durch den Einsatz von Managed Services zentraler UC-Komponenten einzelne Leistungspakete je nach Arbeitsanforderung schnell bereitgestellt oder gekündigt werden.

Des Weiteren kann durch den Einsatz von Hosted-Ansätzen die Auslagerung von einzelnen Komponenten oder sogar der gesamten Lösung stattfinden. Durch die Auslagerung können sich Unternehmen besser auf ihre Kernkompetenzen konzentrieren, und es ergeben sich Einsparungen beim Betrieb, denn es werden weniger eigene Ressourcen und Know-how benötigt.

Die Sicherheit kann durch ein kontinuierliches Monitoring der UC-Infrastruktur und die Systempflege durch spezialisierte Fachkräfte des Dienstleisters erhöht werden. Das Dresdener Beratungsunternehmen Andamus Consult, das die bereits vorliegenden internationalen Untersuchungen über das Markt- und Umsatzpotential für Managed Services in der Telekommunikation zielgerichtet für Deutschland analysiert hat, erwartet für die Jahre 2010 bis 2015 deutliche Zuwächse.

Zukunftsweisender UC-Trend – das Cloud Computing

Im Cloud Computing sieht die Branche besonders gute Anwendungsmöglichkeiten. Es werden komplette Daten und Geschäftsprozesse ins Internet, die sogenannte Wolke, ausgelagert. So werden durch das Verfahren jeweils die Infrastruktur und die Software bereitgestellt, die von Unternehmen gerade benötigt werden. Software-as-a-Service wird hier eindrucksvoll erlebbar. Darüber hinaus steigern solche On-Demand-Modelle die Flexibilität bei Wachstum oder Einbindung neuer Standorte, weil nur für die zusätzlich angebundenen Nutzer bezahlt werden müssen. Nach Angaben des Wall Street Journal sehen Analysten bereits für 2012 einen Markt von 42 Milliarden US-Dollar.

Daten und Geschäftsprozesse werden ins Internet ausgelagert und stehen auf Abruf bereit

Fazit

Zusammenfassend eröffnet Unified Communications Unternehmen die Möglichkeit, offene IP-basierte Lösungen zu implementieren, die sich in jede bereits bestehende Infrastruktur integrieren lassen und unterschiedliche Sprachkommunikations- und Datenprozesse auf einer einheitlichen Plattform zusammenführen – sei es für kleine und mittelständische Unternehmen oder für Großunternehmen, ob an einem Unternehmensstandort oder an mehreren. Daneben stellt die Optimierung der Betriebs-, Service- und Prozesskosten einen weiteren Vorteil von UC dar. Die Umstellung von klassischer Sprachkommunikation auf IP-basierte Kommunikationsplattformen kann dabei im gewünschten Tempo gestaltet werden. Auf diese Weise werden bereits getätigte Investitionen in die Unternehmenskommunikation geschont und gleichzeitig die Option auf zukünftige Technologien gesichert.

ITK als neues zentrales Nervensystem
Mobilität ist zwingende Voraussetzung

Von Thomas Spreitzer

Megatrends wie Ökologie, Mobilität und Globalisierung stellen Unternehmen und Staat vor neue Herausforderungen. ITK wird dabei zum „Mega-Enabler" und ermöglicht ihnen, den neuen Erwartungen der Konsumenten und Bürger gerecht zu werden.

W er hätte in den achtziger Jahren gedacht, dass das Zehn-Kilogramm-Kofferhandy binnen weniger Jahre zum fotografierenden, chattenden, navigierenden Mini-Multifunktionsgerät für die Masse mutieren würde. Damals war ein tragbares Telefon höchst umständlich zu nutzen. Heute ist das Handy ein kleiner Alleskönner für jedermann – und nur noch ein mobiles Endgerät unter vielen. Denn auch mit Laptops, Netbooks, Smartphones, PDAs oder Tablet-PCs können Menschen von unterwegs Daten erstellen, versenden und empfangen – von einfachen Fotos bis zu hochkomplexen Produktionsdaten. Bereits heute vernetzen tragbare Geräte ihre Anwender mit Datenbanken, dem Internet oder anderen Usern und ermöglichen es ihnen zukünftig, jederzeit und allerorts miteinander zu kommunizieren. Und zwar ohne Medienbrüche, ohne Unterbrechungen, ohne Kompatibilitätsprobleme. Die notwendige Basis für vernetztes Leben und Arbeiten ist die Verflechtung von Informationstechnologie und Telekommunikationstechnologie: Erst durch sie können Menschen unabhängig von Zeit, Ort und Endgerät relevante Informationen erhalten und austauschen. Das Mobile Computing versetzt Menschen in die Lage, vernetzt und mobil zu leben und zu arbeiten. Doch wie wird das mobile Leben und Arbeiten im Jahr 2020 aussehen? Welche Folgen hat die omnipräsente Mobilität? Und welche Rolle spielt ITK dabei?

Arbeiten zu jeder Zeit, an jedem Ort
Schon heute zeichnet sich ab, dass Knowledge-Worker künftig arbeiten werden, wann und wo sie wollen. Die Zukunft gehört darum den „Everywhere Offices". Deren Mitarbeiter können über jedes Endgerät auf virtuelle Desktop-Umgebungen zugreifen, dabei nutzen sie für den besten Verbindungsaufbau immer die schnellsten mobilen und terrestrischen Zugangstechnologien, die verfügbar sind. Schon in drei Jahren werden mehr als eine Milliarde Menschen weltweit häufiger – und effizienter – von unterwegs aus arbeiten.

Eine Möglichkeit: USB-Sticks dienen ihnen dabei als Büro in der Westentasche. Das heißt, die Nutzer können ihre zuletzt angewendeten Applikationen sofort wieder in dem Status aufrufen, in dem sie ihre Arbeit zuletzt beendet haben – unabhängig davon, an welchem Endgerät sie ihre Arbeit Stunden

Thomas Spreitzer
Chief Marketing Officer
T-Systems

oder Tage zuvor beendet haben. Weil Unified Communications und IP Standard der virtuellen Zusammenarbeit (Virtual Collaboration) werden, auf die Unternehmen der Zukunft setzen müssen, werden die Knowledge-Worker der Zukunft nur noch einen Bruchteil ihrer bisherigen Arbeitszeit im Büro an den – natürlich deskshared – Schreibtischen ihres Unternehmens verbringen. Stattdessen können sie mit unterschiedlichsten Endgeräten via Internet im Bus Zugriff auf Wissen nehmen – auch auf das ihrer Kollegen. Oder in der U-Bahn, im Flugzeug, zu Hause im Wintergarten und auf der Urlaubsinsel mit ihrer Familie. Arbeitsformen und Privatleben werden weiter ineinanderfließen.

Mobile Geräte werden dabei nicht nur die Flexibilität, den Bewegungsradius und den Komfort von Wissensarbeitern weiter erhöhen: Zukünftig werden etwa Navigationssysteme oder Verkehrstelematik die Systemkonvergenz der Verkehrsträger Schiene, Wasser, Straße, Luft vorantreiben. Schon deshalb werden sich Lösungen, die Fahrzeuge miteinander vernetzen, zu einem wichtigen Markt entwickeln. Schließlich rollen allein auf Europas Straßen 200 Millionen potentielle IP-Adressen. Die ITK-Dienstleister werden darum nicht mehr PS, sondern mehr IP in die Autos befördern. Die Adressen lassen sich auf zweierlei Wegen nutzen. Zum einen können die Autos selbst durch sie miteinander kommunizieren – und damit intelligenter und schneller reagieren als der Mensch, der sie steuert. So ließe sich die aktuelle Zahl der tödlichen Verkehrsunfälle drastisch senken: Um ganze 20 Prozent könnten die heute jährlich 6.500 Unfälle auf deutschen Straßen mit solchen Systemen reduziert werden. Die IP-Kommunikation ermöglicht es, dass sich Fahrer auf der Autobahn in einen elektronisch geführten Konvoi einklinken. Sie werden sich dem Autopiloten ihres Fahrzeugs anvertrauen und arbeiten können wie im Zug.

Das verweist auf den zweiten Nutzen der IP-Anbindungen: Über sie werden Autos zu nahezu vollwertigen Arbeitsplätzen, in denen E-Mails über InCar-Entertainment-Systeme vorgelesen und beantwortet werden können. Dabei kommt es vor allem darauf an, die Verkehrsteilnehmer – egal ob im Sportwagen beim Landausflug oder im 40-Tonner auf der Autobahn – nicht mit einem Overkill an Informationen zu überschütten. Sondern die Menschen in konkreten Verkehrssituationen zielgerichtet zu unterstützen. Die ausgewählten Informationsflüsse ermöglichen es den Wissensarbeitern, große Teile ihres Tagesgeschäfts schon im Auto zu erledigen. Ihre Fahrzeuge werden damit, neben Laptops oder Smartphones, zu einem weiteren Endgerät für Mobile Computing.

IP im Auto ermöglicht intelligente Verkehrssteuerung und spart Zeit

Mobiles Arbeiten ermöglicht Mass Collaboration

Wenn die Grenzen zwischen materiellen und virtuellen Organisationen verschwimmen, müssen Unternehmensserver, Netze und die Arbeitsplatzrechner aller Mitarbeiter in Zukunft zu jeder Zeit schnell und dynamisch funktionieren. Denn wer immer und von überall aus arbeiten will, braucht offene Plattformen sowie Dienste und Leistungen, die aus dem Netz kommen und ortsunabhängig zur Verfügung stehen. Nur dank dieser Vorgehensweise kann beispielsweise die Automobilindustrie schon heute rund um den Planeten immer neue Entwicklergruppen zusammenschließen, die über Landes-, Zeitzonen- und Unternehmensgrenzen hinweg für gemeinsame Projekte zusammenarbeiten. Die Entwickler beziehen dabei Daten wie auch Rechenleistungen an jedem Ort der Welt von zentralen Rechenzentren.

Die klassischen Rollen Kunde, Lieferant, Produzent und Entwickler verschwimmen

Die flexiblen Formen der Mass Collaboration mit mobilen Endgeräten werden auch deshalb notwendig, weil globalisierte, dynamische Märkte neue Konkurrenzbeziehungen fördern, in denen Wettbewerber zu Partnern zusammenrücken. Die klassischen Rollen Kunde, Lieferant, Produzent, Entwickler verschwimmen. Wenn etwa ein Jugendlicher Applikationen für sein iPhone entwickelt und der Community zur Verfügung stellt, ist er dann Entwickler, Produzent oder Konsument? Wenn ein Internetsurfer beim Textilhändler spreadshirt.de sein T-Shirt gestaltet, ist er dann Designer oder Konsument? Wenn Kunden plötzlich zum Lieferanten werden, Lieferanten zu Kunden und Kunden zu Entwicklern, bedeutet das enorme Herausforderungen für Unternehmen. Denn sie müssen dafür sorgen, dass die beteiligten Gruppen sicher und flexibel miteinander Informationen austauschen können. Zudem stehen sie vor der Aufgabe, eine Vielzahl von Einzel- und Kleinunternehmern sowie eigenen Mitarbeitern in ihre ITK-Strukturen zu integrieren, ohne dass dabei geistiges Eigentum verlorengeht.

„Coopetition" – also die Kooperation über Unternehmensgrenzen hinweg auch zwischen Wettbewerbern – ist ein Faktum, auf das sich Unternehmen einstellen müssen, um die enormen Herausforderungen an Flexibilität und Schnelligkeit bewältigen zu können. Denn die Frage, ob sie ihre Ressourcen an Liquidität und qualifiziertem Personal in Aktivitäten investieren, die sie vom Wettbewerber gar nicht erkennbar unterscheiden, wird dazu führen, dass sie sich selbst auf wenige Aufgaben spezialisieren und mehr Aufgaben mit Partnern oder auch Mitbewerbern erledigen. Unabhängig von ihrer Unternehmensgröße arbeiten sie dabei zukünftig weltweit mit Partnern – Individuen genauso wie multinationalen Konzernen – zusammen und schöpfen die Möglichkeiten der globalen Integration aus.

ITK bringt Menschen, die sich nie persönlich kennengelernt haben, in projektbezogenen Netzwerken zusammen – unabhängig von Ort, Zeit und Endgeräten. So setzt beispielsweise die Innovationsplattform „Innocentive" einen pensionierten Chemiker auf den Cayman Islands in Kontakt mit einem kleinen Zulieferer in Mississippi. Für die Digital Natives wird dies selbstverständlich sein, anders als für die Digital Immigrants heute. Für die Optimierung von Strategien und die Flexibilisierung ihrer Systeme und Strukturen brauchen Unternehmen ITK. Denn erst sie ermöglicht ihnen mobiles Arbeiten und Mass Collaboration über alle Grenzen hinweg.

Entscheidend dabei ist, dass die virtuellen Organisationen, die dabei entstehen, in zuverlässigen Infrastrukturen und Systemen rund um die Uhr arbeiten. Intellectual Property muss mittels Identity- und Security-Lösungen zuverlässig gemanagt werden, wenn Unternehmen ihre Konsumenten und Wettbewerber in die Wertschöpfungsprozesse mit einbeziehen. Das bedeutet, dass das Identity-Management und die Data Security in netzbasierten Geschäftsprozessen vor neuen Herausforderungen stehen. Dies betrifft nicht nur die Rechte- und Rollenverwaltung, sondern auch die Datensicherheit im Rahmen eines durchgängigen Information Lifecycle Managements sowie völlig neue Geschäfts- und Lizenzierungsmodelle. Dabei ist es essentiell, dass die Schnittstellen zwischen den Komponenten in hohem Maße die heute schon üblichen Sicherheitsstandards reflektieren – besonders, was das Vertrauen der Kooperationspartner untereinander betrifft.

Besonders geeignet sind dafür etwa biometrische Systeme, die Nutzer aufgrund individueller Körpermerkmale authentifizieren und identifizieren. Denn sie sind nicht nur besonders sicher, sondern auch noch besonders komfortabel zu nutzen und werden so in Zukunft Anwendern den Zugang erleichtern. Ein Beispiel ist die Vertragsunterzeichnung mit einem digitalen Stift, mittels dessen handgeschriebene Dokumente sofort digital und rechtsgültig verarbeitet werden können. 2020 werden Lösungen wie digitale Stifte und sichere Sprachidentifizierungssysteme selbstverständlich sein und ein Beispiel dafür liefern, wie schnell ITK Innovationen zu Commodities werden lässt.

Einfachere Zugänge und mehr Sicherheit durch Biometrie

Wunsch nach Individualisierung

Um passgenauer auf ihre Verbraucher und die Potentiale ihrer Märkte zu reagieren und schneller neue Ideen zu entwickeln, werden Fertigungsunternehmen verstärkt die Kooperation suchen – mit ihren Kunden und mit Experten über Unternehmensgrenzen hinweg. Die externen Kreativen können ihre Ideen von jedem Ort der Welt aus zuliefern.

Schon heute fordern manche Hersteller ihre Kunden via Internet zum Co-Engineering auf – mit dem Ziel, ein Vielfaches der Potentiale der eigenen Mitarbeiter auszuschöpfen. So flossen etwa drei Millionen Kundenideen in die Entwicklung des Fiat 500 mit ein. Der italienische Autobauer sagte voraus, dass in der ersten Jahresproduktion von 120.000 Autos keines dem anderen gleichen werde, und versprach seinen Kunden: „Es gibt 500.000 Möglichkeiten, einen Fiat 500 zu bauen." Das Resultat: Die Italiener haben ihre Absatzerwartungen übertroffen, und sie denken inzwischen darüber nach, die

Produktionskapazitäten zu erhöhen. Auf diese Weise kann auch ein Fortune-500-Unternehmen der Zukunft plötzlich zehn Millionen Mitarbeiter bekommen.

So müssen Unternehmen schnell reagieren, um neue Produkte in immer kürzeren Abständen zu testen und dann kurzfristig ohne Qualitätsverlust auf den Markt zu bringen. Virtuelles Testing und Simulationen (von Auto-Crashs bis zum Idea Dropping in Communities) durch intelligente ITK dienen dabei als entscheidende Hilfestellung. Die Wünsche der Kunden nach Individualität zwingen Unternehmen auch, komplexere Lieferantenstrukturen zu nutzen und diese immer schneller und reibungsloser in ihre Wertschöpfungsketten zu integrieren – „just in time" und „just in sequence". Das auf individuelle Wünsche und Bedürfnisse zugeschnittene Produkt erweist sich damit als das Werk von Knowledge-Workern, die mobil und verzahnt ihre Ideen und Informationen in den Herstellungsprozess einspeisen. Erst intelligente ITK-Lösungen machen dies möglich – und stellen damit sicher, dass Unternehmen die Wünsche ihrer Kunden erkennen und erfüllen.

Mobilität und gesellschaftliche Verantwortung
Rund 20 Prozent der Deutschen sind LOHAS (Lifestyle of Health and Sustainability) – sie legen Wert darauf, dass die Produkte und Dienstleistungen, die sie sich kaufen, umweltverträglich und vor allem nachhaltig hergestellt sind. Und sie werden immer mehr. Viele Unternehmen legen darum heute schon in Nachhaltigkeitsberichten Rechenschaft darüber ab, wie sie Energie sparen, die Umwelt schützen und Ressourcen schonen.

Rechenzentren der Zukunft ermöglichen mobiles Arbeiten

Im Jahr 2020 werden ITK-Dienstleister durch Konsolidierung und Virtualisierung ihrer Rechenzentren Hardware und Software, Applikationen, Rechenleistung und Bandbreiten automatisch den Anforderungen ihrer Kunden anpassen und damit deren Bedarf immer in dem Moment decken, in dem er auftritt. ITK-Provider müssen es Unternehmen ermöglichen, auf eigene Rechner oder Rechenzentren zu verzichten, deren Überkapazitäten an Höchstleistungen nur in seltenen Spitzenzeiten abgerufen werden, aber ständig Energie verbrauchen. Da ist es sinnvoll, den Leistungsbedarf vieler Unternehmen zu bündeln, um ihn in zentralen Rechennetzwerken zur Verfügung zu stellen und deren Infrastruktur auf diese Weise effizienter und flexibler zu nutzen. Die Kunden dieser Rechenzentren beziehen dann beispielsweise Prozessorleistungen, Speicherplatz oder Applikationen flexibel wie Strom aus der Steckdose.

Das funktioniert auf allen Endgeräten, weil die Leistungen zentral auf einer Plattform zur Verfügung stehen und mobil von jedem Ort der Welt aus abgerufen werden können. Damit machen die Rechenzentren der Zukunft mobiles Arbeiten überall und jederzeit möglich. Und das spart nicht nur Energie beim Betrieb von Hard- und Software: Die Wissensarbeiter der Zukunft stecken zudem nicht mehr täglich im Stau auf dem Weg ins Büro – sie arbeiten einfach, wo immer sie sich gerade befinden. Das senkt Benzinverbrauch und CO_2-Ausstoß. Der Einsatz von Videokonferenzsystemen im Arbeitsalltag bietet eine weitere Möglichkeit, den Schadstoffausstoß zu reduzieren. In Zukunft können beispielsweise Partner, Kollegen oder Kunden per Holografie virtuell und mit jedem Endgerät in Meetings live und lebensecht eingebunden werden. Die parallele Verwendung interaktiver Flipchart-Daten in Echtzeit via Internet ist dabei selbstverständlich. So schlägt ITK eine Brücke zwischen dem Wunsch nach universaler Mobilität auf der einen und nachhaltigem Denken und Handeln auf der anderen Seite.

Das Rückgrat ist ITK

Mobiles Arbeiten ist Voraussetzung für Mass Collaboration und hilft, Kundenwünsche optimal zu erkennen und zu erfüllen. Das Rückgrat von alledem sind intelligente, dynamische und flexible ITK-Plattformen und Lösungen.

ITK der Zukunft ermöglicht:

- Informationen, die unabhängig von Anwendungen, Endgeräten und Unternehmensgrenzen immer dann und genau in der Form zur Verfügung stehen, wie Unternehmen sie benötigen

Mehr Wettbewerbsfähigkeit und Work-Life-Balance, höhere Energieeffizienz

- Barrierefreie Kommunikations-, Informations- und Entertainment-Möglichkeiten durch breitbandige Kommunikationsinfrastrukturen

- Intelligente, vernetzte CRM-Systeme, die Kundennutzen und Cross-Selling-Chancen massiv erhöhen

- Prozesse, die hochgradig flexibel und vernetzt sind sowie Mass Collaboration in Echtzeit und sicher möglich machen

- Mobiles Leben und Arbeiten bei gleichzeitiger Verringerung von Energiekosten und CO_2-Ausstoß

Das Erkennen der Megatrends von morgen ist für Service Provider schon heute essentiell, um sich langfristig als Marktgestalter in der ITK-Branche behaupten zu können. Als Partner des Kunden gilt es, die Trends als Chancen zu begreifen und in Kostenreduktion und Umsatzwachstum umzumünzen. Denn heute werden die Weichen für den zukünftigen Erfolg gestellt. ▊

KAPITEL VI
IT-SICHERHEIT, GOVERNANCE,
RISK UND COMPLIANCE

IT-Sicherheit der nächsten Generation
Herausforderungen und Entwicklungen

Von Prof. Dr. Claudia Eckert

Die wachsende Komplexität der Prozesse und Infrastrukturen erfordert neue Ansätze, um digitale und physische Werte der Unternehmen zu schützen. Um die Sicherheit von Diensten, Daten und Dingen zu erhöhen, arbeitet die Forschung an neuen Technologien und Verfahren.

Heutige IT-Sicherheitstechnik reicht nicht mehr aus, um die Unternehmen der Zukunft zu schützen. Um aktuelle und zukünftige Sicherheitsbedrohungen und -risiken zu begrenzen, werden maßgeschneiderte Lösungen benötigt, denn die Schutzbedarfe hängen von den unternehmensspezifischen Prozessen und Anwendungen ab.

Informationstechnologie (IT) ist heute in allen Bereichen von zentraler Bedeutung: Gesundheit, Mobilität, Bildung, Unterhaltung, Produktion, Logistik, Handel, Finanzen, aber auch öffentliche Verwaltung. IT ist der Schlüssel zur Steigerung der Wertschöpfung, doch die IT-Landschaft ist im Umbruch. Die Computer werden immer leistungsstärker und immer kleiner. Gleichzeitig verbinden sich unterschiedliche Netze. Mit Cloud Computing und serviceorientierten Architekturen verlagern Unternehmen ihre Geschäftsprozesse und Dienstleistungen verstärkt ins Internet.

Diese Entwicklungen bergen nicht nur zahlreiche neue Wertschöpfungspotentiale, sie schaffen auch neue Sicherheitsprobleme. Dazu zählen die erhöhte Verwundbarkeit durch den hohen Grad an Vernetzung mit den damit verbundenen Abhängigkeiten ebenso wie der Verlust von Kontrollmöglichkeiten durch die zunehmende Dezentralisierung der Verarbeitung. Galt es früher, Unternehmen vor externen Bedrohungen zu schützen, so verschwimmt die Grenze zwischen Innen und Außen zunehmend.

Parallel dazu wächst die Komplexität der Prozesse und Infrastrukturen. Neue Ansätze werden etwa benötigt, um geistiges Eigentum zu schützen oder um Markenpiraterie zu unterbinden. Um digitale und physische Werte der Unternehmen zu schützen, gilt es, geeignete Technologien zu entwickeln und einzusetzen, um die Sicherheit von Diensten, Daten und Dingen zu erhöhen und ein umfassendes Sicherheitsmanagement im Unternehmen zu etablieren.[1]

Prof. Dr. Claudia Eckert
Leiterin Fraunhofer-Institut für
Sichere Informationstechno-
logie (SIT), Darmstadt/München

Sicherheitsmanagement

Jedes Unternehmen muss sich heute mit Informationssicherheit auseinandersetzen und ein Sicherheitsmanagement etablieren. Wichtigste Aufgabe des

Sicherheitsmanagements ist es, Sicherheitsrichtlinien mit einzuhaltenden Schutzzielen und angemessenen Maßnahmen zur Einhaltung der Ziele und der rechtlichen Vorgaben sowie zur Reduktion von Risiken einzuführen. Rechtliche Anforderungen verbunden mit hohen Sicherheitsanforderungen und Nachweisverpflichtungen ergeben sich beispielsweise durch das Bundesdatenschutzgesetz oder auch durch das Bürgerliche Gesetzbuch, das eine Absicherung der wesentlichen Unternehmenswerte und der damit verbundenen Prozesse vorschreibt.

Hinzu treten noch die branchentypischen Compliance-Anforderungen (zum Beispiel im Finanzwesen), die sich unter anderem aus den Basel-II-Auflagen oder dem Sarbanes-Oxley Act ergeben. Verletzungen von Compliance-Vorgaben können gravierende Folgen für ein Unternehmen haben, wie die jüngst bekannt gewordenen Datenschutzvorfälle in deutschen Großunternehmen zeigen. Durch die steigende Bedeutung von IT-Sicherheit werden in Zukunft noch mehr rechtliche Vorgaben entstehen, wie IT-Sicherheit bei Produkten und Dienstleistungen umzusetzen ist.

Kennzahlen für die IT-Sicherheit

Da die Bedrohung der unternehmerischen Werte durch gezielte kriminelle Angriffe auf Unternehmen (Cyber Crime) oder Wirtschafts-/Industriespionage pro Jahr um rund 10 Prozent ansteigen[2], ist es in Zukunft unerlässlich, dass Unternehmen ihre elektronischen Geschäftsprozesse, Verfahren und IT-Infrastrukturen kontinuierlich überwachen und die Sicherheitsmaßnahmen bei Bedarf an die geänderte Bedrohungslage anpassen. Aus Managementsicht ist es deshalb wünschenswert, zu beliebigen Zeitpunkten schnell kompakte Informationen über den aktuellen Sicherheitsstatus und über eventuelle Abweichungen zu erhalten. Dazu werden üblicherweise Kennzahlen, Key Performance Indikatoren (KPIs), als Messgrößen genutzt – getreu dem Motto „If you can't measure it, you can't manage it."

KPIs zur Steuerung und Anpassung der Sicherheitsmaßnahmen an geänderte Bedrohungssituationen

Derartige Kennzahlensysteme fehlen jedoch bislang für den Bereich des IT-Sicherheitsmanagements. Die Anwendungsforschung entwickelt derzeit entsprechende Konzepte und IT-gestützte Instrumente zur kontinuierlichen Messung und Darstellung der IT-Sicherheitssituation. So arbeiten auch wir am Fraunhofer SIT beispielsweise zusammen mit Unternehmen derzeit an einem kennzahlenbasierten Information-Security-Management-Monitoring- und -Reportingsystem, das den Controlling-Anforderungen der Geschäftsleitungsebene entspricht und gleichzeitig Analyseaufgaben der operativen Ebene unterstützt.

Sichere Dienste: SOA- und Cloud Security

Neue serviceorientierte Architekturen (SOA) ermöglichen es Unternehmen, ihre Geschäftsprozesse in das Internet zu verlagern und internetbasiert

Der Schutz von kritischen Unternehmensdaten, von geistigem Eigentum und der Privatsphäre von Personen als große Herausforderung für das Internet der Dienste

Dienstleistungen global anzubieten. Für die deutsche Wirtschaft eröffnet sich die große Chance, im Internet der Dienste eine Führungsrolle einzunehmen. Das erfordert aber innovative IT-Sicherheitslösungen, welche die bestehenden ernstzunehmenden Risiken von offenen Serviceumgebungen begrenzen. Weiterhin sind Maßnahmen erforderlich, um ein sicheres Zusammenspiel von heterogenen Serviceplattformen und Anwendungen (Interoperabilität) oder aber auch ein diensteübergreifendes Identitäts- und Rechtemanagement zu ermöglichen. Der Schutz von kritischen Unternehmensdaten, von geistigem Eigentum und der Privatsphäre von Personen ist eine große Herausforderung für das zukünftige Internet der Dienste.

Der Übergang zum Cloud Computing stellt einen weiteren Trend im Bereich der servicebasierten Internetnutzung für Unternehmen der Zukunft dar. Dabei werden Dienste, Anwendungen und Datenhaltung nicht mehr vom Nutzer selbst betrieben, sondern von IT-Versorgern im Internet. Hier entstehen derzeit zahlreiche neue Angebote für private Nutzer und Unternehmen, die die Installation und den Betrieb von Anwendungen auf eigenen, lokalen Rechnern zunehmend ablösen. Auch Daten müssen nicht mehr lokal gehalten werden, sondern lassen sich in großen Rechenzentren im Internet speichern. Nutzer können so über das Internet jederzeit und von überall auf Anwendungen und ihre Daten zugreifen.

Durch ein solches Auslagern von Dienstleistungen können Unternehmen erhebliche Kosten sparen, doch gehen damit auch erhebliche Risiken einher. Ob Software-as-a-Service (SaaS), Platform-as-a-Service (PaaS) oder Infrastructure-as-a-Service (IaaS), – gleichgültig in welcher Ausprägung Unternehmen Cloud-Computing-Angebote nutzen, sie machen sich damit von ihren IT-Versorgern noch abhängiger als von herkömmlichen Versorgungsunternehmen wie Strom, Wasser, etc. Denn bei Cloud Computing geht es nicht nur um Verfügbarkeit, sondern auch um digitale Inhalte und Daten, die leicht in falsche Hände gelangen können.

Es muss deshalb für Unternehmen nachvollziehbar und überprüfbar sein, was mit ihren Daten in der Cloud geschieht – das heißt, die beteiligten Cloud-Anbieter müssen vertrauenswürdig sein und müssen mittels geeigneter Sicherheitsmaßnahmen nachweisen können, dass sie als Cloud-Betreiber alle Schutzanforderungen (zum Beispiel Datenschutz) ihrer Kunden erfüllen.

Cloud-Sicherheitsservices

In aktuellen Projekten der Anwendungsforschung werden Lösungen erarbeitet, um Unternehmen technische Lösungen zur Beantwortung der Fragen nach der Sicherheit in der Cloud an die Hand zu geben. Ergänzt wird dies durch das Testangebot von Forschungslaboren wie dem Fraunhofer SIT, wo Unternehmen sicherheitskritische Komponenten wie Webportale, Datenbanken, Content-Management-Systeme etc. von Diensteanbietern systematisch und unter Nutzung von speziell dafür entwickelten Testwerkzeugen auf Schwachstellen untersuchen lassen können. In Zukunft werden Unternehmen aber auch ausgewiesene Cloud-Sicherheitsservices zur Verfügung stehen.

Parallel hierzu ist im Internet die Goldgräberstimmung bei den Web-2.0-Anwendungen ausgebrochen, mit denen Unternehmen ihre Portale anreichern. Leider geschieht dies oft auf Kosten der Sicherheit. Kernproblem von Web-2.0-Angeboten ist die Verwendung von aktiven Inhalten, die viele interaktive Plattformen etwa mit AJAX einsetzen.

Laut dem „BSI-Lagebericht zur Sicherheit 2009" sind 65 Prozent aller Webseiten durch die Nutzung aktiver Inhalte anfällig für herkömmliche oder neue schwerwiegende Angriffe wie Cross-Site-Scripting-Angriffe. Es lohnt sich also, das eigene Angebot im Rahmen des eigenen Risikomanagements einem individuellen Test zu unterziehen, der mehr Aussagekraft hat als Standardschwachstellenscanner.

Sichere Daten

IT-basierte Dienste verarbeiten und erzeugen Daten. Heutige und in noch stärkerem Maße auch zukünftige elektronische Geschäftsprozesse hängen in einem hohen Grad von der Aktualität, Korrektheit und Vollständigkeit von Daten und Informationen ab (unter anderem im Finanzbereich, in der Produktion, in der Logistikbranche). Gleichzeitig war es noch nie so leicht wie heute, Daten zu kopieren oder zu manipulieren. Dementsprechend schwer haben es moderne Unternehmen, Störungen frühzeitig zu erkennen und Ursachen zu identifizieren. Der Grund dafür ist nicht nur die rasant wachsende Menge der Daten, die heute im Tagesgeschäft entstehen, sondern auch deren Verteiltheit über diverse Systeme.

Schutz digitaler Daten über den gesamten Lebenszyklus

Die anwendungsnahe IT-Sicherheitsforschung entwickelt deshalb neue Verfahren und Lösungen, um den Schutz digitaler Daten sicherzustellen – und zwar über ihren ganzen Lebenszyklus: von der Erzeugung, über den Transport, die Speicherung und Archivierung bis hin zur Löschung. Geschützt werden müssen Vertraulichkeit, Unverfälschtheit, Authentizität und Verbindlichkeit der Daten und Urheberrechte in der heterogenen, dynamischen und dezentralen Welt der allgegenwärtigen Computer.

Information Rights Management

Besonders geeignet, um die Sicherheit von digitalen Inhalten und Daten sicherzustellen, sind neue Lösungen des Information Rights Managements (IRM). Ziel eines IRM ist es, Nutzungsrechte an Inhalten sowie Urheberrechte zu schützen, insbesondere dann, wenn sie in fremden Umgebungen zur Nutzung freigegeben werden müssen. Dieser globale Informationsaus-

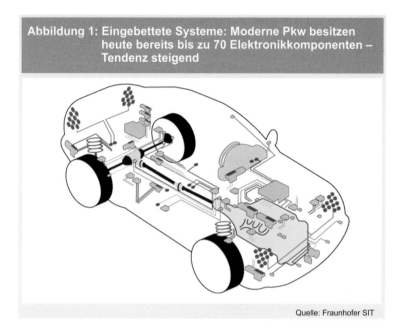

Abbildung 1: Eingebettete Systeme: Moderne Pkw besitzen heute bereits bis zu 70 Elektronikkomponenten – Tendenz steigend

Quelle: Fraunhofer SIT

tausch darf weder zu einem Informationsleck (Data Leakage) noch zur unberechtigten Weitergabe der Daten führen. Existierende Systeme von bekannten Herstellern liefern hierzu jedoch bislang nur eine unzureichende Unterstützung.

Digitale Wasserzeichen als Schutz

In der anwendungsnahen Forschung werden deshalb neue Konzepte für ein Information Rights Management entwickelt, die gewährleisten, dass Beschränkungen bezüglich der Nutzungsrechte für digitale Daten auch in fremden Umgebungen nachweislich eingehalten werden. Digitale Wasserzeichentechniken bilden hierfür eine hervorragende Basis. Mit ihnen lassen sich Copyright-Vermerke ebenso in digitale Inhalte einbetten wie die Identität des Nutzers (Finger Printing), um eine unberechtigte Weitergabe von Inhalten zu unterbinden. Sie ermöglichen aber auch einen Manipulationsschutz, um unberechtigte Veränderungen von Daten zu erkennen beziehungsweise zu verhindern.

IT-Forensik

In heutigen Unternehmen sind neben den aktiven Maßnahmen zur Verhinderung von Datenverlusten und -manipulationen auch ergänzende Maßnahmen notwendig, um frühzeitig mögliche Anomalien zu erkennen oder aber im Nachhinein aufzuklären. Hierzu werden bereits seit einiger Zeit Methoden und Werkzeuge zur IT-Forensik entwickelt.

Ziel dabei ist die Entwicklung praktikabler und sicherer Methoden zur Erkennung von Angriffen und Angriffsversuchen, unter anderem anhand aufgezeichneter Daten (Log-Dateien). Angesichts des dramatischen Wachstums der zu analysierenden Datenmengen sind von der IT-Forensik neue Methoden und Werkzeuge gefordert. Am Fraunhofer SIT werden dazu Techniken entwickelt, die basierend auf Data-Mining-Verfahren darauf abzielen, in den großen Datenbeständen der Log-Dateien mit hoher Treffergenauigkeit spezifische Muster zu erkennen, die auf auffälliges Verhalten im System hindeuten.

Sichere Dinge: Ambient Security

Alltägliche Dinge werden immer öfter mit Funktionen aus der Informationstechnologie angereichert. Autos, Frachtcontainer, Telefone, Gebäude, etc. erhalten Komponenten, die mit Rechenleistung ausgestattet sind. Diese eingebetteten Systeme übernehmen oft wichtige Steuerungsfunktionen und sind für einen Großteil der Produktinnovationen verantwortlich. Beispiel Auto: In einem modernen Mittelklassewagen arbeiten zur Zeit circa 55 Computer, die Daten untereinander austauschen. Diese intelligenten Objekte treten immer öfter mit Diensten aus dem Internet in Verbindung: Staumeldungen werden von Navigationssystemen berücksichtigt, oder Wetterdienste aus dem Netz liefern Informationen für die Regelung und Steuerung von Gebäudetechnologie.

Sicherheit eingebetteter und mobiler Systeme

Die Sicherheit und Zuverlässigkeit eingebetteter und mobiler Systeme und deren Integration in vorhandene IT-Landschaften werden in Zukunft stark an Bedeutung gewinnen. Hohe Anforderungen an die Angriffsresistenz eingebetteter Systeme und deren Verlässlichkeit ergeben sich unmittelbar in sicherheitskritischen Anwendungsbereichen wie der Automobilindustrie, der

Abbildung 2: Mit Sensoren und Aktoren lassen sich Produktionsprozesse optimieren, doch mit der Vernetzung droht auch neue Gefahr

Identifizierung

Verifizierung

Quelle: Fraunhofer SIT

Medizintechnik oder aber auch der Flugsicherheit, dem Mobilfunk, der Logistik und dem Maschinenbau.

Systeme sollen feindliche Angriffe in Zukunft selbständig erkennen

Angesichts der großen Anzahl und Heterogenität sowie der vielen Einsatzumgebungen, die oft weder eine zentrale Kontrolle noch eine zentrale Administration der Komponenten erlauben, sind heutige Schutzmaßnahmen nicht anwendbar. Aktuelle Entwicklungen zielen deshalb darauf ab, Techniken zu entwickeln, die eingebettete Systeme in die Lage versetzen, autonom Angriffe zu erkennen und diese selbständig, ohne Eingriffe von außen, abzuwehren.

Durch eine enge Verbindung zwischen Hard- und Software lassen sich etwa Selbstheilungsmechanismen bereits in der Hardwarearchitektur realisieren. So kann beispielsweise durch das autonome Umschalten auf eine bereits vorgefertigte Ersatzkonfiguration direkt auf Schwachstellen reagiert werden, wenn die Sicherheitslücken erst während der Laufzeit eines Systems bekannt werden.

Dazu entwickelt die anwendungsnahe Forschung derzeit etwa Verfahren zur ereignisgesteuerten Rekonfiguration von Hard- und Software-Architekturen. Am Fraunhofer SIT beschäftigen wir uns in diesem Zusammenhang etwa mit sicheren Update-Techniken, die eine vertrauenswürdige Fernwartung der vielen eingebetteten Komponenten ermöglichen, ohne den laufenden Betrieb zu beeinträchtigen.

Kenntnisse optimierter Angriffsmethoden und -techniken sind nicht nur für Angreifer, sondern auch für Entwickler von IT-Komponenten unverzichtbar. Von herausragender Bedeutung ist dabei die Resistenz sicherheitskritischer Systeme gegenüber sogenannten Seitenkanalangriffen und gegenüber fehlerprovozierenden Angriffen. Hierbei versuchen Angreifer Informationen wie zum Beispiel Laufzeit, Stromverbrauch oder elektromagnetische Abstrahlung zu messen und für Angriffe gezielt auszunutzen.

Mit Fehlerattacken wird versucht, Berechnungen in einer Implementierung gezielt zu beeinflussen, um an geheime Informationen wie Schlüssel zu gelangen. Diese Angriffsklassen, insbesondere aber Varianten und zukünftige Weiterentwicklungen, gehören zur nächsten Generation von Angriffstechniken, die ein erhebliches Risiko für eingebettete und mobile Systeme darstellen. In Hardware-Testlabors, wie sie auch am Fraunhofer SIT eingerichtet wurden, werden neueste Angriffsmöglichkeiten erforscht und an existierenden Komponenten getestet. Derartige Labore können Unternehmen nutzen, um eigene oder Fremdprodukte hinsichtlich ihrer Angriffsresistenz zu testen.

Diese Angriffsresistenz wird in Zukunft in allen IT-basierten Produkten und Diensten einen höheren Stellenwert einnehmen. IT-Sicherheit und Sicherheit durch IT wird zu einem Marktvorteil oder sogar zu einem Alleinstellungsmerkmal werden. Die Absicherung von Daten, Dingen und Diensten und die Entwicklung von entsprechenden Lösungen und Techniken wird deshalb verstärkt zur Grundlage und zum Garant für den nachhaltigen wirtschaftlichen Erfolg jedes Unternehmens.

---

1   Eckert, C.: IT-Sicherheit, Konzepte, Verfahren, Protokolle. 6. Auflage, Oldenbourg-Verlag 2009.
2   Quelle: Corporate Trust 2007.

Entscheidungshilfen bei der PKI-Einführung

Zertifikate und Schlüssel für mehr Sicherheit im Unternehmen

Von Claudia Hirsch

Um Geschäftsprozesse und Sicherheitsinfrastruktur in Einklang zu bringen, müssen neben dem Schutzbedarf weitere Kernkriterien berücksichtigt werden. Das konkrete Vorgehen wird praxisnah illustriert anhand der Konzeption und des Betriebes der komplexen Fraunhofer-PKI.

S tellt sich bei der turnusmäßigen Überprüfung der IT-Sicherheit im Unternehmen oder gar aufgrund eines Datenskandals heraus, dass Vertraulichkeit, Integrität, Authentizität oder Verbindlichkeit bei der Kommunikation und Datenhaltung nicht mehr den unternehmenseigenen Sicherheitsansprüchen genügen, so sind zusätzliche Schutzmaßnahmen erforderlich. Dies ist ein typischer Anlass, über die Einführung bzw. Erweiterung von elektronischen Signaturen, Verschlüsselungen und weiteren kryptographiebasierten Verfahren und Anwendungen nachzudenken. Notwendige Grundvoraussetzung dafür ist eine Public-Key-Infrastruktur (PKI), welche anhand von Zertifikaten sowie öffentlichen und geheimen Schlüsseln mehr Sicherheit ins Unternehmen bringt.

Gute Gründe für eine PKI

Schutz vor Wirtschaftsspionage, besonders in der E-Mail-Kommunikation oder bei der Speicherung vertraulicher Daten auf mobilen Geräten, ist häufig ein zentrales Motiv. Aber auch zahlreiche Gesetze oder Normen stellen hohe Anforderungen an die IT-Sicherheit, die ohne den Einsatz einer PKI nicht oder nur unzureichend erfüllbar sind.

Beispielhaft sei die Verpflichtung zum Datenschutz genannt, die auch die Nachweisbarkeit von Vorgängen bei der Verarbeitung personenbezogener Daten umfasst. Oder auch die Einhaltung der Revisionssicherheit für elektronische Archive, die einen wesentlichen Bestandteil zahlreicher elektronischer Geschäftsprozesse bilden und den gesetzlichen Anforderungen an aufbewahrungspflichtige Dokumente entsprechen müssen. Des Weiteren verlangen gängige Sicherheitsstandards wie ISO 27001/02 oder IT-Grundschutz (BSI-Standard 100-2) eine sorgfältige, am Schutzbedarf orientierte Auswahl und Umsetzung von Sicherheitsmaßnahmen. Nicht selten weisen Daten und Anwendungen ein geringeres Sicherheitsniveau auf als in den für das Unternehmen relevanten Standards oder Vorschriften gefordert. Eine passgenau zugeschnittene PKI erleichtert es, entsprechende Vorgaben zu erfüllen, die in der Praxis in konkrete Konzepte für Authentisierung, Verschlüsselung und elektronische Signatur münden müssen.

Claudia Hirsch ist verantwortlich für die PKI-Projekte im Fraunhofer-Institut für Sichere Informationstechnologie (SIT).

Expertise schützt vor Fehlinvestitionen

Die Einführung bzw. Erweiterung einer PKI stellt mit steigender Anzahl der Einsatzszenarien eine wachsende Herausforderung für ein Unternehmen dar. Soll die PKI inhouse betrieben werden oder lohnt der Einkauf der erforderlichen Zertifikate bei einem externen Anbieter? Sind die Anforderungen des Unternehmens durch Standardlösungen abgedeckt? Falls nicht, welche Maßnahmen sind für die speziellen Erfordernisse angebracht? Welche unterschiedlichen PKI-Konzepte mit welchen jeweils typischen Sicherheitsniveaus kommen überhaupt in Frage?

Eingeschränktes Wissen über die vielfältigen Möglichkeiten, eine PKI auszugestalten, führt in der Praxis oft dazu, dass nicht die optimale Variante, sondern schlicht eine der bekannten Lösungen gewählt wird. Unnötige Investitionen – je nach Größe des Nutzerkreises in beträchtlichem Umfang – sind schnell in einem Unternehmen getätigt, das die eigenen Anforderungen und die resultierenden notwendigen Schritte nicht korrekt einschätzt.

Die Empfehlung ist daher eindeutig, im Vorfeld eine umfassende Beurteilung der Ausgangssituation wie auch der angestrebten Ziele durch PKI-Experten einzuholen. Im optimalen Fall ist der PKI-Experte selbst Mitarbeiter des Unternehmens, im Regelfall jedoch ein externer Berater. Eine enge Kooperation mit Personen, die die aktuellen Geschäfts- und IT-Prozesse, IT-Infrastrukturen und -Anwendungen kennen und in eine umfassende Ist-Analyse einfließen lassen, ist dabei elementar für den Erfolg des Projektes.

Beurteilung der Ausgangssituation durch PKI-Experten

Ermittlung der Rahmenbedingungen

Zunächst sollten die **Schutzziele** des Unternehmens formuliert und die inhaltlichen Anforderungen der einzelnen PKI-relevanten **Anwendungsfälle** zusammengestellt werden, von denen im Folgenden einige typische auszugsweise genannt seien:

■ *E-Mail-Kommunikation*
Die Absicherung dieses Standardeinsatzgebiets erfolgt durch signierte und verschlüsselte E-Mails.

■ *Authentisierung*
Die PKI-basierte Authentisierung von Mitarbeitern gegenüber Webanwendungen oder bei Logins bietet im Verhältnis zur passwortbasierten Authentisierung ein höheres Sicherheitsniveau und verbesserte Benutzerfreundlichkeit.

■ *Sichere Dokumentenablage*
Die sichere Ablage vertraulicher Inhalte führt zu Festplatten- oder Dokumentenverschlüsselung, die auch zertifikatsbasiert aufgesetzt werden kann. Soll darüber hinaus die Integrität der abgelegten Daten gewährleistet wer-

den, so sind zusätzlich Dokumentsignaturen erforderlich. Dieser Anwendungsfall kann stufenweise ausgebaut werden, bis hin zur Kombination von Signaturen und Zeitstempeln für die revisionssichere Archivierung elektronischer Daten über lange Zeiträume, die komplexe PKI-Konzepte erforderlich macht.

■ *IT-Infrastruktur*
Eine PKI wird auch für die Absicherung der IT-Infrastruktur anhand von Zertifikaten für Web- und E-Mail-Server, Domain-Controller, VPN etc. benötigt.

■ *Code-Signing*
Schließlich setzt man die Zertifikate zum Code-Signing im Kontext von Softwareentwicklung und Content-Angeboten ein, zum Beispiel für Makros, Gerätetreiber, Virenupdates, Konfigurationsdateien o.Ä.

Gegebenenfalls können Signaturen oder Verschlüsselungen für weitere unternehmensspezifische, Nicht-Standard-Anwendungen sinnvoll sein.

Synergieeffekte durch Integration von PKI und Unternehmensprozessen

Weitere Randbedingungen für die PKI können sich gerade in größeren Unternehmen durch die bilaterale Integration von Unternehmensprozessen und der PKI ergeben Eine frühzeitig geplante enge Verzahnung ermöglicht kostenreduzierende Synergieeffekte.

Einerseits wird die PKI zur Absicherung der **Geschäftsprozesse** genutzt. Zertifikate ermöglichen eine weit reichende Digitalisierung von Workflows ohne lästige Medienbrüche, wo Unterschriften gefordert sind, und gewähren Vertraulichkeit, wenn notwendig. Das unternehmensinterne Identitätsmanagement kann zertifikatsbasiert aufgebaut werden. Andererseits kann die Nutzung des Personalsystems für die Registrierung der Zertifikatsnehmer und die Identitätsprüfungen sinnvoll sein. Die Registrierungsstellen einer PKI benötigen für die eindeutige Zuordnung von Zertifikaten zu Personen die Stammdaten der Personen, die aus dem Personalsystem des Unternehmens gezogen werden können. Auch ein bereits vorhandener Verzeichnisdienst kann für den PKI-Betrieb genutzt werden, um zum Beispiel Zertifikate zu veröffentlichen oder Daten aus dem Verzeichnisdienst für die Erstellung der Zertifikate zu verwerten.

Schließlich ist die Einbeziehung der Roadmap für **zukünftige** Prozesse und IT-Anwendungen in die PKI-Planung obligatorisch, um die Voraussetzung für eine zukunftssichere PKI zu schaffen. Nachträgliche Anpassungen von grundlegenden Eigenschaften einer PKI führen meist zu beachtlichem Aufwand. Muss beispielsweise das Zertifikatsprofil verändert werden, um einen neuen Anwendungsfall abzudecken, so sind im schlechtesten Falle alle ausgegebenen Zertifikate zu ersetzen. Das bedeutet nicht nur für das PKI-Team erheblichen zusätzlichen Aufwand, sondern auch für jeden einzelnen Zertifikatsnehmer und eventuell sogar für externe Kommunikationspartner.

Wahl des Betreibers

Generell gilt: Je kleiner ein Unternehmen, je geringer die Anzahl an Mitarbeitern, die ein Zertifikat benötigen, desto weniger lohnt es, eine eigene PKI zu betreiben. Es gibt eine Reihe von Anbietern, bei denen digitale Zertifikate eingekauft werden können – auf verschiedenen Sicherheitsniveaus zu unterschiedlichen Preisen.

Kosten-Nutzen-Analysen ergeben, ob Inhouse oder externer Betreiber

Werden Zertifikate nur sporadisch oder für eine überschaubare Anzahl von Standardeinsatzzwecken genutzt, sollte auf die **Trust Center** und Zertifizierungsdienste der etablierten Anbieter zurückgegriffen werden, da der sichere Betrieb einer eigenen PKI mit guter Verfügbarkeit und akzeptabler Benutzbarkeit recht aufwendig ist.

Alternativ kann die zukünftige PKI **unternehmensintern** betrieben werden. Dies erfordert zwar einiges an Know-how und Investitionen, lohnt sich aber durchaus, wenn entweder die externen Trust Center spezielle Anforderungen nicht erfüllen oder eine große Menge an Zertifikaten benötigt wird.

Eine Mischform bietet das **Outsourcen** der firmeneigenen Public-Key-Infrastruktur an einen externen Betreiber. Hier müssen jeweils genaue Kosten-Nutzen-Analysen im Vorfeld durchgeführt werden. Auf keinen Fall sollte man sich dazu verleiten lassen, eine kostengünstige Lösung unprofessionell selbst zu betreiben, es sei denn, man nimmt deutliche Abstriche bei der Sicherheit in Kauf. Auch hier gilt: Das schwächste Glied in der Kette bestimmt das Sicherheitsniveau.

Wichtige Aspekte für das PKI-Design

Im Vorfeld der PKI-Entscheidung sollte die Kommunikation mit externen Partnern, Kunden, Lieferanten und insbesondere öffentlichen Stellen analysiert werden, da sich zusätzliche Anforderungen an Infrastruktur, Zertifikatsprofil oder die einzusetzende Soft- und Hardware ergeben können. Es muss recherchiert werden, ob wichtige Kommunikationspartner bereits Zertifikate einsetzen und inwiefern Kompatibilität mit diesen ein vorrangiges Ziel ist. Ist es für ein Unternehmen wichtig, signierte E-Mails an Kunden oder Partner zu versenden, oder ist geplant, Webanwendungen mit SSL/TLS-Zertifikaten nach außen anzubieten, so sind sorgfältige Vorüberlegungen angebracht:

◼ *Root*
Zertifikate aus einer PKI, deren Wurzelzertifikat (Root) nicht in den aktuellen Browsern bzw. Mail Clients integriert ist, führen zu irritierenden und

missverständlichen **Warnmeldungen** bei https-Verbindungen oder Signatur-prüfungen. Über das tatsächliche Sicherheitsniveau der eingesetzten Zertifi-kate oder der Verbindung sagt eine solche Warnmeldung nichts aus. Das Si-cherheitsniveau kann sehr gut sein – nur ist dies nicht überprüfbar. Diese Warnmeldungen, mit denen der Kommunikationspartner konfrontiert wird und die auf eine potentiell unsichere Kommunikation hinweisen, kann man vermeiden, indem die **Zertifikatskette** der eingesetzten Zertifikate zu einem in den gängigen Browsern bzw. Mail Clients bereits integrierten Root führt. Das heißt, entweder bezieht das Unternehmen seine Zertifikate direkt bei ei-nem Trust Center, dessen Root in den Browsern enthalten ist, oder man strebt die Verkettung der eigenen PKI mit einem solchen Root an. Einer Verkettung geht im Allgemeinen eine aufwendige Evaluierung voraus. Die Verifizierung des eigenen Zertifikates findet erst bei einer derartigen Verkettung für den Kommunikationspartner transparent statt und es wird dann – wie gewünscht – lediglich angezeigt, dass es sich um eine sichere Verbindung handelt.

■ *Rechtslage*
Für das Design der passenden PKI kann weiterhin die Rechtsverbindlichkeit der einzusetzenden elektronischen Signaturen eine Rolle spielen. Benötigt das Unternehmen qualifizierte elektronische Signaturen gemäß Signaturge-setz (SigG)[1] oder sind fortgeschrittene oder gar einfache Signaturen ausrei-chend für die in der Ist-Analyse und in der Roadmap ermittelten Anwen-dungsfälle? In bestimmten Kontexten wird eine qualifizierte Signatur gefor-dert, zum Beispiel als Ersatz für die gesetzlich vorgeschriebene Schriftform, wenn die handschriftliche Unterschrift in einem Onlineverfahren ersetzt werden soll bei gleichbleibender Rechtsverbindlichkeit. Verschlüsselung kann ebenfalls für bestimmte Anwendungsfälle vorgeschrieben sein, zum Beispiel aus Gründen des Datenschutzes bei der Übertragung personenbezo-gener Daten. Im Zweifelsfall sollte juristischer Rat eingeholt werden.

Smart Card oder Soft Token
Es stellt sich die grundsätzliche Frage, ob Schlüssel und zugehörige Zertifi-kate auf einem niedrigeren Sicherheitsniveau als Soft Token (Schlüsseldatei-en) oder mit deutlich mehr Aufwand und verbessertem Sicherheitsniveau auf Smart Cards oder anderen Hardware-Token ausgegeben werden, ggf. in Kombination mit PIN-Briefen.

Soft Token sind leichter auf PDAs und mobilen Geräten zu verwenden als Smart Cards, allerdings mit dem Risiko, dass sich Kopien der geheimen Schlüssel unkontrolliert verbreiten (zum Beispiel bei Back-up oder Verlust eines mobilen Gerätes). Der Umgang mit der **Key-Historie** ist in diesem Zu-sammenhang ein weiterer ausschlaggebender Faktor: Wird ein Verschlüsse-lungsschlüssel durch einen nachfolgenden neuen Verschlüsselungsschlüssel abgelöst – zum Beispiel weil das Zertifikat abgelaufen ist oder kompromittiert wurde – so wird der alte Schlüssel weiterhin benötigt, um ältere Dokumente oder E-Mails entschlüsseln zu können. Beim Einsatz von Softwareschlüsseln werden diese alle im Zertifikatsspeicher des Anwenders gehalten und transparent passend ausgewählt. Bei Smart Card-Lösungen muss entweder der Benutzer zwischen zwei Smart Cards hin und her wechseln, oder das Trust Center muss die ganze Key-Historie auf den Nachfolgekarten aufbringen, wobei beide Vorgehensweisen Aufwände verursachen, die kalkuliert und verglichen werden sollten.

Die für Verschlüsselung, Signatur und Authentifizierung notwendigen Schlüsselpaare werden bei Smart Card-basierten PKIs generell (und beim Einsatz von Soft Token optional) vom Trust Center **zentral generiert.** Danach werden die Smart Cards oder Soft Token, die die entsprechenden Schlüssel und Zertifikate beinhalten, an die Benutzer verteilt. Dadurch wird **Key Recovery** möglich, also die zentrale, sichere Speicherung und Wiederherstellung von verlorenen oder zerstörten Verschlüsselungsschlüsseln. Vorteil für das Unternehmen: Der Zugriff auf vertrauliche Daten ist dauerhaft gesichert.

Zentrale oder dezentrale Schlüsselerzeugung

Bei der Verteilung der zentral generierten Schlüssel ist eine sichere Überprüfung der Identität des Zertifikatsnehmers erforderlich. Diese muss unter Abwägung von Sicherheitsniveau und akzeptablem Aufwand konzipiert werden. Denkbare Varianten sind der einfache Postversand an die Empfängeradresse, das Post-Ident-Verfahren oder die persönliche Abholung durch den Empfänger bei definierten Stellen. Optional kann die Vorlage eines Ausweisdokumentes verlangt werden oder der getrennte Versand eines PIN-Briefes erfolgen.

Die **dezentrale Schlüsselerstellung** für Soft Token ist kostengünstiger hinsichtlich des Aufbaus und Betriebs des Trust Centers und der Infrastruktur. Sie ist aber mit höherem Aufwand verbunden und erfordert zusätzliches Know-how beim einzelnen Nutzer der PKI, das vorab vermittelt werden muss. Hierbei generiert ein Mitarbeiter seine öffentlichen und privaten Schlüssel selbst auf seinem Rechner und fordert anhand eines Zertifikats-Request anschließend nur noch das zugehörige Zertifikat an. Eine dezentrale Schlüsselerzeugung wird vielfach in Kombination mit einer weniger aufwendigen Überprüfung der Identität des Zertifikatsempfängers angeboten. So könnte beispielsweise lediglich die E-Mail-Adresse und nicht der Name des Inhabers in das Zertifikat eingetragen und das Zertifikat anschließend an diese E-Mail-Adresse versendet werden. Die dringend notwendige Erstellung von Sicherheitskopien des Schlüsselmaterials verbleibt bei einer dezentralen Lösung jedoch beim User. Das Sicherheitsniveau ist stark abhängig von der Einhaltung organisatorischer Anweisungen für den Umgang mit dem Schlüsselmaterial, von der Netzwerk- und Arbeitsplatzsicherheit sowie der Art der Überprüfung der Benutzerdaten, die im Zertifikat bestätigt werden.

Sicher und benutzerfreundlich

Es hat sich als sinnvoll erwiesen, für das Soll-Konzept initial eine Priorisierung der drei Bereiche Sicherheit, Benutzerfreundlichkeit und Kosten vorzunehmen. Hat man hier einmal Schwerpunkte gesetzt, so ergeben sich viele weitere Konkretisierungen. Ziel muss die sinnvolle Gewichtung aller drei Anforderungen sein. Leider werden häufig nur Sicherheit und Kosten optimiert. Ein hohes Sicherheitsniveau erhält man aber nicht allein durch korrekt implementierte Sicherheitsmechanismen und den Einsatz von Technik mit hohem funktionalen Reifegrad. Der Benutzer ist eine wichtige Sicherheitskomponente im Gesamtsystem. Sein Verhalten beeinflusst das Sicherheitsniveau empfindlich.

Benutzerfreundlichkeit darf nicht vernachlässigt werden

Handelt es sich bei den Benutzern um Laien, so kann das Prinzip der Public-Key-Infrastrukturen – der geheimen und öffentlichen Schlüssel – die Anwender aufgrund seiner Komplexität schnell überfordern. Umso wichtiger ist es, einen hohen Grad an Transparenz zu schaffen und für eine möglichst gute Usability beim Endanwender zu sorgen. Schließlich sollte die Unternehmensführung – vor allem bei einer unternehmensweiten Einführung an allen Arbeitsplätzen – akzeptanzsteigernde Maßnahmen erwägen und den Usern die Vorteile vermitteln, die den vermutlich entstehenden zusätzlichen Aufwand rechtfertigen, der durch Beantragung, Installation und Nutzung der Zertifikate entsteht. Kann man hingegen davon ausgehen, dass die Benutzer mit dem Einsatz von Zertifikaten und PKI gut zurechtkommen, so können finanzielle Aspekte in den Vordergrund treten. In der Praxis hat sich die Erkenntnis „You can have easy, cheap or secure. Pick two!" bewahrheitet. Produkte und Konzepte mit guter Sicherheit und guter Usability haben ihren Preis.

Kompatibilität

Wichtiges Kriterium für die erfolgreiche Einführung der PKI ist schließlich neben dem Sicherheitsniveau und dem gewünschten Grad an Benutzbarkeit die geforderte Kompatibilität. Wird die PKI für ein relativ homogenes oder eher heterogenes IT-Umfeld konzipiert? Je heterogener, desto komplexer und aufwendiger wird die Ausgestaltung. Für die möglichen Zertifikatsnehmer (Personen, Pseudonyme, Server, Services etc.) müssen die zu unterstützenden Versionen der Betriebssysteme, Mail Tools, Browser, Officeprodukte, PDF, Festplattenverschlüsselung, Login, Spezialanwendungen etc. festgelegt werden.

Gerade in größeren Unternehmen ist es besonders wichtig, das Soll-Konzept vor der Umsetzung mit allen involvierten Parteien abzustimmen, um nachträgliche Überraschungen oder Ablehnung zu vermeiden. Die Fachabteilungen sollten einbezogen werden, um die zeitnahen und langfristigen inhaltlichen Anforderungen der einzelnen Anwendungen an Vertraulichkeit, Verbindlichkeit, Verfügbarkeit, Integrität und Authentizität festzulegen. Die IT-Abteilung bringt ihr Wissen über die Infrastruktur ein, während die jeweiligen Verantwortlichen ihr Know-how über die Geschäftsprozesse bzw. die Organisationsstruktur beisteuern.

Wurden alle genannten Kriterien analysiert und sind die entsprechenden Entscheidungen in das Soll-Konzept eingeflossen, dann kann nun mit der Auswahl einer geeigneten externen PKI oder dem Aufbau der eigenen PKI sowie der konkreten Produktauswahl für die Arbeitsplätze der Mitarbeiter begonnen werden.

Praxisbeispiel

Die Fraunhofer-PKI

Innerhalb der Fraunhofer-Gesellschaft zur Förderung der angewandten Forschung e.V. (FhG) wurden in der Vergangenheit diverse PKIs in unterschiedlichen Ausprägungen betrieben. Um die Zukunftsfähigkeit der bestehenden Lösungen zu bewerten, wurde ein umfassendes Gutachten zur Bedarfsanalyse der PKI-Dienstleistungen extern beauftragt und in der Folge mit dem Aufbau einer komplett neuen PKI begonnen.

Anforderung

Als Anforderungen der Fraunhofer-Gesellschaft an die neue PKI wurden hohe Sicherheit, gute Benutzbarkeit und hohe Verfügbarkeit ermittelt. Zertifikate für zahlreiche Server und Services sowie ca. 15.000 Mitarbeiter (jedoch keine Pseudonyme), außerdem eine starke Authentifizierung, fortgeschrittene Signaturen und eine hochsichere Datenverschlüsselung in einem sehr komplexen und heterogenen Umfeld mit unzähligen Varianten von Betriebssystemen, Mail Tools, Browsern und Spezialsoftware sind notwendig. Aus den Geschäftsprozessen hat sich die Forderung nach Revisionssicherheit ergeben. Die Verteilung der 57 Fraunhofer-Institute auf 40 Standorte im Inland und zusätzliche Niederlassungen im Ausland sind eine Herausforderung unter anderem bei der Registrierung und Identifikation der Zertifikatsnehmer.

Multifunktionale Smart Cards für 15.000 Fraunhofer-Mitarbeiter

Lösung

Aufgrund der speziellen Anforderungen, des Mengengerüstes und des innerhalb der FhG vorhandenen umfangreichen Know-hows wurde beschlossen, die Konzeption, den Aufbau und Betrieb der Fraunhofer-PKI[2] intern durchzuführen. Das eigens dafür gegründete Fraunhofer Competence Center PKI besteht aus Mitarbeitern des Fraunhofer-Instituts für Sichere Informationstechnologie SIT und des Fraunhofer-Instituts für Informations- und Datenverarbeitung IITB mit langjähriger Erfahrung in IT-Sicherheitsprojekten. Die zweistufige PKI mit der übergeordneten Fraunhofer-Root-CA und zwei

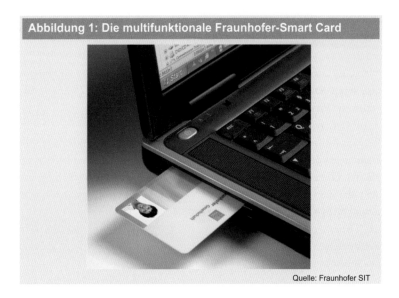

Abbildung 1: Die multifunktionale Fraunhofer-Smart Card

Quelle: Fraunhofer SIT

Sub-CAs für User beziehungsweise für Server und Services wird redundant an zwei Standorten in eigens gesicherten Räumen und Netzen betrieben. Umfangreiche Support- und Beratungsleistungen werden hier Fraunhofer-intern angeboten.

Jeder Fraunhofer-Mitarbeiter erhält eine multifunktionale Smart Card, optisch personalisiert als Mitarbeiterausweis inklusive Foto und auf Wunsch zusätzlich mit Magnetstreifen und/oder RFID-Chip für weitere Anwendungen. Die Smart Card ist PIN-geschützt. Die initiale PIN wird in einem getrennten Brief direkt an den Mitarbeiter versendet, während die Smart Card an spezielle Berechtigte für die Kartenausgabe an den einzelnen Standorten der Institute übersendet wird. Diese identifizieren bei der Kartenübergabe den Nutzer anhand eines offiziellen Ausweisdokumentes und dokumentieren den Vorgang.

Trust Center bietet Key Recovery an

Um nicht nur der Sicherheit, sondern auch der Benutzerfreundlichkeit gerecht zu werden, kann der User die initial gesetzte PIN in eine für ihn passende PIN ändern. Bei fünfmaliger Falscheingabe der PIN erfolgt eine Sperrung. Danach kann die Karte über ein sicheres Verfahren zum PIN-Reset, an dem der User, ein PIN-Reset-Berechtigter und ein Mitarbeiter des Trust Centers beteiligt sind, wieder freigeschaltet werden. Key Recovery ist aufgrund der zentralen Erzeugung für Verschlüsselungsschlüssel möglich und wird durch das Trust Center angeboten.

Für Server, Services, Mailinglisten und Funktionsadressen stehen Soft Token zur Verfügung. Ein Sperrdienst wird für alle Zertifikatstypen angeboten.

Über Sperrlisten und OCSP-Responder kann der aktuelle Status eines Zertifikates abgefragt werden.

Die geforderte Integration in die Unternehmensprozesse wurde unter anderem durch eine enge Verzahnung mit Personalsystem und Verzeichnisdienst realisiert. Für Mitarbeiter wird automatisch nach Vertragsabschluss ihre Smart Card produziert. Veränderungen im Personalsystem, zum Beispiel bei Vertragsverlängerungen, beim Ausscheiden von Mitarbeitern, bei Namensänderungen oder beim Institutswechsel, werden in der PKI berücksichtigt. Hierfür findet ein regelmäßiges Daten-Update über spezielle Schnittstellen statt, die neu geschaffen wurden und kontinuierlich erweitert werden. Vertreter-, Back-up- und Notfallkarten ermöglichen es, bereits in der FhG etablierte Szenarios unverändert zu unterstützen. Die Zertifikate sind für Fraunhofer-interne aktuelle und zukünftige Anwendungen geeignet, beispielsweise für die Zeiterfassung und Urlaubsanträge über Webdienste.

Verzahnung mit Personalsystem und Verzeichnisdienst

Um eine reibungslose, sichere Kommunikation mit externen Kontakten zu gewährleisten, wurde nach einem aufwendigen Evaluationsprozess die Verkettung zu einem in den Standardbrowsern vorhandenen Root erreicht und damit für benutzerfreundliche Sicherheit gesorgt.

Im nächsten Schritt ist geplant, eine weitere PKI in Betrieb zu nehmen, die zum Zweck der sicheren Kommunikation mit Fraunhofer-Mitarbeitern niedrigschwellig Zertifikate an Externe ausgibt, da nicht alle Geschäftspartner und Kontakte der FhG über Zertifikate verfügen. ▏▏▏▏▏

1 SigG, http://www.gesetze-im-internet.de/sigg_2001/index.html

2 Fraunhofer-PKI, http://www.pki.fraunhofer.de

E-Government
Herausforderungen für die IT-Sicherheit

Von Dr. Rainer Baumgart und Torsten Henn

Internationale Programme sehen die Ausweitung von E-Government vor. Eine wichtige Grundlage für die Verbreitung digitaler Verwaltung ist das Vertrauen der Nutzer. Ausgefeilte Sicherheitskonzepte sind erforderlich, wie das Best-Practice-Beispiel ELSTER zeigt.

I n den vergangenen 20 Jahren haben nicht nur Unternehmen enorme Fortschritte in der Vernetzung ihrer Standorte und Prozesse erfahren. Nationale und internationale Behörden und Organisationen haben gleichsam ihren Weg in die Informationsgesellschaft gemacht: E-Government ist damit nicht mehr nur ein Konzept, sondern überall spürbare Realität geworden: Der Staat tritt immer häufiger elektronisch in Kontakt mit Bürgern und Unternehmen.

Wachstumsbereich E-Government

Unter E-Government im weiteren Sinne versteht man die Vereinfachung und Durchführung von Prozessen zur Information, Kommunikation und Transaktion innerhalb und zwischen staatlichen, kommunalen und sonstigen behördlichen Institutionen sowie zwischen diesen Institutionen und Bürgern bzw. Unternehmen durch den Einsatz von Informations- und Kommunikationstechniken. Dabei wird das Internet zum bevorzugten Kommunikations- und Vertriebskanal für bedarfsgerechte Verwaltungsdienstleistungen.

An der Schnittstelle zwischen Wirtschaft und Verwaltung sind durch die elektronische Verknüpfung ihrer Prozessketten große Effizienzpotentiale zu erschließen. Sichere Transaktionen über das Internet werden in Zukunft im E-Government mit dem elektronischen Personalausweis vereinfacht. Bürgerinnen und Bürger erhalten mit zertifizierten Bürgerportalen einen Ort im Netz, von dem aus sie einfach, sicher und nichtanonym mit Behörden kommunizieren können.

Der technische Fortschritt insbesondere durch das Internet ermöglicht neue Kommunikations- und Interaktionswege. Somit ist das starke Wachstum des E-Government eine klare Folge der technischen Möglichkeiten, die in der heutigen vernetzten Internet- und Mediengesellschaft bestehen. Zudem ergibt sich die Notwendigkeit von E-Government aus den Anforderungen, welche der moderne Bürger an eine dienstleistungsorientierte Verwaltung stellt. Der Bedarf geht dahin, dass eine stets verfügbare, leicht erreichbare, transparente und flexible Verwaltung dem Bürger und den Unternehmen in

Dr. Rainer Baumgart
Vorstandsvorsitzender
secunet Security Networks AG

Torsten Henn
Leiter Geschäftsbereich
Government
secunet Security Networks AG

allen Belangen zur Seite steht. Entsprechend kommentiert es Dr. Hans Bernhard Beus, Innenstaatssekretär und Beauftragter der Bundesregierung für Informationstechnik: „Von der öffentlichen Verwaltung erwarten die Bürgerinnen und Bürger ebenso wie die Unternehmen heute zu Recht eine schnelle, einfache und serviceorientierte Erledigung ihrer Anliegen. Sie wollen eine Verwaltung, die sie unterstützt."[1]

Die starke Ausweitung des E-Government ist eingebettet in umfassende nationale und internationale Pläne: Ausgehend vom Aktionsplan E-Government der europäischen Initiative i2010, den Erfahrungen mit BundOnline 2005 (verpflichtete die Bundesverwaltung, bis 2005 alle internetfähigen Dienstleistungen online bereitzustellen) und Deutschland-Online hat die deutsche Bundesregierung am 13. September 2006 das Programm E-Government 2.0 als Konkretisierung eines Teils der Gesamtstrategie im Regierungsprogramm „Zukunftsorientierte Verwaltung durch Innovation" beschlossen. Die fachliche Verantwortung für das Programm E-Government 2.0 liegt beim Rat der IT-Beauftragten. Mit jährlichen Umsetzungsplänen legt die Bundesregierung ihr jeweiliges Arbeitsprogramm für eine effiziente und innovative Bundesverwaltung vor und berichtet über die bisher erreichten Fortschritte in den E-Government-Pilotprojekten sowie über die anstehenden Projektaufgaben und Ziele. E-Government wird damit zur Daueraufgabe der Verwaltungsmodernisierung. Gleichzeitig ist der Staat mit E-Government Nachfrager und Förderer von Zukunftstechnologien und sichert die erforderlichen Infrastrukturen der Informationstechnik.

Internationale Pläne zur Ausweitung von E-Government

E-Government und IT-Sicherheit

Im Rahmen der sogenannten „E-Government-Initiative" sollen durch die konsequente Nutzung moderner Informations- und Kommunikationstechnik einerseits Bürger und Wirtschaft in das Verwaltungshandeln einbezogen und andererseits Verwaltungsabläufe effizienter gestaltet werden. Dies bedingt einerseits einen breiten Einsatz von Informationstechnik (IT) in der öffentlichen Verwaltung, zum anderen wird das Internet langfristig zum wichtigsten Kommunikationsweg zwischen Bürgern, Unternehmen und Verwaltung.

Informationstechnik und Internet bergen ein enormes Potential für Verwaltung, Wirtschaft und Industrie sowie für Bürgerinnen und Bürger. Gleichzeitig bringen die neuen technischen Möglichkeiten auch Bedrohungen mit sich. Eine besondere Bedeutung kommt daher der IT-Sicherheit zu:

- Im E-Government werden unter anderem vertrauliche und persönliche Daten zwischen den Beteiligten ausgetauscht.

- In den letzten Jahren sind in einem bisher nicht gekannten Ausmaß Varianten von Schadprogrammen aufgetreten, die die IT-Systeme bedrohen.

Doch neben der zunehmenden Quantität hat sich auch die Qualität der Bedrohungen verändert. Schadprogramme sind heute weniger darauf ausgerichtet, direkten und bemerkbaren Schaden anzurichten, als beispielsweise Kontrolle über Rechner zu erlangen oder über längere Zeiträume Daten auszuspionieren. Das Risiko für Anwender und Unternehmen Opfer gezielter Spionageattacken zu werden, steigt.

■ In dem Maße, in dem die technische Entwicklung voranschreitet, wird das Internet selbst zu einer „kritischen Infrastruktur", das heißt zu einem neuralgischen Punkt auch für Deutschland. Die Vorteile funktionsfähiger IT-Systeme können nur dann genutzt werden, wenn IT-Sicherheit umfassend wirkt.

■ Innere Sicherheit bedeutet in der modernen Informationsgesellschaft auch Sicherheit der komplexen Informations- und Kommunikationsinfrastrukturen. Denn Vertrauen in die Sicherheit und Zuverlässigkeit der Informations- und Kommunikationstechnik ist Voraussetzung dafür, dass die Chancen der Informationsgesellschaft ausgeschöpft werden können. Die deutsche Bundesregierung hat sich zur Aufgabe gesetzt, dieses Vertrauen langfristig zu erhalten.

IT-Sicherheit im E-Government ist Bedingung für die Akzeptanz der Nutzer

Als eines der wichtigsten Hemmnisse auf dem Weg zu einer breiten Nutzung von E-Government-Anwendungen und -Lösungen wird oftmals die fehlende Akzeptanz seitens der Nutzer angeführt. Empirisch zeigt sich, dass Akzeptanz von Systemen direkt mit dem Vertrauen in deren Sicherheit(seigenschaften) zusammenhängt. IT-Sicherheit wird damit zur notwendigen Bedingung für eine funktionierende (funktionsfähige und von den Nutzern akzeptierte) E-Government-Infrastruktur.

Grundwerte der IT-Sicherheit

Drei Grundwerte der IT-Sicherheit sind bei allen Anwendungen des E-Government zu beachten:

■ Vertraulichkeit: Vertrauliche Informationen müssen vor unbefugter Freigabe geschützt werden. Die über die Applikationen im E-Government ausgetauschten und abgespeicherten vertraulichen Daten von Bürgern und Unternehmen sollen allein bestimmungsgemäß verwertbar und vor dem Zugriff Unbefugter abgeschirmt sein. Zur Herstellung der Vertraulichkeit bieten sich kryptographische Verfahren an.

■ Verfügbarkeit: Dem Benutzer stehen Dienstleistungen, Funktionen eines IT-Systems oder auch Informationen zum geforderten Zeitpunkt zur Verfügung. Gefordert wird daher eine hochperformante Infrastruktur, die eine Vielzahl von Interaktionen und Transaktionen sicher abwickeln kann. Zur

Absicherung einer solchen Infrastruktur bieten sich umfassende Sicherheitskonzepte an.

■ Integrität/Authentizität: Die Daten sind vollständig, unverändert und können einer Person zugeordnet werden. Über die E-Government-Systeme ausgetauschte Daten sollen nicht verändert werden können. Der Verlust der Integrität von Informationen bedeutet, dass diese unerlaubt verändert wurden oder Angaben zum Autor verfälscht wurden oder der Zeitpunkt der Erstellung manipuliert wurde. Um die Integrität und Authentizität von Daten zu sichern, werden unter anderem Zertifikate und elektronische Signaturen, eingebettet in sogenannte Public-Key-Infrastrukturen (PKI), eingesetzt.

Allgemeine Unterstützung bei der Optimierung der IT-Sicherheit von E-Government in Deutschland bietet das Bundesamt für Sicherheit in der Informationstechnik (BSI) an. Für die Beratung und die Integration/Implementierung von Sicherheitssystemen stehen zahlreiche spezialisierte Unternehmen zur Verfügung.

Erfolgreiche Einbindung von IT-Sicherheit im E-Government

Ein weitverbreiteter „virtueller" Behördengang ist die elektronische Steuererklärung ELSTER. Grundidee und Anspruch von ELSTER ist eine effiziente und sichere elektronische Übertragung jeglicher Steuerdaten. Zielgruppe und Nutzer von ELSTER sind Bürger, Steuerberater, Arbeitgeber, Kommunen, Verbände und Finanzbeamte. Weit über 500 Millionen Datensätze (Stand Juli 2009) sind mittels ELSTER bisher transferiert worden. ELSTER ist damit eines der größten E-Government-Projekte Deutschlands.

Elektronische Steuererklärung als eines der größten E-Government-Projekte Deutschlands

Das große Ziel von ELSTER ist die durchgehende Realisierung einer personalisierten ELSTER-Portalseite, mit deren Hilfe die Kommunikation zwischen Bürger oder Unternehmen und Finanzamt individuell, papierlos und sicher auf elektronischem Wege erfolgt. Der Steuerbürger kann dann beispielsweise seine virtuelle Lohnsteuerkarte aufrufen und bestimmte Daten (Steuerklasse, Adresse, Bankverbindung) selbst ändern. Gleichzeitig hat er die Möglichkeit, seinem Arbeitgeber den elektronischen Zugriff auf die virtuelle Lohnsteuerkarte einzuräumen, so dass dieser schnell und problemlos die neuen Besteuerungsgrundlagen erhält.

Auch Unternehmen profitieren von den Vorteilen einer direkten Kommunikation: Sie können dann, um nur ein Beispiel zu nennen, ihre per Mausklick erstellte Bilanz mit Hilfe des Portals an das Finanzamt weiterleiten und festlegen, ob und wie zu erwartende Erstattungsbeträge mit anderen, zu zahlenden Steuern zu verrechnen sind. Die von Behördenkunden geforderte Service-Orientierung wird damit in der E-Government-Anwendung Realität.

ELSTER mit ausgefeiltem Sicherheitskonzept

Inzwischen können über ELSTER rund um die Uhr nahezu alle steuerlich relevanten Erklärungen und Anmeldungen online abgegeben werden. Ein früherer Kritikpunkt an ELSTER richtete sich gegen die Sicherheit und hier insbesondere auf die fehlende Authentifizierung der Teilnehmer. Mit Einführung des ELSTEROnline-Portals im Jahre 2006 verfügt ELSTER über neue Sicherheitsverfahren. Diese ermöglichen durch Authentifizierung, Verschlüsselung und elektronische Signatur umfangreiche und sichere Online-Transaktionen. Basis der Sicherheitsarchitektur von ELSTER ist ein Konzept, welches neben der Verschlüsselung auch die sichere Authentisierung eines Partners und die elektronische Signatur ermöglicht. Der Programmdownload von ELSTER ist nach höchsten Sicherheitsanforderungen ausgelegt. Die Schlüssel- und Zertifikatsvergabe übernimmt ein eigenes Trust Center für das ELSTER-Portal.

Entwicklung der Sicherheitslösung

Im Vorfeld der Entwicklung der Sicherheitslösung für ELSTER waren einige wichtige Fragen zu klären:

- Wo ist die Verfügbarkeit, Vertraulichkeit und Integrität von Daten gefährdet, und welche Vorkehrung sind entsprechend zu treffen?

- Wie können die existierenden Formvorschriften auch auf elektronischem Wege eingehalten werden?

- Welche Prozesse und welche Infrastruktur werden für eine sichere Kommunikation mit Bürgern und Unternehmen benötigt?

- Wie schafft man eine lückenlose und dennoch für den Nutzer möglichst „unmerkliche", das heißt komfortable Sicherheit?

Bevor geeignete Mechanismen zum Schutz der Kommunikation und der Daten für ELSTER festgelegt werden konnten, musste zunächst der Schutzbedarf ermittelt werden. Dabei richtete sich der Schutzbedarf danach, welche Schadensszenarien sich für die Kommunikation und die zu verarbeitenden Daten bei einer Beeinträchtigung von Vertraulichkeit, Integrität oder Verfügbarkeit ergeben können.

Die Klassifizierung des Schutzbedarfes erfolgte anhand der Schutzbedarfskategorien „kein", „niedrig bis mittel", „hoch" und „sehr hoch" des E-Government-Handbuchs des Bundesamts für Sicherheit in der Informationstechnik (BSI). So wurde beispielsweise die Vertraulichkeit der Steuernummer als „mittel", die Vertraulichkeit der im ELSTER-Postfach abgelegten Bescheide der Steuerverwaltung als „hoch" klassifiziert.

Im nächsten Schritt wurden Verfahren festgelegt, mit denen der geforderte Schutzbedarf erreicht werden konnte. Der Schutzbedarf „hoch" bezüglich der Vertraulichkeit bei der Behandlung von Daten kann mit einer starken Verschlüsselung (der Übertragung und der Ablage der Daten) und einer für den Schutzbedarf „hoch" geeigneten Authentifizierung der auf die geschützten Daten zugreifenden Benutzer erfüllt werden.

Public-Key-Infrastruktur

Die dazu notwendigen Sicherheitsverfahren bedingen die Verwendung einer Public-Key-Infrastruktur (PKI). Als Designkriterien für diese PKI wurden unter anderem festgelegt:

Technische Sicherheits- komponenten

■ Ausgelegt zur Ausgabe und Verwaltung von bis zu 30 Millionen Zertifikaten für Authentifizierung auf Basis von Signaturen.

■ Softwarebasierte und hardwarebasierte Schlüssel sowie Signaturkarten aller gängigen Trust Center müssen unterstützt werden können.

■ Alle Prozesse für Registrierung, Schlüssel- und Zertifikatsausgabe müssen vollautomatisch und unbedient erfolgen können.

■ Hohe Sicherheit, Performance und Flexibilität ist zu gewährleisten.

Neben diesen technischen Sicherheitskomponenten mussten für einen automatischen und sicheren Betrieb dieser Komponenten auch passende Prozesse unter anderem zur Anwenderidentifizierung und -registrierung, zur Schlüsselerzeugung und Zertifikatsvergabe sowie zur Sperrung von Zertifikaten entworfen werden. Hierbei stellt die Identifizierung und Registrierung der ELSTER-Anwender einen wesentlichen Prozess dar.

Nachgewiesene Informationssicherheit

Dokumentiert wird die erfolgreiche Umsetzung von Informationssicherheit nach internationalen Normen bei ELSTER im Frühjahr 2009 durch ein ISO 27001-Zertifikat auf der Basis der IT-Grundschutz-Kataloge des Bundesamts für Sicherheit in der Informationstechnik (BSI). Ein solches Zertifikat zeigt, dass in der jeweiligen Institution IT-Sicherheit ein anerkannter Wert ist, ein IT-Sicherheitsmanagement vorhanden ist und außerdem zu einem bestimmten Zeitpunkt ein definiertes IT-Sicherheitsniveau erreicht wurde.

Der Erfolg von ELSTER zeigt sich in der hohen Akzeptanz und der steigenden Nutzerzahlen. Seit 1999 wurden über 30 Millionen Einkommenssteuererklärungen übermittelt, über 12 Millionen Bescheide elektronisch zur Verfügung gestellt, 170 Millionen Umsatzsteuervoranmeldungen und ca. 220

Millionen Lohnsteuerbescheinigungen übertragen. Etwa 1.000 Softwarehersteller, darunter alle marktrelevanten Firmen, haben ELSTER in ihre Steuerprogramme eingebunden.

Kostensenkungen durch ELSTER

Durch die Nutzung von ELSTER sind deutliche Kostensenkungen möglich geworden: Durch die konsequente elektronische Abbildung aller steuerrelevanten Daten und die durchgängig elektronische Kommunikation können Prozessoptimierungen und Kostensenkungen auf Seiten des Steuerpflichtigen (Unternehmens) und auf Seiten der Steuerverwaltung realisiert werden.

Eine Beispielrechnung aus dem Jahr 2005, nach Angaben von IBM Deutschland[2], zeigt quantitativ das Ersparnispotential: Die elektronische Abgabe von Lohnbescheinigungen brachte IBM Deutschland (25.000 Mitarbeiter in 40 Niederlassungen) weitreichende Prozessvereinfachungen. Bis 2004 hatte die Gehaltsabteilung jährlich 45.000 Lohnsteuerkarten bearbeitet – sowohl die der aktiven Mitarbeiter als auch die der Pensionierten. Die Lohnsteuerkarte versehen mit der Lohnbescheinigung, die die Mitarbeiter auf einen Stichtag hin erhielten, wurde traditionell verarbeitet. Das hieß 45.000-mal ausdrucken, 45.000-mal auf die Lohnbescheinigung aufkleben, etikettieren und kuvertieren. Das beschäftigte sechs Mitarbeiter sechs Wochen lang. Nach Umstellung und mit Unterstützung von ELSTER wurde diese Aufgabe dann über Nacht erledigt.

Einsparungen in der Verwaltung

Konzept von ELSTER ist auf weitere Anwendungen übertragbar

Bei der Steuerverwaltung erfolgt eine Einsparung der Datenerfassungskräfte bzw. Verzicht auf Direkterfassung durch den Sachbearbeiter im Finanzamt. Die elektronische Verarbeitung ermöglicht eine automatisierte Entscheidungsunterstützung für den Sachbearbeiter.

Der Nutzen der ELSTER-Technologie ist zudem übertragbar. So bleibt ELSTER nicht nur als (Insel-)Lösung für die elektronische Steuererklärung erfolgreich, sondern könnte auf andere Bereiche angewandt und im Zusammenspiel mit anderen E-Government-Anwendungen wirken:

■ Bereits ab Juli 2009 kann sich jedes Unternehmen, das anmeldepflichtige Waren aus dem Zollgebiet der Europäischen Gemeinschaft ausführen möchte, am Portal des Zolls (Projekt IAA-Plus) elektronisch mit ELSTER-Zertifikaten identifizieren. Die gesamte Authentisierung der Online-Abwicklung basiert hierbei auf dem System, welches bei ELSTER verwendet wird. Derzeit wird geprüft, die starke Anwenderauthentifizierung von ELSTER auch weiteren E-Government-Anwendungen anzubieten.

■ ELSTER gehört zu den etablierten E-Government-Anwendungen in Deutschland und wird daher an den Tests im Zusammenhang mit der Einführung des elektronischen Personalausweises teilnehmen. Der elektronische Personalausweis soll in ELSTER für die Registrierung beim Online-Portal eingesetzt werden.

Fazit

Zukunftsgerichtet lässt sich festhalten, dass E-Government noch erheblich über das bereits bestehende hinaus wachsen wird. Dabei ist und bleibt IT-Sicherheit ein wesentlicher Funktions- und Akzeptanzfaktor. An positiven Beispielen wie ELSTER zeigt sich, dass die hier bestehenden Herausforderungen gut gelöst werden können.   ‖‖‖‖

---

1 http://www.cio.bund.de/cln_093/DE/E-Government/E-Government-Programm/
   e-government-programm_node.html, 10.08.2009.
2 Vgl. Hartmann 2005.

Quellenangaben

Hartmann, M., IBM Deutschland GmbH: „Erfahrungen mit Bund Online", Vortrag am 29. August 2005 in Berlin.

Website des Bundesministeriums des Innern; www.bmi.bund.de

Website des Bundesamtes für Sicherheit in der Informationstechnik; www.bsi.de

Website des Beauftragten der Bundesregierung für Informationstechnik; www.cio.bund.de

Website „Deutschland-Online"; www.deutschland-online.de

Sicherheit mobiler Systeme im Geschäftsumfeld
Aktueller Stand der Technik und zukünftige Anforderungen

Von Dr.-Ing. Kpatcha M. Bayarou und Jens Heider

Vor allem die mobile Kommunikation bietet aufgrund der umfangreichen Schnittstellen große Angriffsflächen für Sicherheitsrisiken. Schutz bieten Technologien wie kryptographische Verschlüsselung, sogenannte Tunnel-Lösungen und Hardwaresicherheitsanker.

Dr.-Ing. Kpatcha M. Bayarou
Bereichsleiter Sichere mobile
Systeme (SIMS) am Fraunhofer-
Institut für Sichere Informations-
technologie (SIT) in Darmstadt

Jens Heider
Technischer Leiter Testlabor
IT-Sicherheit am Fraunhofer-
Institut für Sichere Informations-
technologie (SIT) in Darmstadt

S eit dem Durchbruch der mobilen Kommunikationstechnologien durch die mobilen Funktechnologien wie GSM (Global System for Mobile Communications) und UMTS (Universal Mobile Telecommunications System) hat der Einsatz von mobilen Endgeräten im Alltag ständig zugenommen. BITKOM (Bundesverband Informationswirtschaft, Telekommunikation und neue Medien e.V.) rechnet für das Jahr 2009 mit einem Anstieg der Mobilfunkanschlüsse in Deutschland auf 112,8 Millionen gegenüber 107,4 Millionen 2008[1]. Weil die Anzahl integrierter Technologien[2] und Funktionalitäten erheblich zugenommen hat, lassen sich die auf dem Markt befindlichen mobilen Endgeräte nun aber nicht mehr alleine über ihre Kommunikationstechnologie klassifizieren. Betrachtet man beispielsweise die etablierten Smartphones, so verfügen sie neben GSM und UMTS über WLAN (Wireless Local Area Network), Bluetooth, SMS, MMS (Multimedia Messaging Service), A-GPS (Assisted Global Positioning System), Kameras, elektronischen Kompass, serielle Bussysteme wie USB (Universal Serial Bus) und Webbrowser, um nur einige zu nennen.

Alle diese Funktionalitäten und Technologien bieten eine Vielfalt von Anwendungsmöglichkeiten, sowohl für private als auch insbesondere für berufliche Zwecke, bedürfen aber auch einer kritischen Betrachtung aus der Sicherheitsperspektive. Eine im Rahmen des vom Bundesministerium für Wirtschaft und Technologie (BMWi) unterstützten Förderprogramms „SimoBIT – Sichere Anwendung der mobilen Informationstechnik (IT) zur Wertschöpfungssteigerung in Mittelstand und Verwaltung" durchgeführte Studie[3] zeigt, dass in deutschen Unternehmen mit 500 bis 999 Angestellten etwa 56 Prozent der Mitarbeiter Mobiltelefone, 56 Prozent Laptops und 7 Prozent PDA (Personal Digital Assistants) für ihre Arbeit einsetzen. In Unternehmen mit weniger als 50 Angestellten nutzen etwa 56 Prozent der Mitarbeiter Mobiltelefone, 27 Prozent Laptops und 3 Prozent PDAs für ihre Arbeit.

Darüber hinaus haben die rasante Weiterentwicklung des Internets im Festnetzbereich und die darauf basierenden Dienste dazu beigetragen, dass die Nutzung des Internets auch auf den mobilen Endgeräten attraktiv geworden

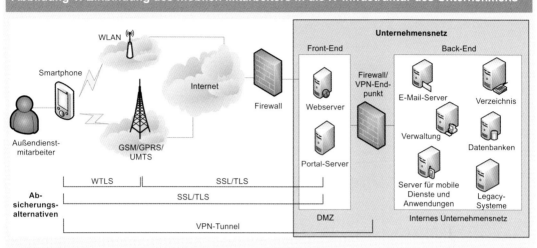

Abbildung 1: Einbindung des mobilen Mitarbeiters in die IT-Infrastruktur des Unternehmens

Quelle: Fraunhofer SIT

ist. Das mobile Internet (hier verstanden als Kombination von Internet und mobilen Netzen) eröffnet Mitarbeitern eine neue Flexibilität, ihren geschäftlichen Aufgaben überall nachzugehen – unabhängig von ihrem Aufenthaltsort und dem Zeitpunkt, an dem sie diese Aufgaben erledigen wollen. Mittlerweile hat sich der Begriff des M-Business (Mobile Business) in Anlehnung an E-Business etabliert. M-Business-Dienste und -Anwendungen erschließen neue Geschäftsmöglichkeiten und können zur effizienteren und effektiveren Ressourcennutzung beitragen[4]. Dies bedeutet, dass die Unternehmens-IT-Infrastruktur für das mobile Arbeiten geöffnet und angepasst werden muss, so dass die mobilen Mitarbeiter jederzeit auf das Unternehmensnetz und seine Ressourcen zugreifen können. Neben den daraus resultierenden Vorteilen für das Unternehmen ergeben sich aus dieser Offenheit gleichzeitig hohe Anforderungen an die IT-Sicherheit.

Ebenso wie im Festnetzbereich gibt es auch auf mobilen Endgeräten Schadsoftware. Der Einsatz von mobilen Endgeräten erfordert umfassende Sicherheitsmaßnahmen, die einen angemessenen Schutz gegen diese Angriffe bieten, aber auch das – im Vergleich zu stationären Systemen – größere Angriffspotential einer direkten Gerätemanipulation berücksichtigen.

Sicherheitsrisiken in der Mobilkommunikation: Schadsoftware und direkte Gerätemanipulation

Im Mittelpunkt der Betrachtung der Schutzziele stehen die Vertraulichkeit, Integrität und Verfügbarkeit als Mindestanforderungen. Dabei ist Vertraulichkeit gewährleistet, wenn es keine unautorisierte Informationsgewinnung aus der Dienstnutzung gibt. Die Integrität/Datenintegrität ist gewährleistet, wenn es den handelnden Nutzern nicht möglich ist, die zu schützenden Dienste oder Daten unbemerkt zu manipulieren, und schließlich ist die Verfügbarkeit gewährleistet, wenn berechtigte (authentifizierte und autorisierte)

Nutzer in der Wahrnehmung ihrer Berechtigungen nicht unautorisiert beeinträchtigt werden können.

Einsatzszenario für die mobile Dienstnutzung

Ein Außendienstmitarbeiter hat mit seinem Smartphone Zugriff auf Dienste und Anwendungen seines Unternehmens, die bei ihrer Ausführung zum Beispiel Kundendaten benötigen, die in verschiedenen Datenbanken des Unternehmens verteilt abgelegt sind. Er kann überall – von öffentlichen Orten wie Bahnhöfen, Flughäfen oder Hotels ebenso wie vor Ort beim Kunden – auf diese Dienste und Anwendungen zugreifen (siehe Abbildung 1). Bei dieser Kommunikation nutzt er unter anderem öffentliche Internetzugänge wie kommerzielle WLAN-Internetzugänge/Hotspots. Darüber hinaus nutzt er das Smartphone für arbeitsbegleitende Aufgaben wie das Abrufen von Wetterinformation, Fahrplänen und Flugzeiten.

Allgemein kann für die Kommunikationsabsicherung zwischen der Nutzung eines VPN-Tunnels bis ins interne Unternehmensnetzwerk und dem Schutz auf Anwendungsebene bis zum Server in der DMZ unterschieden werden. Im Gegensatz dazu wird für das inzwischen betagte Wireless Application Protocol (WAP) vor Version 2.0 zunächst eine abgesicherte Verbindung zum Gateway beim Mobilfunkanbieter mittels WTLS (Wireless Transport Layer Security) aufgebaut, von wo aus eine SSL/TLS-Verbindung zum eigentlichen Ziel aufgebaut wird. Ab Version 2.0 kann jedoch eine direkte TLS-Verbindung aufgebaut werden (siehe Abbildung 1).

Herausforderungen aus der Sicherheitsperspektive

Ermittlung der schützenswerten Güter

Die Sicherheitsbetrachtung von IT-Systemen erfordert unter anderem das Wissen darüber, wer die Akteure im System sind und welche Rollen sie spielen, was es zu schützen gilt (schützenswerte Güter) und wie die Bedrohungspotentiale aussehen. Anhand solcher Informationen werden Sicherheitsanforderungen abgeleitet und Schutzmaßnahmen definiert und umgesetzt. Für das Szenario der Sicherheitsbetrachtung werden drei Akteure betrachtet: der Außendienstmitarbeiter, das Unternehmen und die übrige Welt/Außenwelt (Internetwelt).

Aus der Sicht des Außendienstmitarbeiters sind die Kommunikationsdaten mit seinem Unternehmen, mit den Kunden und die der generellen Systeme der Außenwelt schützenswerte Güter. Zu diesen Gütern gehören sowohl die auf seinem Gerät gespeicherten Unternehmensdaten (Angebote, Preise, Kundenlisten), die übermittelten Daten während der Transaktionen der mobilen Dienste und auch die Abfragen öffentlich verfügbarer Informationen für den Betriebsablauf (Fahrplanabfragen, Routenplanung, Onlinekarteneinsicht), da Rückschlüsse über Kundenbeziehungen möglich sind, wenn die Identität des Nutzers ermittelt werden kann.

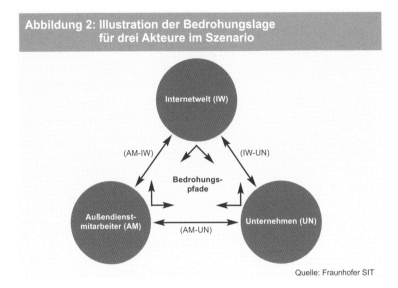

Abbildung 2: Illustration der Bedrohungslage für drei Akteure im Szenario

Quelle: Fraunhofer SIT

Aus der Sicht des Unternehmens gehört die IT-Infrastruktur samt aller Informationen, Daten, Prozesse, etc., die zur Durchführung der unternehmerischen Tätigkeiten erforderlich sind, zu den schützenswerten Gütern.

Um die Sicherheitsbetrachtung zu vereinfachen, kann man – in einer groben Sicht – auch die IT-Infrastruktur der Außenwelt als schützenswertes Gut ansehen. Wenn eine Einrichtung wie etwa ein Flughafen, Bahnhof oder Hotel für die Außenwelt steht, so ist es plausibel, dass deren IT-Infrastrukturen genauso zu schützen sind.

Diese vereinfachte Betrachtung soll die Wechselbeziehung zwischen dem mobilen Mitarbeiter, seinem Unternehmen und der Außenwelt darstellen (siehe Abbildung 2). Aus dieser Betrachtungsweise folgt, dass sich alle drei gegenseitig (aktiv oder passiv) bedrohen und schaden können.

Wege der Infizierung mobiler Endgeräte mit Schadsoftware

Wenn beispielsweise manipulierte Daten auf einem Unternehmensserver Schadsoftware enthalten, so kann das Herunterladen oder Verarbeiten dieser Daten das Endgerät infizieren und in der Folge bei Interaktionen mit dem Portal eines Flughafens dessen IT-Infrastruktur schädigen, was auch für den umgekehrten Fall gilt. In der Tat ist die hier skizzierte Beziehung genauso auch im Kontext von Festnetzen anwendbar. Für den mobilen Kontext ist sie aber wegen der umfangreicheren Schnittstellen, dem spezifischen Technologiemix und der damit verbundenen größeren Angriffsfläche der mobilen Endgeräte sehr viel stärker präsent.

Bezogen auf das beschriebene Einsatzszenario steht das Bedrohungspotential aus der Perspektive des Außendienstmitarbeiters im Folgenden im Mittelpunkt.

Physischer Zugriff – Sicherheitsanker für Smartphones

Kommt ein Angreifer kurzzeitig in den Besitz des Endgeräts, so bieten gegenwärtige Smartphones kaum Schutz vor Diebstahl der enthaltenen Daten, auch wenn diese vom Gerät verschlüsselt gespeichert wurden. Das liegt an einem fehlenden Sicherheitsanker, der eine Manipulation der Schutzmechanismen aufdecken und damit beispielsweise die Preisgabe des Passworts bei der nächsten Anmeldung des Benutzers verhindern könnte. Diese Sicherheitsanker aus dem Bereich Trusted Computing sind gegenwärtig für Smartphones erst in der Entwicklung, beispielsweise mit der **Mobile-Trusted-Module (MTM)-Spezifikation.** Ohne einen Manipulationsschutz kann das Endgerät hingegen auch für Angriffe auf das Unternehmen missbraucht werden, so dass der mobile Mitarbeiter indirekt zum Angreifer wird, ohne dass er etwas davon bemerkt. Im Sinne der oben beschriebenen Dreiecksbeziehung bedeutet dies, dass er seinem Unternehmen und der Außenwelt schaden könnte.

Aktive und passive Angriffe über Kommunikationskanäle

Gefahren: direkte Einflussnahme auf den Datenverkehr oder passives Abhören

Hat der Angreifer keinen physischen Zugang, so besteht dennoch die Möglichkeit, die Kommunikationskanäle des Geräts zu kompromitieren. Angriffe über Kommunikationskanäle können zum einen aktiv durchgeführt werden, was den Datenverkehr direkt beeinflusst. Passive Angriffe dagegen werden nur durch Beobachtung und Abhören durchgeführt und sind nur sehr schwer zu entdecken[5]. Diese Angriffe können während bestehender Verbindungen mit dem Unternehmen oder der Außenwelt durchgeführt werden. Je nach integrierter Technologie ist aber auch der Angriff auf das Gerät über drahtlose Schnittstellen möglich, allein schon wenn diese aktiviert sind, auch ohne das Bestehen von Verbindungen. Unabhängig von dem eigentlichen Angriffsweg können erfolgreiche Angriffe weitreichende Folgen für die Sicherheit des mobilen Endgeräts und der darauf gespeicherten Daten haben. Angriffsziele können dabei gerichtet sein auf:

- *Gerätehardware und -zubehör,* um diese zum Beispiel für die Zwecke des Angreifers zu manipulieren;

- *Betriebssystem und Dienste,* um zum Beispiel Passwörter auszuspionieren, Denial-of-Service-Angriffe und Schadcode auf dem mobilen Endgerät auszuführen;

- *Anwendungen,* um zum Beispiel Login- und Accounting-Daten zu ändern oder Programmierfehler auszunutzen, um die Funktion der Software zu manipulieren;

- *IT-Infrastruktur,* um zum Beispiel einen Dienst unerlaubt zu nutzen, vertrauliche Informationen zu stehlen, einen Zugriff auf Netzkomponenten und Datenbestände zu erhalten;

■ *Kommunikation,* um zum Beispiel die Kommunikation aktiv zu manipu-
lieren, die grundlegenden Protokolle wie ICMP, ARP, UDP/TCP, DNS und
HTTP anzugreifen und/oder passiv zu lauschen, um Schwachstellen zur
Vorbereitung weiterer Angriffe zu identifizieren.

Ohne besondere Schutzmaßnahmen sind dabei Angriffe im mobilen Kontext
schneller erfolgreich als im Festnetzbereich. Dies ist bedingt durch die
Schwächen diverser integrierter Technologien, die anonym zu attackierenden
(Luft-)Schnittstellen, die häufig anzutreffende Vermischung von (unge-
schützter) privater und geschäftlicher Nutzung und die fehlende Sensibilisierung der Mitarbeiter für Gefahren bei der Nutzung in öffentlichen Netzen.

Schutzmaßnahmen gegen Bedrohungen für mobile Endgeräte
Häufig werden bei der Sicherung von IT-Systemen die technischen Aspekte
in den Vordergrund gestellt und die organisatorischen Aspekte dabei vernachlässigt. Im Zuge der Erweiterung des internen Unternehmensnetzes bis
zum mobilen Endgerät spielen jedoch organisatorische Schutzmaßnahmen,
wie sie auch für andere Bereiche im Unternehmen durchgesetzt werden, hier
eine ebenso wichtige Rolle.

Technische Maßnahmen
■ *Schutz des mobilen Endgerätes*
Im Falle eines physischen Zugriffs auf das mobile Endgerät gibt es derzeit
keinen vollständigen Schutz der Daten durch technische Maßnahmen. Dennoch bieten sich präventive Maßnahmen wie die **Verschlüsselung zumindest des persistenten Gerätespeichers** an, wodurch ein direkter Zugriff auf
gespeicherte Daten, an den Schutzmaßnahmen des Gerätes vorbei, verhindert wird. Erstreckt sich die Verschlüsselung auch auf das Betriebssystem
des mobilen Endgeräts, wird auch die direkte Manipulation von Schutzfunk-
tionen weiter erschwert.

**Kein vollständig
ausreichender Schutz
durch technische
Maßnahmen**

Durch **Maßnahmen zur gegenseitigen Authentifizierung von Benutzer und
Endgerät** erhält sowohl das Endgerät die Möglichkeit, eine unberechtigte
Nutzung zu erschweren, als auch der Nutzer die Möglichkeit, die Echtheit seines Endgeräts zu überprüfen (für den Fall, dass es gegen ein manipuliertes ausgetauscht wurde, mit dem das Passwort des Nutzers ausgespäht werden soll).

Jedoch erst durch einen **Hardwaresicherheitsanker** können diese Maßnahmen so weit in das Endgerät integriert werden, dass sie auch für fortgeschrittene Angreifer eine angemessene Hürde darstellen.

■ *Schutz gegen Angriffe auf die Endgerätekommunikation*
Hier können technische Maßnahmen indes umfassend wirken, wenn sie korrekt umgesetzt werden. Eine wesentliche Maßnahme ist eine durch krypto-

graphische Methoden abgesicherte Kommunikation, über alle Zwischenknoten hinweg **(Ende-zu-Ende-Sicherheit).**

Kryptographische Methoden zur Sicherung der Kommunikation machen das Abhören erheblich aufwendiger

Je nach eingesetzter Kryptographiestärke wird das Abhören vertraulicher Informationen durch Angreifer erheblich aufwendiger bzw. bei Berücksichtigung aktueller Methoden für herkömmliche Angreifer vollständig verhindert. Daher sollte bei der Anbindung von Unternehmensdiensten auf unverschlüsselte Kommunikation ganz verzichtet werden und stattdessen durch anerkannte Technologien wie SSL/TLS der **Schutz der Onlineinhalte** und S/MIME oder PGP der **Schutz von E-Mails** erfolgen.

Ist ein vollständiger Zugriff auf das Unternehmensnetzwerk unumgänglich, muss auf die Nutzung von **Tunnel-Lösungen** (VPN, SSH) zurückgegriffen werden. Zur Reduzierung des Risikopotentials sollte dabei *jedoch nur ein abgeschotteter, notwendiger Teil des Netzwerks erreichbar* sein. Da alle Kommunikationsschnittstellen potentielle Angriffsziele darstellen, besteht eine weitere Maßnahme in der selektiven *Aktivierung von Kommunikationsschnittstellen,* die nur bei Bedarf erfolgen sollte und sonst abgeschaltet bleiben (beispielsweise Bluetooth, WLAN). Als Maßnahme gilt insbesondere auch, dass *Benutzerpassworte nach kurzer Inaktivität erneut geprüft* werden.

Zusätzlich zur Absicherung des eigentlichen Dienstprotokolls sind Schutzmaßnahmen gegen Angriffe über das Trägerprotokoll auf die Unternehmensinfrastruktur (zum Beispiel andere erreichbare Server) notwendig. Dazu wird der Netzverkehr für mobile Dienste *mittels geeigneter Firewall-Konzepte in Segmente unterteilt,* dadurch *vom übrigen Unternehmensnetzwerk (und betriebsnotwendigen Komponenten) getrennt,* und die *kritischen Kommunikationspfade zwischen den Segmenten werden reglementiert und überwacht.*

■ *Schutzmaßnahmen gegen Angriffe aus Richtung des Endgeräts*
Gegen bekannte Schadsoftware und Angriffe über manipulierte Nachrichten können *clientseitige Schutzprogramme* (Virenschutz, Personal Firewall) eingesetzt werden. Dieser Schutz sollte jedoch nicht überbewertet werden, da er lediglich gegen ungezielte, bereits erkannte Angriffswellen dient. Gezielte, noch nicht erkannte Angriffe können damit meist nicht verhindert werden, da der Angreifer im Vorfeld die Möglichkeit besitzt, seinen Angriff solange zu verändern, bis die einschlägigen Schutzprogramme den Angriff nicht mehr erkennen. Daher müssen an dieser Stelle organisatorische Maßnahmen greifen.

Organisatorische Maßnahmen
Ergänzend zu den technischen Maßnahmen beziehen organisatorische Maßnahmen den Nutzer in die Unternehmensprozesse ein. Hierzu zählen unter anderem:

■ die lokale und entfernte Endgeräteadministration,

■ das Softwaremanagement,

■ die Prozessgestaltung (sichere Geräteaus-/rückgabe, Verlustmeldung/ Sperrung, Entsorgung etc.),

■ Unternehmenssicherheitsrichtlinien für mobile Endgeräte (unter anderem Passwortrichtlinien, Umgang mit Daten und Anwendungen aus Nicht-Unternehmensquellen, Verbot, mobile Endgeräte an unternehmensfremde Geräte anzuschließen etc.),

■ Schulung und Sensibilisierung der Benutzer im Umgang mit Passwörtern, Endgeräten und Netzzugängen.

Sichere Nutzung von Web Services mit mobilen Endgeräten

Für die Vernetzung von Anwendungen innerhalb und außerhalb der unternehmenseigenen IT-Infrastruktur hat sich in den vergangenen Jahren das Paradigma der serviceorientierten Architektur (SOA) etabliert. Auch wenn das Konzept prinzipiell unabhängig von einer konkreten Technologie zur Realisierung ist, haben sich insbesondere Web Services als hersteller- und plattformunabhängige Technologie etabliert. Web Services basieren auf dem Simple Object Access Protocol (SOAP), das wiederum Nachrichten im XML-Format definiert.

Zugriff auf Web Services/SOA

Auch mobile Endgeräte unterstützen zunehmend den Abruf von Web Services, so dass sich diese Technologie nutzen lässt, um die Geräte nahtlos in SOA-Infrastrukturen zu integrieren und auf einfache Weise einen mobilen Zugriff auf spezifische Dienste zu realisieren. Die Sicherheit ist dabei ein entscheidender Faktor. Die Komplexität der Web-Service-Technologie erfordert in vielen Anwendungsfällen mehr als eine Verschlüsselung der Transportstrecke, um die Vertraulichkeit zu wahren. Es ist eine Vielzahl von Angriffen bekannt, die durch gezieltes Manipulieren von Abfragen den den Web Service ausführenden Server (zum Beispiel Single Message Denial of Service) oder die dahinterliegende Infrastruktur (zum Beispiel XPath oder SQL Injection) gefährden können.

Zwar existieren zahlreiche Standards, welche die SOAP-Nachrichten der Web Services mit Sicherheitseigenschaften versehen (unter anderem WS-Security, WS-SecureConversation), doch werden in den aktuellen, für mobile Endgeräte verfügbaren Programmierplattformen selten diese zusätzlichen Sicherheitsprotokolle unterstützt. Für einen grundlegenden Schutz sollte daher zumindest die Kommunikation auf Transportebene geschützt werden. Dazu wird von fast allen mobilen Endgeräten das SSL-Protokoll unterstützt.

Ebenso sind für zahlreiche Geräteklassen VPN-Clients zur sicheren Verbindung mit der Unternehmensinfrastruktur erhältlich. Beim Schutz der SOAP-Daten durch einen sicheren Transportkanal wird durch eine Verschlüsselung die Vertraulichkeit der Daten geschützt. Zusätzlich sollte unbedingt auch eine gegenseitige Authentifizierung konfiguriert werden, um das Umleiten zu anderen kompromittierten Diensten oder einen unberechtigten Zugriff auf die Infrastruktur zu verhindern.

SOAP-spezifische Sicherheitsprotokolle

Der Schutz des Transportkanals durch SSL oder VPN-Lösungen ermöglicht in vielen Szenarien ein ausreichendes Schutzniveau. Der Nachteil einer solchen Lösung liegt aber darin, dass der Schutz der Nachrichten nur bis zu einem Endpunkt an der Unternehmensgrenze gewährleistet wird. Die SOAP-spezifischen Sicherheitsprotokolle ermöglichen hingegen eine Ende-zu-Ende-Sicherheit, von der Applikation auf dem mobilen Endgerät bis zum eigentlichen Dienst in der Infrastruktur. So bleibt der Schutz der Nachrichten auch innerhalb des Netzwerks im Unternehmen bestehen, und es ist außerdem möglich, dienstspezifische Sicherheitsmaßnahmen umzusetzen, anstatt den allgemein für das Gerät aufgebauten sicheren Transportkanal zu nutzen. Nachteilig an den Sicherheitsprotokollen für SOAP ist, dass sie durch ihre komplexe XML-Struktur meist ein erheblich höheres Datenaufkommen entstehen lassen. Dies ist insbesondere bei WS-Security der Fall, da WS-Security die Sicherheitsmaßnahmen individuell an jede einzelne Nachricht anbringt. Vorteile im mobilen Einsatz hat daher das Protokoll WS-SecureConversation, das eine sichere Sitzung etabliert und somit bei mehreren Nachrichten die Sicherheitsinformationen nicht redundant überträgt.

Zusammenfassung

Bei der Sicherheit im M-Business gibt es bereits einige Ansätze, die dazu beitragen könnten, mehr Vertrauen in den Einsatz mobiler Endgeräte im Geschäftsumfeld zu schaffen. Auch das Sicherheitsbewusstsein ist sowohl bei den Unternehmen als auch bei den Bürgern weiter gestiegen. Dennoch besteht eine Reihe von Herausforderungen in Bezug auf vertrauenswürdige mobile Hardware und aufgrund der Dynamik beim Zusammenwachsen von Netzen zu All-IP-Netzen oder dem Future Internet.

Zudem stellen sich für die Sicherheit weitere Fragen bei der Umsetzung des aktuellen Trends zur Organisation von Diensten in unternehmensfremden „Clouds", wo sie orchestriert und dem Nutzer zur Verfügung gestellt werden. Die Themen Sicherheit, Schutz der Privatsphäre und Etablierung neuer Vertrauensmodelle werden in den kommenden Jahren daher stärker adressiert werden müssen, um mit der Dynamik der Technologieentwicklung Schritt zu halten und damit mehr Akzeptanz bei den Unternehmen – vor allem bei KMUs – zu schaffen, mobile Endgeräte bei der Optimierung ihrer Geschäfte einzusetzen.

1   BITKOM 2009.

2   Rohr, S.; Bayarou, K. M.; Eckert, C. et al.

3   Picot, A.; Schmid, M. S.

4   Eckert, C., Seite 265-287.

5   Mobile Endgeräte und mobile Applikationen: Sicherheitsgefährdungen und
    Schutzmaßnahmen, http://www.bsi.bund.de/literat/doc/mobile/index.htm.
    Abgerufen am 12.07.2009.

Quellen- und Literaturangaben

Mobile Endgeräte und mobile Applikationen: Sicherheitsgefährdungen und Schutzmaßnahmen, http://www.bsi.bund.de/literat/doc/mobile/index.htm, abgerufen am
12.07.2009.

BITKOM Pressemitteilung: 16 Millionen UMTS-Anschlüsse in Deutschland,
Berlin, 15. Februar 2009, http://www.bitkom.org. Abgerufen am 12.07.2009.

Eckert, C. : Sichere mobile Business Lösungen für Real-Time Enterprises,
in Real-Time Enterprise in der Praxis, Seite 265-287; Springer Verlag 2005.

Picot, A.; Schmid, M. S.: Mobilisierung von Wertschöpfungsprozessen
durch innovative und sichere Informationstechnologie, http://www.simobit.de/de/
index.php. Abgerufen am 12.07.2009.

Rohr, S.; Bayarou, K. M.; Eckert C. , Prasad, A.R.; Schoo, P. and Wang, H.: Feasible
and Meaningful Combinations of Access and Network Technologies for Future Mobile Communications, WWRF 10 in New York October 27-28, 2003.

Governance, Risk und Compliance
Anforderungen an einen ganzheitlichen Managementansatz

Von Prof. Dr. Henning Herzog

Aufgrund der komplexen Verteilung einer Vielzahl von Beziehungsebenen über Unternehmensgrenzen hinweg muss „Governance, Risk & Compliance" als Querschnittsfunktion agieren. Die Implementierung aufeinander abgestimmter Strategien ist entscheidend für den Erfolg.

D ie Governance, Risk- und Compliance (GRC)-Landschaft unterliegt einem ständigen Wandel. Zunehmend mehr Gesetze, Richtlinien sowie Anforderungen zahlreicher Interessengruppen – sowohl auf nationaler Ebene als auch länderübergreifend – fordern von Unternehmen Verfügbarkeit, Verwertbarkeit und Sorgfältigkeit im Umgang mit Daten und Informationen. Das Management von Informationen ist zu einem Wettbewerbsfaktor geworden.

Unternehmen stehen vor der großen Herausforderung, ihr Geschäftsmodell in Einklang mit den bestehenden und zukünftigen Regularien und den hierfür notwendigen Informationen zu bringen. Hieraus resultiert ein mehrdimensionales Spannungsfeld. Dieses ergibt sich aus einem Zusammenspiel rechtlicher, ethischer und wirtschaftlicher Anforderungen der Stakeholder an das Unternehmen sowie aus den Anforderungen des Informationsmanagements selbst. Dabei erzeugt das Zusammenspiel der unterschiedlichen Elemente eine unternehmerische Komplexität, die eine Vielzahl von informationstechnologischen Anforderungen in Bezug auf GRC bereithält.

Ein effizientes und effektives GRC-Management kann hierbei Abhilfe schaffen. Es stellt durch eine systematische Steuerung von organisatorischen, personellen und technologischen Maßnahmen das Bindeglied zwischen strategischen Vorgaben und dem operativen Tagesgeschäft dar. Dies geschieht auf Basis eines normkonformen und risikobewussten Verhaltens aller Mitarbeiter und Führungskräfte in Abstimmung mit den Unternehmenszielen und Stakeholderanforderungen.

Prof. Dr. Henning Herzog, Lehrstuhl für Betriebswirtschaftslehre und Governance, Risk & Compliance, School of Governance, Risk & Compliance an der Steinbeis-Hochschule Berlin

Governance, Risk und Compliance-Management – Überblick

Weder Governance, noch Risk oder Compliance sind als isolierte Maßnahmen zu betrachten, sondern als ganzheitlicher Managementansatz zu verstehen. Dieser ist durch einen wechselseitigen Prozess charakterisiert, wie Abbildung 1 verdeutlicht. Kern des Ansatzes ist der GRC-Würfel. Dieser sieht eine Integration der GRC-Anforderungen in den Prozess der Strategieentwicklung vor. Der Prozess umfasst alle Hierarchieebenen, Geschäfts- und

Abbildung 1: Prozessuales GRC-Framework

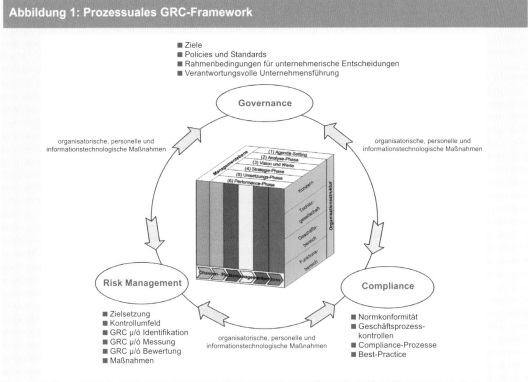

- Ziele
- Policies und Standards
- Rahmenbedingungen für unternehmerische Entscheidungen
- Verantwortungsvolle Unternehmensführung

Governance

organisatorische, personelle und informationstechnologische Maßnahmen

organisatorische, personelle und informationstechnologische Maßnahmen

Risk Management

Compliance

- Zielsetzung
- Kontrollumfeld
- GRC μ/ó Identifikation
- GRC μ/ó Messung
- GRC μ/ó Bewertung
- Maßnahmen

organisatorische, personelle und informationstechnologische Maßnahmen

- Normkonformität
- Geschäftsprozess-kontrollen
- Compliance-Prozesse
- Best-Practice

Quelle: Steinbeis-Hochschule Berlin, School of Governance, Risk & Compliance

Funktionsbereiche sowie Tochtergesellschaften und findet seine strukturelle Verankerung in der formalen Aufbau- und Ablauforganisation des Unternehmens.[1] Inhaltlich basiert diese Vorgehensweise auf dem GRC-Chancen- und Risiko-Prozess. Diese umfassende Sichtweise erweitert GRC um die Managementperspektive.

Integration der GRC-Anforderungen in den Prozess der Strategieentwicklung

Governance

Governance versteht sich dabei als verantwortungsvolle Unternehmenssteuerung unter der Festlegung von Zielen, Kontrollmechanismen, Regeln und Policies für ein geschäftszweckorientiertes Verhalten des Managements und der Mitarbeiter.[2] Rechtliche Grundlagen für eine sinnvolle Corporate Governance finden sich vor allem im Deutschen Corporate Governance Kodex oder im Sarbanes-Oxley Act (SOX).

Compliance

Compliance geht hierbei über eine reine Normkonformität, das heißt das Einhalten von Gesetzen, Richtlinien, Regeln etc., hinaus. Im Rahmen eines GRC-Managements ist Compliance zur Managementaufgabe geworden. Compliance-Management stellt dabei die Steuerung der Gesamtheit sämtlicher organisatorischer Maßnahmen eines Unternehmens dar mit dem Ziel, das normgerechte Verhalten aller Organmitglieder, Führungskräfte sowie Mitarbeiter in Abstimmung mit dem Unternehmensziel sowie sämtlicher Interessengruppen systematisch zu gewährleisten.[3]

Risk Management

Das Risikomanagement innerhalb eines GRC-Managementansatzes umfasst die gesamte Unternehmenspolitik unter besonderer Berücksichtigung der ihr innewohnenden Chancen und Risiken.[4] Es stellt einen Prozess dar, um Risiken zu identifizieren, zu analysieren, zu bewerten, zu behandeln und zu überwachen. Mitarbeiter und Unternehmensführung werden für Bedrohungen, Schwachstellen, Risiken, aber auch für Chancen auf eine kontinuierliche Verbesserung sensibilisiert.

Funktionen eines GRC-Managements

Grundsätzlich lassen sich folgende Funktionen eines GRC-Managements identifzieren:[5]

■ *(1) Steuerungsfunktion*

Die Steuerungsfunktion gewährleistet die Verbindung zwischen strategischen Vorgaben und den täglichen operativen Prozessen

Die Steuerungsfunktion von GRC beinhaltet die verantwortungsvolle Führung eines Unternehmens unter Conformance- und Performance-Kriterien. Conformance-Kriterien stellen sicher, dass bei der Führung und Gestaltung des Unternehmens verbindliche Standards eingehalten werden. Im Rahmen dieser normativen Rahmenbedingungen hat die Organisation für den dauerhaften Erfolg (Performance) zu sorgen. Die Steuerungsfunktion gewährleistet somit die Verbindung zwischen den strategischen Vorgaben eines Unternehmens und den täglichen operativen Prozessen.[6] Gegenstand der Steuerungsfunktion ist ebenfalls die Standardisierung und Automatisierung des Chancen- und Risiko-Prozesses mit der Identifikation, Analyse, Bewertung und Behandlung von GRC-Risiken.

■ *(2) Schutzfunktion*

Die Aufklärung der Mitarbeiter und des Managements über entsprechende Regularien und Überwachungsmaßnahmen dient der Vorbeugung bewusster und unbewusster Verstöße gegen diese Regelungen. Dies schützt sowohl das Unternehmen als auch die Mitarbeiter vor Schaden. Zur Schutzfunktion zählen ebenfalls das Erkennen und Bewältigen von Interessenkonflikten sowie die frühzeitige präventive Kommunikation mit Kontrollinstanzen. Weiterhin sind interne Informationen vor den Zugriffen Unberechtigter zu schützen. Die Umsetzung der Investigations-, Monitoring- sowie der Sanktionsprozesse benötigt eine zentrale Bündelung von Informationen.

■ *(3) Beratungs- und Schulungsfunktion*

Bevor eine entsprechende Steuerungs- und Schutzfunktion von GRC effizient umgesetzt werden kann, sind die Organe sowie die Mitarbeiter zu schu-

len und in entscheidenden Fällen zu beraten. Weiterhin ist sie auch Anlauf-
stelle für die operativ tätigen Abteilungen, wenn es gilt, Zweifelsfragen zu
klären und/oder beratend zur Seite zu stehen. Der Mitarbeiter ist für mögliche GRC-Risiken zu sensibilisieren.

■ (4) Qualitätssicherungsfunktion

Zur Aufrechterhaltung der Schutzfunktion sowie der Schulungs- und Bera-
tungsfunktion ist im Rahmen der Qualitätssicherung konsequent darauf zu
achten, dass die GRC-Qualität gehalten oder besser ausgebaut werden kann.
Dies setzt voraus, dass sämtliche Informationen, die die Funktion GRC betreffen, zu sichten, zu aktualisieren und zu sichern sind. Dies wiederum setzt
eine zentrale Funktion voraus. Gleichzeitig ist dafür zu sorgen, dass die Informationen aus den operativen Prozessen, das heißt, dort, wo zum Beispiel
nicht normkonforme Handlungen entstehen können, an die zentrale Stelle
gelangen. Entsprechende IT-Systeme zur Verwaltung und Steuerung der
GRC-Informationen sind notwendig. Des Weiteren sind die relevanten Re-
portingprozesse zu implementieren. Dies gilt insbesondere für die zentrale
Verwaltung von Verträgen und Dokumenten, aber auch für die Archivierung
von elektronischen Informationen.

■ (5) Monitoring-/Überwachungsfunktion

Die Monitoring-/Überwachungsfunktion beinhaltet die Einhaltung aller
GRC-relevanten Aufgaben und Pflichten, die sich aus Gesetzen, regulatorischen Vorschriften oder aus über-/innerbetrieblichen Regelwerken ergeben.
Die Einhaltung dieser Normen erfolgt unter Conformance- und Perfor-
mance-Gesichtspunkten.

**GRC-Risiken
präventiv
unterbinden**

Diese Funktion hat zum Ziel, GRC-Risiken präventiv, das heißt im Vorfeld,
zu unterbinden. Tritt ein GRC-Risiko allerdings ein, sorgt die Funktion für
eine effektive Verfolgung und effiziente Abwicklung. Als organisatorische
Maßnahmen kommen hierfür insbesondere IT-gestützte Monitoringsysteme
zum Tragen. Die Einführung dieser Systeme erfordert grundsätzlich eine
zentrale Koordination. Die Auswertung und Verfolgung der GRC-Informationen spricht ebenfalls für eine zentrale Stelle. Allerdings ist es wichtig,
dass die implementierten Systeme die notwendigen Informationen von den
Stellen im Unternehmen erhalten, an denen diese entstehen können.

■ (6) Personalmanagementfunktion

Bei der Implementierung eines GRC-Managements kann die Personalabteilung die organisatorischen Maßnahmen durch entsprechende Systeme flan-
kieren. Dies betrifft vor allem die Vergütungssystematik, die Karrierepla-
nung, die Retentionsüberlegungen (das Halten der wertvollen Mitarbeiter)
sowie die Personalgewinnung. Ziel ist es, im Rahmen der Personalmanage-
mentfunktion von GRC-Verfehlungen nicht nur negativ zu sanktionieren,

Tabelle 1: Anforderungskatalog

Funktion	Information		
	Verfügbarkeit	Verwertbarkeit (rechtlich, ethisch, wirtschaftlich, technologisch)	Sorgfältigkeit
Steuerungs-funktion	■ *Reporting und Performance (Auswertung und Verteilung)* Beschaffung und Auswertung von Informationen über Zulieferer, Kunden und Mitarbeiter ■ Externe und interne Verfügbarkeit von Informationen ■ GRC-Cockpit und Einbindung der Ergebnisse des Risikoprozesses ■ *Standardisierung und Automatisierung* von externen und internen Partnerprozessen (Informationsaustausch mit anderen Unternehmen und Branchengremien) ■ Einbindung externer Datenquellen und Medien (z.B. OSINT)	■ *Standardisierung und Automatisierung* (Steuerung und Kontrolle der Informationsströme zwischen internen und externen Einheiten) ■ Rechtliche Möglichkeit der Einbindung neuer Datenquellen ■ *Access und Identity Management* ■ *Archivierungssysteme* (Regelung der Archivierung und Weitergabe von Informationen und Daten) ■ *Dokumentenmanagement* (Lebenszyklus eines Dokuments)	■ *Standardisierung und Automatisierung* von – IT-Prozessen und IT-Technologien (Schnittstellenmanagement) – Geschäftsprozessen – GRC-Prozessen (Risikobewertung, Regelentwurf, Hotline etc.) ■ *Archivierungssysteme* (Zentralisierung, E-Mail-Archivierung, Sicherung) ■ *Dokumentenmanagement* ■ *Business Continuity und Availility (Back-up-Systeme)*
Schutzfunktion	■ *Standardisierung und Automatisierung* – von GRC-Prozessen (Investigations-, Whistleblower-, Helpdeskprozesse) – des Risikoprozesses ■ *Vertragsmanagement* (Zentrale Steuerung von Verträgen und Dokumenten) ■ *Reporting und Performance (Auswertung und Verteilung)* Beschaffung und Auswertung von Informationen über Zulieferer, Kunden und Mitarbeiter	■ *Access und Identity Management* ■ Schutz des Persönlichkeitsrechts beim Umgang mit personenbezogenen Daten ■ *Archivierungssysteme* (Datenzugriff und Prüfbarkeit digitaler Unterlagen) ■ *Sichern und Wiederherstellen (Back-up-Systeme)* ■ *Dokumentenmanagement* (Lebenszyklus eines Dokuments) ■ *Business Continuity und Availility (Back-up-Systeme)*	■ *Archivierungssysteme* (Zentralisierung, E-Mail-Archivierung, Sicherung) ■ *Standardisierung und Dokumentation* der Informations- und Mitwirkungspflichten ■ *Dokumentenmanagement* (Lebenszyklus eines Dokuments) ■ *Business Continuity und Availility (Back-up-Systeme)* ■ *Standardisierung und Automatisierung* des Risikoprozesses
Beratungs-/Schulungs-funktion	■ Informationen für die notwendigen Beratungsmaßnahmen	■ *Access und Identity Management* ■ Schutz des Persönlichkeitsrechts beim Umgang mit personenbezogenen Daten ■ *Archivierungssysteme* (Datenzugriff und Prüfbarkeit digitaler Unterlagen)	■ Schulungsmaßnahmen für die sorgfältige Anwendung von Systemen und Informationen
Qualitäts-sicherungs-funktion	■ *Vertragsmanagement* (Zentrale Steuerung von Verträgen und Dokumenten) ■ *Reporting und Performance (Auswertung und Verteilung)* Aufbau eines Kennzahlensystems ■ GRC-Cockpit	■ *Access und Identity Management* ■ Schutz des Persönlichkeitsrechts beim Umgang mit personenbezogenen Daten ■ *Archivierungssysteme* (Datenzugriff und Prüfbarkeit digitaler Unterlagen) ■ Schnittstellenmanagement von IT-Systemen	■ *Standardisierung und Automatisierung* von – IT-Prozessen und IT-Technologien – Geschäftsprozessen und GRC-Prozessen ■ *Archivierungssysteme* (Zentralisierung, E-Mail-Archivierung, Sicherung) ■ GRC-Cockpit ■ Schnittstellenmanagement von IT-Systemen ■ *Business Continuity und Availility (Back-up-Systeme)*
Monitoring-funktion	■ *Vertragsmanagement* (Zentrale Steuerung von Verträgen und Dokumenten) ■ *Reporting und Performance (Auswertung und Verteilung)* Aufbau eines Kennzahlensystems ■ GRC-Cockpit	■ *Reporting und Performance (Auswertung und Verteilung)* Weiterverwendung und Veröffentlichung von Informationen ■ *Reporting und Performance (Auswertung und Verteilung)* Kosten-Nutzen-Analyse	■ *Standardisierung und Automatisierung von* – IT-Prozessen und IT-Technologien (Schnittstellenmanagement) – Geschäftsprozessen – GRC-Prozessen (Risikobewertung, Regelentwurf, Hotline etc.) ■ *Archivierungssysteme* (Zentralisierung, E-Mail-Archivierung, Sicherung) ■ GRC-Cockpit

Quelle: Steinbeis-Hochschule Berlin, School of Governance, Risk & Compliance

Tabelle 1: Anforderungskatalog (Fortsetzung)

Funktion	Verfügbarkeit	Information Verwertbarkeit (rechtlich, ethisch, wirtschaftlich, technologisch)	Sorgfältigkeit
Personal-management-funktion	■ *Reporting und Performance (Auswertung und Verteilung)* Beschaffung und Auswertung von Informationen für Karriereplanung und Vergütung	■ *Reporting und Performance (Auswertung und Verteilung)* Weiterverwendung und Veröffentlichung von Informationen (Know your employee)	■ Schulungsmaßnahmen für die sorgfältige Anwendung von Systemen und Informationen ■ Standardisierung und Dokumentation der Informations- und Mitwirkungspflichten

Quelle: Steinbeis-Hochschule Berlin, School of Governance, Risk & Compliance

sondern positives Verhalten entsprechend zu belohnen und zu fördern. Dies ist in verschiedene Systeme wie zum Beispiel Bonussysteme, Arbeitsverträge, Stellenbeschreibungen zu integrieren. Hier ist eine enge Abstimmung zwischen GRC und der Personalabteilung erforderlich.

Voraussetzungen eines Informationsmanagements

Informationen sind kein freies oder unentgeltliches Gut, sondern werden neben den klassischen Wirtschaftsgütern Kapital, Arbeit und Boden als Ressource betrachtet. Somit sind Informationen nicht unbegrenzt verfügbar und ihre Nutzung und Verwertung ist beschränkt.[7] Der Wert ergibt sich aus dem Nutzen der Information und den Kosten zur Produktion, Bereitstellung und Weiterleitung. Informationen können papiergebunden oder elektronisch vorliegen. Ebenso können sie personengebunden als Wissen gespeichert sein.

Gestaltung eines effizienten und effektiven Umgangs mit Informationen im Unternehmen

Das Informationsmanagement befasst sich mit der Beschaffung, Nutzung und Steuerung interner und externer Informationsquellen. Es hat die Funktion, Informationen verfügbar sowie verwertbar zu machen und inner- sowie außerbetrieblichen Einrichtungen wie zum Beispiel Stakeholdern zur Verfügung zu stellen. Es bestimmt weiterhin den internen und externen Informationsbedarf der Organisation und deren einzelner Mitarbeiter.[8] Bezogen auf einen effizienten und effektiven Umgang mit Informationen einer Unternehmung kristallisieren sich folgende Voraussetzungen heraus:

■ *(1) Verfügbarkeit*

Zur Steuerung eines Unternehmens ist es notwendig, dass die relevanten Informationen zeitnah verfügbar sind. Wenn bestimmte Informationen ausbleiben, stocken beispielsweise die Prozesse in der Produktion, in der Logistik oder im Vertrieb. Grundsätzlich ist bei Verfügbarkeit nach der Art der Informationsherkunft sowie nach dem Informationsempfänger zu unterscheiden. Die Art der Herkunft definiert sich darüber, inwieweit die Informationen unternehmensintern oder -extern, das heißt durch Dritte, zur Verfügung gestellt werden. Die Bedürfnisse und Anforderungen des Empfängers haben ebenfalls großen Einfluss auf die Struktur der Verfügbarkeit von Informationen.

Voraussetzung für die interne Verfügbarkeit ist eine effiziente Archivierung und ein zuverlässiges Back-up von Informationen. Dies schützt das Unternehmen zudem gegen Datenverlust beim Ausfall von Systemen. Die digitale Medienvielfalt, die weit verbreitete Onlinepräsenz von Privatpersonen, das digitale Einkaufsverhalten sowie technologische Veränderungen führen heute dazu, dass unzählige Informationen verfügbar und archivierbar sind. Fehlende Daten können leicht extern bezogen werden, wie zum Beispiel OSINT (Open Source Intelligence)-Informationen[9]. Gepaart mit Informationen aus eigenen Systemen wie ERP-Anwendungen ist es den Unternehmen möglich, detailliert Informationen zu sammeln und auszuwerten, um auf diese Weise neue und differenzierte Informationsbilder ihrer Kunden, Lieferanten oder Mitarbeiter zu erstellen. So setzen beispielsweise Personalmitarbeiter verstärkt auf ein Scanning von sozialen Netzwerken wie zum Beispiel Facebook, um ein möglichst detailliertes Profil eines Bewerbers oder eines Mitarbeiters zu bekommen.

Weiterhin haben die unterschiedlichen Stakeholder differenzierte Anforderungen an die Verfügbarkeit und an das Profil von Unternehmensinformationen. Beispielsweise fordert der Gesetzgeber von Banken im Rahmen des Geldwäschebekämpfungsgesetzes möglichst detaillierte Informationen über Bankkunden und deren Transaktionen. Das „Know your Customer"-Prinzip verlangt somit von Banken nicht nur, sich über die Identität ihrer Kunden Klarheit zu verschaffen, sondern auch die Herkunft des Vermögens und die Herkunft der Gelder, die im Rahmen der Geschäftsbeziehung und der Transaktion eingesetzt werden, müssen bekannt sein.

■ *(2) Verwertbarkeit*

Informationen sollten auf technologischer, personenbezogener und ethischer Ebene verwertbar sein

Neben der Verfügbarkeit von Information ist die technologische, rechtliche/rechtmäßige, ethische und ökonomische Verwertbarkeit von essentieller Bedeutung.

Die technologische Verwertbarkeit beschreibt die Aufnahme, Sammlung, Auswertung, Archivierung und Distribution der Informationen. Wichtige Größe hierbei ist die elektronische oder digitale Verfügbarkeit.

Die rechtliche oder rechtmäßige Verwertbarkeit bedeutet hingegen, dass eine Information möglicherweise verfügbar, diese aber aufgrund rechtlicher Bestimmungen nicht nutzbar ist. So ist eine personenbezogene Auswertung von Krankheitsdaten technisch leicht möglich, aber datenschutzrechtlich und betriebsverfassungsrechtlich nicht gestattet.

Eine weitere Komponente ist die ethische Verwertbarkeit von Informationen. Die Informationen sind verfügbar, technologisch und rechtlich verwertbar, aber ihre Verwendung verstößt möglicherweise gegen Anstand und die guten

Sitten. Wenn beispielsweise die Auswertung von geo-soziodemografischen Daten dazu führt, das eine bestimmte Region oder ein bestimmter Stadtteil keine Versandhauskataloge mehr erhält, so ist diese Entscheidung wirtschaftlich möglicherweise sinnvoll und rechtmäßig, aber ethisch schwer nachvollziehbar.

Die wirtschaftliche Verwertbarkeit charakterisiert sich durch die Kosten-Nutzen-Relation, die sich je nach dem Erhalt und der Verwendung der Informationen ergibt. Mit anderen Worten: Ist es ökonomisch sinnvoll, diese Information zu erwerben bzw. zu verwerten?

■ *(3) Sorgfältigkeit*
Die Sorgfaltspflicht ist ein entscheidender Faktor für die Sicherung der Geschäftstätigkeit eines Unternehmens. Im Vordergrund steht die sorgfältige Beschaffung, Archivierung und Distribution von Informationen. Weiterhin sind Ordnungsmäßigkeit, Sicherheit und Prüfbarkeit von Informationen und IT-Systemen essentielle Elemente eines Informationsmanagements. Ziel ist es, dass die richtige Information zum richtigen Zeitpunkt am richtigen Ort beziehungsweise beim richtigen Empfänger abrufbar ist. Dabei stellt die Standardisierung und Automatisierung von Geschäfts- sowie IT-Prozessen eine grundlegende Voraussetzung dar.

Die Mitarbeiter sind entsprechend zu schulen, so dass sie diese die Richtlinien und IT-Systeme richtig anwenden und mit den relevanten Informationen sorgfältig arbeiten. Dokumentation ist ebenso wichtig wie die Zentralisierung von Informationen, die einen besseren Abgleich ermöglichen. Sorgfältige Anwendung schützt den Mitarbeiter ebenfalls vor falscher Anwendung.

Inhaltliche GRC-Anforderungsfelder an die Informationstechnologie
Die Systematisierung der Anforderungsfelder erfolgt durch eine Gegenüberstellung der Funktionen des GRC-Managements (Steuerungsfunktion, Schutzfunktion, Monitoringfunktion etc.) auf der einen Seite und der charakterisierenden Elemente des Informationsmanagements (Verfügbarkeit, Verwertbarkeit, Sorgfältigkeit) auf der anderen Seite. Nachfolgend werden die wichtigsten Anforderungsfelder kurz beschrieben:

(1) Organisatorische Anforderungen
Die IT-Umsetzung der inhaltlichen GRC-Anforderungen setzt einige wichtige organisatorische Maßnahmen voraus. Diese betreffen wichtige Elemente einer formalen Organisationsstruktur, insbesondere Fragestellungen der Zentralisierung von Aufgaben und Informationen, der Schaffung von Kontrollinstanzen, der Verwaltung von Richtlinien und der Strukturierung von Geschäftsprozessen. Grundsätzlich ist dies durch die IT zu unterstützen.

Gegenüberstellung der Funktionen des GRC-Managements mit den charakterisierenden Elementen des Informationsmanagements

GRC-Management setzt im Regelfall einen hohen Steuerungs- und Monitoringbedarf voraus. Hierfür ist es notwendig, dass die relevanten Informationsströme sowie die dazugehörigen Aufgaben zentral zusammengefasst werden. Da allerdings ein Großteil der Informationen im operativen Tagesgeschäft entsteht, ist ein System zu schaffen, dass automatisiert die Information an der Stelle aufgreift, an der diese generiert wird. Mit Hilfe von Wissenslandkarten wird beispielsweise visualisiert, welches Wissen von wem, wo, in welcher Ausprägung vorhanden ist.

Weitere Kontrollinstrumente sind das Vier- oder Mehraugenprinzip sowie die Unterschriften- und Vertretungsregelungen. Das Vieraugenprinzip besagt, dass wichtige Entscheidungen bzw. kritische Tätigkeiten nicht von einer einzelnen Person getroffen oder durchgeführt werden sollen bzw. dürfen. Ziel ist es, das Risiko von Fehlern und Missbrauch zu reduzieren sowie die Entscheidungsqualität zu verbessern. Einher mit dem Vier- oder Mehraugenprinzip geht eine konsistente und unternehmensweit gültige Unterschriften- und Vertretungsregelung. Sie verhindert, dass Mitarbeiter des Unternehmens – sei es aus Unwissenheit oder Absicht – Verträge mit Haftungswirkung für das Unternehmen zeichnen können, ohne möglicherweise selbst zu haften.

■ *(2) Standardisierung und Automatisierung*

Effizientere Handhabung von Geschäftsprozessen durch Standardisierung der IT

Die Mehrheit der relevanten Geschäftsprozesse benötigt oder besitzt heute IT-Unterstützung. Dies geschieht zum Beispiel durch umfangreiche ERP-Systeme, die einen Großteil der internen, aber auch der externen Geschäftsprozesse abbilden und steuern. Hierbei spielt die Standardisierung einzelner Prozessschritte und Aktivitäten eine wichtige Rolle. Prozesse werden dadurch nachvollziehbar, transparent und können effizienter gehandhabt werden. Wichtige Grundlage für ein GRC-Management ist die Integration der GRC-Anforderungen in die operativen Geschäftsprozesse. Die Einhaltung dieser Vorgaben kann so standardisiert und automatisiert gesteuert und kontrolliert werden. Dies gilt ebenfalls für die Steuerung und Kontrolle der Informationsströme zwischen externen und internen Einheiten. Weiterhin sind die GRC-Hauptprozesse, wie zum Beispiel für die Risikobewertung, Regelentwürfe, Hotline- und Helpdesk- oder Monitoringprozesse, zu standardisieren und zu automatisieren.

■ *(3) Access und Identity Management*

Insbesondere die Schutzfunktion des GRC-Managements fordert eine Regelung des Zugriffs und der Berechtigung auf interne Informationen und Assets. Diese Forderungen sind ebenfalls im Sarbanes-Oxley Act (SOX) und im Bundesdatenschutzgesetz (BDSG) verankert. Grundsätzlich ergeben sich hieraus Anforderungen an Unternehmen, den Zugriff sicher zu gestalten. Essentiell ist dabei der Schutz gespeicherter Daten vor Missbrauch oder unberechtigter Veränderung. Das Access Management bietet Unterstützung beim

Schutz der Vertraulichkeit, Integrität und Verfügbarkeit von Informationen, indem sichergestellt wird, dass nur berechtigte Anwender zugreifen oder Informationen verändern können.[10]

Neben der Regelung von Zugriffsmöglichkeiten auf Informationen, Netzwerke und Systeme spielen auch die Feststellung der Identität eines Nutzers und die dazugehörige Verwaltung der Nutzungsrechte eine wichtige Rolle.[11] Der Grund hierfür liegt in einer steigenden Komplexität von Geschäftsbeziehungen, die einen permanenten Austausch von Unternehmensinformationen mit Zulieferern, Partnern und Kunden erfordern. Das Identity Management steuert „digitale" Identitäten mit den zugeordneten realen Personen plattform-, unternehmens- und länderübergreifend unter Berücksichtigung des Datenschutzes.[12]

■ *(4) Dokumentenmanagement und Records Management*
Die Forderung nach einem effizienten und effektiven Dokumentenmanagement im Rahmen eines GRC-Managements entspringt vor allem der Steuerungs-, Schutz-, Qualitätssicherungs- und Monitoringfunktion. Dabei stehen die Verwertbarkeit und Sorgfältigkeit der relevanten Informationen und Dokumente im Vordergrund. Unterstützung erfährt die Implementierung eines Dokumentenmanagementsystems durch die Pflicht nach dem Handelsgesetzbuch (HGB), der Abgabenordnung (AO) oder den Grundsätzen ordnungsgemäßer Buchführung (GoB), wichtige Dokumente und Geschäftsunterlagen langfristig in lesbarer Form verfügbar zu haben.[13] Zur Unternehmenssteuerung ist es ebenfalls notwendig, berechtigten Personen jederzeit schnellen und sicheren Zugriff auf geschäftsrelevante Informationen und Dokumente zu ermöglichen.

Das Records Management nach ISO 15489 unterstützt eine Organisation dabei, physische und elektronische Geschäftsunterlagen während des ganzen Lebenszyklus' optimal für die Geschäftsprozesse nutzbar zu machen und eine professionelle Archivierung zu gewährleisten.

■ *(5) Vertragsmanagement*
Eine besondere Form des Dokumentenmanagements stellt das Vertragsmanagement von physischen und elektronischen Verträgen dar. So sind Unternehmen nach SOX verpflichtet, wirtschaftliche Verbindungen transparent darzustellen und Verträge über ihre Gültigkeit hinaus zu verwalten. Aber auch die höchst mögliche Informationstransparenz und Sorgfalt spielen bei der Verhandlung, Erstellung, Überwachung und Verwaltung von Verträgen mit Lieferanten, Partnern und Kunden eine wichtige Rolle. Ein Vertragsmanagementsystem geht häufig mit einer Zentralisierung der Vertragsverwaltung einher. Verträge sind schneller verfügbar und vereinfachen Ergänzungen und Änderungen. Dies hat weniger Aufwand bei der Administration und

Integration der GRC-Anforderungen in die operativen Geschäftsprozesse

Kontrolle zur Folge und gewährleistet eine jederzeit sichere Speicherung der Verträge.[14]

■ *(6) Archivierung*

Eine sichere Speicherung und Archivierung von unternehmenskritischen Informationen entspringen insbesondere der Steuerungs-, Schutz-, der Qualitätssicherungs- und der Monitoringfunktion im Rahmen des GRC-Managements. Archivierungssysteme unterstützen Unternehmen bei der Verwaltung und Speicherung von Informationen. Informationen sind dadurch vorrätig und können bei Bedarf analysiert und ausgewertet werden. Archivierungssysteme sind eine wichtige Grundlage bei der Erfüllung externer und interner Stakeholderanforderungen. Des Weiteren fordern gesetzliche Regelungen wie GoB, KonTraG (Gesetz zur Kontrolle und Transparenz im Unternehmensbereich) oder SOX Dokumente und Daten langfristig und sicher zu archivieren.

■ *(7) Business Continuity und Back-up-Systeme*

Identity Management verwaltet Nutzerdaten und Nutzungsrechte

Die Sicherstellung der Geschäftsfähigkeit ist von elementarer Bedeutung für ein Unternehmen. Dies beinhaltet beispielsweise Back-up-Lösungen, um in einem Risiko- oder Krisenfall den Geschäftszweck aufrechtzuerhalten. Ebenfalls wichtig ist es, technische Ausweichmöglichkeiten zu haben, wenn sich kritische Unternehmensprozesse durch IT-Systeme nicht mehr unterstützen lassen. Dies gilt ebenfalls, falls die Sicherheit der IT-Systeme – etwa durch Angriffe von außen – gefährdet ist. Forderungen nach einem zuverlässigen Back-up-Konzept finden sich auch in KonTraG und in SOX. Die Systeme sollten intuitiv gestaltet sein, so dass die Wiederherstellung selbständig durch die Mitarbeiter erfolgen kann, ohne hierfür speziell geschulte IT-Mitarbeiter zu benötigen.

■ *(8) Monitoring, Investigation, Reporting und Performance-Messung*

Zur Steuerung und Überwachung eines GRC-Managements über alle Geschäfts- und Funktionsbereiche sowie Tochtergesellschaften hinweg ist eine permanente Informationsversorgung zur Ermittlung des GRC-Status notwendig (GRC-Cockpit). Dabei sollte eine Zusammenfassung aller relevanten Aktivitäten und Systeme sinnvoll aufbereitet jederzeit zur Verfügung stehen. Folgende ausgewählte Funktionalitäten sind dabei hilfreich:

- ■ Trendzeichnung durch den Einsatz von Risikoindikatoren, deren Überschreitung frühzeitig Alarm auslöst
- ■ Standardisierte Audits und Reports für alle wichtigen Normen, Mandate und Aufträge
- ■ Monitoring der eingesetzten Maßnahmen für die Risikobearbeitung
- ■ Benutzerorientierte Reports für interne Audits

■ Dokumentation und Status zu den relevanten Risiko- und Compliance-Feldern

■ Risikomonitoring

Die Dokumentation der wichtigen Ergebnisse in Form von regelmäßigen Berichten ist ebenfalls notwendig. Diese können als Anhang zu den Quartals- und/oder Jahresabschlüssen den jeweiligen Interessengruppen oder Stakeholdern übermittelt werden.

Einen Überblick über die wesentlichen Anforderungsfelder bietet die Tabelle auf Seite 256/257.

Zusammenfassung

Grundlage für ein erfolgreiches GRC-Management ist die Übereinstimmung zwischen den GRC- und geschäftlichen Anforderungen. Eine Lösung stellt der vorgestellte GRC-Managementansatz dar. Dieser sieht eine Integration der GRC-Anforderungen in den Prozess der unternehmensweiten Strategieentwicklung vor, der seine strukturelle Verankerung in der Aufbau- und Ablauforganisation des Unternehmens findet.

Gesetzliche Regelungen fordern die sichere Speicherung und Archivierung von Informationen

Die Informationstechnologie kann aus dieser Perspektive einen wichtigen Beitrag leisten. Doch dies setzt ein enges Zusammenspiel organisatorischer, personeller und informationstechnologischer Maßnahmen voraus. Die erfolgreiche Umsetzung einer Informationstechnologie ergibt sich daher aus der Beantwortung organisatorischer und personeller Fragestellungen, die wiederum durch die Unternehmensstrategie definiert werden. Mit anderen Worten: Informationstechnologie ist aus den GRC-Anforderungen abgeleitet. Allerdings wird diese häufig isoliert behandelt, erfordert jedoch das Zusammenspiel aller Maßnahmen und Prozesse statt der Betrachtung einzelner Konzepte wie IT-Sicherheit, IT-Compliance oder IT-Governance.

Der hier vorgestellte Anforderungskatalog verdeutlicht die Komplexität, die sich aus einem ganzheitlichen GRC-Managementansatz ergibt. Er zeigt aber auch, dass ein GRC-Managmentansatz ohne eine effiziente und effektive Informationstechnologie nicht erfolgreich sein kann. Die Forschung an der Schnittstelle zwischen GRC und IT ist daher wissenschaftlich und wirtschaftlich unabdingbar.

1   Nicht zuvernachlässigen ist grundsätzlich auch die informale oder informelle
    Organisation. Sie ist jedoch nicht Gegenstand dieses Beitrags. Für weitere
    Information siehe beispielsweise auch Kieser A.; Kubicek H., 1992.

2   Vgl. v. Werder, A., 2008, S. 9.

2   Herzog, H.; Stephan, G., 2008.

4   Vgl. Wolf, K.; Runzheimer, B., 2003, S. 31.

5   siehe auch Herzog, H.; Stephan, G., 2008.

6   Vgl. V. Werder, A.; Stöber, H.; Grundei J., 2008, S. 9.

7   Heinrich, L.J., 1999 sowie

    Herget, J.: Informationsmanagement. In: Kuhlen, R.; Seeger, T.; Strauch, D. (Hg):
    Grundlagen der praktischen Information und
    Dokumentation, München 2004.

8   Heinrich, L.J., 1999.

9   Vgl. Krüger, P.; Galli, A., 2009.

10 Vgl. Buchsein, R.; Machmeier, V., 2008, S. 88ff.

11 Amberg, M.; Mossanen, K., 2008, S. 50ff.

12 Müller, K.-R., 2007: 230ff.

13 Amberg, M.; Mossanen K. 2008, S. 50ff.

14 Ebenda, S. 57ff.

Quellen- und Literaturangaben

Kieser, A.; Kubicek, H.: Organisation, Berlin/New York 1992.

Werder, A.: Führungsorganisation. Grundlagen der Corporate Governance, Spitzen- und Leitungsorganisation, Wiesbaden 2008.

Herzog, H.; Stephan, G.: Aufbau einer präventiven Compliance-Organisation, Eschborn 2008.

Wolf, K.; Runzheimer, B.: Risikomanagement und KonTraG: Konzeption und Implementierung, Wiesbaden 2003.

Werder, A.; Stöber, H.; Grundei, J.: Organisationscontrolling. Konzepte und Praxisbeispiele, Wiesbaden 2008.

Heinrich, L.J.: Informationsmanagement. Planung, Überwachung und Steuerung der Informationsinfrastruktur. München 1999.

Herget, J.: Informationsmanagement. In: Kuhlen, R.; Seeger, T.; Strauch, D. (Hg): Grundlagen der praktischen Information und Dokumentation. München 2004.

Krüger P.; Galli, A.: Wahrheit, Information, Manipulation. Der systematische Umgang mit Informationen und Nachrichten, Zürich 2009.

Buchsein, R.; Machmeier, V.: IT-Management: Strategien, Kennzahlen, Umsetzung, Heidelberg 2008.

Amberg, M.; Mossanen, K.: IT-Sicherheit und Compliance, Eschborn 2008.

Müller, K.-R.: IT-Sicherheit mit System, Wiesbaden 2007.

Geschäftsprozessorientierter Datenschutz
Sicherstellung der Datenschutzkonformität in den Unternehmensabläufen

Von Andreas Jaspers

Um dem Datenschutz als Qualitäts- und Wettbewerbsfaktor Rechnung zu tragen ist es erforderlich, die gesetzlichen Anforderungen in die Geschäftsprozesse zu integrieren. Zugleich bedarf es Methoden, laufende Geschäftsprozesse auf Datenschutzkonformität zu auditieren.

Mit der Novellierung des Bundesdatenschutzgesetzes auf Grundlage der EU-Datenschutzichtlinie 95/46/EG wurden die Dokumentationsanforderungen an den Verfahren der Datenverarbeitung und -nutzung ausgerichtet. Gemeldete und dokumentierte Verfahren und Verarbeitungen beginnen ebenso wie die Geschäftsprozesse allgemein mit der zweckbindenden Datenerhebung beziehungsweise – wenn die Daten bereits vorhanden sind – mit der Datenübernahme. Das Verfolgen des Datenflusses in Geschäftsprozessen ermöglicht dabei einen besseren Einblick als die pauschale Prüfung einer organisatorischen Unternehmenseinheit.

Deckungsgleichheit von Prozess und Verfahren

In der Basisregelung des Datenschutzes für die Wirtschaft, dem Bundesdatenschutzgesetz (BDSG), wird der Begriff des „Prozesses" nicht verwendet. Vielmehr ist auch für die datenschutzrechtliche Betrachtung die Definition nach DIN ISO 8402 (1.2) heranzuziehen, wonach ein Prozess einen Satz von in Wechselbeziehungen stehenden Mitteln und Tätigkeiten darstellt, die Eingaben in Ergebnisse umgestalten.

Datenschutzrelevante Kennzeichen für einen Prozess sind ein dabei definierter **Anfang, eine Verarbeitung in Schritten,** die zeitlich nacheinander (teilweise auch parallel) erfolgen unter Verwendung personenbezogener Daten des Kunden, aber auch von Personen wie Mitarbeitern, und ein konkretes **Ergebnis.**

Das BDSG verwendet lediglich den Begriff des „Verfahrens". Dieser ist aber nicht gesetzlich definiert. Der Begriff des Verfahrens ist lediglich aus der Begründung zu Art. 18 der EU-Datenschutzrichtlinie 95/46/EG zu entnehmen. Danach ist ein Verfahren ein Bündel von Verarbeitungen, die über eine vom Verantwortlichen definierte Zweckbestimmung verbunden sind.

Der datenschutzrechtliche Begriff des Verfahrens ist an die betriebswirtschaftlich orientierte Definition des Verfahrens anzupassen, um zu einer ein-

RA Andreas Jaspers
Geschäftsführer der Gesellschaft für Datenschutz und Datensicherung (GDD) e.V., Bonn

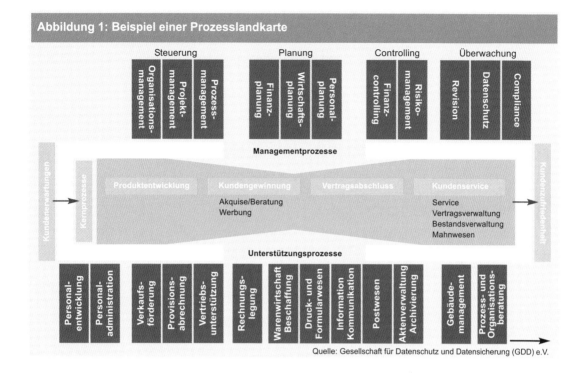

Abbildung 1: Beispiel einer Prozesslandkarte

Quelle: Gesellschaft für Datenschutz und Datensicherung (GDD) e.V.

heitlichen Betrachtung und Bewertung zu kommen. Zum Beispiel ist „Kundengewinnung" als Geschäftsprozess zugleich ein Verfahren zum Zweck, neue Kunden unter Nutzung verschiedener, logisch miteinander verbundener automatisierter Verarbeitungen (zum Beispiel Stammdatenerhebung/-verwaltung, Werbemaßnahmen/-aktionen, Vertragsverwaltung) zu akquirieren.

Das Ergebnis der Prozessbetrachtung muss eine datenschutzrechtliche Bewertung sein, die Auskunft gibt über:

Inhalte der datenschutzrechtlichen Bewertung

1. Dokumentation der aktuellen Datenschutzsituation
2. Übereinstimmung mit internen Weisungen und externen Anforderungen
3. Transparenz für die Betroffenen und Wahrung der Datenschutzrechte
4. Übereinstimmung zwischen dokumentiertem Prozess und Praxisumsetzung
5. Definition der Maßnahmen und Handlungsempfehlungen bei Abweichungen
6. Bewertung der Aussagefähigkeit und Vollständigkeit der Dokumentation

Ermittlung der datenschutzrelevanten Geschäftsprozesse

Ist eine Prozesslandkarte oder eine vergleichbare Übersicht nicht vorhanden, kann diese zusammen mit dem Prozessverantwortlichen an einem Beispielfall durch Interviewtechnik ermittelt werden.Weitere Beschreibungen sind dann in Eigenregie durch die auditierte Stelle zu erarbeiten.

Auf der Prozesslandkarte kann zunächst vermerkt werden, in welchen Kern-, Management- und Supportprozessen personenbezogene Daten verarbeitet werden – denn nur diese sollten Gegenstand einer datenschutzrechtlichen Überprüfung sein. Die Prozesslandkarte ist ebenfalls Planungsinstrument des Datenschutzverantwortlichen, mit welcher Priorität relevante Prozesse abzuarbeiten sind.

Dann erfolgt die Auswahl eines Prozesses, der aktuell geprüft werden soll. Der Datenschutzbeauftragte sollte den zu analysierenden Prozess auswählen, bei dem das Risiko einer Gesetzesverletzung erfahrungsgemäß am höchsten ist.

Datenschutzrelevante Arbeitsschritte

Alternativ kann der Datenschutzbeauftragte (DSB) auch aufgrund der Prozesslandkarte einen Prozess herausgreifen und die datenschutzrelevanten Arbeitsschritte selbst durchführen. Dies sollte, wegen des damit verbundenen Arbeitsaufwands, jedoch von den eigenen Vorkenntnissen des zu prüfenden Prozesses und der Anzahl der zu erhebenden Arbeitsschritte abhängig gemacht werden. Erfahrungswerte zeigen, dass selbst bei umfangreichen Prozessen allenfalls 10 bis 15 datenschutzrelevante Arbeitsschritte zu beachten und zu analysieren sind.

Wenn feststeht, welcher Prozess analysiert werden soll,

- ist zunächst die prozessverantwortliche Stelle zu ermitteln,
- sind die detaillierte Prozessbeschreibung und die ergänzenden Unterlagen zu diesem Prozess oder dieser Erhebung in einem Interview zu ermitteln,
- ist es zum Verständnis des Prozesses und zur gleichzeitigen Überprüfung der vorliegenden Angaben zum Prozess erfahrungsgemäß ratsam, einige Arbeitsschritte praktisch durch den Prozess zu begleiten.

Wenn ein Grundverständnis des Prozesses vorhanden ist, beginnt die Analyse mit einer datenschutzbezogenen Bestandsaufnahme unter folgenden Dokumentationsvoraussetzungen:

- Auflistung der prozessverantwortlichen Stelle(n) und der Ansprechpartner (§ 4e Satz 1 Nr.1 BDSG)
- Zweckbestimmung des Prozesses (§ 4e Satz 1 Nr. 4 BDSG)
- Liste der Betroffenen (Personengruppen im Sinne des BDSG) im Prozess (§ 4e Satz 1 Nr. 5 BDSG)
- Datenkategorien je Personengruppe, getrennt nach Erhebung, Verarbeitung, Nutzung (§ 4e Satz 1 Nr. 5 BDSG)
- Liste der Datenempfänger (auch Auftragnehmer bzw. Funktionsnehmer) (§ 4e Satz 1 Nr. 6 BDSG)
- betroffene Teilprozesse und Schnittstellen

Als Ergebnis des ersten Schritts im Vorgehensmodell liegt der Prozess verständlich dokumentiert vor. Die Datenschutzbezüge sind dargestellt.

Datenschutzkonformität der Geschäftsprozesse
Im zweiten Schritt muss der dokumentierte Prozess hinsichtlich seiner Datenschutzkonformität untersucht werden. Dies kann mittels standardisierter Verfahren oder Listen erfolgen, wie sie zum Beispiel das Bundesamt für Sicherheit in der Informationstechnik (BSI) im IT-Grundschutz, Baustein Datenschutz[1] erstellt hat, um die gesetzlichen Anforderungen im Bereich Datenschutz zu gewährleisten.

Dabei wird die Umsetzung von Maßnahmen in der Planungs- und Konzeptionsphase, im Zuge der Umsetzung sowie beim Betrieb von IT-Systemen und -Verfahren betrachtet, die regelmäßig erforderlich sind. Der Grad der Umsetzung kann dann Aufschluss über die Datenschutzkonformität und das daraus resultierende Risiko geben.

Umsetzung von Datenschutzmaßnahmen in der Planungs- und Konzeptionsphase

- Datenschutzmanagement; M 7.1
- Regelung der Verantwortlichkeiten im Datenschutz; M 7.2
- Aspekte eines Datenschutzkonzeptes; M 7.3
- Prüfung rechtlicher Rahmenbedingungen und Vorabkontrolle; M 7.4
- Technisch-organisatorische Maßnahmen nach Stand der Technik; M 7.5
- Verpflichtung/Unterrichtung der Mitarbeiter; M 7.6
- Organisatorische Verfahren zur Sicherstellung der Rechte Betroffener; M 7.7
- Führung Verfahrensverzeichnisse, Erfüllung Meldepflichten; M 7.8
- Datenschutzrechtliche Freigabe; M 7.9
- Meldung und Regelung von Abrufverfahren; M 7.10
- Regelung der Auftragsdatenverarbeitung; M 7.11
- Regelung der Verknüpfung und Verwendung von Daten; M 7.12
- Dokumentation der datenschutzrechtlichen Zulässigkeit; M 7.13
- Aufrechterhaltung des Datenschutzes im laufenden Betrieb; M 7.14
- Datenschutzgerechte Löschung/Vernichtung; M 7.15
- Datenschutzaspekte bei der Protokollierung; M 2.110

Zu jedem Geschäftsprozess gehören Maßnahmen im Bereich des Datenschutzmanagements im Unternehmen. Diese Maßnahmen betreffen regelmäßig nicht nur den spezifischen Geschäftsprozess, der einer Prüfung unterzogen werden soll, sondern sind allgemeine Voraussetzung einer datenschutzgerechten Datenverarbeitung aller Geschäftsprozesse.

Die Maßnahmen M 7.1 bis M 7.3 beschreiben diese allgemeinen Maßnahmen (einmal für das gesamte Unternehmen) und müssen ggf. vom Verwender nicht bei jeder Prozessprüfung erneut dokumentiert und geprüft werden. Sie sollten aber Bestandteil des Prüfungskonzeptes bleiben.

Abbildung 2: Bewertung der Gefährdungen

Quelle: Gesellschaft für Datenschutz und Datensicherung (GDD) e.V.

Den einzelnen Maßnahmen sind Kontrollfragen zuzuordnen, wobei die Rangfolge deren Bewertungsrelevanz darstellt. Ein Muster für Kontrollfragen sowie ein Excel-Tool („GdP-Tool") enthält der GDD-Ratgeber „Geschäftsprozessorientierter Datenschutz". Mit Hilfe dieses Tools kann der Anwender die Zuordnung und eine daraus resultierende Darstellung der Maßnahmenumsetzung und des Risikos erstellen.

Das Risikopotential

Gefährdungspotential: Risiken möglichst niedrig halten

Um die Risiken, die aus einem nicht „datenschutzkonformen Prozess" für das Unternehmen entstehen können, möglichst gering zu halten, müssen die vorgenannten Maßnahmen im Bereich Datenschutz umgesetzt werden. Gemäß BSI-Systematik spricht man von einem „Gefährdungspotential". Danach ist das Gefährdungspotential durch 13 einzelne Gefährdungen definiert:

- G 1 Fehlende Zulässigkeit der Verarbeitung personenbezogener Daten
- G 2 Nichteinhaltung der Zweckbindung bei der Verarbeitung personenbezogener Daten
- G 3 Überschreitung des Erforderlichkeitsgrundsatzes bei der Verarbeitung personenbezogener Daten
- G 4 Fehlende oder unzureichende Datenvermeidung und Datensparsamkeit bei der Verarbeitung personenbezogener Daten
- G 5 Verletzung des Datengeheimnisses bei der Verarbeitung personenbezogener Daten

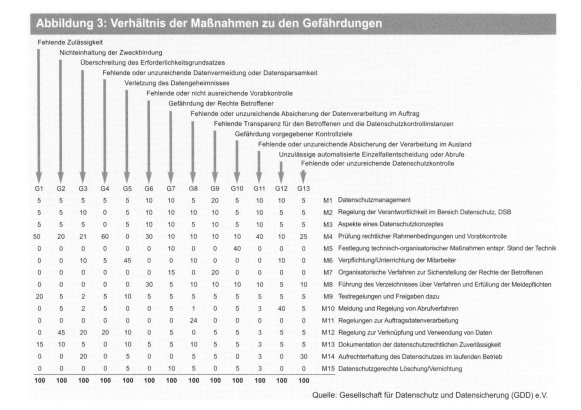

Abbildung 3: Verhältnis der Maßnahmen zu den Gefährdungen

Fehlende Zulässigkeit
Nichteinhaltung der Zweckbindung
Überschreitung des Erforderlichkeitsgrundsatzes
Fehlende oder unzureichende Datenvermeidung oder Datensparsamkeit
Verletzung des Datengeheimnisses
Fehlende oder nicht ausreichende Vorabkontrolle
Gefährdung der Rechte Betroffener
Fehlende oder unzureichende Absicherung der Datenverarbeitung im Auftrag
Fehlende Transparenz für den Betroffenen und die Datenschutzkontrollinstanzen
Gefährdung vorgegebener Kontrollziele
Fehlende oder unzureichende Absicherung der Verarbeitung im Ausland
Unzulässige automatisierte Einzelfallentscheidung oder Abrufe
Fehlende oder unzureichende Datenschutzkontrolle

G1	G2	G3	G4	G5	G6	G7	G8	G9	G10	G11	G12	G13		
5	5	5	5	5	10	10	5	20	5	10	10	5	M1	Datenschutzmanagement
5	5	10	0	5	10	10	10	10	5	10	5	5	M2	Regelung der Verantwortlichkeit im Bereich Datenschutz, DSB
5	5	5	0	5	10	10	5	10	5	10	5	5	M3	Aspekte eines Datenschutzkonzeptes
50	20	21	60	0	30	10	10	10	10	40	10	25	M4	Prüfung rechtlicher Rahmenbedingungen und Vorabkontrolle
0	0	0	0	0	0	0	0	0	40	0	0	0	M5	Festlegung technisch-organisatorischer Maßnahmen entspr. Stand der Technik
0	0	10	5	45	0	0	10	0	0	0	10	0	M6	Verpflichtung/Unterrichtung der Mitarbeiter
0	0	0	0	0	15	0	20	0	0	0	0	0	M7	Organisatorische Verfahren zur Sicherstellung der Rechte der Betroffenen
0	0	0	0	0	30	5	10	10	10	10	5	10	M8	Führung des Verzeichnisses über Verfahren und Erfüllung der Meldepflichten
20	5	2	5	10	5	5	5	5	5	5	5	5	M9	Testregelungen und Freigaben dazu
0	5	2	5	0	0	5	1	0	5	5	40	5	M10	Meldung und Regelung von Abrufverfahren
0	0	0	0	0	0	0	24	0	0	0	0	0	M11	Regelungen zur Auftragsdatenverarbeitung
0	45	20	20	10	0	5	0	5	5	3	5	5	M12	Regelung zur Verknüpfung und Verwendung von Daten
15	10	5	0	10	5	5	10	5	5	3	5	5	M13	Dokumentation der datenschutzrechtlichen Zuverlässigkeit
0	0	20	0	5	0	0	5	5	0	3	0	30	M14	Aufrechterhaltung des Datenschutzes im laufenden Betrieb
0	0	0	0	5	0	10	5	0	5	3	0	0	M15	Datenschutzgerechte Löschung/Vernichtung
100	100	100	100	100	100	100	100	100	100	100	100	100		

Quelle: Gesellschaft für Datenschutz und Datensicherung (GDD) e.V.

Mögliche Fehlerquellen und Gefährdungen für die Datenschutzsicherheit

- G 6 Fehlende oder nicht ausreichende Vorabkontrolle bei der Verarbeitung personenbezogener Daten
- G 7 Gefährdung der Rechte Betroffener bei der Verarbeitung personenbezogener Daten
- G 8 Fehlende oder unzureichende Absicherung der Datenverarbeitung im Auftrag bei der Verarbeitung personenbezogener Daten
- G 9 Fehlende Transparenz für den Betroffenen und die Datenschutzkontrollinstanzen bei der Verarbeitung personenbezogener Daten
- G 10 Gefährdung vorgegebener Kontrollziele bei der Verarbeitung personenbezogener Daten
- G 11 Fehlende oder unzureichende Absicherung der Verarbeitung personenbezogener Daten im Ausland
- G 12 Unzulässige automatisierte Einzelfallentscheidungen oder Abrufe bei der Verarbeitung personenbezogener Daten
- G 13 Fehlende oder unzureichende Datenschutzkontrolle

Die Umsetzung der Maßnahmen (M 7.1 bis M 7.15) wirkt sich in unterschiedlichem Grad auf die individuelle Gefährdung aus. Die Analyse der Maßnahmen soll letztlich klären, welche Gefährdungslage bzw. welches Risiko für das Unternehmen aus dem geprüften Prozess abgeleitet werden kann.

Hierzu müssen die Maßnahmen (M 7.1 bis M 7.15) zunächst den Gefährdungen (G 1 bis G 13) zugeordnet werden, auf die sie sich auswirken. Die Zuordnung ergibt sich aus der Matrix (Abbildung 3)[2].

Qualifizierte Bewertung

Den schwierigsten Teil der Prozessprüfung stellt die qualifizierte Bewertung und ihre Darstellung dar, zum Beispiel in einem Bericht an das verantwortliche Leitungsorgan (zum Beispiel Geschäftsführung, Vorstand).

Zielsetzung ist hier

- die prozentuale Bewertung der Erfüllungsgrade der einzelnen Maßnahmen,
- die prozentuale Bewertung des Risikos für das Unternehmen,
- die Gesamtbewertung und Vorgabe der Verbesserungspotentiale und Aufnahme in den Managementreport zur Entscheidung als kontinuierlicher Verbesserungsprozess (DIN ISO 9001 „KVP"),
- die Vorgabe, wer was bis wann zu tun hat und
- eine Darstellung der Bewertung in grafischer Form.

Jede einzelne Datenschutzmaßnahme wird nach ihrem prozentualen Erfüllungsgrad bewertet

In einem ersten Schritt erfolgt eine prozentuale Bewertung der Erfüllungsgrade der einzelnen Maßnahmen. Die Bewertung der einzelnen Maßnahmenumsetzung bzw. des Erfüllungsgrades erfolgt auf der Grundlage der Analyseergebnisse je Maßnahme.

Hilfreich ist die Bewertung anhand von Dokumenten, die eine Erfüllung der Maßnahme im Ganzen oder in Teilbereichen belegen. Diese wurden im Rahmen der Maßnahmen bereits angeführt. Eine Bewertung sollte sich grundsätzlich an dem Vorliegen von Nachweisen orientieren, damit das Ergebnis des Audits auch für Dritte nachvollziehbar ist. Bewerten Sie jede einzelne Maßnahme nach dem Grad ihrer Erfüllung. Wenn alle Fragen zu einer Maßnahme mit JA beantwortet werden konnten, ist dieser Maßnahme der Wert 100 zuzurechnen. Wenn alle Fragen mit NEIN beantwortet wurden, dann erhält die Maßnahme den Wert 0 (Null). Sind Fragen zu einer Maßnahme teilweise mit JA teilweise mit NEIN beantwortet worden, sollten Sie sich unter sorgfältiger Beachtung der Bewertungshinweise für einen Wert zwischen 0 und 100 entscheiden.

Der Datenschutzverantwortliche sollte jeweils seine Einstufung/Bewertung hinreichend ausführlich begründen, damit die prozessverantwortliche Stelle das Ergebnis nachvollziehen kann. Eine mögliche Form der Darstellung bietet das Netzdiagramm in der Abbildung 2, in das die einzelnen Kontrollfragen der Maßnahmen anhand ihrer Bewertungsrelevanz (beispielhaft) eingeflossen sind.

Zusammenfassung

Die Prozessorientierung im Datenschutz baut grundsätzlich auf einer vorhandenen verfahrensorientierten Dokumentation der Arbeitsschritte auf. Die systematische Vorgehensweise bei der Auswahl der zu prüfenden Prozesse wird durch eine Prozesslandkarte gefördert. Der Datenschutzverantwortliche erwirbt durch die Prozessanalyse fundierte Kenntnisse über datenschutzrelevante Arbeitsabläufe im Unternehmen. Die Prüfung der Prozesse stellt eine wertvolle Verifikation zum Inhalt und dem Verständnis der internen Verarbeitungsübersicht für alle Beteiligten dar. Die Fallbearbeitung (Beschwerden, Anfragen, Prüfung durch Aufsichtsbehörden usw.) vor dem Hintergrund eines vertieften organisatorischen, betriebswirtschaftlichen Verständnisses kann kompetenter vorgenommen werden.

Diese Vorgehensweise schafft einen revisionssicheren Nachweis der abgearbeiteten datenschutzrelevanten Punkte in der Prozesslandschaft. Die zielorientierte Abstimmung mit dem Leitungsorgan über die weitere Vorgehensweise bzw. Dimensionierung des Datenschutzes im Unternehmen und der dafür erforderlichen Maßnahmen wird damit ermöglicht.

Eine Prozesslandkarte fördert das systematische Vorgehen bei der Auswahl der zu prüfenden Prozesse

---

1   BSI-Baustein 1.5: http://www.bsi.bund.de, Rubrik: IT-Grundschutz; IT-Grundschutz Datenschutz.
2   Die Hilfsmittel zum Baustein Datenschutz des BSI sind zu finden unter http://www.bsi.bund.de unter der Rubrik: IT-Grundschutz; IT-Grundschutz Datenschutz.

Datenschutzzertifizierung
Vorteile für Unternehmen

Von Dr. Thilo Weichert

Immer mehr Partner und Kunden hinterfragen den Datenschutz von Unternehmen. Zertifizierungen stellen hier ein wichtiges vertrauensbildendes Instrument dar, vorausgesetzt, sie werden durch eine unabhängige und vertrauenswürdige Stelle durchgeführt.

D ie Datenschutzskandale in 2008 und 2009 haben es gezeigt: Wer schludrig oder gar in krimineller Weise mit Daten von Kunden und Mitarbeitern umgeht, wird von der Öffentlichkeit abgestraft. Gerade in Branchen wie Banken, Gesundheitswesen und Versicherungen, die mit sensiblen Informationen arbeiten müssen, wird inzwischen das Thema Datenschutz sogar zum Werbethema, das sie für ihre Außendarstellung verwenden. Darüber hinaus lassen sich Kostenvorteile generieren – sowohl für das Unternehmen als auch für seine Kunden und Geschäftspartner. Kann sich der Kunde auf ein anerkanntes Zertifikat des Unternehmens verlassen, so fällt der Aufwand für eine Vorabprüfung in diesem Bereich weit geringer aus.

Dies gilt auch für Ausschreibungen im öffentlichen Bereich. Sowohl auf Bundesebene als auch von der EU werden mehr und mehr Nachweise für korrekten Datenschutz gefordert. Sich jedoch erst bei Veröffentlichung einer IT-Ausschreibung oder beim Eingang der Anfrage über Datenschutz-Zertifikate Gedanken hierüber zu machen kann oftmals zu spät sein. Nicht außer Acht gelassen werden darf der Vorteil der Innenrevision. Begreift man Datenschutz nicht mehr als ein notwendiges Übel, sondern erkennt, dass der ordnungsgemäße Umgang mit personenbezogenen Daten essentiell für den langfristigen Bestand eines Produktes und eines Unternehmens ist, so wird klar, dass auch die regelmäßige Überprüfung der internen Vorgänge und der Beschaffenheit der Produkte unbedingt notwendig ist. Gerade der Einsatz von neutralen externen Prüfern und Gutachtern ermöglicht es, eine ungeschönte Sicht zu bekommen und Risiken abzuschätzen und zu minimieren, die das Unternehmen im Fall von Datenmissbrauch und Sicherheitslecks gefährden können.

Durchblick im Zertifizierungsdschungel

Datenschutzzertifikate gibt es zahlreiche auf dem Markt – sowohl von privaten als auch von öffentlich-rechtlich organisierten Stellen. Sich in dem Angebot zurechtzufinden und das ideale Zertifikat für das eigene Unternehmen herauszusuchen bedarf einiger Überlegungen. Zunächst muss zwischen Produktzertifizierungen und Unternehmenszertifizierungen unterschieden werden.

Dr. Thilo Weichert
Datenschutzbeauftragter des
Landes Schleswig-Holstein, Unabhängiges Landeszentrum für
Datenschutz Schleswig-Holstein

Produktzertifizierungen

Produktzertifizierungen beziehen sich nur auf angebotene Gegenstände (meist Hardware oder Software) und Dienstleistungen oder automatisierte Verfahren, die auf dem Markt als solche angeboten werden. Dies kann eine Webseite sein, aber genauso ein Betriebssystem, ein Fotoautomat oder das Einlagern von Akten. Hierbei ist zu beachten, dass das Zertifikat in der Regel nicht den *Einsatz* des Produktes betrifft, sondern nur die Gestaltung des Produktes selber. Nahezu jedes im Grunde datenschutzkonforme Produkt kann auch datenschutzwidrig eingesetzt werden. Daher verlangen viele Zertifizierungsverfahren zumindest den Nachweis von Vorkehrungen, die dieses verhindern. Hinzu kommt die Verpflichtung zur Aufklärung über den datenschutzkonformen Einsatz in Form von zum Beispiel Anleitungen, Hilfetexten und aussagekräftigen Bezeichnungen.

Typische Vertreter von Produktzertifikaten sind das Datenschutzgütesiegel des Unabhängigen Landeszentrums für Datenschutz Schleswig-Holstein (ULD)[1], das European Privacy Seal EuroPriSe[2], Common Criteria (CC) des Bundesamts für Sicherheit in der Informationstechnik (BSI)[3], TÜV-Zertifikate[4], Trusted Shops[5] oder auch ips-internet privacy standards[6]. Hierbei ist der Datenschutzanteil dieser Zertifikate unterschiedlich stark ausgeprägt. So steht zum Beispiel bei der CC-Evaluierung der Sicherheitsaspekt im Vordergrund, beim ULD-Gütesiegel hingegen der Datenschutz.

Gütesiegel für Datenschutz

Unternehmenszertifizierung

Dem gegenüber stehen Zertifizierungen ganzer Organisationen wie Behörden oder Unternehmen. Für eine derartige Auditierung ist vor allem der Nachweis erforderlich, dass Datenschutz in der Organisation wirkungsvoll gelebt wird. Entscheidende Bedeutung hat hierfür die Dokumentationslage. Nur wenn interne und externe Prozesse transparent sind, ist es auch möglich, Missstände rechtzeitig zu entdecken und abzustellen.

Mit der Berufung eines Datenschutzbeauftragten ist es nicht getan. Notwendig ist vielmehr die Etablierung eines Datenschutzmanagementsystems. Dies beginnt mit der ehrlichen und umfassenden Ist-Analyse und geht über die Erstellung von Sicherheitskonzepten und Risikoabschätzungen hin zu Verfahrensabläufen, die den Datenschutz aktiv einbinden und zu einer unumgänglichen Größe machen. Nur so kann sichergestellt werden, dass auch zukünftig in der Behörde oder dem Unternehmen Datenschutzverstöße so weit wie möglich unterbunden werden – und das auch lange nachdem der Auditor das Haus verlassen hat.

Neben privaten Unternehmen bieten bisher die Bundesländer Schleswig-Holstein und Bremen eine solche Auditierung an – jedoch aus gesetzlichen Gründen derzeit nur für landeseigene Stellen. Für private Unternehmen hingegen kommen zum Beispiel Zertifizierungen nach ISO27001 oder BSI-Grundschutz in Frage. Auch diese greifen inzwischen Datenschutzfragen auf, wenn auch noch nicht so weitgehend, wie es von Datenschützern, aber auch von einigen Unternehmen gewünscht wird.

Der Zertifizierungsprozess

ISO-Zertifizierungen für private Unternehmen

Für die Produktzertifizierung bietet das ULD sowohl das Schleswig-Holsteinische Gütesiegel (ULD-Gütesiegel) nach § 4 Abs. 2 Landesdatenschutzgesetz Schleswig-Holstein (LDSG) an, als auch zusammen mit Partnern in der Europäischen Union (EU) das europäische Siegel European Privacy Seal (EuroPriSe). Dabei baut das europäische Siegel auf dem Landessiegel auf, so dass sowohl Verfahren als auch Kriterien in vielen Bereichen ähnlich sind. Im Unterschied zum ULD-Gütesiegel ist die Basis der EuroPriSe -Zertifizierung derzeit ein privatrechtlicher Vertrag. Jedoch gibt es durchaus Bestrebungen, das Europäische Datenschutzgütesiegel in den EU-Mitgliedsstaaten gesetzlich zu regeln. Bezeichnend ist, dass EuroPriSe nicht nur von der EU gefördert wurde, sondern auch, dass der Europäische Datenschutzbeauftragte Peter Hustinx im Sommer 2008 das erste EuroPriSe-Siegel vergeben hat[7].

Am Anfang steht das Produkt. Dieses können Hardware, Software oder ein automatisiertes Verfahren bzw. eine Dienstleistung sein, welche auf dem Markt angeboten werden. Das Produkt muss dabei sauber abgegrenzt und beschrieben werden. Soll nur ein Teilprodukt zertifiziert werden, so ist darauf zu achten, dass dieses noch als eigenständiges Produkt erkennbar ist. Unzulässig wäre es, Rosinenpickerei zu betreiben und gerade kritische Datenverarbeitungsteile auszugrenzen.

Die einzelnen Verfahrensstufen

Sowohl beim ULD-Gütesiegel als auch bei EuroPriSe muss jeweils ein zweistufiges Verfahren durchlaufen werden. In der ersten Stufe wählt der Hersteller oder Vertreiber eines Produktes Sachverständige aus, die das Produkt sowohl aus rechtlicher als auch technischer Sicht begutachten müssen. Hierbei muss es sich um Sachverständige handeln, die vom ULD beziehungsweise den EuroPriSe-Zertifizierungsstellen als solche anerkannt wurden. Diese müssen hierzu neben ihrer Unabhängigkeit und Zuverlässigkeit insbesondere ihre Fachkunde nachweisen.

Dabei werden Sachverständige für die Bereiche Recht und Technik zugelassen. Dies erfolgt bei den ULD-Gutachtern anhand von einschlägigen Arbeitsproben, bei EuroPriSe durch den Besuch eines Workshops und ein Probegutachten. Viele Gutachter und Prüfstellen decken jedoch nur einen der Bereiche „Recht" oder „Technik" ab, weshalb sie oftmals in Teams zusammenarbeiten. Denn um ein Gütesiegel beim ULD beantragen zu können, müssen beide Bereiche von den Gutachten erfasst sein.

Abbildung 1: Ablauf des Zertifizierungsverfahrens

IT-Produkt ist rechtlich und sicherheitstechnisch einwandfrei

Privatkundenbereich

Datenschutz als Wettbewerbsvorteil

IT-Produkt

Unabhängiger Sachverständiger prüft das Produkt

ULD vergibt Gütesiegel für 2 Jahre

Zertifiziertes IT-Produkt

Öffentliche Stellen

Zertifizierte Produkte werden bevorzugt eingesetzt

Quelle: ULD

Der Hersteller reicht dann Gutachten und Antrag beim ULD ein. Bei Euro-PriSe kann dieses auch bei einer anderen anerkannten Zertifizierungsstelle erfolgen, wobei dann nicht ein Antrag, sondern ein Vertragsschluss zwischen Zertifizierungsstelle und Hersteller erforderlich ist. Dieser regelt das Verfahren und die Rechte und Pflichten der Parteien. Damit beginnt die zweite Stufe des Prozesses. Das ULD beziehungsweise die Zertifizierungsstelle überprüft die Gutachten auf Schlüssigkeit und darf Nachfragen stellen. Sogar eine eigene Prüfung des Produktes ist möglich. Dies dient zum einen der Qualitätssicherung, soll aber auch die Vergleichbarkeit von Prüfungen ähnlicher Produkte sicherstellen.

Sind schließlich alle Fragen aus Sicht der Zertifizierungsstelle geklärt, so erhält der Hersteller das Gütesiegel beziehungsweise das EuroPriSe-Siegel für sein Produkt. Gleichzeitig wird ein mit dem Antragsteller und den Gutachtern abgestimmtes Kurzgutachten veröffentlicht[8]. Dieses ist so zu gestalten, dass es potentiellen Kunden möglich ist festzustellen, was mit welchen Ergebnissen geprüft wurde, ob es besondere Einschränkungen bei der Nutzung des Produktes gibt und welches die datenschutzfördernden Komponenten sind.

Prüfung durch die Zertifizierungsstelle

Rezertifizierung

Die kurzen Innovationszyklen bei der Entwicklung von Produkten im IT-Bereich machen es notwendig, dass ein gesiegeltes Produkt spätestens nach zwei Jahren ein Rezertifizierungsverfahren durchläuft. Je nach Umfang der Änderungen ist dieses mit geringerem Aufwand und niedrigeren Kosten verbunden als das Erstverfahren. Gerade im Bereich von Software ist aber auch diese Zwei-Jahres-Frist manchmal noch zu lang. Nimmt der Hersteller relevante Änderungen an der Datenverarbeitung vor, so kann schon weit früher

„Auffrischung" der Zertifizierung nach zwei Jahren

die Rezertifizierung erfolgen. Dies ist auch zwingend notwendig, möchte der Hersteller mit dem Gütesiegel auch für die neue Version werben.

Kriterien für das Datenschutzgütesiegel

Formale Voraussetzung für die Erteilung des ULD-Gütesiegels ist es, dass es sich um ein Produkt handelt, das zur Nutzung durch öffentliche Stellen in Schleswig-Holstein geeignet ist[9]. Hierbei ist es nicht notwendig, dass das Produkt tatsächlich so schon eingesetzt wird, so dass dieses formale Erfordernis bisher kaum einen Hersteller von der Zertifizierung seiner Produkte abgehalten hat. Bei EuroPriSe gibt es eine solche Einschränkung nicht.

Unterschiede zwischen dem ULD-Gütesiegel und EuroPriSe bestehen auch in dem zugrundeliegenden Kriterienkatalog. Maßgeblich für das ULD-Gütesiegel sind die Gesetze, die in Schleswig-Holstein gelten. Dies sind insbesondere Landesgesetze wie das Landesdatenschutzgesetz oder auch Bundesgesetze wie das Bundesdatenschutzgesetz oder das Telekommunikationsgesetz und Telemediengesetz.

EuroPriSe hingegen zieht als Grundlage die EU-Datenschutzrichtlinien heran, die prinzipbedingt in einigen Punkten offener gehalten sind, andererseits jedoch teilweise Besonderheiten einzelner EU-Länder beachten müssen, insbesondere bei Datensicherheitsmaßnahmen im Bereich der operativen Datenverarbeitung (etwa bei IT-Services). Für die Auslegung wird vor allem auf die Empfehlungen der Artikel 29 Datenschutzgruppe der EU[10] geachtet, die regelmäßig Stellungnahmen zu besonders relevanten Datenschutzproblemen abgibt.

Da jedoch auch die Datenschutzgesetze in Schleswig-Holstein beziehungsweise in Deutschland an die EU-Richtlinien angepasst sind, können oftmals Siegelverfahren parallel sowohl für das ULD-Gütesiegel als auch für Euro-PriSe betrieben werden. Dies hat insbesondere auf die anfallenden Kosten positive Auswirkungen, da sowohl bei den Gutachtern als auch der Zertifizierungsstelle Synergieeffekte genutzt werden können.

Ausblick

Datenschutz als notwendiges Übel zu betrachten gehört heute in vielen Organisationen der Vergangenheit an. Datenschutzgütesiegel stellen für die Unternehmen ein wertvolles Instrument dar, um ihre Datenschutzbemühungen noch besser transparent zu machen. Für den Bereich der Produktzertifizierungen gibt es inzwischen zahlreiche Angebote, die auch staatliche Stellen als Zertifizierungsorgane mit einbeziehen. Bei den Unternehmenszertifizierungen ist die Auswahl in Ermangelung von gesetzlichen Regelungen noch auf Angebote aus dem Privatbereich beschränkt. Es gibt jedoch eine wachsende Zahl an Nachfragen von Unternehmen, die auch hier für sich ger-

ne ein staatliches Siegel hätten. Dabei könnte dieses als Ergänzung zu bestehenden Zertifizierungen treten. Privatanbieter sind in jedem Fall auch in einem staatlichen Verfahren als Sachverständige gefragt. Wie beim Produkt-
Zertifikat könnten die staatlichen Stellen insbesondere Qualitätssicherung
und Vereinheitlichung und damit Gerechtigkeit bei der Siegelvergabe gewährleisten – wichtige Aspekte für einen guten Datenschutz als valider Wettbewerbsfaktor.

Bestrebungen auf Bundesebene hierfür gab es 2009 schon. Erste Entwürfe
für ein Bundesauditgesetz liegen vor. Diese stießen jedoch auf heftige Kritik
gerade auch von Datenschützern, da sie auf die Qualitätssicherung verzich-
teten, was jedoch nicht als Kritik an einem Bundesaudit generell verstanden
werden darf. Allerdings ist in dieser Legislaturperiode mit einer Verabschie-
dung eines Bundesauditgesetzes nicht mehr zu rechnen.

Wer mit seinen Datenschutzbestrebungen werben möchte, braucht ein Siegel, das auch belastbar ist. Anders als bei rein technischen Prüfungen (etwa
dem Durchmesser von Gewinden oder der Qualität von Mineralwasser) kann
man über die Rechtskonformität im Bereich des Datenschutzes unterschiedlicher Meinung sein. Daher ist es wichtig, nach der maßgeblichen Meinung
der Aufsichtsbehörden und Gerichte zu urteilen. Dies stellen Siegel sicher,
die nach strengen Kriterien vergeben wurden. Der Bedarf ist da.

**Werbewirksame
Datenschutzgütesiegel**

1   https://www.datenschutzzentrum.de/guetesiegel/

2   https://www.european-privacy-seal.eu/

3   http://www.bsi.bund.de

4   Z.B. TÜViT: http://www.tuvit.de/

5   http://www.trustedshops.de/

6   http://www.datenschutz-cert.de/dienstleistungen/zertifizierungsstelle/ips/

7   https://www.european-privacy-seal.eu/press-room/press-releases/20080714-
    europrise-press-release-de.html. Abgerufen am 12.08.2009.

8   ULD-Gütesiegel: https://www.datenschutzzentrum.de/guetesiegel/register.htm
    EuroPriSe: https://www.european-privacy-seal.eu/awarded-seals

9   Vgl. § 1 Abs. 2 Gütesiegelverordnung Schleswig-Holstein (DSAVO).

10 http://ec.europa.eu/justice_home/fsj/privacy/workinggroup/index_de.htm

Verordnungen automatisch einhalten
Unterstützung der Compliance durch IT

Von Tom Köhler und Michael Kranawetter

Die Umsetzung regulatorischer Anforderungen ist für die IT eine Herausforderung, aber auch eine Chance. Durch die IT-gestützte Automatisierung interner Kontrollen werden Einsparungen erzielt und Workflows und Reports effizient gestaltet.

B asel II, Sarbanes-Oxley Act oder Bilanzrechtsmodernisierungsgesetz: Die Anzahl an Verordnungen und Richtlinien steigt ständig, und deren Einhaltung wird für Unternehmen immer aufwendiger. Die IT kann durch automatisierte, effiziente Prozesse die Compliance wesentlich erleichtern.

Unternehmen können unterschiedlich auf neue Compliance-relevante Gesetze, Verordnungen, Standards und Referenzmodelle reagieren. Eine exakte Erfüllung aller Regeln gibt zwar Sicherheit, führt aber zu immer höheren Kosten. Wer dagegen alle Vorschriften ignoriert, riskiert hohe Bußgelder und die Beeinträchtigung des guten Rufs. So beschreiten die meisten deutschen Unternehmen einen Mittelweg. Während sie einige Regelungen mehr oder weniger konsequent einhalten, vernachlässigen sie andere. Eine von Microsoft beauftragte Umfrage der Experton Group bei deutschen Unternehmen mit mehr als 1.000 Mitarbeitern ergab, dass derzeit vor allem sowohl die bundesweiten als auch die länderspezifischen Datenschutzregeln befolgt werden. Es folgen Gesetze aus dem Wirtschaftsrecht sowie firmeninterne oder rechtlich nicht verbindliche Standards.

Neben den Kosten und dem zeitlichen Aufwand behindern auch Widersprüche zwischen verschiedenen Regelungen, vor allem im internationalen Umfeld, die konsequente Einhaltung aller Verordnungen. Zudem erschweren manche Vorgaben die technische Umsetzung unnötig. Entsprechend unzufrieden sind die Verantwortlichen in deutschen Unternehmen mit der eigenen Erfüllung von Compliance-Anforderungen. Fast 40 Prozent sind gemäß der Umfrage der Experton Group mäßig zufrieden oder unzufrieden. Dabei sind die IT-Entscheider deutlich kritischer als die Geschäftsführer. Dies zeigt den deutlichen Optimierungs- und Handlungsbedarf, die vorhandenen IT-Infrastrukturen und Prozesse mit den Regelungen in Einklang zu bringen.

Damit Unternehmen Vorgaben beachten, muss deren jeweiliger Nutzen klar sein, zum Beispiel durch Synergieeffekte mit anderen Aufgaben im Umfeld von Unternehmenssteuerung und IT. Dazu zählen die Kalkulation und die Senkung von Business- und IT-Risiken, die Vermeidung von Betrugsfällen

Tom Köhler
Direktor Informationssicherheit
und Kommunikation, Microsoft
Deutschland

Michael Kranawetter
Chief Security Advisor,
Microsoft Deutschland

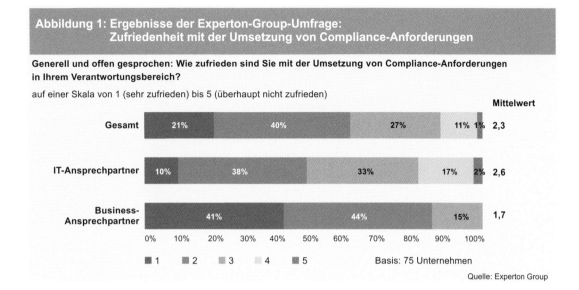

Abbildung 1: Ergebnisse der Experton-Group-Umfrage: Zufriedenheit mit der Umsetzung von Compliance-Anforderungen

Generell und offen gesprochen: Wie zufrieden sind Sie mit der Umsetzung von Compliance-Anforderungen in Ihrem Verantwortungsbereich?

auf einer Skala von 1 (sehr zufrieden) bis 5 (überhaupt nicht zufrieden)

Mittelwert

Gesamt: 21% | 40% | 27% | 11% | 1% — 2,3

IT-Ansprechpartner: 10% | 38% | 33% | 17% | 2% — 2,6

Business-Ansprechpartner: 41% | 44% | 15% — 1,7

■ 1 ■ 2 ■ 3 ■ 4 ■ 5   Basis: 75 Unternehmen

Quelle: Experton Group

sowie die Erhöhung von Effizienz und Transparenz der Geschäftsprozesse durch Automatisierung und Verbesserung von Workflows.

Umfassender Blick

Eine optimale Compliance erreichen Unternehmen nur durch einen ganzheitlichen Ansatz, der redundante oder sich gegenseitig behindernde Einzelmaßnahmen vermeidet. Dazu ist einerseits eine enge Kooperation aller Entscheider inklusive Vorstand, Compliance-, Fach- und IT-Abteilung nötig. Andererseits sind verschiedene Anforderungsebenen wie Governance, Risk Management und Compliance zu koordinieren. Zudem soll dieser strategische Ansatz Geschäftsziele, operatives Tagesgeschäft und Regularien in Einklang bringen.

Da die meisten Unternehmen bereits Maßnahmen in diesen Bereichen durchführen, ist es in der Regel nicht nötig, die IT-Infrastruktur komplett neu zu gestalten. Es müssen nur die bestehenden Komponenten identifiziert, genutzt, miteinander verbunden sowie gegebenenfalls optimiert und ergänzt werden. Durch Anpassungen der bestehenden Systeme wie der Aktivierung von Funktionen, der korrekten Konfiguration oder dem richtigen Einsatz der Software lassen sich oft schon mit einem Fünftel des Gesamtaufwands 80 Prozent der regulatorischen Anforderungen erfüllen.

Effiziente Erfüllung regulatorischer Anforderungen

Angesichts unterschiedlicher Branchenregeln und vieler Sonderfälle lässt sich keine allgemeingültige Übersicht der einzuhaltenden Verordnungen geben. Fast alle regulatorischen Vorgaben und geschäftlichen Compliance-Anforderungen basieren jedoch auf fünf übergeordneten Zielen: Schutz, Verfügbarkeit, Nachvollziehbarkeit, Transparenz und Sorgfalt. Diese haben jedoch oft unterschiedliche Ausprägungen oder Bezeichnungen. So spricht der Gesetzgeber beim Thema „Schutz" meist von Informationsschutz, während aus Unternehmenssicht Schutz vor Betrug und Spionage oder die Wahrung des guten Rufs genannt werden.

Fünf Kernbereiche

Aus den fünf gemeinsamen Zielen lassen sich für die IT-Infrastruktur fünf Kernbereiche ableiten: Informationsschutz, Risikomanagement, Informationsmanagement, Internes Kontrollsystem sowie Mitwirkungs- und Informationspflicht. In der Regel gibt es in Unternehmen bereits Abteilungen oder Kollegen, die für eines oder mehrere dieser Themen zuständig sind. Ihre Aktivitäten müssen aber meist gestärkt und koordiniert werden.

Schutz vor Daten- und Reputationsverlust

■ **Informationsschutz:** Aus Unternehmenssicht stehen der Schutz geschäftskritischer Informationen und des geistigen Eigentums sowie die vom Gesetzgeber als schützenswert eingestuften Daten im Mittelpunkt. Zudem sorgt der Informationsschutz für die Nachvollziehbarkeit und Transparenz von Geschäftsprozessen. Datenverluste aufgrund ungenügender Schutzmaßnahmen können sich negativ auf die Reputation des Unternehmens auswirken. Regelungen, die diesen Kernbereich betreffen, sind unter anderem die Standards COBIT, ITIL, BSI IT-Grundschutz und IDW PS 330 des Instituts der Wirtschaftsprüfer in Deutschland e.V.

■ **Risikomanagement:** Mit einem systematischen Ansatz zur Identifizierung, Bewertung, Behandlung und Überwachung von Risiken erkennen Unternehmen effizient Bedrohungen und Schwachstellen. Deren Risiken werden so weit wie möglich kalkuliert und entsprechende Sicherheitsmaßnahmen priorisiert. Dies dient dem Schutz und der Verfügbarkeit von Daten, der Nachvollziehbarkeit von Prozessen, dem Erfüllen der Sorgfaltspflicht sowie der optimalen Zuordnung von Sicherheitsressourcen. Risikomanagement ist Bestandteil vieler Regularien und Standards wie KonTraG, Basel II, COSO Enterprise Risikomanagement, COBIT und ISO/IEC 27005:2008.

■ **Informationsmanagement:** Trotz permanenten Datenwachstums müssen Unternehmen Informationen bei Bedarf schnell finden und abrufen können. Geschäftliche und regulatorische Anforderungen möchten daher Verfügbarkeit, Nachvollziehbarkeit und Sorgfalt im Informationslebenszyklus sichern. Das fordern beispielsweise GoBS, GDPdU und neuerdings auch EuroSOX. Weitere rechtliche Regelungen für die Aufbewahrung von Daten finden sich im Bereich der Produkthaftung und Prozessordnung.

■ **Internes Kontrollsystem:** Das IKS dient der Sicherung der Wirtschaftlichkeit sowie der Wirksamkeit der Geschäftstätigkeit eines Unterneh-

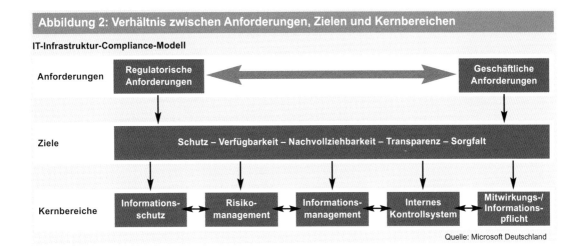

Abbildung 2: Verhältnis zwischen Anforderungen, Zielen und Kernbereichen

IT-Infrastruktur-Compliance-Modell

Quelle: Microsoft Deutschland

mens. Es gewährleistet auch die Transparenz und Sorgfalt der internen und externen Rechnungslegung sowie die Einhaltung der maßgeblichen rechtlichen Vorgaben wie IDW PS 330 für Jahres- und Zwischenabschlüsse.

■ **Informations- und Mitwirkungspflicht:** Auch diese oft als unangenehm empfundene Pflicht ermöglicht Synergien mit geschäftlichen Zielen. Dazu gehören die externe Kommunikation, optimierte Prozesse durch ständig verfügbare Daten, die Pflege und Wahrung der eigenen Reputation, der verantwortungsbewusste Umgang mit Informationen und ein Kontrollsystem, das kritische Ereignisse zeitnah erkennt. Informations- und Mitwirkungspflicht erfordern zum Beispiel das Bundesdatenschutzgesetz über die Betroffenenrechte bei Datenschutzverletzungen, die Richtlinie 2004/39/EG über Märkte für Finanzinstrumente (MiFID), die Geschäftsprozesse für den Lieferantenwechsel im Gassektor (GeLi Gas) und die GDPdU.

Die Erfüllung der Informations- und Mitwirkungspflicht dient auch geschäftlichen Zielen

Bei sorgfältiger Umsetzung dieser Punkte erfüllen Unternehmen bereits eine Vielzahl von Regelungen. Die Kernbereiche können aber auch als gemeinsame Nenner für die Kommunikation über die verschiedenen Entscheidungs- und Umsetzungsebenen hinweg dienen. So entsteht auf deren Basis ein gemeinsames Verständnis von Geschäftsführung, technischen Entscheidern und IT-Experten. Dies erleichtert auch die notwendige unternehmensweite und abteilungsübergreifende Adressierung dieser fünf Bereiche.

In den allermeisten Unternehmen ist IT bereits eine der wichtigsten Komponenten sowohl zur Erfüllung gesetzlicher Anforderungen als auch zur Erreichung von Geschäftszielen. Da sich regulatorische und geschäftliche Ziele trotz unterschiedlicher Ausformulierungen überlappen oder sogar identisch sind, kann die IT über effiziente automatische Prozesse gleichzeitig Compliance- und Businessprozesse verbessern. Für Compliance-Management sind aus IT-Sicht insgesamt 19 Lösungskategorien relevant, die in unterschiedlicher Ausprägung für die Umsetzung gängiger Standards und Regularien wie ISO 27002, EUDPD oder COBIT erforderlich sind:

Datenschutz und -management

■ **Anwendungssicherheit:** Entsprechende Lösungen verknüpfen bewährte Entwicklungspraktiken mit spezifischer Softwaresicherheit.

■ **Authentifizierung, Autorisierung und Zugriffskontrolle:** Zur Authentifizierung dienen Nutzername und Kennwort sowie Smart Cards, Iris-Scan, Spracherkennung oder Fingerabdruck. Die Autorisierung prüft, ob jemand tatsächlich Zugriff auf angefragte Ressourcen erhält. Die Zugriffskontrolle erfolgt zum Beispiel über die Netzwerkadresse des Clients, die Tageszeit oder den verwendeten Browser.

■ **Change Management:** IT-Leiter benötigen Prozessstrukturen, um geplante technische und zum Teil auch geschäftliche Veränderungen konsistent darauf zu prüfen, ob sie die geschäftlichen Anforderungen effizient erfüllen. Change Management kommuniziert auch den Status von Änderungen an alle betroffenen Gruppen und dokumentiert, welche Aktionen wann und von wem getätigt wurden.

■ **Datenklassifizierung und -schutz:** Daten werden zum Beispiel nach Schutzbedarf klassifiziert sowie gemäß erforderlicher Vertraulichkeit und Integrität verschlüsselt gespeichert oder übertragen.

■ **Disaster Recovery und Ausfallsicherheit:** Bei einer Katastrophe müssen die Informationssysteme so schnell wie möglich wieder einsatzbereit sein. Ausfallsicherheit gewährleisten redundante Systeme in unterschiedlichen geographischen Regionen.

■ **Dokumentenmanagement:** Eine Kombination aus Software und Prozessen ermöglicht die Verwaltung unstrukturierter Informationen im Unternehmen. Dazu gehören etwa Dokumente, technische Zeichnungen, XML-Dateien, Bilder, Audio- und Videodateien.

■ **Geschäftsprozessmanagement:** Business Process Management schafft eine durchgängige Transparenz und Kontrolle für alle Transaktionen oder Informationsanfragen innerhalb und außerhalb des Unternehmens.

■ **Host-Kontrolle:** Lösungen zur Überwachung von Betriebssystemen in Servern und Arbeitsplatzrechnern umfassen oft auch Best Practices für Sicherheit, die Installation aktueller Updates und Patches sowie die Anwendung sicherer Methoden für den täglichen Betrieb.

Quelle: Microsoft Deutschland

■ **Identitätsmanagement:** Software und Prozesse verwalten digitale Identitäten und ihre Berechtigungen.

■ **Incident Management und Problemverfolgung:** Systeme zur Rückverfolgung von Sicherheitsverstößen oder anderen Problemen überwachen kritische Geschäftsprozesse von Anfang bis Ende.

■ **Messaging und Collaboration:** Anwendungen für den Austausch von Nachrichten und die Zusammenarbeit sind zum Beispiel integrierte Dokumenten- und Produktivitätsprogramme, Portale, Instant Messaging sowie Onlinepräsentations- und Peer-to-Peer-Programme.

Sicherheits- und Risikomanagement

■ **Netzwerksicherheit:** Zu den Lösungen mit integrierten Sicherheitsfunktionen für das Netzwerk gehören Firewalls, Server, Endgeräte, Router, Switches und Access-Punkte.

■ **Physische Sicherheit:** Betreffende Anwendungen reglementieren und kontrollieren den physischen Zugriff auf Informations- und Arbeitsplatzsysteme.

■ **Projektmanagement:** Applikationen wenden Wissen, Fähigkeiten, Werkzeuge und Techniken auf eine große Bandbreite von Aktivitäten an, um die Zielerreichung eines bestimmten Projektes zu unterstützen.

■ **Risikoanalyse:** Im Zusammenhang mit Informationssicherheit beschreibt Risk Assessment eine umfassende Methode, um die Güter eines informationsverarbeitenden Systems, die Bedrohungen dafür sowie dessen Anfälligkeit zu identifizieren. Im Zusammenhang mit regulatorischen Anforderungen ist es ein Prozess zur Abschätzung der Konformität mit geltenden Regelungen und zur Erkennung von Unzulänglichkeiten.

■ **Schulungen:** Mitarbeiter sind mit Anforderungen und Prozessen rund um Sicherheit und Compliance vertraut zu machen.

■ **Schutz vor bösartiger Software:** Malicious Software Prevention umfasst Schutz vor Viren, Spyware, Spam und Rootkits.

■ **Schwachstellenerkennung:** Das IT-Personal muss über entsprechende Systeme die Sicherheitslücken in der IT-Umgebung erkennen, um sie zu schließen.

■ **Überwachung und Berichterstattung:** Entsprechende Werkzeuge sammeln spezifische Informationen mit Blick auf konkrete Regularien oder werten Logs aus, die aus Betriebssystemen oder Standardsoftware generiert werden.

Optimierung der Compliance

Diese 19 Lösungskategorien lassen sich mit den fünf Kernbereichen korrelieren, um die Compliance-Prozesse zu optimieren (siehe Abbildung 3).

Dabei haben sich folgende Best Practices bewährt:

■ **Informationsschutz:** Zur Wahrung von Vertraulichkeit und Integrität personenbezogener Daten ist deren Klassifizierung nach Schutzbedarf besonders wichtig. Diesen legt der jeweilige Eigentümer der Information fest und bestimmt, wer darauf zugreifen darf. Der Sicherheitsverantwortliche, der vom Management, den Fachbereichen und der IT-Abteilung unterstützt wird, definiert entsprechende Maßnahmen für die konkrete Umsetzung. Zusätzlich sollte ein Sicherheitsausschuss als Forum für leitende Fachkräfte aus den von Informationssicherheit betroffenen Bereichen des Unternehmens eingerichtet werden.

■ **Risikomanagement:** Die Umsetzung beginnt mit der Festlegung der Ziele sowie der Rollen auf übergeordneter Ebene und im IT-Risikomanagement. Anschließend sind unternehmensweite Abstimmungsprozesse zwischen den Beteiligten zu etablieren. Die Risikoanalyse klassifiziert die vorhandenen Daten und Güter gemäß Schutzbedarf und identifiziert die Bedrohungen sowie Schwachstellen. Die potentiellen Auswirkungen eines Zwischenfalls sind abzuschätzen und das damit verbundene Risiko zu bestimmen. Dann entscheidet das Unternehmen, welche Maßnahmen sinnvoll sind. Dabei stehen vier Optionen zur Auswahl: Reduzierung des Risikos durch technische und organisatorische Maßnahmen, Vermeidung gefährlicher Aktivitäten durch Änderung von Prozessen, Übertragung des Risikos auf externe Parteien wie Versicherungen oder die Akzeptanz der Gefahr.

■ **Informationsmanagement:** Auch hier ist eine Klassifizierung von Daten nötig, um Informationen gemäß rechtlichen und unternehmensinternen Anforderungen differenziert zu verwalten. Auf technologischer Seite betrifft Informationsmanagement vor allem die Anwendungsebene sowie die Speicher- und Archivierungsinfrastruktur. Rechtliche und wirtschaftliche Anforderungen beeinflussen das Information Lifecycle Management. Eine lückenlose Verwaltung der Informationen ermöglicht eine Kombination aus Enterprise Content Management, Geschäftsprozessmanagement, Enterprise Resource Planning und Business Intelligence.

Klassifizierung und Verwaltung von Daten

■ **Internes Kontrollsystem:** Das IKS legt konkrete Kontrollziele und -mechanismen fest und überwacht die Einhaltung der Ziele, die Effizienz und Effektivität der Umsetzung sowie die lückenlose Dokumentation von Projekten. Dabei gelten in der Regel vier Prinzipien: die gegenseitige Kontrolle zweier verantwortlicher Mitarbeiter, Funktionstrennung zwischen Auftragserfüllung und -kontrolle, Transparenz der Unternehmensprozesse und Mindestinformation für Mitarbeiter.

■ **Mitwirkungs- und Informationspflicht:** Lösungen für Überwachung und Berichterstattung helfen dabei, die Verletzung von Regularien durch Mitarbeiter aufzudecken und wenn nötig einen Eskalationsprozess in Gang zu setzen. Zudem sind ein effizientes, bereichsübergreifendes Krisenmanagement sowie eine solide Notfallplanung Voraussetzungen für eine erfolgreiche Bewältigung negativer Ereignisse.

Reifegradmodell

IT-Verantwortliche sollten nicht nur Einzelmaßnahmen im Blick haben, sondern auch den gesamten Compliance-Status ihres Unternehmens. Dazu hat Microsoft gemeinsam mit der Experton Group das „IT-Infrastruktur-Compliance-Reifegradmodell" entwickelt. Dieses umfasst vier Reifegradstufen:

- **Basis:** IT leistet nur einen geringen Beitrag zur Umsetzung regulatorischer Anforderungen und existiert als reine Kostenstelle ohne Bezug zum operativen oder strategischen Geschäft. Die Systeme sind komplex und inkompatibel. Die meisten IT-Ressourcen reagieren lediglich auf Probleme und sorgen primär dafür, dass die Systeme einigermaßen am Laufen bleiben. Da es nur wenige Standards und automatisierte Werkzeuge gibt, ist der Support arbeitsintensiv und teuer.

- **Standardisiert:** IT trägt sichtbar zur Umsetzung regulatorischer Anforderungen bei und agiert als effizient geführte Kostenstelle, hat aber noch wenig Bezug zum operativen und strategischen Geschäft. Die IT-Abteilung arbeitet zentralisiert und wirksam, jedoch sind die Systeme komplex, inkompatibel und teuer in der Wartung. In bestimmten Geschäftsbereichen und Abteilungen existieren Insellösungen.

- **Rationalisiert:** IT trägt wesentlich zur Umsetzung regulatorischer Anforderungen bei und operiert mit deutlichem Bezug zum operativen und strategischen Geschäft. Kombinierte Teams aus IT und Business entwickeln Strategien und definieren Richtlinien, die über technologische Lösungen umgesetzt werden. Dank Standards und sorgfältiger technischer Planung gibt es eine hohe Kompatibilität von Anwendungen und geringe Komplexität von Systemverbünden.

- **Dynamisch:** IT gilt als unentbehrlich bei der Umsetzung regulatorischer Anforderungen und als strategische Ressource, komplett eingebettet in das operative und strategische Geschäft. Agilität genießt höhere Priorität als kurzfristige Kosteneinsparungen. Die IT-Systeme sind hochautomatisiert und flexibel. Sie passen sich rasch allen Veränderungen der geschäftlichen Rahmenbedingungen an.

Neben der Einstufung des Unternehmens in einen dieser Reifegrade lassen sich mit dem Modell die zu erledigenden Aufgaben ermitteln, um die Kosteneffizienz der IT-Infrastruktur zu erhöhen, die Geschäftsprozesse zu verbessern und Regularien effizienter zu erfüllen. Anhand konkreter Handlungsempfehlungen für jeden der fünf Kernbereiche können CIOs einen Übergang auf die nächsthöhere Reifegradstufe abwägen. Die Umsetzung regulatorischer Anforderungen ist für die IT eine große Herausforderung, aber auch eine Chance. Denn aufgrund der engen Verzahnung mit den Geschäftsprozessen bietet sich die IT-gestützte Automatisierung interner Kontrollen geradezu an. Dadurch werden hohe Einsparpotentiale realisiert sowie Workflows und Reports effizient gestaltet. Der IT-Einsatz im Unternehmen erhält so einen neuen Stellenwert. Er ermöglicht effiziente Compliance, und die IT-Abteilung wandelt sich vom Dienstleister für die anderen Abteilungen zu einem Kernbereich des Unternehmens.

Schreckensszenario Ausfall der IT
IT-Sicherheit – mit Konzept ans Ziel

Von Bernd Hanstein

Durch einen Ausfall der IT-Systeme können große wirtschaftliche Schäden entstehen. Um die IT und deren Kern, das Rechenzentrum, zu schützen, bedarf es eines umfassenden Sicherheitskonzeptes, das auch physikalische Gefahren wie Brände miteinschließt.

Welche Konsequenzen ein Ausfall auch nur einiger Server haben kann, hat sich im April dieses Jahres gezeigt: Ein komplettes Handynetz brach zusammen, Millionen von Mobilfunkkunden waren abgeschnitten. Mit der wachsenden Bedeutung jederzeit verfügbarer IT-Systeme für den Geschäftsbetrieb steigen auch die Sicherheitsanforderungen in den Rechenzentren. Das zwingt die Verantwortlichen zu einem umfassenden Konzept. Denn neben Datenangriffen und Hardwareausfällen sind die physikalischen Gefahren eine echte Bedrohung für die Verfügbarkeit der Systeme.

Nicht jede Branche ist so abhängig von der Verfügbarkeit der IT-Systeme wie die Telekommunikation oder der Finanzsektor. Aber überall laufen Geschäfts- und Produktionsprozesse von der Warenwirtschaft bis hin zur Telefonanlage IT-gestützt ab. Bei einem Ausfall drohen entsprechende wirtschaftliche Verluste. Mit Basel II hat der Gesetzgeber die IT-Strukturen zu einem verpflichtenden Element der Unternehmensstrukturen gemacht. Für IT-Verantwortliche bedeutet das, dass sie weitreichenden Haftungsrisiken ausgesetzt sind. Denn fällt die IT aus, sehen sich Unternehmen schnell Regressansprüchen gegenüber: Ein Konzept zur Gefahrenabwehr für die IT-Strukturen ist daher elementarer Bestandteil jeder IT-Planung. Besonderes Augenmerk gilt hierbei den Rechenzentren. Wenn die IT die Nervenbahnen moderner Unternehmen darstellt, ist das Rechenzentrum das Rückenmark. Wird das beschädigt, besteht die Gefahr einer Lähmung.

Bedrohungen für die IT
Auf die Frage, welche Gefahren für ein Rechenzentrum existieren, gibt es eine zunächst einfache Antwort: All jene, die auch für andere Anlagen bestehen – und noch einige mehr. Neben informationstechnischen Gefahren wie Systemabstürzen, Hackerangriffen, Würmern und Trojanern stellen die physikalischen Gefahren wie Brände oder Wasserschäden Bedrohungen für ein Rechenzentrum dar. Dazu kommen noch Stromausfälle und -schwankungen oder die Überhitzung der Server durch unzureichende Klimatisierung. Ein tragfähiges Sicherheitskonzept für die IT bedarf daher sorgfältiger und ganzheitlicher Planung, um den verschiedenen Gefahrenpotentialen bestmöglich

Bernd Hanstein
Hauptabteilungsleiter
Produktmanagement System
Solutions bei Rittal in Herborn

Abbildung 1: Geschäfts- und Produktionsprozesse von der Warenwirtschaft bis hin zur Telefonanlage laufen IT-gestützt ab. Bei einem Ausfall drohen entsprechende wirtschaftliche Verluste. Die Lösung: ein umfassendes Sicherheitskonzept.

Quelle: Rittal GmbH & Co.KG

zu begegnen. Bei Klimatisierung und Stromversorgung können Verantwortliche sich an den Tier-Klassifizierungen des Uptime Institutes[1] (USA) orientieren. Aufsteigend von Tier I bis Tier IV sind die Voraussetzungen bei Strom und Kühlung definiert, um eine maximale Verfügbarkeit des Rechenzentrums von bis zu 99,995 Prozent zu erreichen.

Da jedes Unternehmen andere Ansprüche an die Sicherheit und Verfügbarkeit seiner IT stellt, sind die einzelnen Gefahrenquellen auch unter wirtschaftlichen und baulichen Gesichtspunkten zu analysieren, um ein stimmiges Risikovorsorgekonzept zu schaffen. Hierbei empfiehlt es sich, einen Experten hinzuzuziehen, der Hardware, IT-Infrastruktur, Räumlichkeiten und die betroffenen Prozesse auf ihr Gefahrenpotential durchleuchtet.

Analyse der möglichen Gefahrenquellen ist Basis für ein wirksames Risikovorsorgekonzept

Schutz vor den Elementen

Elementare Gefährdung für Rechenzentren entsteht durch Feuer, Wasser oder Rauchentwicklung. Um einen Brandschaden möglichst von vornherein auszuschließen, kommt Brandfrüherkennungsanlagen, sogenannten EFD-Anlagen, eine wichtige Bedeutung zu. Sie saugen über aktive Ansaugsysteme permanent Luft aus den zu schützenden Serverschränken und deren Umgebung und erkennen selbst kleinste Rauchpartikel. Durch die hohen Luftgeschwindigkeiten in den klimatisierten Serverräumen müssen die Anlagen über eine ausreichende Detektionssensibilität verfügen. Brände werden dann bereits in der Entstehungsphase (Pyrolysephase) mit ungiftigen Löschmitteln gelöscht. Gase haben dabei gegenüber Schaum oder Pulver den Vorteil, dass sie die empfindlichen IT-Geräte nicht verschmutzen oder gar beschädigen. Führende Hersteller bieten diese Anlagen in Kombination mit Brandmeldelöschsystemen in 19-Zoll-Bauform mit nur einer Höheneinheit (HU) an, so dass sie ohne großen Montageaufwand platzsparend in die Serverschränke integriert werden können.

Normen für Wasser- und Rauchgasdichtigkeit der IT-Sicherheitsräume

Neben Feuer stellt auch Wasser eine häufig nicht ausreichend berücksichtigte Gefahrenquelle für die IT dar. Dabei entstehen die Schäden meist durch Löschwasser nach einer Feuerbedrohung. Rechenzentren sollten daher auch über längere Zeit wasserdicht sein und stehendem Wasser trotzen können. Eine Wasserdichtigkeit gemäß EN 60529 (IP-Norm) ist unbedingt zu empfehlen. Ebenfalls oft unterschätzt ist die Gefährdung durch Rauch. Rauchgase sind wegen ihrer Inhaltsstoffe häufig korrosiv und können IT-Systeme in kürzester Zeit angreifen und zersetzen, was die Zeit bis zum Ausfall der Systeme erheblich reduziert. Dabei muss das verursachende Feuer nicht einmal in der Nähe des Rechenzentrums wüten. Eine geprüfte Rauchgasdichtigkeit in Anlehnung an die EN 18095 ist hier essentiell. Nach der in Deutschland anerkannten IP-Wertigkeit sollten Rechenzentren mindestens einen IP-56-Schutz vorweisen.

Präventiver Schutz durch Überwachung

Eine wichtige Komponente in einem umfassenden Sicherheitskonzept stellen Überwachungsmanager und in die Systeme eingebettete Software dar. Moderne Komponenten der Klimatisierung sowie Stromabsicherung und -verteilung kommunizieren ihren Zustand über gängige Netzwerkprotokolle wie SNMP. Darüber hinaus kann ein Sensornetzwerk eingebunden werden, das die physikalischen Parameter wie Temperatur, Zugriff oder Feuchte im Rechenzentrum überwacht. Über die drahtlos oder per Kabel angebundenen Sensoren werden die Messwerte erfasst und Alarmmeldungen an den Leitstand gesendet, sobald die Werte einen definierten Normalbereich verlassen. Überwachungsmanager konsolidieren die Statusmeldungen der einzelnen Komponenten unter einer Oberfläche. Über standardisierte Schnittstellen beispielsweise zu BACnet kann die Software auch das Facility Management mit anbinden, so dass alle Sicherheitsinformationen an einer Stelle zusammenlaufen.

Mit dem Überwachungsmanager hat der Verantwortliche ein Werkzeug, um Probleme in der IT-Infrastruktur zu identifizieren und zu beheben, bevor ein Schaden eintritt. Ist zudem eine Videomonitoring-Lösung integriert, können die Alarme die Aufzeichnung in den betroffenen Bereichen aktivieren. Gespeichert wird dann auch die Zeit kurz vor einem Ereignis, so dass dank der Aufzeichnung im Nachhinein Rückschlüsse beispielsweise auf die Ursache eines Brandes gezogen werden können. Übersteigen die gemessenen Werte eine kritische Schwelle, kann die Überwachungssoftware automatisch einen Shut-Down der Systeme inklusive Notfall-Backup einleiten. Dadurch wird sichergestellt, dass die IT-Systeme im Gefahrfall ordnungsgemäß herunterfahren, was Folgeschäden minimiert.

Klimatisierung und Stromversorgung

Moderne Server und Blade-Systeme produzieren eine immense Abwärme. Die empfindliche Elektronik verträgt diese aber nur schlecht. Überhitzt das System, fällt es aus. Ausreichende Klimatisierung ist daher entscheidend, sollen die Server nicht den Hitzetod sterben. Bei niedrigen thermischen Belastungen bis maximal 800 Watt pro Quadratmeter können Raumklimatisierungen beispielsweise per Umluftsystem zum Einsatz kommen. Höhere Leistungsdichten werden mit flüssiggekühlten, rackbasierten Klimageräten abgefangen.

Schutz der Server vor Überhitzung und Stromausfall

Selbst in Deutschland kommen Stromausfälle mit überraschender Häufigkeit vor. Kürzere Ausfallzeiträume lassen sich mit unterbrechungsfreien Stromversorgungen (USV) überbrücken, die auch die häufiger vorkommenden Schwankungen in der Stromversorgung ausgleichen. USVs werden nach EN 50091-3 und EN 62040-3 klassifiziert. Einen absoluten Ausfallschutz gewährleisten die Anlagen der Güteklasse 1 VFI-SS-111. Wie bei der Klimatisierung sind auch bei der USV Redundanzen zur Absicherung der Verfüg-

Abbildung 2: Moderne Server und Blade-Systeme produzieren eine immense Abwärme, die mit rackbasierten Luft/Wasser-Wärmetauschern abgeführt werden kann.

Quelle: Rittal GmbH & Co.KG

barkeit empfehlenswert. Die eingangs erwähnten Tier-Klassen des Uptime Instituts geben den Planern Richtlinien an die Hand. Bewährt haben sich sogenannte modulare USV-Systeme, die sich in n+1 Redundanzen aufbauen lassen. Das ist kostengünstiger in Anschaffung und Betrieb. Moderne Geräte lassen sich sogar im Einsatz austauschen, falls sie ersetzt oder gewartet werden müssen. Gegen längere Ausfallzeiträume sollten Rechenzentren durch autarke Notstromaggregate gesichert sein. Diese „Netzersatzanlagen" (NEAs), meist Dieselaggregate, überbrücken längere Stromausfallzeiten, bevor die Batterien der USVs zur Neige gehen.

Fazit: Planung und Modularität sind wichtig

Zahlreiche physikalische Gefahren für IT-Systeme

Ein 100-prozentiger Schutz lässt sich nicht herstellen. Aber durch sorgfältige Planung und ganzheitliche Betrachtung können viele Risiken im Voraus erkannt und minimiert werden. Da Rechenzentren vor einer ganzen Reihe von Gefahrenquellen geschützt werden müssen, empfiehlt sich häufig das Hinzuziehen externer Fachleute, die das Rechenzentrum auf alle potentiellen Risiken hin durchleuchten und bewerten. Unterschiede in den baulichen Voraussetzungen, den eingesetzten Komponenten und den Verfügbarkeitsanforderungen lassen eine pauschale Empfehlung nicht zu. Umso wichtiger ist es, bei der Planung auf vorhandene Zertifizierungen der eingesetzten Komponenten zu achten. Modular konzipierte Anlagen haben den Vorteil, dass sie sich an die organisatorischen und baulichen Vorraussetzungen des Unternehmens anpassen lassen. Essentiell ist aber immer die gesamtheitliche Betrachtung der IT-Landschaft. Dabei werden gerade die physikalischen Gefahren oft unterschätzt. Nur unter Einbeziehung dieser kann ein vollständiges Risikomanagement betrieben und die Verfügbarkeit der geschäftskritischen Prozesse sichergestellt werden.

---

1   Uptime Institute, Inc., Santa Fe, New Mexico, USA; www.uptimeinstitute.org

Checkliste Gefahrenquellen für die IT

Rechenzentren sind einer Reihe von physikalischen Gefahren ausgesetzt, die es zu minimieren gilt:

- Feuer bedroht die IT-Systeme innerhalb und außerhalb des Rechenzentrums. Früherkennungssysteme, Löschsysteme und feuerbeständige Räume schützen. Wichtig: Bei den Löschmitteln auf Schaum und Pulver verzichten!

- Wasserschäden entstehen häufig nach einer Löschung wegen Feuerbedrohung. Wasserdichtigkeit gemäß EN 60529 hält auch stehendem Wasser längere Zeit stand. Leckagen lassen sich durch Sensoren frühzeitig erkennen.

- Rauchgase sind häufig korrosiv. Eine geprüfte Rauchgasdichtigkeit nach EN 18095 oder ein IP56-Schutz verhindert ein Eindringen in den Sicherheitsraum.

- Wärme ist ein Problem für jeden Server. Ausreichende Klimatisierung über die Raumluft oder direkt am Rack ist unbedingt notwendig und verhindert den Hitzetod.

- Stromausfälle und -schwankungen bedrohen die Verfügbarkeit der Anwendungen. Unterbrechungsfreie Stromversorgungen (USV) und Netzersatzanlagen (NEA) erhalten die Versorgung aufrecht.

Quelle: Rittal GmbH & Co.KG

KAPITEL VII
PROFILE VON
UNTERNEHMEN DER IT
UND TELEKOMMUNIKATION

Wir alle stehen vor großen Herausforderungen. Während einige Unternehmen ums Überleben kämpfen, werden andere sogar gestärkt daraus hervorgehen. Wie können Sie Ihrem Unternehmen einen Wettbewerbsvorteil verschaffen?

Warum High Performer glänzen, auch wenn die Sonne nicht scheint.

Mehr denn je kommt es darauf an, auf Basis Ihrer individuellen Stärken die richtigen Entscheidungen zu treffen. Anschließend müssen diese Entscheidungen konsequent umgesetzt werden, unabhängig davon, ob Sie vorhaben, Ihre Marktposition zu halten oder sie sogar auszubauen. Durch jahrzehntelange Zusammenarbeit mit den erfolgreichsten Unternehmen weltweit - in Zeiten starker und schwacher Konjunktur - haben wir die Erfahrung gesammelt, die Ihnen hilft, am Ende zu den Besten zu zählen. Je schwieriger die Bedingungen für Tiger werden, desto wichtiger ist es, zu wissen, worauf es wirklich ankommt. Sprechen Sie mit uns darüber, wie wir Sie unterstützen können.

accenture.de

• Beratung • Technologie • Outsourcing

accenture
High performance Delivered

High performance. Delivered.

WARUM WIR DER RICHTIGE PARTNER FÜR SIE SIND

Mit dem Einsatz modernster Technologie High Performance erreichen

Accenture ist ein weltweit agierender Managementberatungs-, Techno-logie- und Outsourcing-Dienstleister. Auf der Grundlage von branchen- und unternehmensübergreifendem Wissen, umfassender Projekterfah-rung und zukunftsweisenden Ergebnissen aus Analysen von High-Per-formance-Unternehmen entwickeln wir innovative Lösungen für die IT-Herausforderungen unserer Kunden. Denn gerade in wirtschaftlich tur-bulenten Zeiten kommt es mehr denn je darauf an, sich einen Wettbe-werbsvorteil zu verschaffen und Spitzenleistungen zu erbringen. In langjähriger Zusammenarbeit mit über drei Vierteln der *Fortune*-Glo-bal-500-Unternehmen und vielen anderen Kunden hat Accenture umfassendes Praxiswissen darüber gesammelt, was Organisationen in die Lage versetzt, High Performance zu erreichen.

UNSERE DIENSTLEISTUNGEN

Managementberatung:
Globale Herausforderungen verlangen flexible Strategien

Accenture bringt umfangreiches branchenspezifisches und interdisziplinäres Wissen, tiefgehendes Verständnis von Geschäftsprozessen, Erfahrung aus zahlreichen Projekten und ein permanent verfügbares Netzwerk von globalen Ressourcen in die partnerschaftliche Zusammenarbeit mit seinen Kunden ein. Bei der Entwicklung innovativer Lösungen stützen wir uns außerdem stets auf die Ergebnisse unserer zukunftsweisenden Forschungsinitiativen.

Technologie:
Bestleistung durch innovative Technologien

Die richtigen IT-Strategien und -Lösungen sind nicht nur ein wesentlicher Faktor, um Kosten einzusparen, sondern sie ermöglichen es Ihnen auch, ent-scheidende Wettbewerbsvorteile und Marktanteile zu erlangen. Wir verfügen über umfangreiches Know-how in Technologieberatung und Systemintegra-tion, so dass wir die besten Strategien entwickeln und diese mit den innova-tivsten Technologien umsetzen können und somit unsere Kunden auf dem Weg zum High-Performance-Unternehmen unterstützen.

Outsourcing:
Mehr Flexibilität und Wertsteigerung durch Outsourcing

Auf der Suche nach neuen Wegen, um mit Innovationen im Markt zu überzeu-gen und den Wettbewerb durch signifikante Effizienzsteigerungen hinter sich zu lassen, erkennen inzwischen immer mehr Unternehmen das Potential von Outsourcing. Dabei sollten Entscheidungsträger heute umdenken: Es geht nicht darum, welche Teilbereiche aus einem Unternehmen ausgelagert werden können, sondern um die Frage, welche Elemente die unternehmenseigenen Kompetenzen gewinnbringend ergänzen.

KONTAKTDATEN

Accenture
Campus Kronberg 1
D-61476 Kronberg im Taunus

Telefon: +49 (0) 6173/94-99
Fax: +49 (0) 6173/94-98

E-Mail: Accenture.direct.ela@
                accenture.com
Internet: www.accenture.de

IHRE ANSPRECHPARTNER

Recruiting
Sie wünschen sich einen Arbeit-geber, der Ihnen vielfältige und herausfordernde Aufgaben bietet? Beginnen Sie Ihre Karriere in einem bekannten, internationalen Unternehmen, welches Ihnen ausgezeichnete Chancen für Ihre Karriere eröffnet:

Accenture
Recruiting-Team
Campus Kronberg 1
D-61476 Kronberg im Taunus

Karriere-Infoline:
Telefon: 00 800/450 450 45
E-Mail: recruiting.germany@
                accenture.com
Internet: www.entdecke-
                accenture.com

UNTERNEHMENSDATEN

Geschäftsführung
Dr. Stephan Scholtissek,
Karl Rathgeb, Marcus Huth,
Frank Riemensperger,
Tönnies-Hilmar von Donop
und andere

Vorsitzender der
Geschäftsführung
Dr. Stephan Scholtissek

Mitarbeiter
Weltweit: rund 177.000

Umsatz
23,39 Milliarden US-Dollar
im Fiskaljahr 2008
(zum 31. August 2008)

WARUM WIR DER RICHTIGE PARTNER FÜR SIE SIND

BTC Business Technology Consulting AG

Die BTC Business Technology Consulting AG ist eines der führenden IT-Consulting-Unternehmen in Deutschland. Das in Deutschland, der Schweiz, in der Türkei, in Polen und in Japan an 17 Standorten vertretene Unternehmen mit ca. 1.400 Mitarbeitern und Hauptsitz in Oldenburg ist ein Partner der SAP AG.

Einzigartig ist die Kombination des SAP-Know-hows mit der Spezialisierung auf Geoinformationssysteme und der langjährigen Erfahrung im Bereich der Netzleittechnik mit dem eigenen Softwareprodukt BTC PRINS®.

Die BTC AG verfügt über ein ganzheitliches, auf Branchen ausgerichtetes IT-Beratungsangebot. Das Leistungsspektrum ist sowohl betriebswirtschaftlich als auch organisatorisch und technisch auf die Kundenbedürfnisse in den Branchen Energie, Industrie, Telekommunikation sowie private Dienstleistungen und im öffentlichen Sektor zugeschnitten.

Wachstum und Innovation sind die beiden herausragenden Eigenschaften der BTC Business Technology Consulting AG. Das Unternehmen ist mit 132,7 Mio. Euro Umsatz im Geschäftsjahr 2008 eine der erfolgreichsten IT- und Management-Consulting-Firmen auf dem deutschen Markt.

Seit ihrer Gründung im Jahre 2000 hat die BTC Business Technology Consulting AG ein dichtes Netz an Geschäftsstellen aufgebaut, um IT-Consulting kundennah zu erbringen (Oldenburg, Bad Homburg, Berlin, Bremen, Dortmund, Gütersloh, Hamburg, Hannover, Leipzig, Mainz, München, Münster, Neckarsulm, Zürich, Poznañ, Istanbul, Tokio). Die regionale Expansion geht einher mit einer klaren Branchenfokussierung.

ANGEBOT AUF EINEN BLICK

Expertise:
Mit einem ganzheitlichen, auf Branchen ausgerichteten Konzept bietet BTC alle Leistungen von der Management- und Prozessberatung über die Systemintegration bis hin zum Systemmanagement aus einer Hand. BTC ist zertifiziertes SAP Systemhaus, SAP Channel Partner sowie Hosting- und Service-Partner der SAP AG.

Branchen:
Energie, Fertigungsindustrie, Automotive, Möbel, Handel, Logistik, Konsumgüter, öffentlicher Sektor, private Dienstleistung, Telekommunikation

Referenzen:
e.on edis AG, EWE AG, Bruns Pflanzen-Export GmbH & Co. KG, Brüggen GmbH, Coppenrath Feinbäckerei GmbH, Wellmann GmbH & Co., EWE TEL GmbH

cirquent | NTT DATA Group
credible consulting

KONTAKTDATEN

Cirquent
Zamdorfer Straße 120
D-81677 München

Telefon: +49 (0) 89/99 36-0
Telefax: +49 (0) 89/99 36-18 54

E-Mail: info@cirquent.de
Internet: www.cirquent.de

Blog: www.cirquent-blog.de
Twitter: twitter.com/Cirquent
Second Life: Cirquent Island
129,38,23 (PG)

WARUM WIR DER RICHTIGE PARTNER FÜR SIE SIND

Cirquent gehört zu den Top 10 der führenden IT-Beratungs- und Systemintegrationsunternehmen Deutschlands (Lünendonk-Liste 2009). Mit mehr als 35 Jahren Erfahrung bietet Cirquent Consulting entlang der gesamten Wertschöpfungskette für Automotive, Fertigungsindustrie, Finanzdienstleister, Telekommunikation, Versicherungen und Versorger. Neben der branchenorientierten Strategie- und Prozessberatung gehören Konzeption, Integration und Implementierung von Technologien, die Geschäftsprozesse unterstützen, sowie Betrieb und Wartung von IT-Systemen zum Portfolio. Ausgeprägte branchenspezifische Prozess-, Methoden- und Technologiekompetenz in Customer Management, Finance Transformation und Application Management bilden die Stärken des Unternehmens.

Credible Consulting

Die Berater von Cirquent sind vertrauenswürdige Partner, die mit den Geschäftsprozessen der Kunden vertraut sind und über fundiertes Branchenwissen verfügen. Im Fokus steht dabei der direkte Mehrwert für den Kunden. Ob Unternehmensberater, SAP-Experten oder Softwareentwickler – als ambitionierte Partner reagieren die Experten von Cirquent schnell und flexibel auf wechselnde Anforderungen, analysieren Situationen individuell und liefern durchdachte Lösungen. Die Beratungsleistungen erreichen eine messbare Verbesserung der Wertschöpfung des Kunden. Für Cirquent heißt das „Credible Consulting".

IHRE ANSPRECHPARTNER

Recruiting
Ansgar Kinkel
Leiter Personalmarketing
& Recruiting

Telefon: +49 (0) 69/9 72 61-9 07
E-Mail: ansgar.kinkel@
cirquent.de

UNTERNEHMENSDATEN

Vorstand/Geschäftsführung
Thomas Balgheim,
Vorsitzender der
Geschäftsführung;
Bernd Stroppel,
Geschäftsführer;
Peter Broicher,
Vorsitzender des
Aufsichtsrates

Gründungsjahr
1971 (als Softlab)

Mitarbeiter
Deutschland: 1.550
Weltweit: 1.750

Umsatz
260,1 Millionen Euro

Standorte
Deutschland: München
(Hauptsitz), Frankfurt,
Ettlingen, Hamburg, Köln;
Österreich: Wien;
Schweiz: Zürich, Bern;
Großbritannien: Birmingham,
London

ANGEBOT AUF EINEN BLICK

Expertise:
Die Kompetenzen sind ausgerichtet entlang der Prozesse Customer Management, IT-Management, Finance Transformation und Application Management. Das Leistungsspektrum umfasst die gesamte Bandbreite von Geschäftsprozessberatung über Konzeption, Integration und Implementierung bis zum IT-Systembetrieb.

Branchen:
Maßgefertigte Informationstechnik für Automotive, Fertigungsindustrie, Finanzdienstleister, Telekommunikation, Versicherungen und Versorger – unser Branchen-Know-how sichert Ihnen den entscheidenden Wettbewerbsvorsprung.

Referenzen:
Allianz Deutschland, BMW Group, Commerzbank, Heidelberger Druckmaschinen, Kabel Deutschland, Münchener Rückversicherung, O$_2$, T-Mobile Deutschland u.a.

KONTAKTDATEN

Computacenter AG & Co. oHG
Europaring 34–40
D-50170 Kerpen

Telefon: +49 (0) 2273/5 97-0

E-Mail: communications.
germany@
computacenter.com
Internet: www.computacenter.de

IHRE ANSPRECHPARTNER

Recruiting
Human Resources/Recruiting
Telefon: +49 (0) 18 05/50 08 60

UNTERNEHMENSDATEN

Vorstand: Oliver Tuszik (Vorsitzender), Dr. Karsten Freihube,
Hans-Georg Freitag,
Frank Kottmann, Reiner Louis
Geschäftsführer:
Dr. Karsten Freihube,
Hans-Georg Freitag,
Ulrich Irnich, Frank Kottmann,
Reiner Louis, Jürgen Stauber,
Oliver Tuszik
Aufsichtsrat: Michael Norris
(Vorsitzender)

Mitarbeiter
Deutschland: 4.000
Weltweit: 10.200

Umsatz
Deutschland:
1,082 Millionen Euro
Weltweit: 3,22 Milliarden Euro

Standorte
Aachen, Berlin, Bielefeld,
Erfurt, Essen, Frankfurt am
Main, Hamburg, Hannover,
Heilbronn, Kassel, Kerpen, Kiel,
Köln, Leipzig, Ludwigshafen,
München, Nürnberg, Ratingen,
Rostock, Saarbrücken, Stuttgart,
Wolfsburg

Verbände
BITKOM
Bundesinitiative „Unternehmen: Partner der Jugend"
(UPJ) e.V.

Computacenter
Services & Solutions

WARUM WIR DER RICHTIGE PARTNER FÜR SIE SIND

Computacenter ist Europas führender herstellerübergreifender Dienstleister für Informationstechnologie. Kundennähe bedeutet für uns, Geschäftsanforderungen zu verstehen und präzise darauf einzugehen. Auf dieser Basis entwickeln, implementieren und betreiben wir für unsere Kunden maßgeschneiderte IT-Lösungen. Wir bewerten den Nutzen neuer Technologien und integrieren diese schnell und professionell in vorhandene IT-Umgebungen. Unsere Finanzstärke und Marktpräsenz bieten Kunden und Partnern langfristige Stabilität und Sicherheit.

Wir erreichen unsere Kunden über ein flächendeckendes Netz von Standorten in Deutschland, England, Frankreich und Benelux sowie über unsere internationalen Partner in Europa, Asien und Nordamerika. Im Jahr 2008 erwirtschaftete Computacenter mit 10.200 Mitarbeitern einen Umsatz von rund 3,22 Milliarden Euro.

In Deutschland beschäftigt Computacenter rund 4.000 Mitarbeiter und erzielte 2008 einen Umsatz von 1,082 Milliarden Euro. Über ein Netz von Vertriebs- und Servicestandorten sowie Depots, auch beim Kunden vor Ort, ist eine optimale Flächendeckung sichergestellt. Eine bundesweite Consultingorganisation sowie die Entscheidungskompetenz der Mitarbeiter an der Kundenschnittstelle tragen zum Geschäftserfolg bei. Herzstück des Unternehmens sind die zentralen Supply Chain Services mit dem Logistics Center für Handelswaren und Ersatzteile, das verkehrsgünstig in Kerpen bei Köln liegt.

ANGEBOT AUF EINEN BLICK

Expertise:
Wir beraten Kunden hinsichtlich ihrer IT-Strategie, implementieren die passenden technischen Lösungen und bieten Services für alle Bereiche der IT. Wir setzen unser Know-how, Best Practices und branchenführende Tools ein, um die eigenen sowie die Prozesse unserer Kunden zu optimieren. Unser Leistungsangebot erstreckt sich über die Bereiche Technologieversorgung, Infrastrukturintegration und Managed Services.

Branchen:
Die Computacenter-Kunden kommen aus allen Industriezweigen. Schwerpunktbranchen sind öffentliche Auftraggeber und Finanzdienstleister.

Referenzen:
u.a. BMW Group, Bundesministerien, Deutsche Börse AG, NRW.BANK, Schott AG, Sparkasse Hannover.

DETECON
Consulting

KONTAKTDATEN

Detecon International GmbH
Oberkasseler Str. 2
D-53227 Bonn

Telefon: +49 (0) 228/7 00-0
Telefax: +49 (0) 228/7 00-10 17

E-Mail: info@detecon.com
Internet: www.detecon.com

WARUM WIR DER RICHTIGE PARTNER FÜR SIE SIND

Detecon International GmbH

Detecon International ist eines der weltweit führenden Unternehmen für integrierte Management- und Technologieberatung und entstand 2002 aus der Fusion der beiden Beratungshäuser DETECON und Diebold. Auf der Basis umfangreicher Kompetenzen im Bereich der Informations- und Kommunikationstechnologie (engl.: ICT) berät Detecon Kunden aus allen Schlüsselbranchen. Im Fokus stehen dabei der Aufbau neuer Geschäftsmodelle, die Optimierung bestehender Strategien und die Steigerung der Unternehmenseffizienz durch Strategie-, Organisations- und Prozessverbesserungen. In Verbindung mit der herausragenden Technologie-Expertise von Detecon ermöglicht uns dies eine Beratung entlang der gesamten Wertschöpfungskette unserer Kunden. Die Grundlage unserer Dienstleistungen bilden das Branchen-Know-how unserer Consultants und unsere Erfahrung aus erfolgreichen Management- und ICT-Projekten in über 100 Ländern.

Integrierte Management- und Technologiekompetenz

Herausragend ist unsere Fähigkeit, technologische Expertise sowie umfassende Branchen- und Prozesskenntnisse in konkrete Strategien und Lösungen umzusetzen. Von der Analyse über die Konzeption bis zur Umsetzung wenden wir integrierte, systematische und kundenzentrierte Beratungsansätze an. Diese umfassen etwa die Modularisierung von Services, ein wertorientiertes Kundenmanagement sowie den Aufbau effizienter Strukturen, um sich mit innovativen Produkten im Markt absetzen zu können. All dies macht Unternehmen im globalen Zeitalter flexibler und schneller – bei gleichzeitig geringeren Kosten.

IHRE ANSPRECHPARTNERIN

Recruiting
Frau Hong-Hao Do
Telefon: +49 (0) 228/7 00-34 36
E-Mail: Hong-Hao.Do@
           detecon.com

UNTERNEHMENSDATEN

Geschäftsführung
Dr. Klaus Hofmann (Vorsitz)
Andreas Baumann

Gründungsjahr
1954: Diebold
1977: DETECON
Neufirmierung: 2002 Detecon
International GmbH

Mitarbeiter
ca. 755 Berater weltweit

Umsatz
185 Millionen Euro (2008)

Standorte
Nationale Standorte:
Bonn, Dresden, Eschborn,
München

Internationale Standorte:
Abu Dhabi (Vereinigte
Arabische Emirate), Ankara
(Türkei), Bangkok (Thailand),
Johannesburg (Südafrika),
Moskau (Russland), Peking
(China), Reston (USA), Riad
(Saudi-Arabien), San Francisco
(USA), Singapur, Zürich
(Schweiz)

ANGEBOT AUF EINEN BLICK

Expertise:
Management- und Technologieberatung (Strategy & Marketing, Information Technology, Operations & Performance, Communication Technology).

Branchen:
Telekommunikation & Digitale Medien, Hightech Industries, Financial Services, Travel & Transport, Automotive & Manufacturing, Utilities, Public Sector.

Referenzen:
Auf Anfrage

where information lives®

WARUM WIR DER RICHTIGE PARTNER FÜR SIE SIND

Die weltweite Datenmenge wächst unaufhaltsam. Neben der Zunahme des digitalen Datenwildwuchses bei Privatpersonen durch die zunehmende Verbreitung von digitalen Fotos, Webkameraaufzeichnungen, E-Mails, Chatroom-, Forum- oder Blog-Beiträgen sorgt vor allem der „digitale Schatten" für ein rasantes Wachstum, also die passive „Datenspur", die jeder Mensch beispielsweise durch Kreditkartenzahlungen, Google-Nutzung oder Internetbanking nach sich zieht. Aber auch in Unternehmen und Behörden explodieren die Datenmengen durch projektbezogene Wikis, Firmen- oder Themen-Blogs, Unified Communications und multimediale Web-Plattformen. Digitale Informationen gehören zum wertvollsten Kapital von Personen und Unternehmen. Effizientes Informationsmanagement ist daher die zentrale Herausforderung der IT in der Zukunft.

Dieses Kapital optimal zu nutzen, zu schützen, zu verwalten, zu speichern und zu archivieren steht im Zentrum der Strategie der EMC Corporation (NYSE: EMC) mit Hauptsitz in Hopkinton, Massachusetts (USA). Das Unternehmen ist der weltweit führende Entwickler und Anbieter von Technologien und Lösungen für Informationsinfrastrukturen. Sämtliche Lösungen von EMC sind auf das effiziente Management von Informationen ausgerichtet, damit Unternehmen und Privatpersonen zu jedem Zeitpunkt den maximalen Nutzen zu den geringstmöglichen Kosten aus ihren Daten ziehen.

Joseph M. Tucci leitet als Chairman, President und Chief Executive Officer das Unternehmen, das sich vom Speicherhersteller zu einem Lösungsanbieter rund um die Informationsinfrastruktur entwickelt hat.

ANGEBOT AUF EINEN BLICK

Expertise:
EMC hat seine Expertise in den Bereichen Informationsnutzung, -verwaltung und -schutz durch Investitionen in Forschung und Entwicklung wie auch durch strategische Akquisitionen von Unternehmen wie Documentum, VMware, RSA Security, Iomega sowie Mozy und Data Domain ausgedehnt.

Branchen:
EMC betreut Kunden aller Branchen. Ein besonderer Fokus liegt auf Banken, Versicherungen, Gesundheitswesen, öffentlicher Dienst und Telekommunikation.

Referenzen:
Um sich unsere zahlreichen Referenzen anzusehen, besuchen Sie das Branchenportal unserer Website unter http://germany.emc.com/solutions/index.htm

**ESG Elektroniksystem-
und Logistik-GmbH**

Livry-Gargan-Straße 6
D-82256 Fürstenfeldbruck

Telefon: +49 (0) 89/92 16-0
Fax: +49 (0) 89/92 16-22 36

E-Mail: marketing@esg.de
Internet: www.esg.de

WARUM WIR DER RICHTIGE PARTNER FÜR SIE SIND

Fujitsu – eine Erfolgsgeschichte

Als Hersteller für Telefonzubehör wurde die Fujitsu Limited 1935 in Tokio unter dem Namen Fuji Tsushinki Manufacturing Corporation gegründet. Sie entstand aus dem Kommunikationsbereich der Fuji Electric Company und war ein Joint Venture mit dem deutschen Unternehmen Siemens. 1999 gründeten Fujitsu und Siemens das Joint Venture „Fujitsu Siemens Computers". Seit 1. April 2009 ist die Fujitsu Siemens Computers GmbH zu 100 Prozent unter dem Namen „Fujitsu Technology Solutions" in die Fujitsu Limited integriert und ist heute einer der führenden europäischen IT-Infrastrukturanbieter. Mit mehr als 175.000 Beschäftigten unterstützt Fujitsu weltweit Kunden in 70 Ländern, darunter beinahe die Hälfte der Fortune-Global-500-Unternehmen.

Fujitsu übernimmt Verantwortung für die Umwelt

Fujitsu ist dem Schutz und dem Erhalt unserer Umwelt verpflichtet. Dies spiegelt sich in sämtlichen Unternehmensprozessen wider – vom Produktdesign über die Produktionsverfahren bis hin zur umweltfreundlichen Entsorgung von Altgeräten. Das Unternehmen war weltweit das erste, das 1993 einen mit dem Umweltzertifikat „Blauer Engel" ausgezeichneten PC auf den Markt brachte. Bereits 1988 führte Fujitsu als einer der ersten Hersteller ein umfassendes Produkt-Recycling-Programm ein. Der Konzern investierte 2008 insgesamt 2,6 Milliarden US-Dollar in Forschung und Entwicklung. Eine Vielzahl innovativer Technologien und Verfahren trägt dazu bei, dass Fujitsu branchenweit immer wieder neue Standards in Sachen Umweltschutz und Nachhaltigkeit setzen kann.

ANGEBOT AUF EINEN BLICK

Produkte, Lösungen, Services:
Fujitsu bietet eine Vielzahl an umweltfreundlichen Produkten von Thin Clients bis hin zu Servern und erweitert dieses Angebot kontinuierlich um innovative Lösungen wie zum Beispiel den 0-Watt-Monitor oder den 0-Watt-PC. Das Dynamic-Infrastructures-Konzept bietet ein breites Portfolio an branchenführenden Infrastrukturprodukten und -services, erfolgreich eingeführte Infrastrukturlösungen, Managed-Infrastructure-Angebote für Datacenter oder Office-Umgebungen sowie „... as-a-Service"-Angebote für ganze IT-Infrastrukturen oder individuelle Arbeitsplatzumgebungen.

Referenzen:
Aktuelle Referenzen finden Sie unter: http://de.ts.fujitsu.com/casestudies

Systemlösungen für die Region Hellweg-Lippe

WARUM WIR DER RICHTIGE PARTNER FÜR SIE SIND

HeLi NET iTK ist das Systemhaus des regionalen TK-Carriers HeLi NET Telekommunikation GmbH & Co mit Sitz in Hamm. In einzigartiger Weise bündelt HeLi NET iTK umfangreiches IT-Know-how mit den Kompetenzen eines Telekommunikationsanbieters, der seit 1999 fester Partner für über 7.500 Unternehmen und öffentliche Einrichtungen in der Region Hellweg-Lippe ist. Unser Kundenspektrum reicht von mittelständischen Unternehmen aus Industrie, Handel, Dienstleistung und Gesundheitswesen bis hin zu Kommunen und kommunalen Betrieben.

Wir führen unsere Kunden mit System zum Erfolg – auch auf alternativen Wegen: Neben konventionellen Lösungen wie dem Netzwerkaufbau auf Cisco-Basis oder Servervirtualisierungen über VMware entwickeln unsere Consultants auch IT- und TK-Konzepte auf Grundlage von Open-Source-Produkten wie beispielsweise Linux, ZABBIX (System- und Netzwerkmonitoring) oder Zimbra (Groupware-Verwaltung als Alternative zu Microsoft-Exchange).

Mit unserem eigenen Hochleistungsrechenzentrum und einem unabhängigen Glasfaser-Backbone verfügen wir über eine in der Region einzigartige technische Infrastruktur, die wir in den Dienst unserer Kunden stellen.

Wir entwickeln individuelle Lösungen für individuelle Ansprüche: Oberste Maxime unseres Dienstleistungsansatzes ist die Maximierung von Wirtschaftlichkeit und Effizienz, die Optimierung von Prozessen und Arbeitsabläufen sowie die Sicherung der Zukunftsfähigkeit der ITK-Technologie unserer Kunden.

ANGEBOT AUF EINEN BLICK

Expertise:
Rechenzentrumslösungen, Netzwerktechnik, IT-Security-Analysen, Firewalls, Extranetlösungen, Virtualisierung, Linux-Systemlösungen, System- und Netzwerkmonitoring, Storagelösungen, Softwaremanagement, Intranet, Einsatz von Open-Source-Produkten, VoIP, Unified Communications, E-Mail

Branchen:
Mittelständische Unternehmen aus Industrie, Handel und Dienstleistung, Kommunen, kommunale Unternehmen, Verbände, medizinische Einrichtungen (Schwerpunkt NRW)

Referenzen:
Zahlreiche Beispiele erfolgreich abgeschlossener Projekte sind auf www.helinet-itk.de unter dem Menüpunkt „Success Stories" zusammengestellt.

KONTAKTDATEN

HeLi NET iTK
Das Systemhaus der
HeLi NET Telekommunikation
GmbH & Co
Hafenstraße 80–82
D-59067 Hamm

Telefon: +49 (0) 2381/8 74-0
Telefax: +49 (0) 180/4 42 62 66

E-Mail: info@helinet-itk.de
Internet: www.helinet-itk.de

IHRE ANSPRECHPARTNER

Kundenbetreuung
Dipl.-Ing. Peter König
Leiter HeLi NET iTK
Telefon: +49 (0) 23 81/8 74-60 10
Fax: +49 (0) 23 81/8 74-60 60
E-Mail:
peter.koenig@helinet-itk.de

Recruiting
Sabine Weinert
Leitung Vertrieb & CRM
Telefon: +49 (0) 23 81/8 74-2001
Fax: +49 (0) 23 81/8 74-2008
E-Mail:
sabine.weinert@helinet-itk.de

UNTERNEHMENSDATEN

Geschäftsführung
Dipl.-Ing. Dipl.-Wirtsch-Ing.
Thomas Wald,
Dipl.-Ing. Jörg Radtke

Gründungsjahr
2006

Mitarbeiter
110

Standort
Hamm

Verbände
Bundesverband Glasfaser e.V. (BuGlas), Bundesverband Breitbandkommunikation e.V. (Breko)

KONTAKTDATEN

IBM Deutschland GmbH
Pascalstr. 100
D-70569 Stuttgart

Telefon: +49 (0) 711/7 85-0
Telefax: +49 (0) 711/7 85-3511

Internet: www.ibm.de

IHR KONTAKT ZU UNS
www.ibm.com/contact/de/
E-Mail: halloibm@de.ibm.com

UNTERNEHMENSDATEN

Vorstand/Geschäftsführung
Martin Jetter,
Matthias K. Hartmann,
Christoph Grandpierre,
Reinhard Reschke,
Michael Diemer,
Martina Koederitz

Gründungsjahr
1910 (DEHOMAG)

Mitarbeiter
Deutschland: ca. 21.500
Weltweit: 386.600 in über
170 Ländern

Umsatz
Weltweit: 98,8 Milliarden
US-Dollar 2007

Standorte
IBM ist für Sie an rund
40 Standorten in Deutschland
vertreten.

WARUM WIR DER RICHTIGE PARTNER FÜR SIE SIND

IBM ist das weltweit führende Innovationsunternehmen. Global integriert löst IBM Herausforderungen von Unternehmen und Institutionen aller Branchen und Größen.

IBM Global Business Services (GBS) vereint Strategie-, Prozess- und Technologie-Know-how. Die Beratungsfelder Strategy & Change, Supply Chain Management, Customer Relationship Management, Financial Management, Human Capital Management, Business Analytics & Optimization sowie IT-Services und Business Transformation decken die gesamte Wertschöpfungskette ab. Die frühzeitige Formulierung von Lösungsansätzen für künftige Problemfelder in Unternehmen bietet einen wichtigen Mehrwert. Daher investiert GBS stetig in den Ausbau seiner Branchen-Expertise und in Forschung mit weltweit führenden Organisationen.

IBM Global Technology Services (GTS) ist der weltweit größte IT-Dienstleister. Bedarfsgerechte Komplettlösungen zur System- und Prozessoptimierung machen die IT besser verwaltbar, kostengünstiger und ermöglichen es, Geschäftsprozesse schneller einzuführen und anzupassen – ein maximaler, messbarer Wertbeitrag für Unternehmen. Mit Strategic Outsourcing, Sourcing & Hosting Services, Integrated Technology Services und Maintenance & Technical Support Services wird ein breites Spektrum an IT-Dienstleistungen zur gezielten Optimierung der IT-Effizienz angeboten.

IBM Global Financing (IGF) ist der weltweit größte IT-Finanzierungspartner. Das Angebot umfasst neben individuellen Finanzierungs- und Leasinglösungen für Hardware, Software und Services von IBM und anderen Anbietern sämtliche Aspekte der IT und macht sie günstiger, besser verwaltbar und flexibler.

ANGEBOT AUF EINEN BLICK

Expertise:
IBM ist die weltweit größte Management- und IT-Beratung. Mit Experten in über 160 Ländern bietet IBM Beratungs-, Umsetzungs- und Finanzierungskompetenz aus einer Hand. Gemeinsam mit unseren Kunden entwickeln wir tragfähige Geschäftsmodelle und realisieren wirtschaftliche Lösungen.

Branchen:
Financial Services, Insurance, Process & Industrial Products, Public, Communication, Travel & Transport, Retail & Consumer Products, Automotive & Aerospace & Hightech

Referenzen:
Wir betreuen Kunden aller Unternehmensgrößen: vom Mittelständler bis zum Großkonzern: http://www.ibm.com/de/solutions/references/.

MATERNA
Information & Communications

WARUM WIR DER RICHTIGE PARTNER FÜR SIE SIND

Die Informationstechnologie wandelt sich zunehmend vom Kostenfaktor zum Wertschöpfer. Dieser Chance begegnet MATERNA mit übergreifendem Fachwissen und einer ausgeprägten Innovationsorientierung. Unsere Fähigkeit, auch komplexe Herausforderungen im Sinne unserer Kunden zu lösen, macht MATERNA seit fast 30 Jahren zum Ansprechpartner für zahlreiche Informations- und Kommunikationsthemen. Eine kundenorientierte Zusammenarbeit und ein partnerschaftlicher Umgang bilden die Basis für unser Wachstum. Ein hohes Maß an technologischer Kompetenz gehört genauso zu unseren Erfolgsfaktoren wie unsere ausgeprägte Innovationsorientierung. Wir bieten Ihnen IT-Services auf höchstem Niveau – zuverlässig, sicher, professionell. Die konsequente Orientierung am IT-Value steht im Mittelpunkt.

MATERNA zählt zu den führenden unabhängigen IT-Dienstleistern in Europa. Sie finden uns kundennah in allen Regionen in Deutschland sowie in zahlreichen nord- und osteuropäischen Ländern. Mehr als 1.300 Mitarbeiter sind für die Unternehmensgruppe tätig.

Der Erfolg von MATERNA gründet auf langjährigen und dauerhaften Kundenbeziehungen. Zu unseren Kunden zählen zahlreiche Groß- und mittelständische Unternehmen sowie öffentliche Verwaltungen.

Unsere Lösungen optimieren IT-gestützte Geschäftsprozesse in den Segmenten IT-Management, Geschäftsanwendungen für Unternehmen und Fachanwendungen für die öffentliche Verwaltung. Das Dienstleistungspaket besteht aus den Modulen Prozess- und Technologieberatung, Konzeption, Implementierung, Integration, Wartung und Trainings.

ANGEBOT AUF EINEN BLICK

Expertise:
MATERNA bietet eine herstellerunabhängige Beratung, individuelle Konzepte und kompetente Realisierung von IT-Lösungen aus einer Hand. Wir betreuen Sie von der Prozessberatung bis zur erfolgreich umgesetzten IT-Strategie für Ihre Organisation. Unsere Experten verfügen über eine weitreichende IT-Prozesskenntnis und jahrelange Erfahrung bei der Realisierung komplexer IT-Projekte. Hierbei wenden wir standardisierte und praxiserprobte Vorgehensweisen an. Kunden erhalten ein Full-Service-Paket, das sich an individuellen Anforderungen orientiert. Die konsequente Orientierung am Wertbeitrag der IT steht dabei im Mittelpunkt.

Referenzen:
Gerne übersenden wir Ihnen unser Referenz-Booklet.

KONTAKTDATEN

MATERNA GmbH
Information & Communications
Voßkuhle 37
D-44141 Dortmund

Telefon: +49 (0) 231/55 99-1 60
Telefax: +49 (0) 231/55 99-1 65

E-Mail: marketing@
materna.de
Internet: www.materna.de

IHRE ANSPRECHPARTNER

Kundenbetreuung
Alexandra Knupe
Leitung
Marketing-Kommunikation
Telefon: +49 (0) 231/55 99-1 60
E-Mail: marketing@
materna.de

Recruiting
Torsten Heese
Personalreferent
Telefon: +49 (0) 231/55 99
-86 03
E-Mail: torsten.heese@
materna.de

UNTERNEHMENSDATEN

Vorstand/Geschäftsführung
Dr. Winfried Materna, Helmut an de Meulen, Ralph Hartwig

Gründungsjahr
1980

Mitarbeiter
Deutschland: 1.150
Weltweit: 1.300

Umsatz
Deutschland:
130,6 Millionen Euro
Weltweit: 160 Millionen Euro

Standorte
Bad Vilbel, Berlin, Bremen, Dortmund, Dresden, Erlangen, Göppingen, Hamburg, Köln, München;
weitere Standorte im Ausland

Verbände
BITKOM, IT Service-Management Forum Germany e.V.

Microsoft Deutschland GmbH
Konrad-Zuse-Straße 1
D-85716 Unterschleißheim

Telefon: +49 (0) 89/31 76-0
Fax: +49 (0) 89/31 76-10 00

Internet: www.microsoft.com

IHR ANSPRECHPARTNER

Kundenbetreuung
Tom Köhler,
Director Information Security
Strategy & Communications
E-Mail: tkohler@microsoft.com

UNTERNEHMENSDATEN

Geschäftsführung
Achim Berg,
Vorsitzender der Geschäftsführung Microsoft Deutschland
und Area Vice President
International

Gründungsjahr
1983

Mitarbeiter in Deutschland
2.200

Standorte in Deutschland
München, Hamburg,
Berlin, Köln, Aachen,
Bad Homburg, Walldorf,
Böblingen

Verbände
BITKOM, Teletrust, ISACA,
ISC², DsiN, cioforum, BSA

Microsoft®

WARUM WIR DER RICHTIGE PARTNER FÜR SIE SIND

Microsoft: Sicherheit im Fokus

Die Microsoft Deutschland GmbH ist die 1983 gegründete Tochtergesellschaft der Microsoft Corporation/Redmond, USA, des weltweit führenden Herstellers von Standardsoftware, Services und Lösungen. Neben der Firmenzentrale in Unterschleißheim bei München ist die Microsoft Deutschland GmbH bundesweit mit sechs Regionalbüros vertreten. Im Mai 2003 wurde in Aachen das European Microsoft Innovation Center (EMIC) eröffnet. Es hat Forschungsschwerpunkte in IT-Sicherheit, Datenschutz, Mobilität, mobile Anwendungen und Web Services.

Sicherheit ist ein zentrales Thema für Microsoft. Dazu bietet das Unternehmen nicht nur Software und Lösungen an, sondern stellt auch zahlreiche Best Practices, Hintergrundinformationen und Support zur Verfügung. Dies geschieht über eigene Angebote wie MSDN und TechNet sowie in Kooperation mit anderen Unternehmen. Umfassende White Paper informieren sowohl über die Microsoft-Produkte als auch über die IT-gestützte Optimierung von Arbeits- und Geschäftsprozessen. Dazu gehört die Broschüre „Nutzenpotentiale regulatorischer Anforderungen zur Geschäftsoptimierung" zur Automatisierung der Compliance-Prozesse.

Das Unternehmen verpflichtet sich mit der im Jahr 2002 ins Leben gerufenen Trustworthy Computing (TWC) Initiative dem optimalen Schutz von IT-Systemen und entwickelt fortlaufend Technologie, um bestehende und zukünftige Bedrohungen der Internetsicherheit abzuwehren. Microsoft arbeitet dabei mit einem internationalen Partnernetzwerk zusammen, zum Beispiel als Mitbegründer in der Initiative „Deutschland sicher im Netz". Zusätzlich bietet der Hersteller stets aktuelle und verständliche Sicherheitsleitfäden, Schulungen und Softwarewerkzeuge, mit deren Hilfe Verbraucher und Unternehmen ihre IT-Umgebungen sicher betreiben können.

ANGEBOT AUF EINEN BLICK

Expertise:
Microsoft ist der weltweit führende Hersteller von Standardsoftware, Services und Lösungen.

Branchen:
Im Verbund mit rund 33.000 Partnerunternehmen betreut die Microsoft Deutschland GmbH Firmen aller Branchen und Größen.

Referenzen:
Kundenreferenzen finden Sie unter: www.microsoft.de/kundenreferenzen

Ihre Premium-Alternative

WARUM WIR DER RICHTIGE PARTNER FÜR SIE SIND

Mit QSC effektiv und sicher vernetzt

Die QSC AG ist einer der größten bundesweiten Telekommunikations-anbieter und verfügt über eines der modernsten Breitbandnetze in Deutschland, das schon heute ein Next Generation Network (NGN) und damit eine Hochleistungsplattform für Sprach- und Datendienste auf IP-Basis ist. QSC bietet vorrangig mittelständischen Unternehmen sämtliche Dienstleistungen hochwertiger Breitbandkommunikation, individuell kombinierbar und sinnvoll gestaffelt: DSL-Zugänge, den schnellen, zuverlässigen Austausch umfangreicher und sensibler Daten über VPN, innovative Sprachkommunikationsdienste über Voice over IP und Security-Lösungen. Und das alles aus einer Hand. Deshalb steht QSC für Einfachheit und Effizienz.

Die QSC AG berät den Kunden bei der bestmöglichen wirtschaftlichen, technologischen und organisatorischen Umsetzung seiner Ziele. Sie übernimmt im gewünschten Umfang das Management und die perma-nente Sicherheitsüberwachung des Netzes und der Kommunikations-infrastruktur am Arbeitsplatz. Mit individuell skalierbaren Lösungen, bedarfsgerechten Produkten und Spitzentechnologie unterstützt QSC den Kunden dabei, seine Prozesse zu optimieren und die Effizienz zu steigern. Der hohe Standard an Qualität, Service, Sicherheit und Inno-vation bildet hierbei die Grundlage des Erfolgs.

Auf QSC verlassen sich Banken, Versicherungen, Handels- und Logis-tikunternehmen. Sie vertrauen dem Firmennetz sensibelste Daten und Teile ihres Geschäfts an: Ob Warenwirtschafts-, Finanz- oder Personal-daten – das QSC-Netz transportiert sie sicher und schnell.

ANGEBOT AUF EINEN BLICK

Expertise:
Sämtliche Dienstleistungen hochwertiger Breitbandkommunikation: komplette Standortvernetzungen, intelligente Managed Services, innovative Telefoniedienste auf Basis von Voice over IP, kombinierte Sprach- und Datendienste auf Basis schneller DSL-Zugänge. Darüber hinaus bietet QSC Vorprodukte für Carrier und Internetserviceprovider.

Branchen:
Als einer der größten Telekommunikationsanbieter und Internetdienst-leister bundesweit bietet die QSC AG vorrangig mittelständischen Unter-nehmen und Branchen ihre Dienste an.

Referenzen:
Autovision, Blennemann, Euromed, Fries Printmedien, Galizia, Hectas, LCS, Peakom, n-tv, Synovate, Tchibo, Theo Wormland, Thyssen Krupp.

KONTAKTDATEN

QSC AG
Mathias-Brüggen-Straße 55
D-50829 Köln

Telefon: +49 (0) 221/66 98-0 00
Telefax: +49 (0) 221/66 98-0 09

E-Mail: info@qsc.de
Internet: www.qsc.de

IHRE ANSPRECHPARTNER

Kundenbetreuung
Telefon: +49 (0) 800/77 22-3 75
E-Mail: info@qsc.de

Recruiting
Markus Fülbier
Leiter Personalbetreuung
Telefon: +49 (0) 221/66 98-8 25
E-Mail: start@qsc.de

UNTERNEHMENSDATEN

Vorstand/Geschäftsführung
Dr. Bernd Schlobohm (CEO),
Jürgen Hermann (CFO),
Joachim Trickl (COO)

Gründungsjahr
1997

Mitarbeiter
700

Umsatz
413,3 Millionen Euro
(Stand 2008)

Standorte
Köln (QSC-Zentrale), Berlin, Bremen, Frankfurt am Main, Hamburg, Hannover, München, Stuttgart

365-tage-rennen.

Rittal IT-Solutions.

IT-Performance

das perfekte rechenzentrum, das keine pausen kennt.

RIMATRIX5
DRIVING IT-PERFORMANCE

Für erfolgreiche Unternehmen gilt mehr denn je: Effiziente Geschäftsprozesse sind ohne verlässliche IT undenkbar.

Weil globales und internetbasiertes Business keine Pause mehr kennt, muss die Verfügbarkeit des Rechenzentrums an allen 365 Tagen (und Nächten) gewährleistet sein. Und das zu überschaubaren Kosten. Rittal bietet Ihnen dazu die sichere Basis:

Monitoring · Security · Rack · Remote Management · Power · Cooling · IT-Performance

RimatriX5, die ganzheitliche, skalierbare und effiziente Infrastrukturlösung für hochverfügbare Rechenzentren. Damit Ihre Rechner die volle Performance bringen und Ihr Unternehmen Sieger im 365-Tage-Rennen wird! RimatriX5 – skalierbar, flexibel, on demand. Dazu weltweiter Service, von der Risikoanalyse über Installationsservice und Inbetriebnahme bis hin zur Instandhaltung. Das Ergebnis für Sie: IT-Performance rauf, Kosten runter. Gerne informieren wir Sie.

Rittal GmbH & Co. KG – Auf dem Stützelberg – D-35745 Herborn
fon 02772.505-1800 – mail info@rittal.de – www.rimatrix5.de

FRIEDHELM **LOH** GROUP

·RITTAL

RITTAL

WARUM WIR DER RICHTIGE PARTNER FÜR SIE SIND

Wer die Energieeffizienz seines Rechenzentrums verbessern will, wirft am besten einen ehrlichen Blick auf die Verbraucher. Hier zeigt sich, dass rund die Hälfte der eingespeisten Energie nicht auf das Konto der Server geht, sondern von der Infrastruktur wie Kühlung (bis zu 37 Prozent) und Stromverteilung & Backup (gemeinsam ca. 10 Prozent) verbraucht wird. Und der Energiehunger der Infrastruktur wächst weiter.

Zeit, zu handeln und auf effiziente IT-Infrastrukturen umzusteigen. Gemeinsam mit einem Partner, der ganzheitliches Know-how von der Analyse bis zur konkreten Lösung mitbringt, ist das einfach.

Mit RimatriX5 bietet Rittal ein Komplettprogramm zum Aufbau hochmoderner IT-Infrastrukturen. Von Netzwerk- und Server-Racks über Power Management, Cooling bis hin zu Monitoring und IT-Security. Hierzu gehören ganzheitliche Klimakonzepte wie Free Cooling und Geothermie ebenso wie die Innovation RiZone, eine Management-Software für die IT-Infrastruktur, die über intelligente Schnittstellen eine ganzheitliche Sicht auf das Rechenzentrum ermöglicht.

Rittal arbeitet eng mit den Tochterunternehmen Lampertz und Litcos zusammen. Lampertz hat sich auf die physikalische System- und Datensicherung spezialisiert. Das Portfolio von Litcos deckt die Bereiche von der Geschäftsprozess- und Energieeffizienzanalyse bis zur Gesamtplanung ab. Dieses gemeinsame Know-how gewährleistet eine ganzheitliche Perspektive auf alle Projekte. Das ist entscheidend, um Lösungen zu schaffen, die auch morgen noch effizient und sicher sind.

ANGEBOT AUF EINEN BLICK

Expertise:
Rittal ist einer der weltweit führenden Lösungsanbieter für Gehäuse- und Schaltschranktechnik, Systemklimatisierung und IT-Solutions. Das Unternehmen ist gefragter Partner der Industrie sowie Trendsetter für alle Segmente des IT-Marktes.

Branchen:
Von KMU bis Großkonzern setzen Kunden aller Branchen auf IT-Lösungen von Rittal. Dazu gehören Handel und Industrie ebenso wie öffentlicher Dienst und Forschungseinrichtungen, die meist extrem hohe Anforderungen an die IT stellen.

Referenzen:
Commerzbank, Norwich Union, Mobilkom Austria, HUK Coburg, RWTH Aachen, Philips, Max-Planck- und Fraunhofer-Institute u.a.

KONTAKTDATEN

Rittal GmbH & Co. KG
Auf dem Stützelberg
D-35745 Herborn

Telefon: +49 (0) 2772/5 05-0
Telefax: +49 (0) 2772/5 05-23 19

E-Mail: info@rittal.de
Internet: www.rittal.de

IHRE ANSPRECHPARTNER

Kundenbetreuung
Telefon: +49 (0) 2772/5 05-90 90
E-Mail: rimatrix5@rittal.de

Recruiting
Telefon: +49 (0) 2773/9 24-33 66
E-Mail: bewerbung@
friedhelm-
loh-group.com

UNTERNEHMENSDATEN

Vorstand/Geschäftsführung
Friedhelm Loh
(Inhaber und Vorstands-
vorsitzender),
Bernd Eckel,
Ralph Lindackers,
Dr. Thomas Steffen,
Michael Weiher

Gründungsjahr
1961

Mitarbeiter
10.200 Mitarbeiter (2009)

Umsatz
In 2007 hatte die Friedhelm Loh Group mit Rittal als größtem Unternehmen über 2 Milliarden Euro Umsatz.

Standorte
Weltweit 19 Produktionsstätten, mehr als 60 Tochtergesellschaften, 70 Vertretungen und 150 Vertriebs- und Logistik Center

Verbände
BITKOM, The Green Grid, VDE, VDMA, ZVEI

KONTAKTDATEN

secunet Security Networks AG
Kronprinzenstr. 30
D-45128 Essen

Telefon: +49 (0) 201/54 54-0
Telefax: +49 (0) 201/54 54-10
00

E-Mail: info@secunet.com
Internet: www.secunet.com

IHRE ANSPRECHPARTNER

Kundenbetreuung
Frank Gröschner
Vertriebskoordination
Telefon: +49 (0) 201/54 54-0
E-Mail: info@secunet.com

Recruiting
Clarissa Dubiel
Bereichsleiterin Personal
Telefon: +49 (0) 201/54 54-0
E-Mail: jobs@secunet.com

UNTERNEHMENSDATEN

Vorstand
Dr. Rainer Baumgart (Vors.)
Thomas Koelzer
Thomas Pleines

Aufsichtsratsvorsitzender
Dr. Karsten Ottenberg

Gründungsjahr
1996

Mitarbeiter
>265

Umsatz (2008)
52,1 Millionen Euro

Standorte
Essen (Zentrale), Berlin, Bonn,
Dresden, Frankfurt, Hamburg,
München, Siegen

Verbände
BITKOM e.V.,
TeleTrusT e.V.,
IT Security made
in Germany e.V.

secunet

WARUM WIR DER RICHTIGE PARTNER FÜR SIE SIND

secunet Security Networks AG

Die Sicherheit von digitalen Informationen ist die Kernkompetenz der secunet Security Networks AG. Die Entwicklung und Implementierung von zukunftsweisenden IT-Sicherheitslösungen machen das Unternehmen zu einem der führenden Anbieter in Europa. Die gute Marktposition verdankt secunet der langjährigen Erfahrung und Kompetenz seiner Mitarbeiter. Auf dieser Basis entwickelt das Unternehmen Produkte und Lösungen, die Maßstäbe im Markt setzen. Anspruch ist es, dem Wettbewerb in Qualität und Technik immer einen Schritt voraus zu sein. Kombiniert mit individuellen Beratungsdienstleistungen, wird secunet zum verlässlichen Sicherheitspartner seiner Kunden. Dies unterstreicht auch die langjährige Sicherheitspartnerschaft mit der Bundesrepublik Deutschland.

Mehr als 260 Mitarbeiter an sieben Standorten in Deutschland sowie Tochterunternehmen in der Schweiz und Tschechien befassen sich täglich mit der IT-Sicherheit ihrer Kunden, hierzu gehören nationale und internationale Unternehmen sowie die öffentliche Hand. Um den wachsenden Kunden- und Marktbedürfnissen gerecht zu werden, wird das Angebot des Unternehmens konsequent weiterentwickelt und ausgebaut.

ANGEBOT AUF EINEN BLICK

Expertise:
Im behördlichen Umfeld bietet secunet sowohl Hochsicherheitslösungen mit der SINA Produktfamilie, als auch Lösungen für E-Government, Biometrie und hoheitliche Dokumente, Gesundheitswesen, Secure Web Solutions und Sicherheitsvalidierung.
Das Angebot für die Privatwirtschaft umfasst qualifizierte Signaturen, Single-Sign-On, User Management, Public-Key-Infrastrukturen, Netzwerk- und Systemsicherheit. Speziell für die Automobilindustrie hat secunet sich auf die Themen Funktionsfreischaltung und Flashdatensicherheit fokussiert.

Branchen:
Behörden, internationale Organisationen, Verteidigung, Gesundheitswesen, Energieversorger, Finanzdienstleister & Versicherungen, Handel, Telekommunikation, Automobilindustrie.

SENACOR
TECHNOLOGIES

WARUM WIR DER RICHTIGE PARTNER FÜR SIE SIND

Senacor hat sich auf die Transformation gewachsener IT-Landschaften spezialisiert. Unsere Kunden sind daher Unternehmen, die mit ihrer IT nachhaltige Wettbewerbsvorteile erzielen wollen oder in ihrem Geschäfts- und Betriebsmodell signifikante Veränderungen anstreben. Durch Enterprise-IT-Transformationen verschaffen wir sowohl größere strategische als auch taktische Gestaltungsspielräume, überwinden strukturelle Effizienzgrenzen und dämmen betriebliche Risiken ein. Ziel unserer Beratungstätigkeit ist es, nachhaltige Verbesserungen der Anwendungslandschaft nicht nur zu empfehlen, sondern zu bewirken.

Maßgebend für den Erfolg einer großen IT-Transformation ist im ersten Schritt eine umsetzbare Planung und Architektur. Im zweiten Schritt ist entscheidend, wie plan- und architekturgetreu die Realisierung erfolgt. Unser Angebot umfasst daher lückenlos aufeinander abgestimmte Leistungen aus allen drei Disziplinen: Planung, Architektur und Umsetzung. Bestandteil unserer Arbeit ist dabei der gezielte Aufbau von Kompetenzen und Anpassung der Organisationsstrukturen. Keine Transformation ist dabei wie die andere.

Wir verstehen uns als langfristige Partner unserer Kunden. Wir beraten unabhängig und übernehmen Verantwortung – für die Umsetzung der von uns konzipierten Lösungen ebenso wie für deren Nachhaltigkeit. Nur so führen IT-Transformationen zum gewünschten Erfolg.

ANGEBOT AUF EINEN BLICK

Expertise:
– Business-IT-Strategie, Enterprise-Architektur, Transformationsplanung, Transformationsmanagment, Transformationsumsetzung
– Business-IT-Beratung, Architekturberatung, Technologieberatung sowie Software-Design und -Implementierung.

Branchen:
Banken, Finanzinstitute, Versicherungen, Logistik, Automobilindustrie, Telekommunikation und öffentlicher Sektor

Referenzen:
Eine Auswahl unserer Kunden: Postbank, ING-DiBa, UniCredit Group, Deutsche Bank, Teambank, comdirect bank, Hamburger Sparkasse, Hypo Real Estate, DAB bank, Versicherungskammer Bayern, Deutsche Post, Deutsche Bahn, Volkswagen, Daimler, Deutsche Telekom, Metro Gruppe

---

KONTAKTDATEN

Senacor Technologies AG
Vordere Cramergasse 11
D-90478 Nürnberg

Telefon: +49 (0) 911/4244-0
Telefax: +49 (0) 911/4244-100

Internet: www.senacor.com.

IHRE ANSPRECHPARTNER

Business Development
Raphael Vaino
Senior Vice President
Telefon: +49 (0) 911/4244-189
E-Mail: raphael.vaino@
senacor.com

Recruiting
Katharina Landes
Telefon: +49 (0) 911/4244-404
E-Mail: katharina.landes@
senacor.com

UNTERNEHMENSDATEN

Managing Directors
Matthias Tomann,
Marcus Purzer

Gründungsjahr
1998

Mitarbeiter
Über 110 Professionals

Standorte
München, Frankfurt, Nürnberg, Bonn, Mailand

Kompetenz kommunizieren

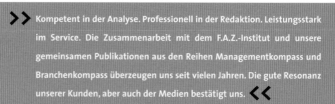

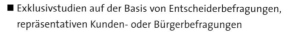

In Kooperation mit renommierten Partnern veröffentlicht die Redaktion Branchen- und Managementdienste maßgeschneiderte Publikationen für Ihre erfolgreiche Zielgruppenkommunikation und Pressearbeit.

Die Formate u.a.:

- Exklusivstudien auf der Basis von Entscheiderbefragungen, repräsentativen Kunden- oder Bürgerbefragungen
- Ratgeber und Managementleitfäden
- Kompendien und Jahrbücher

Unser erfahrenes Redaktionsteam

- erarbeitet gemeinsam mit Ihnen inhaltliche Konzepte
- entwickelt und koordiniert Markterhebungen
- analysiert Ergebnisse und setzt diese journalistisch um
- entwickelt Layouts sowie Grafiken
- kümmert sich um Produktion, Druck und Vertrieb
- unterstützt Ihre Pressearbeit

Kontakt und weitere Informationen:

Karin Gangl,
Branchen- und Managementdienste
Telefon: (069) 7591 - 2217
E-Mail: k.gangl@faz-institut.de
www.branchendienste.de

F.A.Z.-INSTITUT

SIEMENS

KONTAKTDATEN

Siemens Enterprise
Communications
GmbH & Co. KG
Hofmannstraße 51
D-80200 München

Telefon: +49 (0) 69/22 22-78 46

E-Mail: contact.enterprise@
          siemens-enterprise.
          com

Internet: www.siemens-
          enterprise.com/de

WARUM WIR DER RICHTIGE PARTNER FÜR SIE SIND

Die Siemens Enterprise Communications Group ist ein führender Anbieter von Lösungen für die Unternehmenskommunikation. Mehr als 14.000 Mitarbeiter weltweit setzen mit ihrer Expertise in der Daten- und Sprachkommunikation eine Tradition fort, die vor über 160 Jahren begann. Heute führt das Unternehmen mit seinem „Open Communications"-Ansatz den Markt an. Im Sinne dieses Lösungsansatzes erarbeiten wir für unsere Kunden offene IP-basierte Lösungen, die sich in jede bereits bestehende Infrastruktur integrieren lassen und unterschiedliche Sprachkommunikations- und Datenprozesse auf einer einheitlichen Plattform zusammenführen.

Basierend auf unserer Herangehensweise „OpenPath" formulieren wir gemeinsam mit unseren Kunden die technischen Anforderungen zur Klärung aktueller und zukünftiger kommunikativer Unternehmensherausforderungen. Wir analysieren Bestandssysteme unserer Kunden und erarbeiten auf dieser Basis Lösungsvorschläge, die sich einfach und kosteneffizient in bestehende Kommunikationslandschaften einfügen lassen. Auf diese Weise werden bereits getätigte Investitionen in die Unternehmenskommunikation geschont und gleichzeitig die Option auf zukünftige Technologien gesichert. Dabei versteht es sich von selbst, dass wir bei unseren Projekten die Optimierung der Betriebs-, Service- und Prozesskosten für unsere Kunden fest im Blick haben.Welchen Herausforderungen auch immer sich ein Unternehmen beim Thema Sprach- und Datenkommunikation gegenüber sieht: Mit Siemens Enterprise Communications stehen alle Möglichkeiten offen. Communication for the open minded.

UNTERNEHMENSDATEN

Geschäftsführung
Stephen Jones,
Todd Schorr,
Vera Meyer

Gründungsjahr
1847 mit Erfindung des
Zeigertelegraphen

Mitarbeiter
SEN Group weltweit:
über 14.000

Umsatz
SEN Group weltweit 2008:
3,2 Mrd. Euro

Standorte
Firmenzentrale in München
und flächendeckende Präsenz
in Deutschland

ANGEBOT AUF EINEN BLICK

Expertise:
Unser Produkt- und Dienstleistungsportfolio umfasst praktisch alle Elemente einer professionellen Unternehmenskommunikationslösung: Sprachkommunikation, Unified Communications, Contact Center, Netzwerke, Security, Services, Endgeräte und Clients.

Branchen:
Unsere Kommunikationslösungen erfüllen die Anforderungen von Unternehmen und Organisationen jeder Größenordnung und aller Branchen.

Referenzen:
Unsere Kundenreferenzen finden Sie im Internet
unter www.siemens-enterprise.com/de

SIEMENS

WARUM WIR DER RICHTIGE PARTNER FÜR SIE SIND

Siemens IT Solutions and Services ist Teil eines globalen integrierten Technologiekonzerns, der seit über 160 Jahren in vielen Technologiefeldern führend ist. Damit ist die Siemens-Division als einziger IT-Dienstleister von Grund auf vertraut mit industriellen und administrativen Geschäftsabläufen sowie verschiedensten Prozessumgebungen. Diese Expertise kommt Kunden aus allen adressierten Branchen zugute. Sie ist die Basis für komplexe IT-Projekte, mit denen der IT-Dienstleister seinen Kunden hilft, dauerhaft erfolgreich im Wettbewerb zu sein.

Als sektorübergreifende Division des Siemens-Konzerns erarbeitet der Serviceprovider gemeinsam mit den Sektoren Energy, Industry und Healthcare umfassende und branchenspezifische IT-Lösungen und integriert diese bei Kunden. Ebenso bietet der IT-Spezialist öffentlichen Institutionen, Finanzdienstleistern, der Serviceindustrie sowie Unternehmen aus dem Telekommunikations- und dem Medienbereich ein umfassendes Lösungs- und Dienstleistungsangebot.

Das Selbstverständnis von Siemens IT Solutions and Services gründet sich vor allem auf die Zufriedenheit seiner Kunden. Kunden schätzen die Siemens-Division als engagierten Partner, der erfolgreich ihre Geschäftsprozesse transformiert und uneingeschränkt zu seinen Verpflichtungen steht. Verbunden mit der außergewöhnlichen Finanzkraft von Siemens steht der IT-Dienstleister für ein Höchstmaß an Zuverlässigkeit und langfristiger Sicherheit.

KONTAKTDATEN

Siemens AG
Siemens IT Solutions
and Services
Otto-Hahn-Ring 6
D-81739 München

Global Info Desk
Tel.:   +49 (0)18 05/44 47 13

E-Mail: it-solutions@
          siemens.com
Internet: www.siemens.com/
          it-solutions

UNTERNEHMENSDATEN

Vorstand/Geschäftsführung
Dr. Christoph Kollatz
(Chief Executive Officer),
Dr. Martin Bentler,
(Chief Financial Officer)

Mitarbeiter
Deutschland: 10.000
Weltweit: 41.000

Umsatz
Weltweit:
rund 5,3 Milliarden Euro, davon
über 70 Prozent außerhalb des
Siemens Konzerns

Standorte
internationale Präsenz
in 44 Ländern

ANGEBOT AUF EINEN BLICK

Expertise:
Branchenspezifische Lösungen einerseits und branchenunabhängige IT-Services andererseits – alles aus einer Hand und basierend auf einer ausgeprägten Engineering-Kultur: Das Resultat sind innovative Lösungen, die Kunden im öffentlichen und im privaten Sektor messbaren Mehrwert bieten.

Branchen:
Airports & Aviation, Automotive, Banking, Chemicals & Pharma, Discrete Manufacturing, Energy, Food & Beverages, Healthcare, Insurance, Media & Entertainment, Public Sector, Pulp & Paper, Telecommunications, Transport & Logistics

Referenzen:
Axel Springer AG, Bundesagentur für Arbeit (BA), BBC, Deutsche Bank, Nike, Hochtief, New Yorker Jacobi Medical Center, John Deere, TUI, Daimler, NoteMachine

KONTAKTDATEN

Telefónica O$_2$ Germany GmbH & Co. OHG
Georg-Brauchle-Ring 50
D-80992 München

Telefon: +49 (0) 89/24 42-12 01
Fax: +49 (0) 89/24 42-12 09

Internet: www.o2online.de

IHRE ANSPRECHPARTNER

Für Businesskunden
Telefon: 0800/2 21 11 22
Fax: 0800/2 21 11 23
E-Mail: business-team@
          o2.com

Für Neukunden:
Telefon: 0800/3 38 88 33
Fax: 0800/3 38 88 34
E-Mail:
business-interessenten@o2.com

UNTERNEHMENSDATEN

Geschäftsführung
René Schuster
(Chief Executive Officer, CEO),
Telefónica O$_2$ Germany GmbH
& Co. OHG

Gründungsjahr
1995 (als Viag Interkom)

Mitarbeiter
mehr als 4.500

Umsatz
3,6 Milliarden Euro (2008)

Standorte
München, Berlin, Nürnberg,
Bremen, Frankfurt am Main,
Hamburg, Hannover, Köln,
Saarbrücken, Stuttgart; mehr als
800 O$_2$ Shops und Telefónica O$_2$
Partnershops deutschlandweit

**Verbandsmitgliedschaften der
Telefónica O$_2$ Germany Gruppe
in Deutschland:**
AKNN, BITKOM, BREKO,
ECO, Münchner Kreis, VATM

WARUM WIR DER RICHTIGE PARTNER FÜR SIE SIND

Ob Mobilfunk, Festnetz, Internet, Standortvernetzung, Sicherheit oder Hosting: Telefónica O$_2$ Germany Business & Wholesale Services bietet individuelle Kommunikationslösungen für nationale und internationale Geschäftskunden sowie Wholesale-Festnetzlösungen für Internetserviceprovider und Carrier aus einer Hand. Im Bereich Mobilfunk ermöglicht der Geschäftskundentarif O$_2$ Business Flex hohe Flexibilität und Kostenkontrolle: ohne Grundgebühr oder Mindestumsatz. Von ISDN bis IP bietet O$_2$ flexible Festnetztelefonielösungen.

Mit O$_2$ Business DSL können Unternehmen neue Internettechnologien nutzen – dank Flatrate mit voller Kostenkontrolle. Durch O$_2$ VPN Entry haben Mitarbeiter unabhängig von ihrem Standort in Deutschland vollen Zugriff auf das Firmennetz. Dabei sorgt die Trennung des VPN vom öffentlichen Internet für hohe Sicherheit sowie eine ISDN-Backup-Funktion für Ausfallschutz. Unternehmen erhalten von O$_2$ auch individuelle Hostinglösungen mit moderner Hard- und Software. Internetserviceprovider (ISP) und Carrier profitieren mit dem Highspeed-Netz von Telefónica O$_2$ Germany von einem Next Generation Network und erfüllen damit alle Anforderungen für konvergente Dienste wie Highspeed-Internetzugang, Sprache, Video-on-Demand und IP-TV. Telefónica O$_2$ Germany erschließt derzeit rund 60 Prozent der deutschen Haushalte und ist damit der führende alternative Wholesale-Anbieter in Deutschland.

ANGEBOT AUF EINEN BLICK

Expertise:
Telefónica Europe ist ein bedeutender Anbieter auf dem europäischen Markt der Telekommunikation. Indem wir als Gruppe die Fähigkeiten und Erfahrungen aller Schwesterunternehmen kombinieren, können wir unseren Kunden Lösungen anbieten, die ihr Leben bereichern und vereinfachen.

Branchen:
Durch eine nahezu 100-prozentige Abdeckung der Bevölkerung mit dem GSM-Mobilfunknetz von O$_2$ können Mitarbeiter von Unternehmen aller Branchen nahezu flächendeckend in Deutschland mobil telefonieren. Dazu verfügt Telefónica O$_2$ Germany über eines der modernsten und schnellsten Datennetze in Deutschland.

Referenzen:
Telefónica O$_2$ Germany ist mit 15 Millionen Mobilfunkkunden und mehr als 200.000 DSL-Kunden einer der großen integrierten Telekommunikationsanbieter in Deutschland.

··T··Systems·

KONTAKTDATEN

**T-Systems Enterprise
Services GmbH**
Mainzer Landstr. 50
D-60325 Frankfurt am Main

Telefon: +49 (0) 69/6 65 31-0
E-Mail: info@t-systems.com

Internet: www.t-systems.de
          www.t-systems.com

WARUM WIR DER RICHTIGE PARTNER FÜR SIE SIND

T-Systems bedient die Großkunden der Deutschen Telekom. Auf Basis einer weltumspannenden Infrastruktur aus Rechenzentren und Netzen betreibt das Unternehmen Informations- und Kommunikationstechnik (engl. kurz ICT) für multinationale Konzerne und öffentliche Institutionen – und gestaltet so die vernetzte Zukunft von Wirtschaft und Gesellschaft. Mit Niederlassungen ist T-Systems in über 20 Ländern präsent und betreut seine Kunden mit weltweit über 46.000 Mitarbeitern.

Im Dialog mit Experten und Meinungsbildnern von Kunden und anderen gesellschaftlichen Gruppen entwickelt T-Systems innovative Lösungen – auf so relevanten Feldern wie Bildung und Gesundheit, Umweltschutz, Mobilität und Sicherheit. So entstand bei BMW ein Service, der automatisch den Wartungsbedarf eines Wagens erkennt. Behörden, Verwaltungen und das Gesundheitswesen setzen ebenfalls auf unsere Branchenexpertise.

Das Unternehmen gehört zu den großen Outsourcing-Anbietern und hat zum Beispiel seit 2008 für den Mineralölkonzern Royal Dutch Shell die Verantwortung für die weltweiten Rechenzentrums- und Speicherdienstleistungen übernommen. Ganz neue Betriebsmodelle bietet das Unternehmen bei Softwareanwendungen: So können Kunden zum Beispiel SAP über das Netz beziehen – flexibel an den tatsächlichen Bedarf angepasst. Bei diesem Angebot ist T-Systems derzeit weltweit die Nummer eins.

UNTERNEHMENSDATEN

Geschäftsführung
Reinhard Clemens, Vorstand Deutsche Telekom AG, Chief Executive Officer T-Systems; Dr. Ferri Abolhassan, Systems Integration; Olaf Heyden, ICT Operations; Joachim A. Langmack, Corporate Customers; Dr. Matthias Schuster, Human Resources; Klaus Werner, Finance & Controlling

Mitarbeiter
rund 46.000 weltweit

Umsatz
rund 11 Milliarden Euro in 2008

Standorte
überall in Deutschland und weltweit in über 20 Ländern

ANGEBOT AUF EINEN BLICK

Expertise:
Wir sorgen für reibungslose Kommunikation – egal, ob via Internet, Festnetz- oder Mobiltelefon. Dabei bieten wir unter anderem Unternehmensnetze, Voice over IP, Videokonferenzen, Call Center, Systemintegration, Application Management Services, CRM-Systeme, Sicherheitslösungen und Dynamic Services.

Branchen:
Automobilindustrie, Telekommunikation, Finanzsektor, Versicherungen, Transport, Verkehr und Logistik, Handel, Dienstleistungen, Medien, Energie und Fertigungsindustrie sowie öffentliche Verwaltung und Gesundheitswesen.

Referenzen:
Shell, VW, Daimler, HypoVereinsbank, Asklepios Kliniken, MAN Nutzfahrzeuge, Airbus, Land Sachsen, Freistaat Bayern, E-Plus, Flughafen München GmbH, DAK, Barmer.

INDEX

Herausgeber- und Autorenverzeichnis

Die Herausgeberin

Marlene Neudörffer ist selbstständige Beraterin für Marketing und Kommunikation in der IT und Übersetzerin in Seeheim-Jugenheim bei Darmstadt. Marlene Neudörffer hat das Interview mit dem Marktanalysten Rüdiger Spies zum Thema „Konvergenz von Business und IT – Prozesse und Inhalte rücken in den Fokus" auf Seite 42 geführt.

Die Autoren

A

Prof. Dr.-Ing. Gerd Ascheid ist Inhaber des Lehrstuhls für Integrierte Systeme der Signalverarbeitung und Koordinator des UMIC-Forschungszentrums an der RWTH Aachen. Gemeinsam mit Prof. Dr. rer. pol. Matthias Jarke hat er den Beitrag „Die mobile Welt der Zukunft – Neue Erkenntnisse aus aktueller Forschung" auf Seite 180 verfasst.

B

Dr. Henning Baars forscht am Lehrstuhl für Allgemeine Betriebswirtschaftslehre und Wirtschaftsinformatik I an der Universität Stuttgart. Gemeinsam mit Prof. Dr. Hans-Georg Kemper hat er den Beitrag zum Thema „Business Intelligence – Die neue Applikationsvielfalt verlangt nach wirksamen Governance-Struktur" auf Seite 74 geschrieben.

Dr. Rainer Baumgart ist Vorstandsvorsitzender der secunet Security Networks AG und hat gemeinsam mit Thorsten Henn den Beitrag „E-Government – Herausforderungen für die IT-Sicherheit" auf Seite 234 verfasst.

Dr.-Ing. Kpatcha M. Bayarou ist Bereichsleiter Sichere mobile Systeme (SIMS) am Fraunhofer-Institut für Sichere Informationstechnologie (SIT) in Darmstadt. Gemeinsam mit Jens Heider hat er den Beitrag „Sicherheit mobiler Systeme im Geschäftsumfeld – Aktueller Stand der Technik und zukünftige Anforderungen" auf Seite 242 verfasst.

Michael Behrendt ist IBM Cloud Computing Architect bei der IBM Deutschland Research & Development GmbH. Gemeinsam mit Gerd Breiter hat er den Beitrag „Cloud Computing – Eine Technologie transformiert das Rechenzentrum" auf Seite 132 verfasst.

Marcel Berneaud ist Managing Consultant im Bereich Architekturstrategie bei Detecon International und Autor des Beitrags „Schneller Geschäftsnutzen mit TOGAF – Serviceorientiertes Framework für das Architekturmanagement" auf Seite 102.

Dan Bieler ist Director Consulting, European Telecommunications & Networking bei der IDC Central Europe GmbH in München und Autor des Beitrags „Der Telekommunikationsmarkt im Wandel – Neue Player, neue Technologien, neues Potential" auf Seite 172.

Gerd Breiter ist IBM Distinguished Engineer bei der IBM Deutschland Research & Development GmbH und hat gemeinsam mit Michael Behrendt den Beitrag zum Thema „Cloud Computing – Eine Technologie transformiert das Rechenzentrum" auf Seite 132 verfasst.

Prof. Dr. Jens Böcker ist Inhaber des Lehrstuhls Marketing am Fachbereich Wirtschaft der Hochschule Bonn-Rhein-Sieg in St. Augustin bei Bonn. Er ist Autor des Beitrags „Neue Geschäftsmodelle in der Telekommunikation – Nutzenpotentiale von M2M" auf Seite 188.

Sabine Buckl forscht am Lehrstuhl für Informatik 19 an der TU München. Gemeinsam mit Prof. Dr. Florian Matthes und Christian M. Schweda hat sie den Beitrag über „Enterprise Architecture Management – Globalisierte IT-Landschaften ganzheitlich gestalten" auf Seite 94 verfasst.

E

Prof. Dr. Claudia Eckert ist Leiterin des Fraunhofer-Instituts für Sichere Informationstechnologie (SIT), Darmstadt/München, und Autorin des Beitrags „IT-Sicherheit der nächsten Generation – Herausforderungen und Entwicklungen" auf Seite 216.

G

Sigmar Gabriel ist Bundesumweltminister. Sein Beitrag „IT goes green – Das digitale Zeitalter braucht eine Effizienzrevolution" beginnt auf Seite 30.

Lars Geisel ist Principal Consultant im Bereich Customer Management/Portale bei Cirquent und Autor des Beitrags „Enterprise 2.0 – Chancen und Herausforderungen von Web 2.0-Strukturen im Unternehmenseinsatz" auf Seite 64.

Dr. Karl-Theodor Freiherr zu Guttenberg ist Bundeswirtschaftsminister. Er ist Autor des Beitrags „Potentiale von ITK in der Krise nutzen – Breitbandinfrastruktur soll flächendeckend ausgebaut werden" auf Seite 26.

H

Michael Hammerstein ist Geschäftsführer der EMC Deutschland GmbH. Sein Beitrag „Neue Farbenlehre für Rechenzentren – Informationen rücken ins Zentrum" beginnt auf Seite 142.

Bernd Hanstein ist Hauptabteilungsleiter Produktmanagement System Solutions bei Rittal in Herborn und

David Murphy ist Portfolio-Manager bei Siemens IT Solutions and Services. Gemeinsam mit Nikhil Felix Nakra hat er den Beitrag „Unternehmenslösungen für Nachhaltigkeit – Innovative Lösungen im Energiesektor" auf Seite 150 verfasst.

N

Nikhil Felix Nakra ist Senior Business Developer bei Siemens IT Solutions and Services im Bereich Energy. Gemeinsam mit David Murphy hat er den Beitrag „Unternehmenslösungen für Nachhaltigkeit – Innovative Lösungen im Energiesektor" auf Seite 150 verfasst.

Drazen Nikolic ist Senior Executive bei Accenture und Geschäftsführer des Bereichs Accenture Information Management Services (AIMS). Gemeinsam mit Matthias Lichtenthaler hat er den Beitrag „Management von Vertragslebenszyklen als Bestandteil des Information Management – Prozessoptimierung, Effizienzsteigerung und Transparenz" auf Seite 84 verfasst.

P

Dennis Plöger ist Consultant der HeLi NET iTK, der Systemhaussparte der HeLi NET GmbH & Co KG, und Autor des Beitrags „Effiziente Lösungen für das System- und Netzwerkmonitoring im Mittelstand – Agieren statt reagieren" auf Seite 168.

Dr. Axel Pols ist Leiter des Geschäftsbereichs Marktforschung und Außenwirtschaft des BITKOM und Chairman der EITO Task Force. Er hat den Beitrag zum Thema „Der IT- und Telekommunikationsmarkt – Themen und Trends in Deutschland und Europa" auf Seite 34 verfasst.

R

Viviane Reding ist Mitglied der Europäischen Kommission und Kommissarin für Informationsgesellschaft und Medien. Sie ist Autorin des Beitrags „Die i2010-Strategie – Auf dem Weg zu einem wettbewerbsfähigen digitalen Europa" auf Seite 16.

S

Christian M. Schweda forscht am Lehrstuhl für Informatik 19 an der TU München. Gemeinsam mit Prof. Dr. Florian Matthes und Sabine Buckl zeichnet er für den Beitrag „Enterprise Architecture Management – Globalisierte IT-Landschaften ganzheitlich gestalten" auf Seite 94 verantwortlich.

Frank P. Sempert ist Senior Program Executive Europe bei Saugatuck Technology Inc. Er hat den Beitrag „Everything-as-a-Service – Konzept der Zukunft?" auf Seite 112 verfasst.

Jürgen Signer hat die Leitung des Vertriebs in Deutschland für die Siemens Enterprise Communications GmbH & Co. KG in München inne. Er hat den Beitrag „Unified Communications – Wertschöpfung und Kostensenkung im Unternehmen" auf Seite 200 verfasst.

Rüdiger Spies ist Analyst und Independent Vice President Enterprise Applications bei der IDC Central Europe GmbH und Patentanwalt. Er hat sich der Herausgeberin Marlene Neudörffer für ein Interview zum Thema „Konvergenz von Business und IT – Prozesse und Inhalte rücken in den Fokus" zur Verfügung gestellt. Das Gespräch findet sich auf Seite 42.

Thomas Spreitzer ist Chief Marketing Officer bei T-Systems und Autor des Beitrags „ITK als neues zentrales Nervensystem – Mobilität ist zwingende Voraussetzung" auf Seite 208.

Jürgen Stauber ist Geschäftsführer Managed Services bei der Computacenter Deutschland AG & Co. oHG und Autor des Beitrags „Outsourcing 2.0 – Innovationskraft stärken, Zukunft sichern" auf Seite 154.

Dr. Werner Steck ist Principal Consultant bei der Senacor Technologies AG und Autor des Beitrags „SOA für Frontends – Effizienz in Entwicklung und Betrieb der Client-Landschaft" auf Seite 124.

W

Dr. Thilo Weichert ist Datenschutzbeauftragter des Landes Schleswig-Holstein im Unabhängigen Landeszentrum für Datenschutz Schleswig-Holstein und Autor des Beitrags „Datenschutzzertifizierung – Vorteile für Unternehmen" auf Seite 274.

Kurt Wiener leitet das Competence Center Prozessberatung bei der BTC Business Technology Consulting AG. Er hat gemeinsam mit Michael Lumma den Beitrag „Business Process Management – Den permanenten Wandel als Kernkompetenz verstehen" auf Seite 58 geschrieben.

Z

Michael Ziegler ist Teamleiter Virtualisierung und Security bei der MATERNA GmbH. Von ihm kommt der Beitrag „Desktop-as-a-Service – Konzept und Einsatzmöglichkeiten" auf Seite 138.

Stephan Ziegler ist Bereichsleiter Software beim BITKOM – Bundesverband Informationswirtschaft, Telekommunikation und neue Medien e. V. Er ist Verfasser des Beitrags „SOA irgendwo zwischen Hype und Commodity – Vielfältige Nutzendimensionen serviceorientierter Architekturen" auf Seite 118.

Weiterführende Links und Informationen

BITKOM
Bundesverband Informationswirtschaft, Telekommunikation und neue Medien e.V.
www.bitkom.org

- Green IT Beratungsbüro beim BITKOM
  www.green-it-projektberatung.de

Bundesamt für Sicherheit in der Informationstechnik (BSI)
www.bsi.bund.de

Bundesministerium des Innern
www.bmi.bund.de

- **Der Bundesbeauftragte der Bundesregierung für Informationstechnik**
  www.cio.bund.de

  o **E-Government**
    http://www.cio.bund.de/cln_094/DE/E-Government/e-government_node.html
    (abgerufen am 07.08.09)

Bundesministerium für Umwelt, Naturschutz und Reaktorsicherheit
www.bmu.de

Bundesministerium für Wirtschaft und Technologie
www.bmwi.de

- Aktionsprogramm iD2010
  www.bmwi.de/BMWi/Navigation/Technologie-und-Innovation/Informationsgesellschaft/aktionsprogramm,did=6462.html
  (abgerufen am 07.08.09)

  o THESEUS
    Neue Technologien für das Internet der Dienste
    www.theseus-programm.de/home/default.aspx

  o E-Energy
    IKT-basiertes Energiesystem der Zukunft
    www.e-energie.info

  o Breitbandanschlüsse
    www.zukunft-breitband.de

- Monitoring Informations- und Kommunikationswirtschaft
  www.bmwi.de/go/monitoring

  o 5. e Performance Report 2009
    http://www.bmwi.de/BMWi/Redaktion/PDF/M-O/monitoring-iuk-5-performance-report,property=pdf,bereich=bmwi,sprache=de,rwb=true.pdf
    (abgerufen am 07.08.09)

Bundesverband Digitale Wirtschaft (BVDW) e.V.
www.bvdw.org

eco – Verband der deutschen Internetwirtschaft e.V.
www.eco.de

EITO – European Information Technology Observatory
www.eito.com

Europäische Kommission
www.ec.europa.eu

- Europäische Kommission
  Informationsgesellschaft und Medien
  http://ec.europa.eu/information_society

  o Bericht über die digitale Wettbewerbsfähigkeit Europas – Hauptergebnisse der i2010-Strategie 2005-2009, KOM (2009) 390.
  Detaillierte Übersicht der Ergebnisse im Kommissionsbericht:
  http://ec.europa.eu/information_society/newsroom/cf/itemlongdetail.cfm?item_id=5146

Frankfurt School of Finance & Management gGmbH
www.frankfurt-school.de

Fraunhofer-Institut für Sichere Informationstechnologie
www.sit.fraunhofer.de

Gesellschaft für Datenschutz und Datensicherung (GDD) e.V.
www.gdd.de

Hochschule Bonn-Rhein-Sieg
www.h-brs.de

IDC
www.idc.com

Initiative D21 e.V.
www.initiatived21.de

RWTH Aachen
www.rwth-aachen.de

- UMIC Research Centre, RWTH Aachen
  www.umic.rwth-aachen.de

SAUGATUCK TECHNOLOGY Inc.
www.saugatech.com

Steinbeis-Hochschule-Berlin GmbH
School of Governance, Risk & Compliance
www.school-grc.de

Technische Universität München
www.in.tum.de

Unabhängiges Landeszentrum für Datenschutz Schleswig-Holstein (ULD)
www.datenschutzzentrum.de

Universität Stuttgart
www.wi.uni-stuttgart.de

Verband der Anbieter von Telekommunikations- und Mehrwertdiensten (VATM) e.V.
www.vatm.de

ZVEI – Zentralverband Elektrotechnik- und Elektronikindustrie e.V
www.zvei.org